BLEIBEN SIE IN IHREM GELIEBTEN Zuhause

BLEIBEN SIE IN IHREM GELIEBTEN Zuhause

Im Alter **SICHER** und **ENTSPANNT** wohnen

Reader's Digest

Inhalt

Wo stehe ich, was wünsche ich mir und was ist möglich?

Wo stehe ich? Erst einmal innehalten

Oft sind es äußere Faktoren, die auf das Älterwerden hinweisen – Renteneintritt oder der runde Geburtstag. Überdenken Sie Ihre aktuelle Situation und machen Sie sich Sorgen um die Zukunft gegebenenfalls bewusst. Dann können Sie etwas dagegen tun.

Es gibt verschiedene Strategien, alt zu werden. Während manche sich damit wohler fühlen, die Dinge auf sich zukommen zu lassen, treffen andere wichtige Entscheidungen lieber frühzeitig selbst – auch, um nicht plötzlich einer ungewünschten Situation ausgeliefert zu sein. Dabei ist klar, dass die Ausgangssituationen sehr unterschiedlich sind. Wer allein lebt, stellt sich andere Fragen als Menschen in einer Lebensgemeinschaft. Wer Kinder oder Verwandte in der Nähe weiß, auf deren Hilfe er bauen kann, plant anders als jemand, der auf Freunde, Nachbarn oder Hilfsorganisationen angewiesen ist. Wer in einer Stadt wohnt, verfügt über eine andere – wenn auch nicht zwangsläufig bessere – Infrastruktur als Menschen in ländlichen Regionen. Sprechen Sie mit Ihren Angehörigen und anderen Personen, die Sie womöglich unterstützen können: Auch Freunde enttäuschen die Erwartungen bisweilen, wenn sie gewisse Dinge ganz anders sehen als man selbst oder nicht die Kraft oder Lust haben zu helfen, wenn eine Notsituation auftritt. Die folgenden Seiten sollen Denkanstöße bieten und Fragen aufwerfen, die dabei helfen, Ihren Ausgangspunkt neutral zu erfassen. An die Stelle möglicher diffuser Sorgen soll eine Bestandsaufnahme treten. Daraus können Lösungsansätze entstehen, aber dabei werden gegebenenfalls auch Herausforderungen und Alltagsbereiche deutlich, für die es eventuell noch keine Lösung gibt. Doch erst wenn man das Problem kennt, lässt es sich in Angriff nehmen.

Wo stehen Sie gesundheitlich?

Neben den äußeren Rahmenbedingungen spielt auch die körperliche Konstitution eine große Rolle. Vorerkrankungen oder absehbare Krankheitsverläufe können ganz andere Maßnahmen nahelegen, als es bei gesundheitlich uneingeschränkten Menschen der Fall ist. Dabei ist es hilfreich, durch die Empfehlungen und Informationen dieses Ratgebers mögliche Entwicklungen richtig einzuschätzen und entsprechend vorzusorgen. Wer gesundheitliche Risikofaktoren überbewertet, läuft hingegen Gefahr, seine Handlungsmöglichkeiten und Lebensqualität unnötig einzuschränken. Im Fokus steht vielmehr, die eigenen Möglichkeiten zu erkennen und zu unterstützen: Ein Treppenlifter kann beispielsweise das Treppensteigen erleichtern und damit auch die Sicherheit in den eigenen vier Wänden erhöhen. Wenn er aber verfrüht eingebaut wird, kann ein Treppenlifter auch die körperliche Fitness verringern, weil man dadurch weniger Treppen steigt. Es ist sinnvoller, Pläne, Angebote und Preise für ein solches Hilfsmittel rechtzeitig einzuholen, aber erst dann zu handeln, wenn es wirklich nötig wird. Auch in finanzieller Hinsicht ist es ratsam, frühzeitig vorzusorgen. Lesen Sie mehr zum Thema Hilfsmittel ab S. 237.

Gesunde Lebensweise und Ernährung Das sind die besten Mittel, um typischen Alterserkrankungen vorzubeugen. Bewegung und moderater Sport beugen nicht nur Herz-Kreislauf-Erkrankungen vor, sie können auch helfen, mentale Beeinträchtigungen wie Demenz oder psychische Leiden wie die Altersdepression zu vermeiden.

Häufige Alterserkrankungen und das beste Vorgehen dagegen

Was ist betroffen?	Welche Erkrankungen sind häufig?	Was kann ich vorbeugend dagegen tun (+), was sollte ich verringern/weglassen (–)?	Welche Nahrungsmittel soll ich essen oder meiden (+ / –)?
Herz-Kreislauf-System	Herzinfarkt, Durchblutungsstörungen	Bewegung (+) Rauchen (–), (Über-)Gewicht (–)	Obst (+), Gemüse (+) Fleisch (–)
Gedächtnis	Demenz und Alzheimer	Bewegung (+), Lernen und Lesen (+) Fernsehen (–)	Fisch (+), Eigelb (+)
Bluthochdruck	Schlaganfall	Bewegung (+) Rauchen (–), Alkohol (–)	Obst (+), Gemüse (+), Ei (+) Salz (–)
Bewegungsapparat	Arthritis, Arthrose, Osteoporose	Bewegung – v. a. im Freien (+) (Über-)Gewicht (–)	Milchprodukte (+) Salz (–), Kaffee (–), (Schwarz-)Tee (–)
Stoffwechsel	Diabetes	Bewegung (+) (Über-)Gewicht (–), Alkohol (–)	Obst (+), Gemüse (+) Süßigkeiten (–), Fett (–), Fast Food (–)
Psyche	Depression	strukturierter Tagesablauf (+), soziale Kontakte pflegen (+), Bewegung (+)	Fisch (+), Nüsse (+)
Ohren	Schwerhörigkeit	Ursachen wie Diabetes und Bluthochdruck bekämpfen; rechtzeitiger Arztbesuch/Hörgerät (+), Rauchen (–), laute Geräusche (–)	allgemein auf gesunde Ernährung achten
Augen	grauer Star, Katarakt	siehe Diabetes; Bewegung (+) Computer/TV (–), Stress (–), Rauchen (–)	Gemüse (v. a. Karotten, Grünkohl, Spinat und Brokkoli) (+) Kaffee (–), (Schwarz-)Tee (–)

Gut zu wissen

Bewegung und Beweglichkeit Es ist nie zu spät: Auch wer bislang keinen oder kaum Sport getrieben hat, profitiert von körperlicher Aktivität im Alter. Durch Sportarten wie Schwimmen, Pilates oder Gymnastik, aber auch schon durch regelmäßige Spaziergänge kann man vielen Erkrankungen vorbeugen. Bewegung hilft ausnahmslos immer dabei, Körper und Geist fit und beweglich zu halten. Bei der Wahl der Sportart sollten sich Ungeübte für eine Bewegungsart entscheiden, die ein geringes Verletzungs- und Verschleißrisiko mit sich bringt. Verzichten Sie auf Rekorde. Denken Sie außerdem daran, auch Ihre Beweglichkeit zu trainieren – die lässt im Alter nach.

Auch wenn es mit zunehmendem Alter schwerer fallen mag, Gewohnheiten zu ändern, ist es nie zu spät, beispielsweise mit einer neuen Sportart zu beginnen. Dabei sollte man sich natürlich nicht überfordern. Das führt nur zu Frustration und eventuell zu gesundheitlichen Folgeerscheinungen. Ziehen Sie zunächst selbstkritisch und ehrlich Bilanz: Wie viel Bewegung bietet mir mein Tagesablauf? Wo kann ich mehr körperliche Betätigung in Alltagsabläufe einbauen? Statt beispielsweise Aufzug und Rolltreppe vorzuziehen, ist es gesünder, die Treppe zu nehmen, solange die körperliche Fitness dies zulässt. Oft werden solche Möglichkeiten, Bewegung in den Alltag zu integrieren, und auch ihr positiver Effekt unterschätzt. Mehr zu dem Thema Sport lesen Sie ab S. 130. Auch Ihre Ernährung darf gern unter die Lupe genommen werden. Essen Sie täglich fünf Portionen Obst und Gemüse oder kann man hier noch etwas optimieren? Viele Tipps und Informationen zur Ernährung im Alter finden Sie ab S. 142.

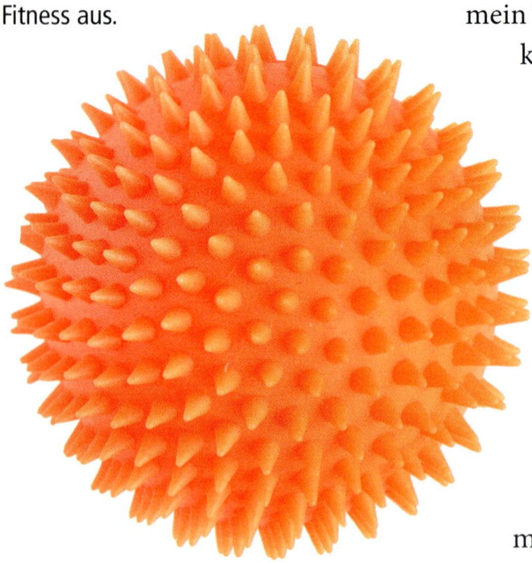

Mit kleinen Hilfmitteln wie einem Igelball kann man verschiedenste Übungen ausführen. Nur wenige Minuten täglich wirken sich positiv auf Ihre Fitness aus.

Aktiv die zweite Lebenshälfte angehen Für das Empfinden von Glück und Zufriedenheit spielt das Alter keine Rolle – ein erfülltes Leben ist nicht an eine Jahreszahl gebunden. Wie der Sinnspruch „Man ist so alt, wie man sich fühlt" ausdrückt, kommt es in einem hohen Maße auf die eigene Einstellung an, wie der Alltag gelebt und organisiert wird. Und auch die unterschiedlichen Gesundheitszustände älterer Menschen sind ein Indiz dafür, dass dem Alter allein kein allzu hoher Stellenwert beigemessen werden sollte: Es gibt zwar Frührentner, die aus gesundheitlichen Gründen aus dem Beruf ausgeschieden und auf Unterstützung von außen angewiesen sind, es gibt aber auch 90-Jährige, die sich fit und gesund fühlen und ihren Alltag weitgehend allein bewerkstelligen. Die gute Nachricht: Sie können mit Ihren Entscheidungen, wie aktiv und gesund Sie Ihr Leben gestalten, selbst viel Einfluss auf Ihren Gesundheitszustand nehmen.

(Vor-)Erkrankungen, Unfälle und Verletzungen Über die familiäre bzw. genetische Veranlagung hinaus spielt auch ihre individuelle Lebensgeschichte eine Rolle. Wer gesundheitliche Veränderungen bei sich auszumachen glaubt, sollte dies mit einem Arzt abklären, um gegebenenfalls frühzeitig und gezielt gegensteuern zu können. Das fängt bei der Vergesslichkeit an, die auf eine Demenzerkrankung hindeuten kann, in vielen Fällen aber auch auf unbedenkliche Ursachen zurückzuführen ist – von Stress bis hin zu normalen Alterungserscheinungen.

Rheumatische Erkrankungen sind weit verbreitet und ihre Diagnose macht vielen Menschen Angst. Doch auch wenn die Ursachen für Gicht, Arthrose und Arthritis vielfach bis auf die Kindheit zurückzuführen sind, heißt dies nicht, dass Sie nicht auch im fortgeschrittenen Alter korrigierend eingreifen können. So lässt sich beispielsweise der Verlauf dieser Krankheit vielfach bereits durch eine Ernährungsumstellung positiv beeinflussen. Je nach Stadium ist es dennoch hilfreich, sich zu überlegen, wie weitere Einschränkungen in Beweglichkeit und Motorik ausgeglichen werden könnten, um sich weiterhin im eigenen Zuhause zurechtzufinden.

Schlaganfälle und Herz-Kreislauf-Erkrankungen wie Bluthochdruck wiederum fordern die Betroffenen heraus, die Dinge entspannt anzugehen. Neben Übungen für innere Ruhe wie dem Autogenen Training kann dies auch durch ein optimiertes Ordnungssystem oder praktische Hilfsmittel für den Alltag geschehen, die eine echte nervliche Entlastung bedeuten, wie z. B. eine Greifzange für schwer erreichbare Gegenstände oder einen Gehstock mit Eiskralle, die das Ausrutschen auf glatten Flächen verhindert. Je nach Charaktertyp fordern technische Geräte, die über Computer- oder Smartphone-Programme gesteuert werden, Ungeübte oft mehr heraus und verursachen eher Stress, als dass sie helfen. Mehr zu nützlichen Helfern im Alltag lesen Sie ab S. 78.

Frühere Unfälle, Verletzungen oder Krankheiten, die bleibende Folgen hatten und von denen Sie vermuten, dass sie sich in Zukunft noch stärker bemerkbar machen, können ebenfalls Anlass sein, über bestimmte Veränderungen im Haushalt und Anpassungen

So war es bei mir

„Die Diagnose einer beginnenden Demenz traf mich hart. Ich sah zunächst nur den Leidensweg. Aber dank der Medikamente stagniert die Krankheit nun und ich sehe nicht mehr alles so schwarz. Täglich erfülle ich ein festes Pensum an Gedächtnisübungen, die mir sogar Spaß machen. Meine sozialen Kontakte pflege ich weiterhin intensiv und ein Pflegedienst hilft mir ein paar Stunden in der Woche im Haushalt. Ich weiß, dass mich mit zunehmendem Krankheitsverlauf manche meiner Freunde unterstützen werden. Dadurch mache ich mir nicht mehr ganz so viele Sorgen zu vereinsamen. Außerdem kenne ich ja jetzt schon die Mitarbeiter vom Pflegedienst und weiß, dass sie langfristig auch mehr helfen können. Das macht mich zuversichtlich, dass ich nicht so bald ins Pflegeheim muss." *Dieter H. aus Bochum*

Gut zu wissen

Welche Rolle spielen die Gene? Die genetischen Anlagen haben einen wichtigen Einfluss auf Entwicklung und Leben eines Menschen. Doch selbst bei Risikofaktoren sollten familiäre Veranlagungen kein Grund sein, den Kopf in den Sand zu stecken. Jeder hat nachweislich durch sein Handeln sehr viel Einfluss auf die Gesundheit. Eine vitale – und gegebenenfalls besonders angepasste – Lebensweise kann auch schwere Krankheiten verhindern helfen oder deren Verlauf lindern. Zudem schreitet die medizinische Forschung in raschem Tempo voran und hat bereits viele Lösungen gefunden, vom künstlichen Gelenk bis zur Krebstherapie.

des Lebensstils nachzudenken. Dazu zählen beispielsweise Kopfverletzungen, die zu einem gelegentlichen Schwindelgefühl führen. Dann können zusätzliche Geländer und Armaturen eine sinnvolle Investition sein. Oder bei Vorerkrankungen, die den Bewegungsapparat einschränken, wie einem Bandscheibenvorfall, sollte man entsprechende Gymnastikübungen zur Routine werden lassen und immer daran denken, nicht zu lange am Stück zu sitzen.

Die Wohnsituation

Ziehen Sie Bilanz über Ihre aktuelle Wohnsituation: Was bietet Ihnen Ihr Zuhause? An welchen Stellen könnten Alltagsroutinen schwierig werden, auch angesichts möglicher künftiger Einschränkungen? Ziehen Sie keine vorschnellen Schlüsse, sondern nehmen Sie sich Zeit, die Dinge in Ruhe zu überdenken. Möglicherweise liegen Lösungen für gewisse Situationen näher, als Sie derzeit annehmen. Die Tabellen rechts und auf der Folgeseite listen entscheidende Fragen auf, an die Sie denken sollten. Überall, wo Sie nach sorgfältiger Überlegung Handlungsbedarf erkennen, können Sie die Sache beherzt angehen und sollten nicht zu viel Zeit vergehen lassen. Gibt es in Ihrer Wohnung oder Ihrem Haus sehr viel zu tun, könnten Sie eine Veränderung Ihrer Wohnsituation in Erwägung ziehen. Sie könnten z. B. darüber nachdenken, aus einem Haus mit Garten auf dem Land in eine kleinere Stadtwohnung zu ziehen, wo die medizinische Versorgung mit Arztpraxen und Krankenhäusern besser ist.

Entscheidungen ohne Vorbehalte fällen Für die eigene Orientierung, wo man im Leben derzeit steht und welche Pläne man schmieden möchte, spielt das Alter durchaus eine Rolle: Es macht einen Unterschied, ob Sie beispielsweise den Umbau Ihres Hauses für die nächsten 30 oder für die nächsten zehn Jahre planen – immer vorausgesetzt, dass keine einschneidenden unerwarteten Ereignisse wie ein Börsencrash oder eine schwere Krankheit eintreten. Anstelle einer neuen Heizungsanlage empfiehlt sich für den 90-Jährigen vielleicht eher ein gutes finanzielles Polster für etwaige Pflegekräfte oder genussvolle Urlaube als die auf Jahrzehnte ausgelegte Modernisierung der Haustechnik. Viele Menschen machen sich beispielsweise auch Gedanken über ihre Kinder und Enkelkinder, wollen ihnen etwa das größtmögliche Erbe hinterlassen.

Wenn Sie das Thema belastet, versuchen Sie es offen anzusprechen und machen Sie sich, wann immer möglich, frei von Pflichtgefühlen – was die Zukunft wirklich bringt, ist ohnehin nicht vorhersehbar. Um beim Beispiel der Heizung zu bleiben: Falls Sie die Investition auch unter dem Blickwinkel planen, dass Ihre Kinder eines Tages den höchstmöglichen Verkaufspreis des modernisierten Hauses erzielen sollen, dann bedenken Sie auch Folgendes: Techniken entwickeln sich weiter, Immobilienpreise können schwanken und möglicherweise hat der künftige Käufer ganz andere Vorstellungen für die eingesetzte Heiztechnik als Sie und würde ohnehin alles noch einmal umbauen. Ihr Geld ist woanders also möglicherweise besser aufgehoben.

Modernisierung und Zweckmäßigkeit verbinden Anders sieht es bei ohnehin anstehenden Renovierungen aus. Steht eine Fußbodenerneuerung an, ist es sinnvoll, gleich auch Stolperstellen wie Türschwellen u. Ä. zu beseitigen und gegebenenfalls unterschiedliche Bodenniveaus in den Zimmern anzugleichen. Mehr zu dem Thema lesen Sie ab S. 69. Wer auf der Suche nach einer Haushaltshilfe ist, sieht sich am besten nach jemandem um, der nicht in absehbarer Zeit selbst in Rente gehen wird. Für ein gutes Vertrauensverhältnis und eine langfristige Planung

Beurteilung der Wohnsituation Eigenheim/Eigentumswohnung

Kategorie	Wichtige Fragen zur aktuellen Situation
Größe	• Haben Sie zu viel Platz (z. B. ungenutzte Zimmer, hoher Reinigungsaufwand)? • Ist Ihre Wohnung oder sind einzelne Räume zu klein (können z. B. Küche/Bad nicht barrierefrei umgebaut werden)?
Eingang/Außenbereich/ Terrasse	• Sind alle Bereiche stufen-/schwellenlos? • Ist der Boden rutschsicher? • Gibt es Haltemöglichkeiten/Geländer? • Ist ein Umbau zu Barrierefreiheit möglich? Benötigen Sie eine Zustimmung in der Eigentümerversammlung?
Treppen	• Müssen Treppen eventuell mit einem Treppenlifter ausgestattet werden? • Ist der Wohnbereich auf eine Etage reduzierbar?
Garten/Terrasse/Balkon	• Ist der Pflegeaufwand zu bewältigen? • Könnte man eventuell Gartenfläche und Arbeitsaufwand reduzieren?
Gemeinschaftsräume/ -flächen	• Sind sie barrierefrei? • Kann man eventuell darauf verzichten (z. B. Waschkeller)? • Ist ein Umbau erforderlich?
Zustand	• Ist Ihr Eigenheim erst renoviert? Sind also keine größeren Ausgaben für neue Heizung, Dach, Fassade etc. zu erwarten? • Steht eine Sanierung an (eventuell auch bei Sondernutzungsflächen wie Gehweg oder Waschkeller)?
Hausgeld bzw. Unterhaltskosten	• Sind die Kosten noch immer überschaubar – jetzt da das Einkommen geringer ausfällt? Ist das auch dann noch der Fall, wenn Aufwendungen für Hilfsmittel und Pflege hinzukommen? • Gibt es Möglichkeiten, Fixkosten zu reduzieren?
Einrichtung	• Sind die Durchgänge überall breit genug für Rollator/Rollstuhl? • Sind Bad und WC schon altersgerecht ausgestattet?

Beurteilung der Wohnsituation als Mieter

Kategorie	Wichtige Fragen zur aktuellen Situation
Vermieter	• Er/Sie ist unter gewissen Umständen verpflichtet Umbauten zu Barrierefreiheit zuzustimmen. • Steht er/sie auch sonstigen Veränderungen offen gegenüber oder ist er/sie zurückhaltend? Ist eine Kostenübernahme/Zustimmung zu erwarten, wenn sie nicht gesetzlich vorgeschrieben ist?
Größe	• Haben Sie zu viel Platz (z. B. ungenutzte Zimmer, hoher Reinigungsaufwand)? • Ist die Wohnung oder sind Räume zu klein (können z. B. Küche/Bad nicht barrierefrei umgebaut werden)?
Eingang/Außenbereich/ Terrasse	• Sind alle Bereiche stufen-/schwellenlos? • Ist der Boden rutschsicher? • Gibt es Haltemöglichkeiten/Geländer? • Ist ein Umbau möglich und ist der Vermieter informiert? Ist die Kostenübernahme geklärt?
Treppen	• Müssen Treppen mit einem Treppenlifter ausgestattet werden? Holen Sie gegebenenfalls vorab die Genehmigung Ihres Vermieters ein.
Garten/Terrasse/Balkon	• Ist der Pflegeaufwand zu bewältigen oder wäre es sinnvoller, in eine Wohnung zu ziehen, deren Außenbereich kleiner und pflegeleichter ist?
Gemeinschaftsräume/-flächen	• Sind sie barrierefrei? • Braucht man sie unbedingt (z. B. Waschkeller)? • Ist ein Umbau erforderlich? Wie steht der Vermieter dazu?
Miet- und Nebenkosten	• Sind die Kosten noch immer überschaubar – jetzt da das Einkommen geringer ausfällt? Ist das auch dann noch der Fall, wenn Aufwendungen für Hilfsmittel und Pflege hinzukommen? Oder wäre eine günstigere Mietwohnung eine bessere Alternative? • Sind Mieterhöhungen zu erwarten (nach Umbau und energetischer Sanierung)?
Einrichtung	• Sind die Durchgänge überall breit genug für Rollator/Rollstuhl? • Sind Bad und WC schon altersgerecht ausgestattet?

ist es auch hilfreich, wenn man jemanden findet, der nach Absprache seine Tätigkeiten gegebenenfalls auch erweitern kann und beispielsweise eines Tages nicht nur die Zimmer reinigt, sondern auch das Wäschewaschen und Kochen übernehmen kann.

Gehen Sie also stets von Ihrer aktuellen Situation sowie den jetzigen Bedürfnissen aus und denken Sie bei allen anstehenden Entscheidungen über Lösungen nach, die auch weiter in der Zukunft funktionieren können.

Mein familiäres und soziales Umfeld

Es mag im ersten Moment wie ein Widerspruch klingen, doch wer im Alter möglichst lange eigenständig bleiben möchte, ist auf Unterstützung aus der Umgebung angewiesen. Denn oft kann man den Alltag nur dann noch zu Hause bewerkstelligen, wenn man hier und da etwas Hilfe bekommt. Sei es beim Einkaufen, Kochen oder dem Anbringen von Vorrichtungen im Haushalt, die aufgrund neuer Lebensumstände angepasst werden müssen. So könnten beispielsweise eines Tages zusätzliche Griffe nötig werden, um weiterhin selbstständig in die Badewanne ein- und aussteigen zu können. Und schließlich kann auch eine Grippe, die man als jüngerer Mensch schnell wegsteckt, zu einer Herausforderung werden, wenn man nicht weiß, wie man geschwächt zum Arzt kommen oder die Zutaten für eine wohltuende Gemüsesuppe besorgen soll. Es ist daher gut, sich frühzeitig um „helfende Hände“ (Verwandte, Freunde, Nachbarn) zu bemühen, auch wenn man sie vielleicht erst später oder gar nicht benötigt.

Kinder und Angehörige Für viele Menschen ist es wichtig zu wissen, dass die eigene Familie in der Nähe ist. Überlegen Sie, welche Distanzen zwischen Ihnen und den vertrauten Menschen liegen und welche Besuchsintervalle realistisch sind, ohne die Familienmitglieder zu überfordern. Idealerweise sollten sie ihre Besuche selbstständig planen und nach ihren persönlichen Umständen organisieren können. Geben jedoch äußere Umstände Termine vor, z. B. Arztbesuche, kann man nicht unbedingt davon ausgehen, dass die Hilfspersonen ihre eigenen Verpflichtungen aufgeben können, von der Berufstätigkeit bis zur Schulpflicht der Enkelkinder. Suchen Sie in jedem Fall das Gespräch miteinander und informieren Sie sich, welche gesetzlichen Regelungen es gibt (siehe Kapitel „Hilfen für pflegende Angehörige“ ab S. 253). Bleiben Sie dabei stets realistisch. Denkbar ist auch, dass enge Freunde Aufgaben übernehmen, die üblicherweise Familienangehörige übernehmen. Dasselbe gilt für professionelle Pflegekräfte und Haushaltshilfen.

Mit welcher Art von Unterstützung fühlen Sie sich wohl? Fragen Sie sich, welche Art von Pflege und Unterstützung für Sie denkbar ist. Während z. B. Hilfe beim Ankleiden eine Aufgabe darstellt, die Sie sich für Ihre Kinder noch gut vostellen können, sieht es beim Übernehmen der Körperhygiene

Beim Ausfüllen von Formularen, z. B. der Einstufung für einen Pflegegrad, können Ihre Kinder eine wertvolle Unterstützung sein. So ergibt sich auch gleich die Gelegenheit, die Zukunft zu besprechen.

Viele Menschen werden lieber von Pflegekräften unterstützt, denn so können sie gegenüber der Familie weiterhin ihre Achtung und Anerkennung bewahren.

vielleicht schon anders aus. Bevor man sich im Fall einer überraschenden Erkrankung in einer für alle Beteiligten unangenehmen Situation wiederfindet, könnte man beispielsweise im Vorfeld absprechen, dass in diesen Fällen lieber eine Pflegekraft aushelfen soll. Denn für die meisten Menschen ist eine derartige Unterstützung von Krankenschwestern und -pflegern eher akzeptabel als von Familienangehörigen oder Freunden. Mit professionellen Pflegekräften, die im ambulanten Einsatz sind, kann man bestimmter umgehen, weil eine bezahlte „Dienstleistung" vorliegt. Es lässt sich leichter festlegen, was man wofür erwarten kann. Bei Privatpersonen hat man womöglich das Gefühl, in deren Schuld zu stehen, und weiß nicht, wie man sich erkenntlich zeigen soll. Horchen Sie in sich hinein und versuchen Sie möglichst offen an die Sache heranzugehen, solange Sie die verschiedenen Optionen selbst bestimmen können.

Geben und nehmen

Vermutlich nehmen die Situationen zu, in denen Sie Hilfe benötigen. Doch machen Sie sich auch bewusst, was Sie zu geben haben. Mit welchen Tätigkeiten fühlen Sie sich wohl, was macht Ihnen Spaß und wo sind Sie fest in soziale Strukturen eingebunden? Vom zwanglosen Vereinsabend bis zum ehrenamtlichen Vorlesen in der Bücherei ist es sinnvoll, sich von Zeit zu Zeit der eigenen Rolle im Leben anderer bewusst zu werden. Dabei geht es nicht nur um Fähigkeiten, sondern auch sehr viel um emotionale Nähe.

So können Sie erlernte Fähigkeiten nutzen Stellen Sie sich die Frage, was Ihnen Spaß macht und was Sie im Alltag erfüllt. Dazu können Hobbys zählen, von der Tierhaltung und -betreuung bis zum Modellbau (siehe auch S. 190), aber auch Kenntnisse aus Ihrem Berufsleben, wie z. B. „Autoschrauber" oder Kochen und Backen. In Nachbarschaftshilfen, karitativen Einrichtungen oder Vereinen ist man für jede Unterstützung dankbar. Auch der menschliche Austausch hat dort oft einen hohen Stellenwert – das ist für alle Beteiligten schön.

Zudem gibt es Tauschkreise, die die Möglichkeit bieten, sich selbst einzubringen und im Gegenzug handfeste Gegenleistungen zu erhalten. Mitglieder erhalten z. B. einen Tauschpunkt für einen gebackenen Kuchen, den man dann gegen eine andere Leistung einlösen kann, z. B. Hilfe beim Unkraut jäten. Mittlerweile gibt es ein breites Angebot, das nachbarschaftliche Entwicklungen stärken soll. Lesen Sie mehr dazu im Kapitel „Nachbarschaftshilfe aufbauen" ab S. 182.

Finden Sie heraus, was Sie sonst noch können Neben den Dingen, mit denen Sie sich bereits gern beschäftigen und die Sie aktiv erlernt haben, verfügen Sie sicher über weitere Fähigkeiten und Charakterzüge, die sie nutzen können. Wenn Sie z. B. gern Menschen unterstützen, wäre möglicherweise ehrenamtliche Arbeit in Behinderten-, Alten- oder Pflegeheimen etwas für Sie (siehe auch S. 204). Damit lässt sich ein soziales Netzwerk wunderbar erweitern und für Ihre eigene Zukunft haben Sie damit eventuell auch etwas getan, denn vielleicht brauchen Sie eines Tages Hilfe und kennen dann schon gute Anlaufstellen.

Als sogenannte Leihoma oder Leihopa kümmern Sie sich um Kinder in Ihrer Nachbarschaft. Auch hier lassen sich enge Beziehungen knüpfen und der Umgang mit Kindern kann sehr bereichernd sein (siehe auch „Zeitbörsen und Tauschringe", S. 186).

Machen Sie sich eine Liste mit allem, was Ihnen Spaß macht und was Sie gern weiterverfolgen würden. Wer bereits viel beschäftigt und zufrieden mit seinen sozialen Kontakten ist, muss sich keine neuen Aufgaben zulegen. Das könnte unnötigen Stress verursachen.

Sorgen und Ängste verlieren

Sicherlich wollen Sie an den Punkt gelangen, an dem Sie entspannt und gelassen in die Zukunft blicken können. Wenn Sie unspezifische Sorgen plagen oder Sie eine innere Unruhe verspüren, kann es sehr hilfreich sein, eine Bestandsaufnahme Ihrer aktuellen Situation zu machen. Dabei werden Schlüsselstellen offengelegt und eher diffuse Sorgen konkret benannt. So können Sie aktiv Lösungen finden. Außerdem werden Sie sich bewusst, wie Sie Ihre Stärken am besten einsetzen. Nehmen Sie sich die Zeit zu resümieren, wo Sie stehen, um dann im nächsten Schritt Ihre Wünsche und Vorstellungen für den kommenden Lebensabschnitt zu benennen.

So war es bei mir

„Die Zeitungen waren voll von beängstigenden Berichten übers Altern und welche Vorkehrungen man treffen muss. Obwohl ich eigentlich gesund war, sah ich einen unüberwindbaren Berg nötiger Entscheidungen vor mir und ich konnte kaum noch ruhig schlafen. Mit meinem Sohn bin ich dann verschiedene Szenarien durchgegangen und was in diesen Fällen zu tun wäre. Diese Checkliste hat mir die Sicherheit gegeben, im Ernstfall zu wissen, was passieren könnte und was man unternehmen muss. Natürlich kann man nicht auf alles vorbereitet sein, aber die Angst vor dem Ungewissen ist weg und ich bin tatsächlich nicht mehr so nervös." *Johanna N. aus Aschaffenburg*

Was will ich für die Zukunft?

Für viele Menschen ist der Übergang zu Rente oder Pension Anlass, ihr Leben neu zu planen und zu organisieren. Dabei ist es hilfreich, sich erst einmal über die eigenen Wünsche und Bedürfnisse für die Zukunft klar zu werden.

Das Leben ist vorangeschritten, Sie haben sich Ihr Eigenheim nach eigenen Wünschen, Vorstellungen und Möglichkeiten schon längst geschaffen, Beruf und Hausarbeit forderten viele Jahre einen Großteil Ihrer Zeit. Sicherlich haben auch Ihre Hobbys und Freizeitaktivitäten einen festen Platz in Ihrem Leben gefunden, sei es das wöchentliche Treffen des Vereins, der Besuch in Schwimmbad und Sauna oder Sonstiges. Der Eintritt ins Rentenalter schafft dann Zeit für neue Pläne – er stellt Menschen aber auch vor die Herausforderung, ihren Alltag neu zu strukturieren. Machen Sie sich Gedanken über die weitere Lebensgestaltung und werden Sie sich darüber klar, was Ihnen für die Zukunft wichtig ist. Auch wenn gewohnte Alltagsabläufe Sicherheit bieten, ist es hilfreich, wenn Sie sich Ihrer Wünsche für den neuen Lebensabschnitt bewusst werden und diese klar formulieren. So können Sie eventuelle größere Veränderungen frühzeitig angehen und damit Raum für Neues schaffen. Nicht selten hat die Arbeitsstelle den Wohnort bestimmt und das Ende der Tätigkeit ist eine Chance, sich einen neuen Lebensmittelpunkt nach eigenen Wünschen zu suchen. Wichtig ist aber auch die neue finanzielle Situation, denn die allermeisten müssen mit einem geringeren Einkommen auskommen und mit ihrem Budget anders wirtschaften, als sie bislang gewohnt waren (siehe dazu auch das Kapitel „Was ist individuell für mich möglich?“, S. 28).

Mit Renteneintritt haben Sie mehr Zeit – eine gute Gelegenheit, auszumisten und mit dem Verkauf alter Schätze die Pensionskasse etwas aufzubessern.

(Fast) alles ist möglich

Derartige Veränderungen können kleinerer oder größerer Art sein, Umzüge beispielsweise stellen immer eine größere emotionale Belastung dar und sollten entsprechend gut vorbereitet und geplant sein. Ein Grund für den Ortswechsel könnte z. B. sein, dass man in eine kleinere und erschwinglichere Wohnung ziehen möchte, die günstiger liegt. So lässt sich Geld sparen und die Wege sind kürzer. Eine andere Motivation für einen Umzug könnte sein, dass man vom Land in die Stadt möchte, um an eine geeignetere Infrastruktur angebunden zu sein. Vielleicht ist auch das Gegenteil der Fall und man möchte aufs Land ziehen, um mehr in der Natur sein zu können. Viele Menschen erwägen auch einen Umzug in die Nähe der Kinder und Enkelkinder, um bei der Familie zu sein, und andere denken an eine (zeitweise) Verlagerung des Lebensmittelpunkts ins Ausland, beispielsweise in ein Winterdomizil in einer Mittelmeerregion.

Auch ohne Ortswechsel kann sich einiges ändern. Viele Menschen möchten die neu gewonnene Zeit dafür nutzen, ihren Hobbys intensiver nachzugehen, andere widmen sich erst einmal dem Einrichten und Gestalten der eigenen vier Wände sowie der Terrasse und dem Garten. Außerdem gibt es womöglich Länder, die Sie schon lange einmal bereisen wollten. Die unerfüllten Wünsche sind ebenso vielfältig wie individuell verschieden.

Viele Menschen nehmen das neue Zeitkontingent zum Anlass, endlich zu erledigen, was sie schon lange machen wollten: Sie organisieren ihr Zuhause neu und trennen sich von Dingen, die seit Jahren ungenutzt im Keller oder auf dem Speicher lagern. Es muss auch nicht alles auf den Wertstoffhof. Vielleicht kaufen Ihnen ein Antiquitätenhändler oder Besucher von Trödelmärkten etwas ab und Sie bekommen sogar noch ein bisschen etwas für den Verkauf Ihrer alten Schätze.

Checkliste: Was wünsche ich mir?

Kreuzen Sie an, worauf Sie in Zukunft nicht verzichten möchten oder können.

Soziales
- ❑ Nähe zur Familie
- ❑ Freunde
- ❑ Nachbarn
- ❑ Vereine/Sonstiges (vom Stammtisch bis zum gemeinsamen Kaffeetrinken)

Wohnen
- ❑ Großzügige Wohnung mit Bad und Küche, inklusive gewohntem Komfort
- ❑ Alleine Wohnen/ambulante Betreuung

Gesundheit/medizinische Versorgung
- ❑ Hausarzt
- ❑ Apotheke in der Nähe
- ❑ Notfall-/Intensivmedizin in der Nähe

Kultur
- ❑ Theater, Konzerte, Kino, Lesungen
- ❑ Schauspiel (Laiengruppe)
- ❑ Musizieren
- ❑ Tanzen

Sport
- ❑ Schwimmbad
- ❑ Fitnessstudio
- ❑ Verein (verschiedene Sportarten)
- ❑ Freie Sportgruppe (z. B. Gymnastik, Pilates, Nordic Walking, Yoga)

Hobbys
- ❑ Garten und Gärtnern
- ❑ Lesen und Bildung (Volkshochschule)
- ❑ Haustiere
- ❑ Sonstige (von Modellbau bis Kochen)

So war es bei mir

„Ich bin alleinstehend und der Schrebergarten war für mich das Wichtigste in meinem Leben – bis zur Rente. Denn als mir klar wurde, dass ich nun den ganzen Tag im Garten verbringen kann, reichte mir meine Parzelle nicht mehr. Erst hatte ich Bedenken, ob ich den Schrebergarten aufgeben soll, schließlich war ich aktives Vereinsmitglied und schätzte die Nachbarn. Aber dann habe ich mich doch durchgerungen und mir ein kleines, seniorengerecht renoviertes Häuschen auf dem Land mit schönem Grundstück gesucht. Meine Parzelle konnte ich an einen netten Bekannten weitergeben. In der neuen Dorfgemeinschaft habe ich mich sofort wohlgefühlt und dank meiner gärtnerischen Kenntnisse auch schnell Anschluss gefunden. Nun ist mein Hobby zum Lebensinhalt geworden." *Rudolf W. aus Tübingen*

Die folgenden Fragen sind als Denkanstöße zu verstehen, welche Möglichkeiten es gibt und worüber Sie sich klar werden sollten, bevor es im nächsten Kapitel um die Finanzierbarkeit geht. Dabei ist es hilfreich, die einzelnen Themen konkret zu überdenken und z. B. eine ganz persönliche Prioritätenliste zu entwickeln.

Wie möchte ich wohnen?

Ihre Wohnsituation ist natürlich elementar wichtig, entsprechend bedeutend sind vermutlich Ihre Überlegungen dazu. Öffnen Sie sich doch auch neuen Möglichkeiten, an die Sie womöglich bislang noch gar nicht gedacht haben.

Wohnung oder Haus? Wer Immobilieneigentum besitzt, hat in der Regel eine größere Hemmschwelle, Wohnung oder Haus wirklich aufzugeben. Doch die einstigen Beweggründe, etwas zu kaufen, sind womöglich längst hinfällig: Nicht selten zählt zu den ursprünglichen Überlegungen, durch die eigene Immobilie Kapital zu bilden, um auf lange Sicht günstiger zu wohnen als in einem Mietobjekt. Doch in einem großen Haus selbst Verantwortung für Instandhaltung und Renovierung zu übernehmen kann im Alter eine Herkulesaufgabe werden. Denken Sie doch einfach einmal ohne Vorbehalte darüber nach, vom Eigenheim in eine passende Mietwohnung zu ziehen. Auf einen Schlag könnten Sie die Sorge um Haustechnik und feuchte Kellerräume getrost Ihrem Vermieter überlassen. Unvorhersehbare Kosten, die plötzlich anfallen, wie z. B. eine anstehende Kanal- oder Straßensanierung vor dem Haus, an der sich alle Anwohner beteiligen müssen, betreffen Mieter nicht oder nur in geringerem Maße in Form einer moderaten Mieterhöhung.

Untervermietung Wer sein Wohneigentum nicht aufgeben möchte, könnte alternativ auch in Betracht ziehen, einen Teil der Räume zu vermieten. Manche Häuser sind dafür besser geeignet als andere, etwa weil sie bereits über zwei Eingänge und getrennt voneinander nutzbare Wohneinheiten verfügen. So lässt sich beispielsweise das Wohnen für zwei Parteien auf unterschiedlichen Etagen verwirklichen, vorausgesetzt, die Raumaufteilung bietet die Möglichkeit für ein zweites Bad und eine zweite Küche.

Immobilienverrentung Eine weitere Möglichkeit ist der Verkauf der Immobilie an einen Investor oder eine gemeinnützige Organisation gegen eine feste Rente – in Verbindung mit einem lebenslangen Wohnrecht. Mehr zu dieser Option finden Sie im Kapitel „Was ist individuell für mich möglich?“ auf S. 28.

Wohnen für Hilfe Wohnpartnerschaften stellen auch eine Form der Untervermietung dar und werden z. B. vom Deutschen Studentenwerk in derzeit 25 Städten vermittelt. Dabei stellen die Wohnungsinhaber Studentinnen oder Studenten ein günstiges Zimmer zur Verfügung und erhalten im Gegenzug eine vorab festgelegte Unterstützung bei Alltagsarbeiten und im Haushalt. Medizinische Dienste oder Pflegeaufgaben zählen jedoch nicht zu den möglichen Aufgaben. Beachten Sie, dass bei dieser Form der Untervermietung ein intensiver Austausch vorgesehen und unvermeidbar ist. Sie sollten also mit dem Wohnpartner gut zurechtkommen, um sich nicht fremd in den eigenen vier Wänden zu fühlen. Mehr dazu finden Sie im Kapitel „Wohnen für Hilfe“ ab S. 280.

Geringerer Raumbedarf Regelmäßig stellt sich die Situation ein, dass man sogar zu viel Platz hat, etwa weil die Kinder längst ausgezogen sind und einen eigenen Haushalt aufgebaut haben oder weil Sie schlicht weg den Wunsch hegen, weniger Räume sauber und ordentlich zu halten. Beides können gute Gründe sein, um über einen Auszug aus den vertrauten vier Wänden und einen Ortswechsel nachzudenken. Prüfen Sie, wie viel Platz Sie wirklich benötigen und welche Räume sich im Laufe der Jahre fast schon zu Abstellkammern entwickelt haben. Wer sich verkleinert, spart Reinigungsaufwand und Geld, nicht zuletzt über geringere Heizkosten.

Kulturelle und andere Angebote Für jene, die über einen Ortswechsel nachdenken, kann mitunter auch das Angebot an Museen, Theatern und Konzertsälen oder die Möglichkeit für andere Aktivitäten wie z. B. Gärtnern, Wandern oder Radtouren eine Rolle spielen. Beispielsweise kann es für leidenschaftliche Opernliebhaber durchaus wichtig sein, in die Nähe eines Opernhauses zu ziehen, und, ja, in ländlichen Gegenden ist das kulturelle Angebot meist kleiner,

Jede Entscheidung ist individuell geprägt. Wenn es Sie glücklich macht, im eigenen Garten zu sitzen und zu lesen, ist wahrscheinlich schnell klar: Dieses Zuhause geben Sie nicht so einfach auf.

doch die Vielfalt allein ist nicht immer entscheidend. Wenn Sie z. B. gern singen möchten, es in der Kleinstadt, in der Sie leben, aber keinen Chor gibt, muss das nicht gleich ein Grund für einen Umzug darstellen. Versuchen Sie doch zunächst einmal, selbst eine Gesangsgruppe zu gründen. Menschen, die mit Beruf, Kindererziehung und Haushalt voll ausgelastet sind, fehlt oft schlicht die Zeit, selbst aktiv zu werden und die Organisation einer Gruppe zu übernehmen, würden aber gern daran teilnehmen, sodass schnell eine Gruppe zusammenkäme. Aushänge oder Internetannoncen helfen Ihnen bei einem solchen Vorhaben.

Versuchen Sie dabei, in die Zukunft zu blicken und Angeboten in der Nähe den Vorzug zu geben. So können Sie Ihren Aktivitäten lange nachgehen, auch wenn sich eventuelle Einschränkungen in der Mobilität ergeben sollten. Wer seine Ziele erreichen kann, ohne auf ein eigenes Auto angewiesen zu sein, ist im Vorteil, falls er eines Tages aus Kostengründen den Privatwagen verkauft oder aus gesundheitlichen Gründen den Führerschein abgibt.

Nähe zu Familie und Freunden

Die Sorge um Vereinsamung ist gerade im Alter weit verbreitet. Nicht alle haben ihre Familie in erreichbarer Nähe. Sich darüber klar zu werden, welche Rolle andere Menschen im eigenen Leben spielen und auch für die Zukunft spielen sollen, ist daher nicht immer ein einfaches Unterfangen. Diese Menschen müssen nicht zwingend Verwandte sein. Vielleicht haben Sie auch so enge Freunde, dass diese einer Familie gleichkommen. Wer seinen Wohnort und bisherigen Lebensmittelpunkt aufgeben möchte, um in die Gegend seiner Familie oder anderen sehr nahestehenden Menschen zu ziehen, sollte den Schritt gut planen.

Was machen Sie am liebsten? Wer beispielsweise gern angelt, kann sich vielleicht einen lang gehegten Wunsch erfüllen und ein neues Zuhause in Gewässernähe suchen.

Was erwarten Sie sich von der Nähe zur Familie? Fragen Sie sich, ob Sie sich aktiv einbringen wollen und können gegebenenfalls auch die Versorgung von Enkelkindern mit übernehmen. Oder wünschen Sie sich in erster Linie eine familiäre Betreuung, falls Sie selbst eines Tages Unterstützung und Hilfe benötigen sollten? Bedenken Sie, dass Ihre Kinder eigene Verpflichtungen haben – der Alltag junger Familien ist nicht selten ein dichtes Netz aus Terminen. Bevor man das eigene soziale Umfeld mit Freunden, Bekannten und Nachbarn aufgibt, empfiehlt es sich, die eigenen Möglichkeiten und Erwartungen konkret mit den Angehörigen zu besprechen.

Wie erhalten Sie sich Ihre Freundschaften? Um Kontakte zu pflegen, stehen mit günstigen Telefonverbindungen, sozialen Netzwerken und Videokonferenzen (z. B. per Skype) heute viele Möglichkeiten zur Verfügung. Das persönliche Gespräch, das Kaffeetrinken oder der Restaurantbesuch mit Freunden ist dennoch nicht einfach zu ersetzen. Wenn Sie wegziehen, mögen enge Freundschaften daran wohl nicht zerbrechen, doch gemeinsame Unternehmungen werden schwieriger und aufwendiger zu organisieren.

Es ist jedoch auch der umgekehrte Fall möglich: Wer zum Arbeiten weggezogen ist, kann nun wieder zurückkehren und findet womöglich nicht nur die vertraute Umgebung wieder, sondern hat auch die Möglichkeit, alte Freundschaften aufleben zu lassen. Überlegen Sie, wie wichtig Ihnen diese Verbindungen sind und worauf Sie im Gegenzug verzichten müssten (siehe auch Kapitel „Freundschaften pflegen“ ab S. 168). Doch bleiben Sie realistisch: Es gelingt nicht immer, sich im Alter im vertrauten Freundeskreis gegenseitig zu unterstützen. Manche mögen weggezogen sein, aus gesundheitlichen Gründen nicht mehr mobil sein oder vielleicht schon verstorben sein.

So war es bei mir

„Als mein Mann und ich uns trennten, war ich bereits über 60 und hatte das Gefühl, einige Wünsche nachholen zu müssen. Ein Abo für die Oper machte den Anfang. Schon bald kam ich mit anderen Operngängern ins Gespräch – das hat meinen Freundeskreis beträchtlich erweitert. Den Gedanken an einen Umzug habe ich daraufhin bald verworfen, denn mir kommt es vor, als hätte ich die wichtigsten Menschen in meinem Leben jetzt erst kennengelernt. Bald schon folgte ein gemeinsamer Wochenendausflug. Meine Kinder erkennen mich kaum wieder: Der Austausch hält mich jung und ich fühle mich nicht nur geistig fit und lebendig.“ *Ursula C. aus Hannover*

Versorgungsgüter und Unterstützung

Internetangebote sind für die Versorgung in strukturschwachen Regionen Fluch und Segen zugleich. Zum einen sind sie mit dafür verantwortlich, dass kleinere Läden schließen müssen und immer öfter nicht einmal ein Lebensmittelgeschäft fußläufig zu erreichen ist. Zum anderen wurde dadurch das Bestellen deutlich einfacher und das

Gut zu wissen

Unterstützung für andere Wenn Sie sich fit fühlen, können Sie sich als Begleiter für andere Senioren engagieren. Begleitdienst-Einrichtungen gibt es unter verschiedenen Namen, z. B. Seniorenassistenten, -betreuer oder Gesellschafter/in für Senioren. Man arbeitet entweder selbstständig oder ist bei einer Agentur angestellt, meist im Rahmen eines Teilzeit- oder Minijobs, und sichert sich einen Zuverdienst zur Rente. Die Aufgaben sind so breit gefächert wie die Interessen der Nutzer: Von der Begleitung zum Arzt über den Einkauf oder Theaterbesuch bis hin zu Reparaturen oder Hilfe beim Schreiben einer Biografie ist alles denkbar, was die Beteiligten vereinbaren und wozu die Kenntnisse und Fähigkeiten der Betreuungspersonen geeignet sind.

Internet ermöglicht in Verbindung mit Lieferdiensten auch die Versorgung abgelegener Wohnorte. Entscheidend aber sind die individuellen Vorlieben: Das unpersönliche Einkaufen im Internet liegt vielen Menschen nicht, sie wollen die ausgesuchten Artikel vor dem Kauf selbst in Augenschein nehmen, das Material fühlen und die Größe richtig einschätzen können.

Für viele Menschen macht das Einkaufen an sich auch einen wichtigen Teil des Alltags aus, bei dem sie mit anderen Menschen in Kontakt treten. Immer mehr Händler bieten daher auch den Service an, die Ware anzuliefern. Sie gehen also wie gewohnt ins Geschäft, wählen aus und bezahlen. Ein Mitarbeiter bringt Ihre Einkäufe dann später zu Ihnen, wenn Sie schon zu Hause sind. So müssen Sie keine schweren Taschen tragen. Mehr zu Bringdiensten finden Sie auf S. 214.

Seniorendienst Auf Seniorenportalen im Internet, in Anzeigenblättern, aber auch bei lokalen Pflegeagenturen können Sie Helfer von Begleitdiensten finden. Diese Gesellschafter für Senioren gehen mit Ihnen zum Arzt oder zum Einkaufsbummel. Selbst in dünn besiedelten Regionen sind solche Angebote zu finden. Wenn es keine professionellen Anbieter gibt, können Sie auch privat aktiv werden oder es gibt eine organisierte Nachbarschaftshilfe.

Diese Dienste sind sehr sinnvoll für Menschen, die dazu neigen, sich zurückzuziehen und die eigene Wohnung zunehmend weniger zu verlassen. Mit Begleitpersonen kann man einer solchen Vereinsamung gut entgegenwirken. Für andere Menschen ist die Unterstützung wertvoll, weil sie womöglich fälschlicherweise meinen, den eigenen Angehörigen zur Last zu fallen, oder weil die Familie zu weit weg wohnt.

Im günstigsten Fall sind Begleitangebote ausbaufähig. Sollten Sie also in Zukunft mehr Unterstützung benötigen, sind Ihnen die Menschen schon vertraut. Vergessen Sie nicht, dass Interaktion und Aktivität die besten Mittel sind, um in möglichst vielen Bereichen fit und eigenständig zu bleiben.

Vorratshaltung Das Bundesamt für Bevölkerungsschutz und Katastrophenhilfe (BBK) weist regelmäßig darauf hin, dass hierzulande zu wenig Bürger auf unerwartete Notsituationen eingerichtet sind. Auf Checklisten dieser Behörde werden Beispiele genannt, mit welchen lagerfähigen Lebensmitteln eine zehntägige Versorgungsunterbrechung überwunden werden kann. Diese Listen stehen unter www.bbk.bund.de → Downloads auch zum Herunterladen und Ausdrucken bereit. Doch es muss nicht die Naturkatastrophe sein, die eine gesamte Infrastruktur lahmlegt: Auch eine schwere Erkältung kann ältere Menschen am Verlassen der Wohnung hindern und die Verpflegung beeinträchtigen. Stellen Sie Ihren persönlichen Notfallplan auf, mit welchen Lebensmitteln und auch Notfallmedikamenten aus der Vorratshaltung Sie sich für ca. vier Tage absichern – die Checkliste rechts hilft Ihnen dabei –, oder planen Sie gemeinsam mit Familie, Nachbarn und Freunden, wie Sie sich das Meistern einer solchen Situation vorstellen.

Gute Ernährung sicherstellen Der Gedanke mag in unserer schnelllebigen Zeit ein wenig untergehen, doch es gilt weiterhin, dass „der Mensch ist, was er isst", wie es der Arzt und Naturforscher Paracelsus bereits um das 15. Jh. formulierte. Eine entscheidende Frage für Ihre künftige Alltagsorganisation betrifft damit die Ernährung. Angebote wie das Essen auf Rädern oder der „fahrbare Mittagstisch" können dabei unterstützen, sich ausgewogen zu ernähren, selbst wenn Sie nicht selbst kochen wollen oder können. Mehr zu den Themen Ernährung im Alter und Essen auf Rädern finden Sie auf S. 148 und 160.

Hobbys und Aktivitäten

Wie aktiv Sie sein wollen und was Ihnen guttut, können nur Sie selbst entscheiden – und natürlich können sich Ihre Interessen im Lauf der kommenden Jahre auch ändern oder durch äußere Einflüsse eingeschränkt werden.

Reisen Für viele Menschen gehört das Reisen zu den vorrangigen Zielen im Rentenalter, wenn ihr Alltag zuvor von

Checkliste: Vorratshaltung

Das BBK sieht eine Vorratshaltung für zehn Tage vor – das ist eine ganze Menge. Zumindest für kleinere Notfälle – vom Sturmtief bis zur Grippe – sollten Sie aber vorbereitet sein. Dies bedeutet, dass Sie Ihr Zuhause im Extremfall ca. vier Tage nicht verlassen müssen. Dazu gehören etwa:

- ❑ 1 kg Nudeln oder Reis
- ❑ 1 kg Gemüse in Dosen
- ❑ 1 l H-Milch und 400 g haltbare Milchprodukte wie Hartkäse
- ❑ 400 g Nusskerne oder Dörrobst (z. B. Rosinen)
- ❑ 400 g Fisch- oder Fleischkonserven
- ❑ 400 g Öl (z. B. Margarine, Speiseöl)
- ❑ Getränke (acht Flaschen Wasser, vorzugsweise aus Glas, da aus Plastik die Kohlensäure mit der Zeit entweichen kann)
- ❑ Notfallmedikamente wie Aspirin/Ibuprofen, Brandsalbe und Wunddesinfektionsmittel

Gut zu wissen

Gehirntraining Zahlreiche Studien belegen, dass Lesen eine gute Übung ist, um das Gehirn fit zu halten. Bücher fördern die Fantasie und das eigenständige Denken. Wer liest, kann einer Demenz vorbeugen oder zumindest ihren Verlauf verlangsamen. Fernsehen hingegen kann die geistige Fitness beeinträchtigen. Das belegt eine englische Studie aus dem Jahr 2019, bei der herausgefunden wurde, dass sich „Vielfernseher" schlechter an eine Wörterliste erinnern können als andere. Hierzulande wird viel gelesen, aber noch mehr ferngesehen: Rund drei Stunden verbringt der Durchschnittsdeutsche täglich vor dem Fernseher – die ältere Generation sogar mehr. Wenn Sie Ihren Fernsehkonsum einschränken wollen, ändern Sie Ihre Routinen: Schalten Sie nach den Nachrichten ab und greifen Sie stattdessen zu einem spannenden Buch oder auch zu Kreuzworträtseln.

festen Arbeitszeiten bestimmt wurde. Dabei stehen Ausflüge und Kurztrips in Nachbarländer ebenso auf der Agenda wie Fernreisen auf andere Kontinente. Ausführliche Informationen zu seniorengerechten Reisen und Möglichkeiten für eingeschränkte Personen finden Sie ab S. 210.

Sport und Fitness Beweglich bleiben und auf die Leistungsfähigkeit des eigenen Körpers vertrauen zu können ist sicherlich das unausgesprochene Ziel aller Menschen. Wer sich in früheren Jahren wenig bewegt hat, kann immer noch damit beginnen und seine Beweglichkeit regelmäßig trainieren. Der positive Effekt ist unumstritten.

Gruppen- und Vereinsangebote haben den Vorteil, dass es Ihnen möglicherweise leichter fällt, sich zu motivieren und „den inneren Schweinehund" zu überwinden. Denn Sie können sich verabreden und haben einen festen Termin, den man nicht einfach absagt, nur weil man sich nicht aufraffen kann.

Es gibt viele Sportarten, die Herz und Kreislauf fit halten und zugleich die Gelenke schonen, angefangen bei Schwimmen und Radfahren bis hin zu Pilates und Yoga, bei denen darauf geachtet wird, die eigenen körperlichen Grenzen nicht zu überschreiten.

Ein weiterer Vorteil von Sportarten mit Übungsleiter besteht darin, dass er Fehlhaltungen rasch korrigieren und Überforderung besser einschätzen kann, als es Anfänger allein tun können. Fitnessstudios werben zwar oft mit sehr günstigen Beiträgen, doch achten Sie auf die Laufzeiten der Verträge und auf Kündigungsfristen. Zudem ist das Verletzungsrisiko bei Übungen mit Geräten höher als bei Bewegungen, die nur mit dem eigenen Körpergewicht arbeiten.

Und schließlich sollten Sie sich nach Sportarten umsehen, die auf Dehnung ausgerichtet sind. Denn sie helfen, die Beweglichkeit zu erhalten.

Die geistige Fitness: Bücher und Spiele Der Begriff der „geselligen Runde" ist ein bisschen aus der Mode gekommen, dabei steht er für ein Grundanliegen des Menschen als „soziales Wesen". Spieleabende und Lesezirkel halten den Austausch mit anderen Menschen lebendig, unabhängig davon, ob sie privat organisiert sind oder von gemeinnützigen oder kirchlichen Organisationen ausgerichtet werden.

Wer in Lesezirkeln frische Anregungen bekommen oder seine eigene Buchsammlung „ausgelesen“ hat, für den gibt es verschiedene Möglichkeiten, an Bücher heranzukommen – zu überschaubaren Kosten: Gebrauchtbörsen speziell für Bücher im Internet und öffentliche Bibliotheken bieten eine breite Auswahl. Sogar mit einem E-Reader können Sie Bücher aus der Bibliothek lesen und müssen sie nicht einmal mehr nach Hause tragen. Nach Ende der Ausleihfrist wird das Werk dann automatisch von Ihrem elektronischen Gerät gelöscht. Die Mitarbeiter erklären Ihnen gern die genaue Vorgehensweise. In vielen Städten gibt es auch Tauschkästen für Bücher: Sie stellen Ihre eigenen ausgelesenen Exemplare hinein und bedienen sich kostenlos am vorhandenen Sortiment.

Draußen – und doch zu Hause Wem die Natur wichtig ist, dem wird der Garten oder der eigene Balkon entsprechend wichtig sein, v. a., wenn Ausflüge in die Umgebung zunehmend schwerer fallen. Treffen Sie gerade bei größeren Gärten rechtzeitig Maßnahmen, um die Gartenarbeit überschaubar zu halten. Das muss nicht der kühle Steingarten sein, auch Bodendecker, Hochbeete oder mehrjährige Pflanzen können dabei helfen, den Aufwand zu minimieren und sich doch stets im Grünen aufzuhalten. Mehr zu dem Thema finden Sie ab S. 96.

Partnerschaft im Alter

Liebe ist zwar nicht planbar, doch wer nach Trennung oder Verlust seines Partners eine neue Beziehung sucht, kann zumindest ein paar Weichen zum Glück stellen. Neben Partnervermittlungen, die es auch vielfach für Menschen im fortgeschrittenen Alter gibt, findet man im Internet auch zunehmend spezielle Treffs für Senioren. Achten Sie hier jedoch auf seriöse Portale mit entsprechendem Datenschutz. Bevor Sie Privates von sich preisgeben, sollten Sie ein echtes Treffen abwarten. Vorsicht ist auch bei Abo-Angeboten geboten, mit denen Sie sich an lange Vertragszeiten binden.

Natürlich bleibt auch die herkömmliche – und günstigere – Möglichkeit, bei gemeinsamen Interessen auf einen passenden Partner zu stoßen: Suchen Sie im Rahmen Ihrer Hobbys und Aktivitäten den Austausch mit Gleichgesinnten. Mehr zu dem Thema Partnerschaft finden Sie auf S. 178–179.

Pflegen Sie Ihre Hobbys – Kartenspielen trainiert beispielsweise das Gehirn und in einer geselligen Runde kann man sich auch sonst näherkommen.

Was ist individuell für mich möglich?

Sie haben Ihre Situation überdacht und Ihre Vorstellungen für die kommenden Jahre formuliert. Nun bleibt noch die Frage offen, wie Sie Ihre Ziele finanzieren können. Denn meistens verringert sich der finanzielle Rahmen mit Eintritt ins Rentenalter.

Das Ende der Berufstätigkeit bringt nicht nur eine Neuorientierung der zeitlichen Alltagsabläufe mit sich, es bedeutet für viele auch, mit einem kleineren Budget auszukommen. Während einige Ausgaben entfallen, beispielsweise die Fahrten zur Arbeitsstelle oder die Verpflegung außer Haus, bleiben andere Posten wie Miete, Nebenkosten oder Aufwendungen für Versicherungen und Freizeitaktivitäten gleich. Die Einführung privater Vorsorge im Rahmen der sogenannten Riester-Rentenreform im Jahr 2001, aber auch die Anhebung des Renteneintrittsalters durch das Rentenversicherungs-Anpassungsgesetz 2012 können die Situation zusätzlich erschweren. Wer beispielsweise nicht frühzeitig privat vorgesorgt hat, steht nun mit einer kleineren Rente da. Eine Frührente oder der Verlust des Lebenspartners bringen ebenfalls finanzielle Belastungen mit sich, die frühzeitig eingeplant werden sollten. Klären Sie also Ihre Vermögensverhältnisse und finanziellen Möglichkeiten möglichst objektiv und beziehen Sie auch Ereig-

Mit Ende des Arbeitslebens können finanzielle Anpassungen sehr sinnvoll sein und Tipps von einer Fachkraft sparen häufig bares Geld.

nisse ein, die nicht eintreten müssen, aber nie gänzlich ausgeschlossen werden können, wie z. B. Unfälle.

Einnahmen und Ausgaben – der Haushaltsplan

Notieren Sie, welche Kosten monatlich auf Sie zukommen und über welches Budget Sie verfügen. Neben Miete oder Wohngeld für Ihre Immobilie sowie Versicherungen zählen auch Telefon- und Internetanschluss sowie Fernsehgebühren und die Ausgaben für den täglichen Bedarf sowie Restaurantbesuche und Kulturveranstaltungen dazu.

So war es bei mir

„Früher waren die Rollen fest verteilt: Mein Mann kümmerte sich um die Finanzen und ich führte den Haushalt. Nach seinem überraschenden Tod musste ich mich erst einmal in die Geldangelegenheiten hineinfinden und hatte das Gefühl, neben der Trauer vom Alltag überrollt zu werden. Ich war heilfroh, als mir eine Finanzberaterin alles erklärte. Sie gab mir wichtige Tipps und zusammen haben wir eine Vermögensaufstellung gemacht. Jetzt bin ich ‚teuren Ballast' losgeworden, indem wir die Versicherungen optimiert haben, und ich habe den Überblick über Einnahmen und Ausgaben. Das ist eine ernorme Erleichterung, denn ohne diese Unterstützung hätte ich mir ständig Sorgen um meine finanzielle Zukunft gemacht."

Dagmar Z. aus Halle

Ausgabenbuch Falls Sie diese Posten bisher nicht akribisch verfolgt haben, lohnt es sich, ein mindestens zwei- bis dreimonatiges Ausgabenbuch zu führen. Solche Haushaltsbücher kann man auch im Schreibwarengeschäft kaufen oder online herunterladen.

Vermerken Sie darin, wofür Sie Geld ausgeben, um sich einen Überblick zu verschaffen. Um jährlich fällige Positionen zu berücksichtigen, lohnt auch ein Blick in die Jahresübersicht Ihrer Kontoauszüge bzw. den Ordner, in dem Sie Ihre laufenden Verträge aufbewahren. Besondere Ereignisse wie Reparaturen oder Urlaubsausgaben finden im Haushaltsplan ebenfalls Platz, sie müssen am Ende aber gesondert berücksichtigt bzw. in durchschnittliche Kosten pro Monat umgerechnet werden.

Auf die Haben-Seite gehören neben den regelmäßigen Geldeingängen auch Investments, Aktien, Sparguthaben und andere Werte, die möglicherweise nicht kurzfristig verfügbar sind, aber einen Teil Ihres Vermögens ausmachen. Zur Sicherheit sollten Sie diese Liste unter Verschluss halten, um bei Besuchen von Fremden, aber auch bei einem eventuellen Wohnungseinbruch keine vermeidbaren Begehrlichkeiten zu wecken.

Steuern Die derartige Aufstellung bietet nicht nur den Vorteil, dass Sie Ihren finanziellen Spielraum abschätzen können, sie ist zugleich eine wichtige Grundlage für ein Gespräch mit Steuer- und Finanzberatern. Der finanzielle Überblick ist nicht nur dann wichtig, wenn Sie einem Nebenerwerb nachgehen und damit lohnsteuerpflichtig sind. Auch falls Sie den aktuellen Rentenfreibetrag überschreiten, müssen Sie Ihre Renteneinkünfte versteu-

Haushaltsplan / Vermögensaufstellung

Art der Ausgaben (monatlicher Anteil)	Soll	Haben
Wohnen (inklusive Nebenkosten, gegebenenfalls Garage, Schrebergarten etc.)		
Lebensmittel		
Kleidung		
Hygieneartikel		
Reinigungsmittel		
Dienstleistungen (z. B. Haushaltshilfe, Gärtner)		
Mobilität (Auto, öffentliche Verkehrsmittel, Taxi, Fahrrad etc.; Anschaffungs- und Unterhaltskosten)		
Kulturveranstaltungen (z. B. Eintritt für Theater, Ballett, Oper, Museen, Lesungen etc.)		
Hobbys und Sport (z. B. Vereins-/Kursgebühren)		
Kommunikation (Festnetz, Mobilfunk, Internet, TV, Radio)		
Versicherungen		
Sonstiges (Geschenke, Besuche, Reisen, Urlaub)		
Steuern		
Rücklagen für Notfälle oder Anschaffungen		
Einkommen (monatlich)		
Rente/Pension (gesetzlich)		
Rente (privat)		
Sonstige Einnahmen (z. B. Vermietung, Nebenerwerb, Zinsen, Dividenden etc.)		
Summe		
Art des Vermögens (jährlich oder Gesamtsumme)		
Immobilien		
Lebensversicherung, privater Rentenplan		
Ersparnisse (Sparbuch/Sparplan)		
Aktien, Fonds und Genossenschaftsanteile (Kursschwankungen beachten!)		
Sonstiges (z. B. Schmuck, Antiquitäten, Sammel- oder Kunstobjekte)		
Summe		

ern und eine Steuererklärung abgeben. Viele Ihrer Aufwendungen können jedoch steuerlich geltend gemacht werden, dazu zählen etwa Ausgaben für bestimmte Versicherungen, Kranken- und Pflegeversicherungsbeiträge oder Spenden für gemeinnützige Organisationen. Auch Zahlungsbelege für Arznei- und Arztzuzahlungen sollten Sie für die Steuererklärung sammeln. Die Kosten für Handwerker wie auch für Finanzberater können ebenfalls den zu versteuernden Betrag verringern, allerdings nur, wenn die Rechnungen per Überweisung bezahlt wurden.

Womöglich haben Sie nicht damit gerechnet, gerade im Rentenalter einen Steuerberater zu benötigen, doch eine solche Hilfestellung kann Geld sparen. Oft ist bereits viel gewonnen, wenn die Finanzen mit einem Fachmann einmalig auf die richtige Spur gebracht werden und Sie bei der Gelegenheit entscheidende Steuertipps bekommen. Lassen Sie sich aber auch nichts Unnötiges aufdrängen. Wenn der Berater Provisionen für einen Vertragsabschluss bekommt, sind seine Angebote womöglich im eigenen Interesse. Lesen Sie dazu auch den Kasten rechts.

Gut zu wissen

Finanzberatung hat ihren Preis, auch wenn Sie keine Rechnung erhalten. Wenn Sie mit Ihrem Bankberater ein Gespräch vereinbaren, sollten Sie im Hinterkopf behalten, dass er nicht unabhängig ist und nur hauseigene Produkte anbieten wird. Auch wenn Ihnen die Stundensätze von freien Beratern sehr hoch erscheinen mögen, kann sich der Preis mehrfach auszahlen, wenn Sie vor Fehlschlägen – etwa bei Aktieninvestitionen – bewahrt bleiben oder keine laufenden Kosten zur persönlichen Depotbetreuung anfallen. Zertifizierte unabhängige Berater unterliegen einer gewissen Haftungspflicht und müssen Sie über Risiken aufklären. Bleiben Sie jedoch stets kritisch und fragen Sie nach, wenn Sie etwas nicht verstehen. Es gibt im Übrigen auch spezielle Beratungen für Senioren, z. B. von den Verbraucherschutzzentralen.

Sparen – lohnt das noch? Wenn man mit einem geringeren Budget planen muss und die Zinsen gering sind, stellen sich viele die Frage, ob sich das althergebrachte Sparen überhaupt noch lohnt.

Eine Alternative zum Sparbuch ist das Festgeldkonto. Hier sind die Zinsen umso höher, desto länger die Laufzeit ist. Die Vorteile: Die Anlageform ist relativ sicher und die Planbarkeit hoch, da man Zinshöhe und Laufzeit vorab festlegt. Der Nachteil: Die Zinsen sind geringer als die Inflationsrate. Der Realwert des Geldes nimmt also ab, wenn auch nicht ganz so viel wie bei einem Tagesgeldkonto. Ein weiterer Nachteil ist, dass man nicht jederzeit auf das Geld zugreifen kann.

Wären Aktienfonds also eine bessere Wahl? Ihr Wert ist Kursschwankungen unterworfen und somit nur etwas für risikobereite Anleger. Außerdem muss man beachten, dass bei Aktienfonds jährliche Gebühren fällig werden. Lassen Sie sich von einem Vermögensverwalter genauestens durchrechnen, wie viel voraussichtlich nach Abzug der Kosten übrig bleibt. In aller Regel lohnen sich Fonds nur, wenn man größere Summen über einen längeren Zeitraum anlegt. Man sollte außerdem in der Lage sein, für einen Verkauf den richtigen Zeitpunkt abzuwarten. Wer unter Zeitdruck gerät, weil er das Geld benötigt, macht meist ein schlechtes Geschäft.

Da man bei Fonds das Risiko mindert, indem man in verschiedene Unternehmen und Sparten investiert, sind sie immer noch eine bessere Wahl als der Kauf einzelner Aktien. Diese Anlageform ist wirklich nur etwas für absolute Profis auf dem Gebiet.

Unabhängig von der Anlageform sollte man sich immer seriös beraten lassen, sobald es um größere Summen geht. Finanzberater sind dazu verpflichtet, über das Risiko einer Anlageform ausreichend aufzuklären. Geschieht das nicht, kann der Vertrag angefochten und rückabgewickelt werden. Da die Beweislast in solchen Fällen beim Kunden liegt, ist es sinnvoll, Beratungsgespräche in Anwesenheit eines Zeugen (z. B. einem Verwandten) zu führen.

Rechte und Pflichten rund um die Finanzen

Solange das Leben in gewohnten Bahnen verläuft, ist es verlockend, sich nur wenige Gedanken über die Unterstützung zu machen, die einem im Ernstfall zusteht. Doch es ist gut und wichtig, seine Rechte zu kennen, um gegebenenfalls auch finanzielle Hilfen in Anspruch nehmen zu können. Dazu zählen insbesondere:

- Leistungen der Pflegeversicherung, je nach Pflegegrad; eine Leistungsübersicht finden Sie auf S. 232.
- Zuschüsse zu Umbaumaßnahmen für Barrierefreiheit (siehe S. 40) sowie zu Pflegehilfsmitteln (siehe S. 237).
- Krankengeld, wenn Sie weiterhin eine Beschäftigung ausüben und nur eine Teilrente oder eine Rente wegen Erwerbsminderung/Berufsunfähigkeit erhalten.
- Staatliche finanzielle Unterstützung (siehe S. 40), auch in Form von Wohngeld oder Heizkostenzuschuss.
- Finanzielle Unterstützungsleistungen durch Ihre Kinder, der sogenannte Elternunterhalt.

Wenn Angehörige zahlen müssen

Wenn der Unterstützungsbedarf wächst und gegebenenfalls auch Umbaumaßnahmen nötig werden, kommen neue Kosten auf die Betroffenen zu. Diese können oft nicht allein durch das Pfle-

So war es bei mir

„Man schiebt es ja gern mal vor sich her, aber vor ein paar Jahren habe ich mir die Zeit genommen, alle Verträge zu sortieren. Dann habe ich für meine Frau und mich je eine Mappe angelegt. In einer Art Fahrplan habe ich die nötigen Schritte notiert, die in Bezug auf unsere Finanzen anfallen würden, falls dem anderen etwas zustößt – vom Antrag bis zur Kündigung. Bei dieser Gelegenheit haben wir uns auch gleich die nötigen Vollmachten erteilt, z. B. für unsere Konten – und da ich Beamter war auch für die Beihilfe. Die Vorlagen haben wir im Schreibwarenladen gekauft. Meine Frau hatte noch die Idee, Anträge und Kündigungsschreiben schon mal anzufertigen, sodass wir im Ernstfall nur noch unterschreiben müssen."

Johann B. aus Rosenheim

gegeld ausgeglichen werden, selbst wenn diejenigen weiter zu Hause wohnen und auf einen vergleichsweise teuren Platz im Pflegeheim verzichten. Können Senioren ihren Lebensunterhalt nicht mehr selbst bezahlen, stehen als Nächstes ihre Kinder in der Pflicht – allerdings nach Abzug von gewissen Freibeträgen. Vielen Menschen ist dies unangenehm, doch abwenden lässt sich der Vorgang nicht: In der Regel übernimmt in einem solchen Fall der Sozialhilfeträger die Kosten, fordert dann aber seinerseits die Kinder zur Auskunft über ihre Vermögensverhältnisse auf und ermittelt den Elternunterhalt. Diesen Betrag fordert das Amt dann von den Kindern zurück.

Vollmachten Die Frage, was man sich leisten kann, betrifft nicht nur Einkommen und Vermögen. Auch um die kleinen Notlagen sollte man sich Gedanken machen, bevor es zum Engpass kommt. Das betrifft in erster Linie die Verfügbarkeit von Bargeld, etwa weil es zunehmend schwerer fällt, zum Geldautomaten zu gehen. Denken Sie auch an den Fall, dass mit zunehmender Vergesslichkeit – bis hin zur Demenz – auch einmal Passwörter oder PIN-Nummern verloren gehen könnten. Dann ist es sinnvoll, mindestens eine Person des Vertrauens mit entsprechenden Vollmachten ausgestattet zu haben. Gehen Sie auf Nummer sicher, indem Sie sich nicht nur auf den Lebenspartner oder eine einzige weitere Person verlassen. Fragen Sie sich, was

Passwörter und PIN-Nummern sollten Sie niemals aus der Hand geben, doch sorgen Sie dafür, dass Vertrauenspersonen im Fall der Fälle über eine Vollmacht die Finanzen regeln können.

passiert, wenn genau diese Person gerade in Urlaub ist oder selbst durch eine Erkrankung beeinträchtigt wird. Man sollte sogar so weit in die Zukunft planen, dass man Vollmachten „über den Tod hinaus“ gewährt, um auch Kosten erstattet zu bekommen, die nach dem Ableben eines Menschen auf Angehörige zukommen. Dies ist z. B. der Fall, wenn ein privat versicherter Beamter im Krankenhaus verstirbt und die nach dem Tod entstandenen Krankenhauskosten beglichen werden müssen. Diese Zusatzformulierung kann auch für das Auflösen von Konten u. Ä. wichtig sein. Lesen Sie mehr zu diesem Thema im Kapitel „Vollmachten und Patientenverfügung“ ab S. 241.

Immobilienverrentung Viele ältere Menschen wähnen sich in einem Dilemma: Sie wollen in ihrem vertrauten Zuhause wohnen bleiben und ihnen gehört die Immobilie. Laufende Kosten und Reparaturen übersteigen aber die monatlichen Einnahmen, und so sehen sie sich zum Umzug gezwungen. Mit der sogenannten Immobilienverrentung lässt sich dieses Problem lösen: Haus oder Eigentumswohnung werden verkauft, dafür wird aber ein monatliches Renteneinkommen in Verbindung mit meist lebenslangem Wohnrecht vereinbart. Darüber hinaus gewährleisten Insolvenzklauseln, dass die Rente auch dann gezahlt wird, falls der Käufer der Immobilie im Lauf der Jahre seine Zahlungen nicht mehr leisten kann. Des Weiteren gibt es sogenannte inflationsgeschützte Leibrenten, d. h., dass die Rentenzahlung an steigende Lebenshaltungskosten angepasst wird.

Wem dieses Modell nicht zusagt, etwa weil er fürchtet, so nicht von steigenden Immobilienpreisen zu profitieren oder das mögliche Erbe seiner Kinder aufzubrauchen, kann auch mit seiner Hausbank eine Hypothek aushandeln. Eine weitere Alternative besteht darin, die Kinder schon jetzt an den Unterhaltskosten der Immobilie zu beteiligen und das Vermögen so im Familienkreis zu bewahren. Über den gesetzlichen Elternunterhalt stehen Kinder ohnehin in der Pflicht, zu deren Lebenshaltungskosten beizutragen, falls die Eltern diese nicht mehr allein tragen können (siehe S. 32).

Gut zu wissen

Nießbrauch statt Wohnrecht Wenn Sie sich dazu entschließen, Ihre Immobilie zu verrenten, wird der Käufer als neuer Besitzer ins Grundbuch eingetragen. Neben der monatlichen Rente – die unter anderem vom Wert des Hauses abhängt – ist eine weitere Entscheidung wichtig: Vereinbaren Sie Wohnrecht oder Nießbrauch? Ein Wohnrecht sollte lebenslang garantiert werden, damit sichergestellt ist, dass Sie solange wie gewünscht in Ihren eigenen vier Wänden leben können. Macht allerdings eine Erkrankung den Umzug in ein Pflegeheim nötig, so verlieren Sie damit auch das Recht an Ihrer Immobilie. Vereinbaren Sie statt des Wohnrechts jedoch Nießbrauch, so endet Ihr Recht immer erst mit dem Tod. Sie könnten in diesem Fall Ihre Immobilie also weitervermieten und so noch Mieteinnahmen während Ihrer Zeit im Pflegeheim erzielen.

Nebenerwerb Gute Gesundheit und Leistungsfähigkeit vorausgesetzt, steht Ihnen nichts im Weg, um als Rentner weiter einem Erwerb nachzugehen. Dabei sollten Freibeträge, Steuern und Sozialversicherungsbeiträge genau im Blick behalten werden, um am Ende auch wirklich von einer Tätigkeit profitieren zu können – Stichwort „Hinzuverdienstdeckel". Diese Regelung besagt, dass Rentenansprüche vollständig entfallen können, falls der Jahreshinzuverdienst höher ausfällt als das höchste Einkommen in einem der letzten 15 Jahre vor Rentenbeginn. Diese Höchstgrenze richtig zu berechnen ist unter Berücksichtigung der Freibeträge, die Ihnen zustehen, und Abzüge alles andere als einfach. Daher sollten Sie die Zuverdienste aus Nebenerwerbstätigkeiten und Minijobs immer mit der Rentenversicherungsanstalt abstimmen und sich vorab beraten lassen.

Darüber hinaus ist es möglich, durch einen Nebenverdienst Ihre staatlichen Rentenansprüche zu erhöhen,

Hunde können das Leben enorm bereichern, sollten aber auch haftpflichtversichert werden, da sie zum Teil hohe Schäden verursachen können, z. B. im Straßenverkehr. Die Prämien sind mit deutlich unter 100 Euro recht günstig.

indem Sie freiwillig weiterhin Rentenbeiträge aus Ihrem Nebeneinkommen zahlen. Ihr Arbeitgeber ist dazu ohnehin verpflichtet. Von seinen Einzahlungen profitieren Sie jedoch nur dann, wenn Sie selbst auch den Teil der Arbeitnehmerseite einzahlen.

Versicherungscheck

Wenn Sie Ihre Finanzen prüfen, darf ein Blick auf Ihre laufenden Versicherungen nicht fehlen. Zum einen können sich durch geänderte Lebensumstände die Bedingungen geändert haben, beispielsweise wenn Familienmitglieder nicht mehr im gemeinsamen Haushalt leben und die Gebühren dadurch günstiger ausfallen. Versicherungsanlässe können auch gänzlich entfallen, wenn Sie etwa in eine Einrichtung des betreuten Wohnens umziehen und Sie dort auf eine eigene Hausratversicherung verzichten können. Hierzulande gelten viele Menschen als „überversichert“, d. h., dass sich die möglichen Leistungen verschiedener Versicherungen überlagern. Mit einer auf Ihre aktuelle Lebenssituation zugeschnittenen Versicherung lassen sich solche unnötigen Kosten vermeiden. Nutzen Sie gegebenenfalls die Beratung durch einen freien Versicherungsmakler, der die Angebote verschiedener Versicherungsinstitute kennt und vergleichen kann. Richten Sie Ihren Blick besonders auf:

- Hausratversicherung (Wohnungsgröße und Versicherungssumme)
- Haftpflichtversicherung (Zahl der Haushaltsmitglieder; Versicherung von Hund/Katze; Gebühren für Kinder sind teilweise altersabhängig)
- Unfallversicherung (berufliches Risiko entfällt; Achtung: Unfallversicherungen für Senioren sind oft besonders teuer bzw. unnötig, weil Krankenversicherungen bei Unfallkosten in der Pflicht stehen)
- Berufsunfähigkeit/Krankentagegeld (endet nicht immer automatisch)
- Rechtsschutzversicherung (Umfang prüfen: Arbeitsrechtsschutz nur noch bei Minijobs etc. erforderlich)

- Kfz-Versicherung (Fahrleistung gegebenenfalls aktualisieren; Angebote für Senioren beachten)
- Krankenversicherung
- Pflegeversicherung (zusätzliche private Police)

Reiseversicherung Wenn Sie Fernreisen seltener antreten oder ganz aufgeben, können Sie Geld sparen. Denn innerhalb der europäischen Union sind Behandlungskosten über Ihre heimische – gesetzliche – Krankenversicherung abgedeckt. Die sogenannte European Health-Insurance-Card (EHIC) ist in der Regel auf der Rückseite der elektronischen Gesundheitskarte integriert. Es gilt lediglich zu beachten, dass man die Kosten oft vorstrecken und nachher wieder von der Krankenkasse einfordern muss und dass der Krankenrücktransport aus dem Ausland vielfach keine Standardleistung darstellt. Diese müsste nach Wunsch separat abgeschlossen werden. Eine zusätzliche Reiseversicherung benötigen Sie im Prinzip nur für das außereuropäische Ausland bzw. für Länder, mit denen es keine vergleichbaren Abkommen gibt. Wenn Sie zu solchen Ziele nur selten reisen, ist es sinnvoller, eine anlassbezogene Versicherung – gegebenenfalls in Kombination mit einer Reiserücktrittsversicherung – abzuschließen. Wenn Sie eine Reise planen, informieren Sie sich am besten vorab, welchen Versicherungssschutz Sie am Urlaubsort haben, und ergänzen Sie ihn gegebenenfalls.

Eine erfüllende und abenteuerliche neue Aufgabe ist es, als Senioren-Au-pair ins Ausland zu gehen – längst hat man erkannt, wie viel die Lebenserfahrung älterer Menschen hier wert ist.

Lebensversicherung Das Ansparen größerer Summen im Rahmen einer Kapitallebensversicherung ist mit zunehmendem Alter kaum noch ein Thema. Haben Sie hingegen frühzeitig eine solche Versicherung abgeschlossen, dann sollten Sie darauf achten, dass im Falle Ihres Todes Ihr Lebenspartner oder Ihre Kinder von den Erträgen profitieren, diese also vererbt werden können. Risikolebensversicherungen hingegen sind auch für Senioren interessant, wenn sie andere Haushaltsangehörige finanziell absichern wollen. Sie müssen allerdings davon ausgehen, dass die Versicherungsbeiträge höher ausfallen, je älter der Versicherungsnehmer ist. Zudem sind Verträge oft so kompliziert formuliert, dass sie sich nur mithilfe eines professionellen Finanzberaters durchschauen lassen. Oft ist es dann sinnvoller, einen festen Betrag im Rahmen eines Sparplans anzusparen, auf den Sie gegebenenfalls auch selbst zugreifen können.

Private Pflegeversicherung Neben den gesetzlichen Absicherungen zählt auch die private Pflegeversicherung zu den finanziellen Unterstützungsleistungen im Alter. Staatliche Zuschüsse, die bis zu 50 % betragen können, sollen dafür sorgen, dass sich ein Abschluss auch bei spätem Versicherungsbeginn lohnt. Achten Sie hier besonders darauf, dass alle Pflegestufen abgedeckt werden und die Auszahlung nicht an bestimmte Bedingungen gebunden ist, sodass Sie über die Unterstützung am Ende möglichst frei verfügen können (siehe auch S. 226).

Sterbegeldversicherung Vielen Menschen gefällt die Vorstellung nicht, im Falle ihres Todes Kosten zu verursachen, die ihre Hinterbliebenen allein tragen müssen. Als eine Art „kleine Kapitallebensversicherung" sollen Sterbegeldversicherungen die Angehörigen bei möglichen Bestattungskosten unterstützen. Das Ergebnis unabhängiger Finanztester fällt jedoch regelmäßig negativ aus: Nur wenige Versicherungen sind ihr Geld wert und Versicherungsnehmer über 65 Jahre kommen zu kurz, selbst im Vergleich zu konventionellen Geldanlagen mit überschaubaren Zinsen. Wer über den Tod hinaus keine finanziellen Altlasten hinterlassen möchte, legt daher besser privat Geld zurück und stattet seine Erben mit entsprechenden Vollmachten aus.

Auf nichts verzichten – und trotzdem sparen

Tipps, um laufende Kosten überschaubar zu halten	
Bücher	• öffentliche Bibliothek/Stadtbücherei • (modernes) Antiquariat, z. B. Internethändler • E-Books (auch online als Büchereiausleihe möglich)
öffentliche Veranstaltungen wie Oper, Theater	Ermäßigungsangebote für Senioren (nicht selten 50 % Rabatt)
allgemeine Dienstleistungen/ Reisen	über den Seniorenpass erhalten Sie Angebote und Rabatte: von Städten und Gemeinden über Hotels und Pensionen bis zur „Senioren BahnCard"
Kontoführung/ Depotkosten	manche Banken bieten gebührenfreie Seniorenkonten an; allerdings sollten Sie vorab prüfen, ob in Ihrer Gegend ausreichend Filialen und Geldautomaten vorhanden sind

Auslandsaufenthalte

Die Wintermonate z. B. in Südeuropa zu verbringen – das wird denkbar, wenn Sie Ihre Lebenshaltungs- sowie Fixkosten für den Hauptwohnsitz entsprechend anpassen. Wer den Großteil des Jahres auf Reisen oder im Ausland verbringen möchte, könnte z. B. durch Verkleinerung des Wohnraums oder eine Untervermietung finanzielle Spielräume schaffen.

Mit dem sogenannten Aupair-50plus (siehe S. 207) öffnen sich auch kulturelle Horizonte. Wenn Sie über ausreichende Sprachkenntnisse verfügen und jungen Familien ihre Unterstützung anbieten wollen, ist das Programm womöglich das Richtige für Sie. Wenn Sie beruflich als Spezialist tätig waren, sich noch fit fühlen und im Ausland weiter tätig sein wollen, könnte der Senior Experten Service (SES) spannend für Sie sein (siehe S. 207).

Was ich in meinem Zuhause optimieren kann

Finanzielle Unterstützung für ein barrierefreies Zuhause

Hilfsmittel für eingeschränkte Menschen und Umbaumaßnahmen können schnell ins Geld gehen. Aber es gibt verschiedene Zuschüsse, faire Kredite oder Steuervergünstigungen, die den finanziellen Aufwand begrenzen.

Wenn man auf einen Rollator angewiesen ist und die Türrahmen zur Stolperfalle werden, können mit Kosten verbundene Umbaumaßnahmen für ein barrierefreies Zuhause erforderlich werden. Der Staat bietet für diese Fälle verschiedene Modelle der finanziellen Unterstützung an. Es lohnt sich also, sich zu informieren: Man unterscheidet grundsätzlich drei Arten der finanziellen Förderung, die Privatpersonen in Anspruch nehmen können:

- Zuschüsse und direkte Zahlungen: Diese werden entweder von der Pflegekasse geleistet oder von der Krankenkasse, wenn einzelne Hilfsmittel wie ein Rollator benötigt werden.
- (Zinsgünstige) Kredite: Die Kreditanstalt für Wiederaufbau (KfW) verleiht Geld zu festen, günstigen Konditionen (Zinssatz und Laufzeit), um damit z. B. einen Umbau des Badezimmers zu finanzieren.
- Steuervergünstigungen: Notwendige Umbaukosten können steuerlich geltend gemacht werden (siehe Kasten rechts), im Ergebnis zahlt man weniger Einkommensteuer.

Gut zu wissen

Vermieter informieren Geht es um Umbaumaßnahmen zur Barrierefreiheit, sollten Sie den Vermieter in jedem Fall informieren. Nach § 554a (BGB) muss er nämlich baulichen Änderungen für eine behindertengerechte Nutzung zustimmen. Ansonsten gilt: Einrichtungen (z. B. Rollläden oder Türverkleidungen) dürfen ohne Einwilligung erfolgen, doch bei An- bzw. Umbauten (z. B. Verfliesung oder Einziehen von Wänden) kann ohne Erlaubnis des Vermieters der Rückbau auf eigene Kosten drohen.

Zuerst fragen, dann loslegen

Klären Sie die Finanzierung von Umbaumaßnahmen unbedingt, *bevor* Sie den Auftrag erteilen. Dies ist bei vielen Kostenträgern Voraussetzung. Zudem muss eindeutig bestimmt sein, welche Kasse sich in welchem Umfang beteiligt. Oft erweist es sich als schwierig, die erwartete Förderung zu beziehen, wenn der Kostenträger erst nach einer Umbaumaßnahme angefragt wird. Das liegt nicht selten daran, dass nicht alle Produkte bezuschusst werden. Meist gibt es aber Alternativen anderer Hersteller, bei denen die Kasse problemlos die Kosten übernimmt. Die richtige Auswahl muss also schon bei der Planung vorgenommen werden. Wenden Sie sich mit einem aktuellen Kostenvoranschlag und gegebenenfalls einem ärztlichen Attest an die zuständigen Stellen.

Leistungen von Kranken- und Pflegekasse

Bei der Frage nach der Zuständigkeit hilft eine grobe Unterscheidung in „Hilfsmittel" und „wohnumfeldverbessernde Maßnahmen": Eine mobile Rampe, die wieder entfernt werden kann, zählt beispielsweise zu den Hilfsmitteln, sie kann über die Krankenkasse beantragt werden. Dauerhafte bauliche Veränderungen hingegen werden von der Pflegekasse bezuschusst, sofern ein Pflegegrad vorliegt. Dieser muss zunächst durch den medizinischen Dienst der Krankenkassen (MDK) festgestellt und gegebenenfalls im Lauf der Zeit angepasst werden.

Zuschüsse der Pflegekasse zur Anpassung des Wohnumfelds betragen bis zu 4000 Euro. Dabei liegen Zustimmung und tatsächliche Höhe im Ermessen der Pflegekasse. Leben mehrere bedürftige Personen in einem Haushalt, kann sich der Betrag entsprechend erhöhen.

Wann unterstützen Renten- oder Unfallversicherung?

Wer noch berufstätig ist und einer sozialversicherungspflichtigen Tätigkeit nachgeht bzw. nachgegangen ist, sollte die Versicherungsleistungen von Renten- und Unfallkasse berücksichtigen. Diese können die Kosten für Umbaumaßnahmen übernehmen, sofern ein Zusammenhang mit der Tätigkeit besteht. An die Unfallversicherung kann sich wenden, wer nach einem Arbeitsunfall oder durch Berufsunfähigkeit auf bauliche Veränderungen seines Zuhauses angewiesen ist. Die Rentenkasse springt ein, wenn Maßnahmen weiter zur gesundheitlichen Erholung beitragen, etwa im Anschluss an eine Rehabilitationsmaßnahme.

Gut zu wissen

Außergewöhnliche Belastungen mindern die Steuerlast Wer auf Umbaumaßnahmen angewiesen ist, kann die Kosten als außergewöhnliche Belastung steuerlich geltend machen. Von Pflege- oder Krankenkasse geleistete Zahlungen sind abzuziehen – nur die selbst übernommenen Kosten dürfen angegeben werden. Bewahren Sie Handwerkerrechnungen gut auf und bezahlen Sie diese besser nicht in bar, sondern per Überweisung.

Günstiger Sofortkredit

Die Kreditanstalt für Wiederaufbau (KfW) gewährt Kredite, mit denen Modernisierungen finanziert werden, die Barrieren beseitigen oder der Einbruchsicherung dienen. Der effektive Jahreszinssatz liegt derzeit (Stand 2019) bei 0,78 % für Kredite bis maximal 50 000 Euro je Wohnung. Die ersten ein bis zwei Jahre sind tilgungsfrei und die Laufzeiten liegen zwischen vier und 30 Jahren, wobei die Zinsbindung nur für zehn Jahre gegeben ist.

Wichtig: Die Kreditvergabe ist unabhängig vom Alter des Antragstellers und auch ohne bereits bestehende Einschränkungen möglich.

Für eine gute Nacht – das Schlafzimmer

Man verbringt rund ein Drittel des Lebens schlafend, daher gebührt dem Schlafzimmer eine angemessene Aufmerksamkeit. Mit folgenden Tipps verbessern Sie Komfort und Eigenständigkeit.

Der Hauptzweck eines Schlafzimmers ist ein tiefer, erholsamer Schlaf. Eine gemütliche und zugleich praktische Einrichtung trägt dazu bei, durch das Alter veränderte Bedürfnisse weiterhin zu befriedigen. Das fängt bei griffbereiter Nacht- und Bettwäsche zum Wechseln an und reicht bis zu ausreichendem Platz für eine mögliche Gehhilfe oder ein Pflegebett. Am Ende steht das Ziel, sich auch in der Nacht möglichst sicher zu fühlen und bei Problemen oder gar Notfällen selbstständig und stressfrei reagieren zu können. Vorausgeschickt sei auch, dass eine Schlafzimmerrenovierung nicht an erster Stelle einer seniorengerechten Wohnung steht, denn im Fall einer plötzlichen Pflegebedürftigkeit – etwa nach einem Sturz – können Pflegedienste geeignetes Mobiliar auch kurzfristig vermieten. Sollten Sie aber ohnehin einen Umbau Ihrer Wohnung planen, gehört das Schlafzimmer dazu.

Erholsamer Schlaf

Nicht nur optisch steht das Bett im Mittelpunkt eines jeden Schlafzimmers. Es sollte so ausgewählt werden, dass es Ihre Bedürfnisse nach Erholung bestmöglich zufriedenstellt.

Matratze Wesentlich für einen erquickenden Schlaf ist die Wahl der richtigen Matratze: Ein Fachgeschäft ist der beste Ort, um Härtegrade und eventuelle Liegezonen auszuprobieren. Vereinbaren Sie eine Rückgabe- und Austauschmöglichkeit für den Fall, dass Sie mit Ihrem Modell doch nicht so zufrieden sind, wie Sie es sich erhofft haben. Denn ein einfaches Probeliegen reicht oft nicht aus. Gerade wenn Sie lange auf Ihrer alten Matratze geschlafen haben, hat sich der Körper sehr an sie gewöhnt. Geben Sie sich also ruhig ein paar Tage Zeit, das neue Modell zu testen. In der Regel gewähren gute Matratzenhändler Rückgabezeiten bis zu einigen Wochen. Bei Internetkäufen ist der Händler sogar verpflichtet, die Matratze binnen 14 Tagen zurückzunehmen, falls der Kunde sie nicht behalten will. Damit hat 2019 der Europäische Gerichtshof die Rechte der Verbraucher durch das sogenannte Fernabsatzgeschäft gestärkt.

Lattenrost Neben der Matratze ist auch der Lattenrost wichtig. Folgende Kriterien sollte er erfüllen: Der Lattenrost sollte für eine gesunde Ausrichtung des Körpers sorgen, den Druck ideal verteilen und die Luftzirkulation der

Matratze verbessern. Ob ein verstellbarer, starrer oder Tellerlattenrost für Sie am besten geeignet ist, kann Ihnen im Fachhandel beantwortet werden. Die Preise liegen etwas zwischen 100 und 200 Euro.

Wahl des Bettgestells Eine gute Beratung ist dringend empfohlen, um die Möglichkeiten seniorengerechter Betten kennenzulernen. Versuchen Sie vorauszudenken: Ein elektrisch verstellbares Kopfteil mag zunächst als verzichtbarer Luxus erscheinen, es bietet aber für Krankheitsfälle viel Komfort. Schließlich ist auch die Höhe des Bettes im besten Fall elektrisch verstellbar, um das Aufstehen zu erleichtern. Dasselbe gilt für Möglichkeiten zum Nachrüsten von Haltegriffen, Aufstehhilfen oder Sicherheitsvorrichtungen. Für den Fall, dass das Schlafzimmer etwas beengter ist, haben sich Betten auf Rollen bewährt. Hilfspersonen können so ohne großen Aufwand das Bett zur Seite schieben und so den nötigen Raum schaffen, um z. B. Gehhilfe oder Rollstuhl richtig zu positionieren.

Die Anpassungen sollten alle auf Zweckmäßigkeit ausgerichtet sein, darüber hinaus sind aber auch ästhetische und finanzielle Aspekte zu berücksichtigen: Ein guter Schreiner kann oft ein herkömmliches Bettgestell so anpassen, dass es pflegegerecht wird, ohne dass Sie Ihr Möbelstück ersetzen müssen. Technische Neuerungen wie verstellbare Lattenroste, Erhöhungen für die Bettpfosten oder eine dickere Matratzenauflage – Topper genannt – helfen dabei, die Kosten im Rahmen und die Wohnatmosphäre auf einem vertrauten Niveau zu halten.

Ordnung im Kleiderschrank

Ist die Aufteilung Ihrer Kleiderschränke ideal gelöst, ist alles gut erreichbar und ist der vorhandene Platz optimal genutzt?

Aussortieren Für einen ordentlichen Kleiderschrank muss zunächst ausreichend Platz vorhanden sein. Gehen Sie Ihre Kleidung durch und überlegen Sie, ob etwas in den Altkleidercontainer wandern kann. Sortieren Sie aus, was nicht mehr passt, bleibende Flecken aufweist, abgetragen ist oder Ihnen so gar nicht mehr gefällt.

Umräumen Die individuellen Bedürfnisse lassen sich nicht verallgemeinern, doch Studien über die Nutzungshäufig-

Höhenverstellbare Betten können Pflegebedürftigen das Aufstehen erheblich erleichtern. Bei der Anschaffung sollte auf eine einfache Bedienbarkeit geachtet werden.

Prüfen Sie, was regelmäßig genutzt wird. Selten getragene Kleidung kann in den oberen, schwerer zugänglichen Fächern verstaut werden.

keit von Kleidungsstücken zeichnen ein deutliches Bild: Vieles wird nur selten oder gar nie benutzt. Bietet das Schlafzimmer also zu wenig Platz, weichen Festtagskleider oder andere selten benutzte Kleidungsstücke wie Skikleidung und Wanderjacken am besten in einen Nebenraum oder in den Bettkasten aus. So sind sie weniger im Weg.

Übersicht schaffen Ordnung erleichtert das Zurechtfinden, auch für Hilfspersonen, die womöglich nur kurzfristig zur Unterstützung einspringen. Markieren Sie die unterschiedlichen Ablageorte mit beschrifteten Aufklebern zur Orientierung für andere. Eine – gegebenenfalls elektrische – nach vorn absenkbare Kleiderstange erleichtert den Zugang zum Kleiderschrank und schafft Stauraum, ohne dass neue Stellfläche benötigt wird.

Platz für Hilfsmittel und Bewegungsfreiheit für Helfer

Wenn man dabei ist, sich auf den Fall der Fälle vorzubereiten, gehört es dazu, das Schlafzimmer etwas „auszuräumen“: Planen Sie im Schlafzimmer freie Fläche ein, denn damit sich eine Pflegeperson frei bewegen kann, ist rund um das Bett im Schlafzimmer ausreichend Platz erforderlich. Auch für eine Gehhilfe oder einen Toilettenstuhl sollte der Raum ausreichen. Schaffen Sie gegebenenfalls Platz, indem Sie sich kleinere Schränke oder Kommoden anschaffen. Dabei sind Schiebetüren oder Drehtüren besser als die klassischen Schwingtüren, denn dadurch steht mehr Bewegungsraum zur Verfügung. Wenn es bei Schwingtüren bleibt, lohnen sich Weitwinkel-Scharniere. Anstelle von tiefen Kommoden bieten sich Regale an. So lassen sich Durchgänge verbreitern. Zudem können Regale leichter verrückt werden, wenn man auch einmal dahinter saugen möchte. Für einen guten Überblick bieten sich durchsichtige Regalböden an. Auch an Hängeschränke sollte man denken, denn unterhalb kann Rangierfläche für Rollstühle und Rollatoren frei bleiben.

Bodenbelag Fest verlegte Teppichböden finden sich gerade in Schlafzimmern häufig. Sie haben zwar den Vorteil, dass man nicht so leicht stolpert oder ausrutscht, sie können jedoch andererseits das Vorwärtskommen auf Rollen erschweren, beispielsweise mit einem Rollator. Teppichläufer mit Anti-

Rutsch-Unterlage lassen sich hingegen je nach Bedarf auslegen oder entfernen, sodass man auf gemütlichen Wohnkomfort nicht verzichten muss.

Das perfekte Raumklima schaffen

Zimmerpflanzen verbessern zwar in der Regel die Luft und produzieren Sauerstoff, doch im Schlafzimmer sind sie nur in Ausnahmefällen nützlich. Denn sie stellen nur bei Tageslicht Sauerstoff her, nachts benötigen die meisten Pflanzen sogar Sauerstoff und geben stattdessen Kohlendioxid ab. Die Luft im Zimmer wird also schlechter. Anders ist das z. B. bei Aloe vera und Einblatt, die auch nachts Schadstoffe filtern und die Luftfeuchtigkeit erhöhen. Diese beiden dürfen somit gern im Schlafzimmer für gute Luft sorgen.

Automatisches Lüftungssystem

Moderne Lüftungstechnik bietet viele Vorteile. Das Thema Raumklima gewinnt durch die immer besser gedämmten Wohnungen zunehmend an Bedeutung. Über dauerhaft gekippte Fenster geht im Winter viel Energie verloren, sie sind außerdem kein Garant dafür, modrigem Geruch wirksam vorzubeugen, bei der Fassade um das Fenster herum kann es dadurch sogar zu Schimmelbildung kommen.

Bevor Sie also darüber nachdenken, für viel Geld Fenster auszutauschen, um z. B. die Fenstergriffe leichter erreichbar zu machen, könnte eine automatische Lüftungsanlage die bessere Lösung sein. Damit entfällt das regelmäßige Lüften bzw. wird von der Anlage übernommen. Diese regelt automatisch die Frischluftzufuhr sowie die Luftfeuchtigkeit und kann mithilfe von Wärmerückgewinnung zudem dabei helfen, Heizkosten zu sparen.

Bei Lüftungsanlagen unterscheidet man zwischen Abluft- sowie Zu- und Abluftanlagen. Erstere saugt verbrauchte Luft nach außen und lässt Frischluft über spezielle Durchlässe in den Wänden nachströmen. Ein Einbau kostet ca. 1500 Euro aufwärts. Zu- und Abluftanlagen regulieren zusätzlich die Zuluft und sind aufwändiger und daher auch teurer im Einbau.

Bei Interesse sollten Sie sich nach Fördermitteln und Finazierungshilfen erkundigen, denn die KfW stellt zinsgünstige Kredite. Zudem können Handwerkskosten steuerlich geltend gemacht werden (siehe S. 40–41).

Programmierbarer Heizkörperthermostat

Die Technik im Heizungsventil stellt so etwas wie die „kleine Lösung“ für ein komfortabel steuerbares Raumklima im Schlafzimmer dar. Der Thermostat übernimmt z. B. die Aufgabe, dass schon beim Aufste-

Das Einblatt wird neben seiner Optik auch dafür geschätzt, dass es das Raumklima verbessert, die Pflanzenbestandteile sind allerdings giftig, daher Vorsicht bei Kindern.

hen die gewünschte Zimmertemperatur erreicht ist. Wer dann nach dem Aufstehen stoßlüftet, genießt den Vorteil, dass die erwärmte Luft mehr Feuchtigkeit nach außen transportiert. Schimmelbildung wird so effektiv vermieden, selbst Außenwände kühlen nicht vollständig aus. Ein verbessertes Raumklima im Schlafzimmer trägt wirksam zu einer erholsamen Nachtruhe bei.

Verdunkelung Ob Fenster- oder Rollläden, Jalousien oder Vorhänge – es gibt viele Möglichkeiten, um für einen guten Schlaf bei ausreichender Verdunkelung zu sorgen. Die ausgewählte Lösung sollte in jedem Fall praktisch und leicht bedienbar sein. Denn der Komfort ihrer Bedienbarkeit kann sehr unterschiedlich ausfallen, Vorhänge beispielsweise müssen regelmäßig gewaschen werden. Eine vertikale Stange, die an der Seite des Vorhangs angebracht ist, erleichtert das Auf- und Zuziehen. Am einfachsten in der Handhabung ist der elektrische Rollladen, der in den teureren Ausführungen auch programmiert werden kann. Je nach Situation vor Ort fallen dafür unterschiedliche Kosten an (siehe Kasten unten). Dafür verbessert sich jedoch nicht nur die Bedienbarkeit, sondern es wird auch die Einbruchsicherheit erhöht. Dieben wird das Einbrechen erschwert und bei Abwesenheit lässt sich der Rollladen fernsteuern, sodass es wirkt, als sei jemand zu Hause – auch das schreckt Diebe ab. Für eine Fernsteuerung muss am Rollladen eine Funksteuerung angebracht sein, die gegebenenfalls auch nachgerüstet werden kann. Dann kann eine App aufs Smartphone geladen werden, mit der die Rollläden von überall steuerbar sind.

Gut zu wissen

Elektrischer Rollladen Die Kosten für eine Umrüstung von einem manuellen zu einem elektrischen Rollladen schwanken sehr stark. Im besten Fall, falls das montierte System nachzurüsten ist, genügt ein entsprechender Motor mit einer Steuerungseinheit für etwa 250 Euro. Für große Fenster werden stärkere Motoren benötigt, die entsprechend teurer sind. Falls ein Stromanschluss in die Nähe gelegt werden muss, kommen noch die Kosten für einen Elektriker hinzu. Muss das ganze Rollladensystem getauscht werden, sind weitere 250 Euro fällig.

Temperatur- und feuchtigkeitsregulierende Bettwäsche

Pflegeleichte Decken und Kissen tragen ebenfalls zu einem erholsamen Schlaf bei. Denn mit dem Älterwerden ändern sich nicht nur die Bedürfnisse, sondern auch die körperliche Verfassung: Wem als junger Mensch eine leichte Decke genügte, findet sich dann zur eigenen Überraschung frierend unter dem Winterbett – und umgekehrt. Frieren und schwitzen können sich bisweilen in den unterschiedlichen Schlafphasen einer einzigen Nacht abwechseln. Wenn Ihnen dieses Phänomen sehr vertraut vorkommt, dann besprechen Sie Ihre Schlafprobleme in jedem Fall mit Ihrem Hausarzt, bevor Sie nach eigenen Lösungen suchen. Wägen Sie darüber hinaus ab: Hochwertige Kunstfasern sind besonders pflegeleicht und vertragen auch häufige Maschinenwäschen. Sie trocknen schnell und sind auch für Allergiker eine gute Lösung. Naturfasern wie Wolle, aber auch Daunen und Federn können dagegen Wärme besser regulieren und Feuchtigkeit ausgleichen. Als Oberbett haben sich beispielsweise Kamelhaar- und Merinodecken vielfach bewährt. Bei der Matratze oder Matratzenauflage gibt es häufig eine Winter- und eine Sommerseite, die Umgebungstemperaturen ausgleichen können.

Atmungsaktive Matratzenschonbezüge Diese sollten möglichst keinen oder nur einen sehr geringen Anteil an Kunstfasern enthalten. Denn die chemischen Fasern können den positiven Effekt einer hochwertigen Matratze vollständig zunichtemachen. Dicht gewebte Schoner aus Frottee oder Molton sind hingegen ebenfalls feuchtigkeitsabweisend und in vielen Fällen bereits ausreichend.

Im Schlafzimmer immer auf Draht

Es gibt einem ein gutes und entspanntes Gefühl, wenn man weiß, dass man nachts erreichbar ist, aber auch, dass man selbst bei Bedarf andere einfach kontaktieren kann. Dies gilt natürlich besonders in Notfällen. Die beste Lösung ist dafür immer noch das Festnetztelefon in Reichweite neben dem Bett. Falls Sie über keinen Telefonanschluss im Schlafzimmer verfügen, lässt sich dieser meist von einem Haupthausanschluss abzweigen. Aufwand und Kosten sind in der Regel überschaubar. Wenn das nicht möglich ist, empfiehlt es sich, ein Mobiltelefon in Reichweite zu haben. Achten Sie darauf, dass das Gerät im Schlafzimmer über ein ausreichendes Funknetz verfügt und Sie damit auch wirklich telefonieren können, wenn es darauf ankommt.

Praktische Zusatzfunktionen Solche Funktionen für eingeschränkte Personen, wie z. B. Schwerhörige, gibt es beim Festnetztelefon viele, angefangen von erhöhter Gesprächslautstärke bis hin zur optischen Anrufanzeige durch Blinken. Besonders gut erreichbare Tasten können als SOS-Tasten programmiert werden, sodass mit einem einzigen Tastendruck direkt Angehörige, Pflegekräfte oder ein Notdienst kontaktiert werden.

So war es bei mir

„Häufig bin ich nachts schweißgebadet aufgewacht und sah mich gezwungen, das gesamte Bettzeug und meinen Schlafanzug zu wechseln. Anschließend lag ich regelmäßig lange wach. Ein Freund riet mir, eine komplette Wechselgarnitur inklusive Oberbett und Kopfkissen neben dem Bett bereitzulegen. So konnte ich den nächtlichen Aufwand auf ein Minimum reduzieren. Bei der Anschaffung einer neuen Wäschegarnitur habe ich darauf geachtet, dass sie pflegeleicht war und schnell trocknet. Meine alte Matratzenauflage habe ich gegen eine aus 100 % Baumwolle getauscht. Sie ist atmungsaktiv und hat eine hohe Saugfähigkeit." *Torsten G. aus Witten*

Checkliste: Schlafzimmer-„TÜV“

Welche Möglichkeiten zur Optimierung bestehen?

❑ Bett	höhenverstellbar, beweglich/rollbar, Aufstehhilfe/Haltegriffe nachrüstbar
❑ Schrank	Schiebetüren statt Schwingtüren (weniger Platzbedarf), absenkbare Kleiderstange oder Kleiderlift, Beschriftung der einzelnen Ablageorte
❑ Barrierefreiheit	Platz für eventuelle Hilfspersonen schaffen, Durchgänge für Gehhilfe/Rollstuhl frei halten, Verzicht auf fest verlegten Teppichboden
❑ Lüften	gut erreichbare Fenstergriffe, freie Fensterbänke, programmierbare Heizkörperthermostate, optimal: vollautomatisches Lüftungssystem
❑ Verdunkelung	leicht bedienbar, optimal: elektrisches Rollladensystem (auch fernsteuerbar/programmierbar)
❑ Bettwäsche	pflegeleicht (waschbar, schnell trocknend), atmungsaktiv (Matratzenschonbezug aus Naturfasern), gegebenenfalls zweite Garnitur inklusive Oberbett/Kopfkissen
❑ Erreichbarkeit	optimal: Festnetztelefon auf dem Nachttisch, alternativ Handy oder tragbares Telefon, SOS-Notrufknopf
❑ Technische Erleichterungen	gute, erreichbare (Decken-)Beleuchtung, Mehrfachnutzung von Fernbedienung (z. B. als Lichtschalter), Rauch- und Kohlenmonoxidmelder

So ein Telefon ist damit eine gute Ergänzung und Alternative zu kostenpflichtigen Notrufsystemen.

SOS-Notrufknopf Dieses Hilfsmittel gibt es in verschiedenen Ausführungen, je nachdem, ob es nur zu Hause oder auch unterwegs genutzt werden soll. Dabei handelt es sich um einen Knopf an einer Art Armband. Sollte es dem Träger schwindelig werden oder er sich in einer anderen Notlage befinden, kann er mit einem einzigen Knopfdruck den zugeschalteten Pflegedienst oder Rettungsdienst verständigen. Die Angebote verursachen im Gegensatz zu einem einfachen Telefon allerdings Zusatzkosten.

Die richtigen Leuchten und Lampen

Eine gute Beleuchtung ist im Schlafzimmer nicht nur für Sehbehinderte sehr wichtig. Neben der Nachttischlampe zum Lesen ist bestenfalls auch eine große Deckenlampe vom Bett aus zu bedienen. Bevor Sie einen Elektriker beauftragen, dort einen Lichtschalter anzubringen, können Sie auch einen fernsteuerbaren Lichtschalter erwägen, der anstelle des bestehenden montiert wird. Manche dieser Schalter verfügen außerdem über Komfortfunktionen wie die Dimmbarkeit der Beleuchtung. Einige Modelle funktionieren über Infrarot. Hierüber bedient man den Schalter einfach mit einer beliebigen Fernbedienung für Radio- oder Fernsehgeräte.

Fernsehgerät Bildschirme und Fernsehgeräte gehören nach Ansicht von Schlafforschern nicht ins Schlafzimmer, weil Helligkeit und Farbenspektrum wachhalten und das Einschlafen erschweren können. Die Empfehlung lautet, ein Buch zu lesen – dennoch sind in vielen Schlafzimmern Fernsehgeräte zu finden. Wenn es Sie stört, dass sich das Gerät nach dem Ausschalten über die Fernbedienung weiter im Stand-by-Betrieb befindet, womöglich ein störendes Summen von sich gibt, dann schafft eine abschaltbare Steckerleiste Abhilfe. In der Nähe Ihres Bettes positioniert, lässt sich damit Ihr Fernsehgerät – oder auch jedes andere elektrische Gerät – für die Nacht wirksam vom Stromnetz trennen.

Rauchmelder Alarm auslösende Brandmelder sind bundesweit gesetzlich vorgeschrieben. In welchen Räumen sie installiert werden müssen, unterscheidet sich von Bundesland zu Bundesland, doch empfohlen werden sie in allen Schlafzimmern und Fluren, die als Fluchtweg dienen. Selbst wenn Sie keine Kerzen im Schlafzimmer benutzen, unbemerkte Kabelbrände von elektrischen Geräten können ebenso zu einer Rauchvergiftung oder gar einem Wohnungsbrand führen. Rauchmelder kosten nur etwa zehn bis 20 Euro und eine hochwertige Batterie hält bis zu zehn Jahre. Wer auf Nummer sicher gehen möchte, nutzt neben dem Rauchmelder auch einen Kohlenmonoxidmelder. Dieses giftige Gas entsteht bei einer unvollständigen Verbrennung, wie sie für beispielsweise Schwelbrände typisch ist. Da es schwerer als Luft ist und sich am Boden sammelt, sind solche Warngeräte insbesondere für niedrig gelegene Räume wie Keller zu empfehlen.

Gut zu wissen

Energiesparlampen im Schlafzimmer Lampen mit Halogen-, LED- oder anderer Energiespartechnologie helfen Strom sparen und sind daher an sich eine gute Empfehlung. Im Schlafzimmer sollte aber auf die Wellenlänge der Lampen geachtet werden: Blaues Licht ähnelt vom Frequenzbereich unserem Tageslicht und hält daher wach. LED-Leuchten und weitere „tageslichtweiße" Lampen wirken ebenso wie das blaue Licht von Computerbildschirmen auf den menschlichen Tag-Nacht-Rhythmus ein. Durch sie wird die Produktion des Hormons Melatonin gedrosselt, die bei älteren Menschen ohnehin vielfach eingeschränkt ist. Um in den Schlaf zu finden, sollten daher Glühbirnen mit wärmerem Licht (2000–2800 Kelvin) gewählt werden. Hinweise auf die Lichttemperatur finden Sie meist auf der Packung.

Warnmelder gibt es für verschiedene Gefahren. Neben den verbreiteten Rauchmeldern können auch Kohlenmonoxidmelder sinnvoll sein.

Mehr Komfort in Bad und WC

Ein modernes Bad ist nicht nur aus ästhetischen Aspekten wünschenswert, es erleichtert auch die tägliche Hygiene. Eine barrierefreie Ausstattung entscheidet nicht selten darüber, ob ältere Menschen weiter in ihren vier Wänden leben können.

Ein Umbau ist zwar für jedes Bad denkbar, die Raumgröße setzt jedoch gewisse Grenzen hinsichtlich der Möglichkeiten. Je nach Erbauungsjahr hat man früher Bädern mehr oder weniger Augenmerk geschenkt. Doch findige Planer können auch enge oder verwinkelte Räume optimieren und so für eine größtmögliche Begehbarkeit sorgen. Müssen Leitungen verändert und Zu- oder Abläufe verlegt werden, steigen die Kosten. Steht ohnehin eine Badrenovierung an, besteht die Herausforderung darin, mit Blick auf die Zukunft zu planen, ohne dabei das Gefühl zu haben, dass praktische Überlegungen überwiegen und Sie sich in Ihrem Bad nicht mehr wohlfühlen.

So war es bei mir

„Mein Mann und ich hatten schon oft über ein neues Badezimmer gesprochen, das seit unserem Hauskauf vor 40 Jahren nie komplett renoviert wurde. Von den dunklen Kacheln bis zur Toilettenschüssel war vieles schon lange unmodern. Doch mir graute vor Haltestangen und einer barrierefreien Ausstattung, die allzu medizinisch und zweckmäßig aussehen würde. So schoben wir die Entscheidung lange vor uns her. Dann besorgte mein Mann einige Kataloge von Fachherstellern und ich wurde eines Besseren belehrt: Praktisch kann auch schick sein. Viele Armaturen haben nun einfach mehr Funktionen, die Anordnung von Toilette, Waschbecken und Dusche wirkt modern und raumsparend. Wir sind sehr zufrieden mit dem Ergebnis und blicken entspannt in die Zukunft, auch wenn wir beide noch nicht auf Hilfe angewiesen sind." *Anna E. aus Braunschweig*

Mehr Raum, Sitz- und Haltemöglichkeiten

Im Fokus steht auch beim Badezimmer das Ziel, Freiräume zu schaffen für Hilfsmittel wie eine Gehhilfe oder einen Rollstuhl oder mehr Bewegungsfreiheit für Hilfskräfte. Dabei betrifft der Umbau sowohl kleinere Maßnahmen – etwa die Türschwelle mit einer Rampe versehen – bis zu größeren: So ist die klassische Badewanne für Menschen mit eingeschränkten Bewegungsmöglichkeiten nicht gut geeignet und wird häufig ausgetauscht oder durch Hilfsmittel ergänzt. Und schließlich gilt es, Komfort und Praktikabilität zu vereinen – und auch von modernen technischen Lösungen zu profitieren. Hinzu kommt die finanzielle Ersparnis im Lauf der Nutzung: Mit heutigen Standards lässt sich einiges an Wasser und Energie sparen, angefangen bei Spartasten an der Toilettenspülung bis hin zu temperaturgenau regelbaren Durchlauferhitzern und Warmwasserbegrenzern, beispielsweise an Duschbrauseköpfen.

Raumangebot prüfen

Um herauszufinden, welche Möglichkeiten das eigene Bad bietet, können Sie für einen ersten Überblick selbst den Zollstock in die Hand nehmen. Als Faustregel kann gelten, dass in einem barrierefreien Bad doppelt so viel Freiraum vorhanden sein muss, wie für Menschen ohne Einschränkung nötig ist: statt 60 x 60 cm mindestens 120 x 120 cm. Wenn für die Begehbarkeit mit einem Rollstuhl geplant wird, sind sogar 150 x 150 cm erforderlich. Muss Raum geschaffen werden, gibt es verschiedene Möglichkeiten:

- Badewanne durch eine Duschkabine ersetzen
- Badschränke und -regale mit weniger Tiefe anbringen
- Waschbecken mit weniger Tiefe oder entsprechender Aussparung in der Mitte installieren: So lassen sich vielfach die entscheidenden Zentimeter gewinnen, die für eine Drehung mit dem Rollstuhl notwendig sind
- Anordnung von Toilette, Waschbecken und Dusche/Wanne ändern, dabei Zimmerecken und tote Winkel nutzen
- seiten- (und höhen-)verstellbares WC und/oder Waschbecken installieren
- Türanschlag ändern: Eine nach außen zu öffnende Tür ist ohnehin wichtig, damit Helfer auch in Notfällen ins Bad gelangen können
- Fußbodenheizung anstelle von Heizkörpern installieren
- das Versetzen einer Zimmerwand

Möglichkeiten und Kosten

Der Aufwand sollte an Bedarf und finanzielle Mitteln angepasst sein:

- Minimallösung: Bad und die Anordnung von WC, Waschbecken und Dusche bieten bereits genug Platz. Die Ausstattung wird ergänzt um Hilfsmittel wie Haltegriffe und Klebestreifen – auf dem Boden sowie in der Badewanne –, diese verringern die Rutschgefahr. Auf kostspielige Veränderungen der Zu- und Abflussleitungen wird verzichtet. Die Kosten können – je nach tatsächlichem Bedarf – zu einem Großteil von Pflege- und Krankenkasse erstattet werden.
- Lösung mit mittlerem Aufwand: WC und Waschplatz werden durch platzsparende, mit Rollstuhl unterfahrbare

Barrierefreie Badezimmer sind u. a. mit Griffen, Duschsitz und bodengleicher Duschkabine ausgestattet.

Modelle ersetzt. Die bisherige Duschkabine mit Duschtasse/-wanne wird gegen eine bodengleiche, schmale Duschkabine getauscht. Der neue Heizkörper fungiert zugleich als Handtuchhalter und wird weniger tief, dafür höher und breiter gewählt. Durch all diese Maßnahmen kann auf eine Veränderung der Leitungsführung verzichtet und trotzdem Raum geschaffen werden. Die Umbaukosten entsprechen in etwa denen einer klassischen Badrenovierung, können aber zumindest teilweise als Maßnahmen zur Barrierefreiheit erstattet werden.
- Umfangreiche Lösung: Das Bad ist als „Schlauchbad" von seinem Grundriss her für eine barrierefreie Ausstattung ungeeignet. Für eine Vergrößerung muss eine Wand versetzt werden, die alte Badewanne wird durch eine Sitzbadewanne mit Tür ersetzt. Das Bad erhält komplett neue Anschlüsse und Leitungen. Ein rutschhemmender Bodenbelag ersetzt die alten Fliesen, eine Fußbodenheizung schafft Platz und sorgt bei Bedarf für schnelle Wärme. Waschplatz und WC sind aus pflegeleichter Keramik, sämtliche Armaturen sind auch im Sitzen zu bedienen.

Gut zu wissen

Was kostet ein barrierefreies Bad? Hygiene ist auch im Alter unerlässlich, ein praktisches Badezimmer im wahrsten Sinne des Wortes viel wert. Für ein 6 m² großes Bad sollte laut Experten mit rund 8000 Euro Umbaukosten gerechnet werden, um eine vollständige Barrierefreiheit zu erreichen. Doch die Kosten können sehr stark schwanken, abhängig von den Rahmenbedingungen und den individuellen Wünschen bezüglich Qualität und Ausstattung. Je nach Ausgangslage können durch moderne Anlagen aber auch Wasser sowie Heiz- und Wärmeenergie eingespart werden, dies spricht für einen frühzeitigen Umbauzeitpunkt.

Neue Wanne oder Alternativen?

Das Schaumbad in der Badewanne bleibt für viele Menschen ein Moment der Entspannung, auf den sie ungern verzichten wollen, gerade in den kalten Monaten des Jahres. Doch klassische Liegebadewannen führen bei Menschen, die in ihrer Beweglichkeit eingeschränkt sind, immer wieder zu Unfällen. Der hohe Wannenrand muss überwunden werden, die nasse Wannenoberfläche ist glatt und rutschig. Darüber hinaus entspannt das warme Wasser und gerade in der liegenden Position sinkt des Öfteren der Blutdruck. Die Folge können Schwindel und Kreislaufprobleme sein, wenn man zu rasch aufsteht. Um dem vorzubeugen, ist daher eine sitzende Badeposition sicherer. Es gibt einige gute Lösungen, die zum Teil nicht einmal eine neue Wanne erfordern:

- Badewannenverkürzer: Ein solcher Einsatz wird am Fußende der Wanne angebracht. Er verhindert zuverlässig, dass der Kopf des Badenden unter Wasser gerät, da sich dieser mit ausgestreckten Beinen leicht wieder in eine sitzende Position begeben kann. Der

Wannenverkürzer kann ohne Umbaumaßnahmen eingesetzt und entfernt werden, die Wanne steht für andere Haushaltsmitglieder also weiter in voller Länge zur Verfügung.

- Badewannenkissen (ca. 1000 Euro): Dieses Hilfsmittel erinnert an eine mehrfach gefaltete Luftmatratze. Ein Kompressor außerhalb der Wanne füllt das Kissen mit Luft, bis die Maximalhöhe des Wannenrands erreicht ist. Das Kissen fungiert als Lifter und lässt den Badewannenrand leichter überwinden. Das Ablassen und Auffüllen mit Luft wird aus der Wanne heraus gesteuert.
- Badewannenlifter (von ca. 300–2000 Euro): Diese gibt es in unterschiedlichen Ausführungen, beispielsweise als Sitz mit Rückenlehne, der am Ende der Wanne angebracht wird. Die Modelle lassen sich auch mit einem Drehteller kombinieren, der das Umsetzen erleichtert. Der Sitz wird dann nach unten ins Wasser gelassen und auch die Lehne kann verstellt werden. Eine andere Form ist der sogenannte Tuchlift: Ein sehr stabiles, breites Tuch, das quer über die Wanne gespannt wird und durch eine Steuerung ein- oder ausgerollt wird. Der Badende setzt sich auf das gepannte Tuch und lässt sich durch Lockerung des Tuchs herabsetzen. Die Steuereinheit wird für gewöhnlich an der Wand montiert, die sich im Badezimmer unmittelbar neben der Wanne befindet. Je nach körperlicher Konstitution sollte dabei eine Hilfsperson anwesend sein, da die Matte keine Lehne hat. Große Lifter wiederum stehen frei an einer Stange, der Sitz lässt sich mit Lehnen komplett aus der Wanne drehen und auf- oder absenken. Für diese Lösung ist zum einen deutlich mehr Platz für das Gestell erforderlich, zum anderen ist je nach Einschränkung eine Hilfsperson erforderlich. Wer Bedenken bei elektrischen Geräten in Wannennähe hat, kann bei den meisten Liftertypen auf wasserhydraulische Modelle zurückgreifen, bei denen das Auf- und Absenken über den Wasserzulauf gesteuert wird.
- Sitzbadewanne: Wie eine Art Liegestuhl im Wasser erlaubt diese Wannenform ein bequemeres Aus- und Einsteigen.
- Badewannentür: Wer das mitunter gefährliche Überklettern des Wannenrands umgehen möchte, kann eine Wanne mit Tür installieren

Der Badewannensitz befindet sich auf Höhe eines Rollstuhls. Durch diese zusätzliche Sitzfläche wird der Einstieg in die Wanne erleichtert. Bei Nichtbedarf ist er hochklappbar.

Gut zu wissen

Lohnt ein Umbau der Badewanne? Es gibt mittlerweile zahlreiche Hilfsmittel, die es auch bewegungseingeschränkten Menschen ermöglichen, eine herkömmliche Badewanne gefahrlos zu benutzen. Nur wer mit Gehhilfe oder Rollstuhl auf demselben Niveau bis unter die Dusche fahren möchten, ist gezwungen, eine alte Duschtasse oder Badewanne ausbauen. Ansonsten ist es gerade in Mietwohnungen, aber auch für Haus- und Wohnungsbesitzer eine gute Option, auf flexible Lösungen zu setzen: Der Einbau einer teuren Sitzbadewanne mit Tür stößt nur bei wenigen Vermietern auf offene Ohren und er kann den Wiederverkaufswert von Wohneigentum unnötig mindern, wenn sich potenzielle Käufer eher eine moderne, aber klassische Badewanne wünschen.

lassen – und gegebenenfalls mit einer Wannenverkürzung oder einer Duschkabine kombinieren. Anders als bei einer bodengleichen Dusche bleibt hier jedoch eine Stufe auf dem Boden bestehen, die Wanne ist also nicht mit einem Rollator oder Rollstuhl zu befahren. Eine solche wasserdichte Tür lässt sich häufig auch nachträglich in eine bestehende Wanne einbauen, das spart Kosten und Aufwand: In der Regel wird für den Umbau nur ein Tag benötigt.

Bodengleiche Dusche Bestenfalls gibt es auf dem Weg in die Duschkabine keinerlei Schwelle am Boden zu überwinden, die Kabine ist ohne Stolperfalle und sogar mit einem Roll- oder Toilettenstuhl zu befahren. Aufgrund eines kleinen Gefälles findet das Wasser zuverlässig seinen Weg in den Abfluss.

Die Gefahr eines überschwemmten Badezimmers besteht nur, wenn der Abfluss nicht regelmäßig gereinigt wird und dadurch das Wasser nicht problemlos abfließen kann.

Wärmekabine oder Dampfbad Wer es ausgefallener mag, kann die Duschkabine auch mit einigen Extras kombinieren: Sauna oder Dampfbad. Neben der üblichen Sauna gibt es auch sogenannte Wärmekabinen, bei denen moderne Infrarottechnologie zum Einsatz kommt. Sie sind nicht nur günstiger in der Anschaffung, sondern verbrauchen auch weniger Energie im Betrieb. Wie bei einer Infrarotlampe, die viele Menschen bei Erkältungskrankheiten einsetzen, wird bei der Infrarotsauna nicht die Luft erwärmt, sondern insbesondere Infrarot-A- und Infrarot-B-Strahlung eingesetzt, um den menschlichen Körper über die Haut zu erwärmen. Das Wärmegefühl ist vergleichbar mit dem in einer klassischen Sauna, man sollte hier aber nicht zu lange verweilen, um die Strahlenbelastung gering zu halten. Zudem sollte ein Augenschutz getragen werden.

In der Dampfkabine wiederum wird heiße, feuchte Luft als Wärmequelle eingesetzt. Die Temperatur übersteigt nicht die 60-°C-Marke, bei einer Luftfeuchtigkeit von 100 %. Die Dampfkabine ist besonders für Menschen mit Atemwegserkrankungen empfehlenswert und kann mit bestimmten Zusätzen auch für die Aroma- oder Soletherapie genutzt werden.

Stürze verhindern

Sicherheit im Bad beginnt beim Boden: Die meisten Bäder sind gekachelt oder gefliest, doch was bei der Reinigung und Pflege praktisch ist, erhöht die Rutschgefahr. Mit Gummimatten oder rutschhemmenden Sicherheitsstreifen, die sich auf Kacheln aufkleben lassen, kann kostengünstig und in ansprechendem Design Abhilfe geschaffen werden. Alternative Bodenbeläge sollten Feuchtigkeit vertragen, aber auch im nassen Zustand einen guten Halt bieten. Dafür kommen nichtmineralische Produkte infrage, von Linoleum über PVC bis Holz: Während das Naturprodukt Linoleum zwar eine angenehme Wärme und Langlebigkeit bietet, ist es gerade im nassen Zustand nur bedingt rutschsicher. Kunststoffbeläge wie PVC gibt es hingegen auch in gut haftenden Ausführungen. Holz benötigt eine entsprechende rutschhemmende Versiegelung, ist dann aber ebenfalls gut geeignet, wie die Böden im Saunabereich zeigen. Bei rutschsicheren Fliesen sollten die Bewertungsgruppen beachtet werden (A, B, C). Anti-Rutsch-Fliesen der Gruppe B sind für private Wohnungen in der Regel ausreichend, C bietet die höchste Sicherheit und ist beispielsweise für Schwimmbäder vorgeschrieben. Wer einen keramischen Belag bevorzugt, sollte möglichst kleine Kacheln wählen, vergleichbar einem Mosaik: Die vielen Fugen bieten den besten Schutz vor einem Ausrutschen, besonders wenn die Steine eine matte Oberfläche und keine glänzende Lasur aufweisen.

Die Vorteile von Fliesen liegen auf der Hand: Sie sind wasserdicht und sehr langlebig. Wenn es um das Verhindern von Stürzen geht, sind kleinteilige Ausführungen der ideale Bodenbelag.

Fußbodenheizungen Diese Art des Heizens ist für das Bad sehr zu empfehlen. Zum einen verschwindet so der sichtbare Heizkörper – und das schafft zusätzlichen Platz –, zum anderen genießen viele die Wärme von unten. Zudem trocknet Wasser auf dem Boden schneller und das verringert die Gefahr auszurutschen. Allerdings ist für den Einbau dieser Heizungsart ein

So war es bei mir

„Wenn ich ins städtische Hallenbad gegangen bin, habe ich mich immer auf das Dampfbad im Anschluss gefreut. Es hat meinem Rheuma und den Bronchien jedes Mal gutgetan. Zufällig sprach ich mit dem Bademeister über das Thema und er brachte mich auf die Idee, in meinem eigenen Badezimmer die Wanne durch eine Dampfduschkabine zu ersetzen. Da ich fast nie bade, klang das nach einer traumhaften Lösung. Mit einem Fachberater bin ich die verschiedenen Optionen durchgegangen und habe gleich eine komplette Renovierung durchführen lassen, mit der ich auch auf eventuelle künftige Einschränkungen vorbereitet bin. Die Wanne hat mir bis heute nicht gefehlt."

Ulrich H. aus Fürth

Dusch-WCs, auch Japanische Toiletten genannt, sind mit übersichtlichem Bedienfeld und nach Wunsch mit Zusatzaustattungen wie z. B. einer Sitzheizung erhältlich.

kompletter Umbau erforderlich, was folglich die Kosten erhöht. Als Alternative bieten sich schmale, raumsparende Heizkörper an, die hochkant an die Wand montiert werden und auf denen zugleich Handtücher getrocknet werden können. Beide Systeme – Fußbodenheizung und schmaler Handtuchheizkörper – lassen sich auch kombinieren und unabhängig voneinander regulieren.

Höhenverstellbares WC Das Aufstehen von niedrigen Toilettenschüsseln empfinden viele ältere Menschen mit eingeschränkter Mobilität als schwierig. Eine Erhöhung erleichtert die Benutzung ohne Hilfe. Lässt sich die Höhe sogar (elektrisch) anpassen, können andere Haushaltsmitglieder ihre gewohnte Sitzhöhe weiter beibehalten. Stabile Haltegriffe oder -stangen sollten ebenfalls in der Nähe angebracht sein. Achten Sie dabei auf ausreichend tragfähige Wände: Wenn das Badezimmer mit Holz oder Rigipsplatten verkleidet ist, benötigt man spezielle Befestigungen, die dem Gewicht eines Erwachsenen nicht nachgeben.

Dusch-WCs Diese Toiletten erlauben es, drei Ziele gleichzeitig zu verfolgen:
- eine angepasste Sitzhöhe (gerade bei nachträglich installierten Aufsatzmodellen)
- eine sehr gute Hygiene, da wie bei Bidets auf Toilettenpapier verzichtet werden kann
- freie Hände, um sich festzuhalten

Zahlreiche Hersteller bieten mittlerweile die unterschiedlichsten Modelle an, von fest installierten WC-Schüsseln bis hin zu Ergänzungssitzen, die auf ein bereits bestehendes WC montiert werden. Neben den Duschdüsen für den Intimbereich ist meist auch ein Fön integriert, der den Benutzer nach der Reinigung sanft trocknet, ohne dass er dabei die Hände benutzen muss.

Viele Zivilisationskrankheiten – von Hämorrhoiden bis zur Analfissur – sind auf den Gebrauch von Toilettenpapier und/oder unzureichende Reinigung nach dem Toilettengang zurückzuführen. Ihnen lässt sich mit dem Dusch-WC wirksam vorbeugen. Je nach Hersteller und Ausstattung kosten ein Dusch-WC bzw. ein Toilettenaufsatz mit Duschfunktion zwischen 400 und 1500 Euro.

Programmierbare Thermostate

Zu guter Letzt sind einige technische Hilfsmittel zu nennen, die den Komfort im Badezimmer erhöhen, einem einige Handgriffe ersparen und dabei noch energieeffizient sind. Dazu zählen Thermostate an Heizkörpern, die die Raumtemperatur regeln. Mit ihnen kann automatisch die Wunschtemperatur z. B. für die Morgenwäsche und die Abendhygiene eingestellt werden. Im Tagesverlauf oder nachts aber senken sie die Temperatur automatisch ab. Darüber hinaus gibt es Modelle, die bei geöffnetem Fenster nach dem Duschen oder Baden das Heizkörperventil automatisch verriegeln, damit beim Lüften keine Heizenergie verloren geht.

Vollautomatische Lüftungsanlagen

Diese Lüftungssysteme bieten die Möglichkeit, die Luftzirkulation im Badezimmer automatisch zu regeln, ohne dass man daran denken muss, das Fenster zu öffnen oder zu schließen. Auf diese Weise wird Feuchtigkeit wirksam nach außen transportiert und die Bildung von Schimmel vermieden. Ein weiterer Vorteil: Im Badezimmer herrscht stets eine angenehme Raumtemperatur.

Lösungen für ein barrierefreies Badezimmer – der Badezimmer-„TÜV“

Bereich	Problem	Abhilfe
Badewanne	Rutschige Oberfläche	Gummimatte mit Saugnäpfen in die Wanne legen; Wanne mit rutschmindernder, geriffelter Oberfläche wählen
	Haltemöglichkeiten	Griffe anbringen: mobile Griffe mit Saugtellern in der Wanne oder fest montierte Griffe außerhalb bzw. eingehängte Bügelgriffe am Wannenrand
	Begehbarkeit	Wanne mit Tür; Hilfsmittel Sitzlifter oder Tuchlift; Platz für eventuellen Badelifter einplanen; Umbau zur Nasszelle/Duschkabine
Waschtisch	Höhe	höhenverstellbaren Waschtisch wählen (auch ratsam, wenn mehrere Personen das Bad nutzen; so kann man zwischen stehend und sitzend waschen wechseln); Unterfahrbarkeit beachten: unabdingbar für Rollstuhl, aber auch schon, wenn Sie sich sitzend waschen wollen
	Erreichbarkeit der Armaturen	Einhebelmischer mit langem Arm wählen, herausziehbarer Wasserhahn; Mischbatterie mit Sensorsystem (Höchsttemperatur des Wassers 45 °C)
WC	Höhe	höhenverstellbares System wählen
Eingangstür	Breite	Rollator oder Rollstuhl sollten hindurchpassen (mindestens 80–90 cm breit)
	Anschlag	nach außen verlegen, damit Helfer auch ins Bad gelangen können, wenn etwa der Badbenutzer innen vor der Tür gestürzt ist. Praktische Alternative: Schiebe- oder Falttüre

In der Küche – alles schnell zur Hand

Frisch zubereitete Speisen bieten den höchsten Vitamin- und Nährstoffgehalt. Es sollte also möglichst vermieden werden, dass körperliche Einschränkungen dem eigenständigen Kochen (und Backen) entgegenstehen.

Die Küche gilt sprichwörtlich als Herz eines Hauses, entsprechend kann eine überlegte Einrichtung dazu beitragen, Vitalität und Eigenständigkeit möglichst lange zu erhalten. Wesentliche Faktoren sind, dass alles in Reichweite ist und dass man bei der Küchenarbeit langes Stehen vermeiden kann. Weiter spielen technische Helfer eine Rolle: angefangen bei der elektrischen Küchenmaschine über Geschirrspülmaschine und Mikrowelle bis hin zu (elektrisch) höhenverstellbaren Schränken. Die Raumgröße spielt dabei eine eher untergeordnete Rolle, wichtige Küchenutensilien finden in der Regel auch in der kleinsten Küche Platz. Allein bei einem schlauchartigen Grundriss kann es eng werden, wenn zwischen Küchenzeile und Tisch zu wenig Platz für einen Durchgang bleibt.

Auch für die Küche gilt, dass mindestens 120 x 120 cm Freifläche nötig sind, um sich mit einem Rollator frei bewegen zu können, für Rollstühle gelten 150 x 150 cm. Neue Küchengeräte sind eine Investition, die sich lohnt: Ein effizienter Kühlschrank, womöglich mit kleinerem Volumen, spart viel Energie. Dies gilt besonders für das Gefrierfach. An vielen modernen Durchlauferhitzern können Sie die maximale Wassertemperatur voreinstellen, das vergleichsweise energieaufwendige Mischen mit kaltem Wasser entfällt.

Für Rollstuhlfahrer ist eine unterfahrbare Arbeitsfläche sehr hilfreich, um ohne Verdrehen oder Strecken des Oberkörpers kochen zu können.

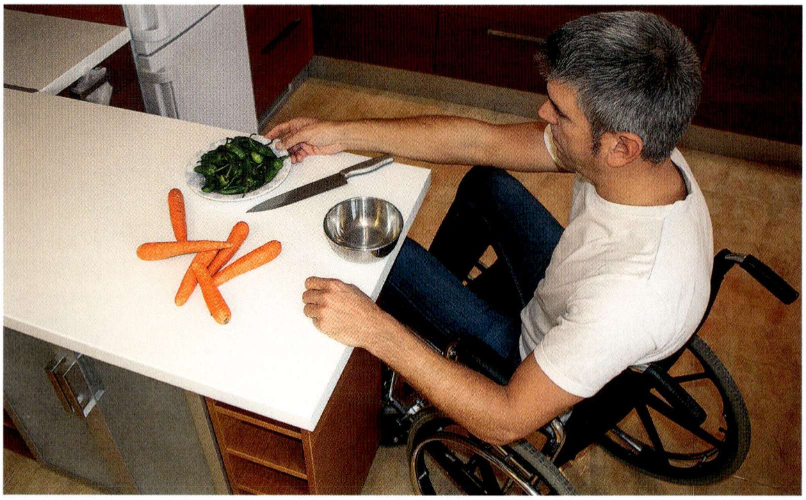

Was erwarte ich von meiner Küche?

Die folgenden Fragen sollen dabei helfen, sich darüber klar zu werden, welche Bedürfnisse Ihre Küche erfüllen sollte. Das ist für die weitere Planung entscheidend:

- Kochen Sie häufig und nehmen Sie gern warme Mahlzeiten zu sich oder genügt Ihnen meist ein kaltes Buffet?

Viele Küchenutensilien müssen nicht sofort griffbereit sein, wenn Ihnen kalte Gerichte genügen. Wenn Küchenherd und Backofen nur selten genutzt werden, müssen Sie auch hier keine hohen Investitionen einplanen. Dann genügen eher günstige Standardausführungen. Eine Geschirrspülmaschine ist in dem Fall ebenfalls oft nicht nötig.

- Was hindert Sie am Kochen? Haben Sie daran generell kein Interesse oder können Sie sich vorstellen, öfter zu kochen, wenn Ihnen die Handlungsabläufe erleichtert werden? Falls Sie die Küchenarbeit zu sehr anstrengt, kann dies schlicht an einer ungeeigneten Anordnung liegen: Die Möglichkeit, beispielsweise im Sitzen zu arbeiten und trotz der niedrigen Position alle Armaturen in Sicht- und Griffweite vor sich zu haben, schafft Raum für entspanntes Arbeiten.
- Wie stehen Sie zu technischen Geräten in der Küche? Halten Sie diese für überflüssig oder sind Sie hier eher offen eingestellt, wenn es die Arbeit erleichtert? Schon ein Mikrowellengerät bietet viele Vorteile zum schnellen Aufwärmen von Speisen und Getränken, darüber hinaus lässt sich damit im Vergleich zum Küchenherd Energie sparen. Timerfunktionen gehören bei der Mikrowelle zum Standard, sie verhindern etwa das Anbrennen von Speisen und machen das Kochen sicherer. Doch manchen Menschen ist die Funktionsweise (kurzwellige Strahlung) nicht geheuer, sie wünschen sich eher den vertrauten Herd, eventuell mit einfach programmierbaren Zeitschaltuhr-Funktionen. Vollautomatische Küchenmaschinen mit Kochfunktion ermöglichen selbst Laien die Zubereitung warmer Mahlzeiten, ein gewisses Interesse an Technik ist hier jedoch vorausgesetzt. Technische Geräte können Zeit und Kraft sparen – ob Stabmixer, Entsafter oder Rührgerät –, bei seltenem Einsatz lohnen sich gerade große Multifunktionsgeräte jedoch nicht.
- Wie wichtig ist Ihnen Ihre vertraute Kücheneinrichtung? Wollen Sie diese lieber umbauen oder freuen Sie sich auf eine rundum modernisierte (Einbau-)Küche auf dem neuesten Stand? Wie viele Personen sollen die Küche nutzen, und steht dabei die Wohn- oder die Küchenfunktion im

So war es bei mir

„Ich lebe seit vielen Jahren allein und habe in meinem Betrieb stets in der Kantine gegessen. Im Ruhestand fehlten mir dann bald geregelte warme Mahlzeiten und die häufigen Restaurantbesuche waren mir zu teuer. Eine Freundin nahm mich zu einer Kochgruppe mit. Anfangs war ich skeptisch, aber ich habe schnell dazugelernt und so ein echtes neues Hobby gefunden. Die Kücheneinrichtung habe ich mithilfe von Freunden und einer netten Beratung im Baumarkt selbst angepasst. Nun ist alles so angebracht, wie ich es mir wünschte. Ich kann nur sehr empfehlen, erst ein bisschen kochen zu lernen und dann den Küchenumbau zu planen, denn ganz ohne zu wissen, worauf es beim Kochen ankommt, hätte ich gar nicht so praktisch planen können." *Otto K. aus Dortmund*

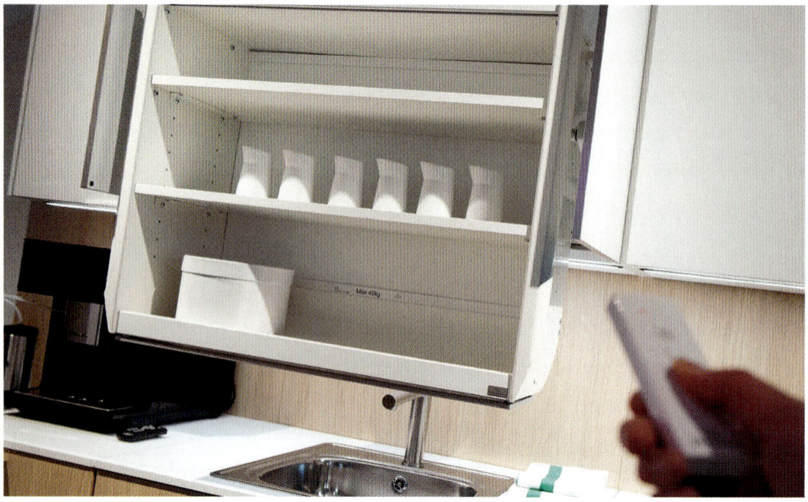

Dieses Modell eines Oberschranks wurde Anfang 2020 auf einer Möbelmesse in Köln präsentiert. Es lässt sich per Fernbedienung in der Höhe verstellen.

Vordergrund? Denn auch eine ältere Kücheneinrichtung kann an vielen Stellen nachgerüstet werden, sei es bei elektrischen Geräten wie auch in der Anordnung von Schränken oder Spültisch. Nehmen Sie sich Zeit, einen passenden Berater zu finden. Eventuell gelangen Sie mit einem Schreiner oder freien Küchenplaner eher zum Ziel als im Küchenstudio. Denn bei Letzterem steht in aller Regel der Verkauf einer neuen, in sich abgestimmten Kücheneinheit im Vordergrund.

Kochen ist Kunst – alle Werkzeuge zur Hand

Die leichte Erreichbarkeit von Schränken, Regalen und Küchengeräten steht an erster Stelle der Planung. Durch herausziehbare Schubladen in Unterschränken werden auch die hinteren Ecken in Schränken nutzbar. Solche Schubladen lassen sich oft auch in vorhandenem Mobiliar nachrüsten. Glasböden helfen dabei, die Übersicht zu behalten, dies gilt für Unter- wie auch für Oberschränke. Empfehlenswert ist es außerdem, zumindest einige der Unterschränke auf Rollen zu stellen, damit sie bei Bedarf an eine andere Stelle geschoben werden können. So bleibt ein größtmöglicher Freiraum unter der Arbeitsplatte, der es ermöglicht, auch an beliebigen Stellen im Sitzen zu arbeiten.

Absenkbare Oberschränke Diese gibt es als elektrische oder mechanische Varianten. Bei diesen Hängeschranklifien wird der Schrank auf Knopfdruck nach unten – sowie bei manchen Modellen nach vorn – abgesenkt, damit auch die oberen und hinteren Ebenen bequem erreicht werden können. Liftsysteme für Arbeitsplatten und Küchentische existieren ebenfalls in elektrischer Ausführung oder mit einer Handkurbel. All diese Liftsysteme kosten relativ viel Geld und sind nur

Gut zu wissen

Elektrische Küchenhelfer Moderne Küchengeräte können die Küchenarbeit erleichtern, qualitativ hochwertige Modelle kosten aber eine Menge Geld. Günstige Geräte werden oft mit einer Vielzahl an Funktionen beworben, die am Ende doch nicht benötigt werden. Dafür sind sie relativ schwer, sie brauchen viel Platz und halten nicht besonders lange. Überlegen Sie vor dem Kauf, was Sie wirklich brauchen: Ein leistungsstarker Stabmixer mit erweiterbaren Aufsätzen ist praktischer als die unhandliche Multifunktionsküchenmaschine, die am Ende häufig doch nur auf der Arbeitsplatte wertvollen Platz wegnimmt.

bedingt in bestehenden Küchen nachrüstbar. Es lohnt sich daher, erst einmal zu prüfen, ob man alternativ durch bedarfsgerechtes Einräumen das Bücken und hohe Heben vermeiden kann.

Möglichkeiten zum Abstützen und Festhalten Griffe an Schränken und Türen eignen sich besser als Knöpfe, weil man sich an ihnen besser abstützen und festhalten kann. Auf völlig grifflose Varianten, bei denen sich z. B. Schubladen auf leichten Druck hin öffnen, sollte entsprechend ganz verzichtet werden: Ein solches Design mag ästhetisch ansprechend und leichter zu reinigen sein, es bietet aber keinen Halt. Ein Handlauf rund um die Arbeitsplatte ist für eingeschränkte oder schwindelanfällige Menschen zu empfehlen. Er hat aber den Nachteil, dass dadurch ein geringfügig größerer Abstand zur Arbeitsfläche entsteht.

Stehhilfe Schon längeres Spülen kann belasten. Stehhilfen können daher in der Küche gute Dienste leisten. Im Handel finden Sie sie auch unter den Namen Sitzhilfe, Stehsitz oder Bügelstuhl. Die Preise beginnen bei etwa 50 Euro. Die leichten, hochbeinigen Stühle können auf die individuelle Sitzhöhe eingestellt werden. Länger andauernde Tätigkeiten an der Arbeitsplatte können damit rückenschonend und kräftesparend erledigt werden. Verstellbare Drehstühle auf Rollen sind eine denkbare Alternative, die auch beim Ein- und Ausräumen der Unterschränke oder der Spülmaschine dienlich sein können. Vielleicht haben Sie noch einen Bürostuhl übrig. Auch er ist ideal geeignet, da er höhenverstellbar ist, sich dreht und Rollen hat.

Praktische Anordnung der Arbeitsflächen Eine zweckmäßige Positionierung von Küchenzeile und Küchentisch unterstützt das ermüdungsfreie Arbeiten. Bewährt hat sich eine Über-Eck-Kombination aus Kochfeld, Spülbecken und Arbeitsfläche. So muss beim Arbeiten im Sitzen die Position nicht mehr gewechselt werden: Alle Kochutensilien, Wasserhahn und Waschbecken sowie die Kochfelder liegen in Reichweite. Wenn die Küche wenig Platz bietet, können herausziehbare Arbeitsflächen unter der Arbeitsplatte angebracht werden. Bei Bedarf hat man so zusätzliche Möglichkeiten beispielsweise für die Ablage, ansonsten bleibt die Platte gut

Um schwer zugängliche Ecken als Stauraum nutzen zu können, gibt es intelligente Lösungen, z. B. Ablageflächen auf Schienen, die beim Türöffnen hervorgezogen werden.

Induktion ist die energiesparenste Variante der Kochplatten und die Anschaffung ist nicht mehr so teuer, wie sie es noch vor einigen Jahren war.

verborgen und ist nicht im Weg. Auch Küchentische können als Auszieh- oder Klapptische nützliche Flächen bei Bedarf zur Verfügung stellen, ohne permanent die Bewegungsfreiheit einzuschränken. Achten Sie aber gerade bei Klapptischen auf eine stabile, wertige Ausführung, die zumindest ein einfaches Abstützen aushält, ohne umzukippen. Gleichzeitig sollte sich das Gewicht des Tisches im Rahmen halten.

Herd, Ofen und Mikrowelle

Die klassische Kombination von Herd und Ofen hat vielerorts ausgedient. Somit lässt sich der Einbauort für den Backofen frei wählen und er kann in gut erreichbarer Höhe eingebaut werden. Bei einem Modell mit „Backwagen“ werden Bleche oder Roste in die Tür eingehängt und die Tür wie eine Schublade nach außen aufgezogen. Dies empfinden viele als praktischer als die Klapptür.

Backofen und Mikrowelle Kombinierte Modelle sparen Platz, da ein zweites Gerät entfällt. Sowohl beim Backofen wie beim Küchenherd gilt, dass Timerfunktionen die Brandgefahr verringern, falls man einmal vergessen sollte, das Gerät auszuschalten. Achten Sie hier auf eine leichte Bedienbarkeit. Alternativ gibt es nachrüstbare automatische Herd-Abschaltvorrichtungen: Hier wird eine bestimmte Funktionszeit voreingestellt – z. B. 60 Minuten –, nach deren Ablauf das Gerät vom Stromnetz getrennt wird. Solche Vorrichtungen sind mit 200 bis 400 Euro jedoch nicht gerade billig. Zudem muss für ihre Installation unbedingt ein Elektriker hinzugezogen werden, da sie in die Starkstromversorgung eingreifen.

Mikrowellenherde sparen Strom Sie sind sparsamer als das Kochen auf einem herkömmlichen Kochfeld oder im Backofen. Wer eine Neuanschaffung plant, sollte sich überlegen, ob er in erster Linie Speisen erwärmen oder ob er mit dem Gerät kochen und backen möchte. Für das Erwärmen genügt eine maximale Leistung von 1000 W völlig aus, stärkere Geräte können bis zu 3000 W verbrauchen, sie arbeiten damit v. a. schneller. Achten Sie darüber hinaus auf den Stand-by-Verbrauch: Im Durchschnitt verursacht die Uhr einer Mikrowelle fünf Euro Stromkosten jährlich. Diese Uhr ist häufig nicht einmal nötig, da daneben meist eine Küchenuhr und oft auch noch die Uhr von Küchenherd oder Backofen die Zeit anzeigen. Wer sparen möchte, trennt das Gerät über einen separaten Schalter oder eine Steckerleiste nach der Nutzung vollständig vom Stromnetz. Bei einfachen Geräten gehen damit – abgesehen von der Uhrzeit – meist keine notwendigen Voreinstellungen verloren. Mikrowellenherde erhöhen die Sicherheit, da stets mit einer Timerfunktion gekocht wird. Danach schaltet sich das Gerät automatisch ab. Auch ohne großen Einbauaufwand können kleine Standgeräte einfach auf der Arbeitsfläche positioniert werden, wo sie gut erreichbar sind.

Gas, Massekochfeld, Ceran oder Induktion?

Bei den Kochfeldern zeigen sich glaskeramische Ceranfelder effizienter und besser zu regulieren als Massekochfelder, allgemein meist als „Kochplatten" bezeichnet. Außerdem sind sie leichter zu reinigen. Gaskochfelder liefern durch die offene Flamme Hitze sehr schnell, das Feuer sorgt aber auch für eine hohe Brandgefahr. Zudem kann bei falscher Handhabung oder defekten Stellen Gas ausströmen, was lebensgefährlich sein kann. Zuletzt ist auch die Reinigung aufwendiger, sodass in der Summe davon abzuraten ist.

Der Sieger beim Energiesparen ist eindeutig das Induktionskochfeld, das zudem weitere Vorteile bietet: Bei dieser noch recht neuen Technologie gelangt die Wärme sehr schnell in den Kochtopf. Sie wird jedoch nur bei ferromagnetischen Gegenständen übertragen, in

Checkliste: Küchen-„TÜV"

❑ Spültisch	am besten über Eck anbringen, zwischen Kochfeld und Arbeitsbereich. So kann von einer einzigen Sitzposition gekocht werden; bei größerem Budget sind auch höhenverstellbare Spültische erhältlich; unterfahrbar, bzw. zumindest leicht nach hinten versetzter Unterschrank; Armaturen gut erreichbar (lange Hebel), flache Spüle
❑ Kochfeld	niedrige Position oder (bei größerem Budget) höhenverstellbar, sodass auch im Sitzen in die Töpfe geschaut werden kann; Timerfunktionen sorgen für mehr Sicherheit
❑ Tisch	an der Wand verschraubt, so entfallen störende Tischbeine; Alternative: Ausziehtisch unterhalb der Arbeitsplatte
❑ Kühlschrank	Höhe wählen, die ohne Bücken und auch im Sitzen gut erreichbar ist; eventuell Kühlschrank gegen ein kleines Gerät austauschen: So lässt sich Energie sparen, das gilt besonders für das Gefrierfach
❑ Backofen	Höhe wählen, die ohne Bücken und auch im Sitzen gut erreichbar ist. Modelle mit sogenannten Backwagen sind praktisch und leichter in der Handhabung
❑ Unterschränke	Schubläden und Glasböden erleichtern den Zugriff und die Übersichtlichkeit; rollbare Unterschränke können nach Bedarf zur Seite geschoben werden und Platz machen
❑ Oberschränke	gegebenenfalls ganz darauf verzichten; höhenverstellbar, z. B. durch Hub-/Liftsystem

Gut zu wissen

Induktionstechnik am Küchenherd Ein Induktionskochfeld funktioniert über elektromagnetische Strahlung. Mit ihm lässt sich schnell und energiesparend kochen, die Hitze ist sehr gut regulierbar. Zudem erwärmen sich die Platten nur minimal, was für mehr Sicherheit sorgt. Nötig ist dafür jedoch das richtige Kochgeschirr aus Stahl, Metall oder Gusseisen. Das Schweizer Bundesamt für Gesundheit empfiehlt zudem einen Sicherheitsabstand von 5–10 cm zum Kochfeld, um die Strahlenbelastung zu minimieren. Personen mit Herzschrittmacher sollten vor der Anschaffung das individuelle Risiko mit ihrem Arzt abklären.

der Regel solchen aus Stahl oder Gusseisen. Kupfer und Aluminium hingegen verhindern, dass ausreichend elektromagnetische Strahlung in Topf oder Pfanne gelangt. Da sich das Kochfeld nur mäßig erwärmt, können auf dem Induktionsfeld weder Hände noch liegen gelassene Lappen oder Plastikgeschirr verbrennen. Man muss aber beachten, dass Löffel und Pfannenheber aus Holz oder Kunststoff sein sollten und nicht aus Metall, um zu verhindern, dass diese die Strahlung leiten.

Man sollte einen Sicherheitsabstand von rund 10 cm einhalten. Das gilt auch für Töpfe, die nicht in Benutzung sind. Diese könnten sich sonst nämlich geringfügig mit erwärmen, außerdem steigt der Energieverbrauch unnötig an. Prüfen Sie mit einem Magneten, ob Ihre Töpfe und Pfannen einen ausreichend hohen Eisenanteil aufweisen, bevor Sie sich für das Induktionsfeld entscheiden und dann gegebenenfalls Ihr Kochgeschirr ersetzen müssen. Gerade Pfannen aus leichten Aluminiummischungen sind besser zu handhaben als schwere gusseiserne Modelle. Mit der Aluminiumpfanne lässt sich auf dem Induktionsfeld aber nicht kochen.

Induktionskochfeld

Pro	Kontra
schnell	geeignetes Kochgeschirr, Löffel, Pfannenheber nötig
energiesparend (spart Betriebskosten)	elektromagnetische Strahlung kann Kochenden belasten (Herzschrittmacher)
sehr gut regulierbar	etwas höhere Anschaffungskosten als z. B. Ceranfeld
sicher	ungewohntes Kochverhalten (z. B. keine Restwärme)

Kühlschrank und Gefriertruhe

Hier geht es zum einen um die Position. Häufig befindet sich der Kühlschrank unter der Arbeitsplatte, gerade die unteren Fächer sind dabei jedoch schwer erreichbar. Etwas erhöht angebracht, entfällt das aufwendige Bücken, auch die hinteren Abstellflächen lassen sich so leichter erreichen, denn bis auf das Gemüsefach besitzen Kühlschränke in aller Regel keine Schubladen.

Zum anderen geht es um die Energieeffizienz. Mit einer Neuanschaffung können Sie auch Geld sparen. Passen Sie die Größe an Ihre tatsächlichen Bedürfnisse an und wählen Sie ein Modell mit möglichst kleinem Volumen. Denn wird unnötig viel leerer Raum gekühlt, erhöht dies die Stromkosten. Falls Sie zusätzlich einen alten Gefrierschrank oder eine Gefriertruhe besitzen, bedenken Sie, dass diese

Modelle bei einem Volumen von rund 200 l bereits 50 bis 100 Euro Stromkosten im Jahr verursachen. Viel effizienter ist hingegen ein modernes Kombigerät, das sowohl über eine Kühl- als auch eine Gefrierfunktion verfügt.

Küchenmaschinen mit Kochfunktion

Küchenmaschinen haben in den vergangenen Jahren einen regelrechten Boom erlebt und stehen als Alleskönner neben Einzelgeräten wie dem Reiskocher oder Dampfgarer. Der Clou bei den Multifunktionsmaschinen: Sie erledigen nicht nur klassische Anwendungen wie Rühren, Mixen, Zerkleinern oder Wiegen, sondern man kann mit ihnen auch kochen. Einige bieten dabei sogar eine Anleitung zur Zubereitung von programmierten Gerichten. Die Kochbücher, die zur Maschine gehören, sind dann auch auf einem Mikrochip in der Maschine gespeichert oder im Internet zum Download hinterlegt. Köchin oder Koch müssen dann nur noch Schritt für Schritt den Handlungsangaben auf dem Display folgen. Durch den turmhaften Aufbau mehrerer Garvorrichtungen lassen sich mit wenig Zeitaufwand auch aufwendige Gerichte zubereiten.

Ausgewogene Ernährung Ausreichend frische Lebensmittel sind in jedem Alter wichtig. Multifunktionsküchenmaschinen können dazu einen Beitrag leisten. Da in diesen Geräten Speisen häufig in heißem Dampf gegart werden, bleiben besonders viele Vitamine erhalten. Außerdem lassen sich leicht Kalorien sparen im Vergleich zum herkömmlichen Braten oder Frittieren. Viele Handgriffe wie das Wiegen, Zerkleinern oder Anbraten werden mit einem Gerät erledigt, das spart Zeit und Mühe.

Küchenmaschinen mit Kochfunktion

Pro	Kontra
ohne Kochkenntnisse nutzbar	Kochen nur nach Anweisung bzw. hinterlegten Rezepten möglich
Mehr-Gänge-Menus sind möglich	keine Möglichkeit zum Eingreifen
frische Zubereitung	relativ teuer
viele andere Küchengeräte werden überflüssig	Technikaffinität ist Voraussetzung
weniger Abspülaufwand	Kochen verliert seine Sinnlichkeit

So war es bei mir

„Weder meine Frau noch ich haben jemals großen Wert auf warme Mahlzeiten gelegt, unsere Kinder sind bereits vor langer Zeit ausgezogen. Also haben wir die Küche für unsere Bedürfnisse optimiert und viel Platz geschaffen. Mit einer Basisausstattung an Töpfen und Geschirr, einem kleinen Zwei-Platten-Herd und einer Mikrowelle mit integriertem Backofen kommen wir beide gut aus. Ein effizienter kleiner Durchlauferhitzer unter der Spüle sorgt nun für warmes Wasser anstelle des alten Boilers. Die Oberschränke konnten wir ebenso wie die Geschirrspülmaschine komplett aus der Küche verbannen. Ein kleiner, energiesparender Einbaukühlschrank hat das große Standmodell mit Gefrierfach ersetzt. Nun gibt es genug Freiraum, um sich zu bewegen, selbst wenn ich in absehbarer Zeit auf eine Gehhilfe angewiesen sein könnte." *Peter M. aus Trier*

Doch gerade Menschen, die bereits über gute Kochkenntnisse verfügen, tun sich regelmäßig schwer damit, ausschließlich den Anweisungen einer Maschine zu folgen. Außerdem wird bisweilen bemängelt, dass es keine Möglichkeit gibt, während des festgelegten Kochprozesses nach persönlichem Empfinden eingreifen zu können, beispielsweise um Reis auf die individuell gewünschte Bissfestigkeit hin gar zu kochen. Lassen Sie sich ausführlich beraten und probieren Sie aus, ob Sie mit der technischen Bedienung zurechtkommen, ob Sie beispielsweise die Rezeptvorgaben auf dem Display lesen können, wenn Sie sehbehindert sind. Oft gibt es regionale Kochveranstaltungen, bei denen die Anbieter ihre Geräte vorführen und die in gemütlicher Atmosphäre stattfinden. Neben Modellen namhafter Hersteller, die rund 1300 Euro kosten, gibt es mittlerweile auch eine Reihe von Anbietern, die ihre Produkte teilweise bereits für unter 500 Euro auf den Markt bringen.

Kleine, frei stehende Geschirrspüler können ohne Einbau auf die Arbeitsfläche oder einen Tisch gestellt werden. So entfällt beim Ein- und Ausräumen das lästige Bücken.

Die richtige Spülmaschine

Kaum jemand, der eine Geschirrspülmaschine besitzt, möchte je wieder auf diese Arbeitserleichterung verzichten. Wird die Kücheneinrichtung komplett neu geplant, empfiehlt es sich, das Gerät so unterzubringen, dass es ohne Bücken ein- und ausgeräumt werden kann. Eine Höhe von 40–50 cm reicht meist schon aus. Für den Betrieb sind spezielles Spülmaschinensalz, Reinigungsmittel sowie Klarspüler erforderlich. Sogenannte Multifunktionstabs enthalten alle drei nötigen Komponenten. Sie müssen dann nur noch regelmäßig das Sieb reinigen. Wägen Sie bei einer Neuanschaffung ab: Ein Modell mit großem Fassungsvermögen wird in Ein- oder Zweipersonenhaushalten in der Regel nur alle paar Tage voll beladen. Damit fehlt nicht nur das bis dahin schmutzige Geschirr im Schrank, die Speisereste beginnen unangenehm zu riechen und trocknen fest. Bei manchen Maschinen gibt es Sparprogramme für „halbe Beladungen". Diese bieten jedoch nur teilweise Abhilfe, da immer noch mehr Wasser und Energie benötigt werden als bei einer effizienten kleineren Ausführung. Zudem fällt die Beladung kleinerer Maschinen gerade im Sitzen leichter, weil man sich nicht so weit über die geöffnete Türe beugen muss.

Als Alternative zur großen Einbaumaschine kommen die sogenannten Tischgeschirrspüler in Betracht. Sie bieten Platz für etwa halb so viel Geschirr wie ein klassisches Standmodell und können problemlos in der Nähe der Spüle positioniert werden. Ein Umbau der Küche entfällt dabei völlig. Gibt es keine Möglichkeit, eine Spülmaschine höher positioniert anzubringen, schafft ein höhenverstellbarer Stuhl Abhilfe: Wem das Bücken bereits schwerfällt, der begibt sich so hydraulisch zum Einräumen in Richtung Geschirrschublade.

Hilfsmittel und nützliche Kochutensilien

Zuletzt sollen die kleinen Helfer nicht unerwähnt bleiben, auch wenn sie stark vom individuellen Bedarf abhängen. Vom einfachen Apfelschneider bis zum elektrischen Dosenöffner gibt es eine breite Palette an Utensilien, die das Arbeiten erleichtern und die Verletzungsgefahr verringern. Angefangen bei Töpfen und Pfannen: Hier sollten Sie darauf achten, dass die Griffe ausreichend isoliert sind und auch bei nassen Händen nicht rutschig werden. Kochbesteck wie Rührlöffel oder Pfannenheber aus Plastik oder Holz haben den Vorteil, dass man sich daran nicht verbrennen kann. Außerdem beschädigen sie die Antihaftbeschichtung nicht. Töpfe mit nur einem Stiel sind gegebenenfalls solchen mit zwei Griffen vorzuziehen, weil Ihnen dann eine freie Hand bleibt um sich bei Bedarf abzustützen.

Hilfsmittel in der Küche

Was	Wofür	Nützlich, weil
Schneidehilfen	z. B. für Brot, Obst (Äpfel), Gemüse	verhindern das Abrutschen und damit Schnittverletzungen; für Menschen mit zitternden Händen und Sehbehinderte
Hobel/Raspeln	für Obst, Gemüse, Kartoffeln	verhindern das Abrutschen und damit Schnittverletzungen; sparen Kraft
Besteck	dickere Griffe	erleichtern das Essen auch bei wenig Kraft oder zitternden Händen
Glasöffner	für Lebensmittel in Gläsern	macht den Deckel griffiger; erleichtert es, den Deckel auch mit wenig Kraft zu öffnen
Dosenöffner	für Konservendosen mit Aufziehlasche oder ohne	spart Kraft; gibt es auch in elektrischer Ausführung
Sprechende Waage	zum Abwiegen von Lebensmitteln	erleichtert Menschen mit eingeschränkter Sehfähigkeit das Abwiegen
Flaschenöffner	größerer Griff mit langem Hebel	spart Kraft
Küchenschere	öffnet sich wie eine Gartenschere mithilfe einer Feder	spart Kraft und eignet sich für Menschen mit eingeschränkter Fingerfertigkeit
Rutschfeste Unterlagen	für Arbeiten in der Küche	verhindern das Wegrutschen von Brettchen/Tellern/Tassen auf Tisch, Tablett oder Rollator

Sich zu Hause sicher und gut bewegen

Die Einrichtung ist oft über die Jahre gewachsen. Nötige Veränderungen sind im besten Fall so möglich, dass Gemütlichkeit und Vertrautheit bestehen bleiben, denn man will sich trotz neuer Möbel oder „Umräumen" weiterhin wohlfühlen.

Im Mittelpunkt einer seniorengerechten Inneneinrichtung sollte stehen, dass Hindernisse und Gefahrenquellen beseitigt werden, dass man sich gut in den Räumen bewegen kann und dass man die Dinge des täglichen Bedarfs leicht erreicht. Wer zur Vergesslichkeit neigt oder an Demenz erkrankt ist, dem hilft ein gutes Ordnungssystem dabei, den Überblick zu behalten. Veränderungen sollten in diesem Fall nur in jeweils kleinen Umfängen erfolgen. Die individuelle Beweglichkeit und Konstitution sind entscheidend, wenn man überlegt, welche Maßnahmen man in der eigenen Wohnung ergreifen möchte. Kurz zusammengefasst geht es dabei um:

- Beseitigung von Stolperfallen
- geeigneten Bodenbelag für Gehbehinderte oder Rollstuhlfahrer
- gut erreichbare Steckdosen, Lichtschalter, Rollläden und Fenster
- Möglichkeiten zum Abstützen
- ausreichend Platz zum Manövrieren mit Rollator (120 x 120 cm) oder Rollstuhl (150 x 150 cm)
- Aufstehhilfen
- Ordnungssysteme, gegebenenfalls mit Beschriftung

Praktisch und zugleich gemütlich

Im Folgenden lesen Sie Tipps, wie eine barrierefreie Wohnung weiterhin gemütlich bleibt, etwa indem Hilfsmittel oder Funktionsmöbel im Design an die übrige, bereits vorhandene Wohnungseinrichtung angepasst werden. Denken Sie außerdem an Gäste: Stufen im Eingangsbereich beispielsweise können auch für Besucher, die bewegungseingeschränkt sind, Hürden darstellen.

Stolperfallen beseitigen Dazu zählen neben Türschwellen und Teppichläufern insbesondere Kabel. Bringen Sie diese am besten in sogenannten Kabelkanälen unter, die an den Zimmerwänden entlanggeführt werden. Wer auf einem Wohnzimmertisch eine Stromquelle benötigt – beispielsweise für eine Lampe oder einen Computer –, nutzt

Empfangsstationen für Internetverbindungen („Router") kommen mit wenigen Kabeln aus, sodass kaum Stolperfallen entstehen.

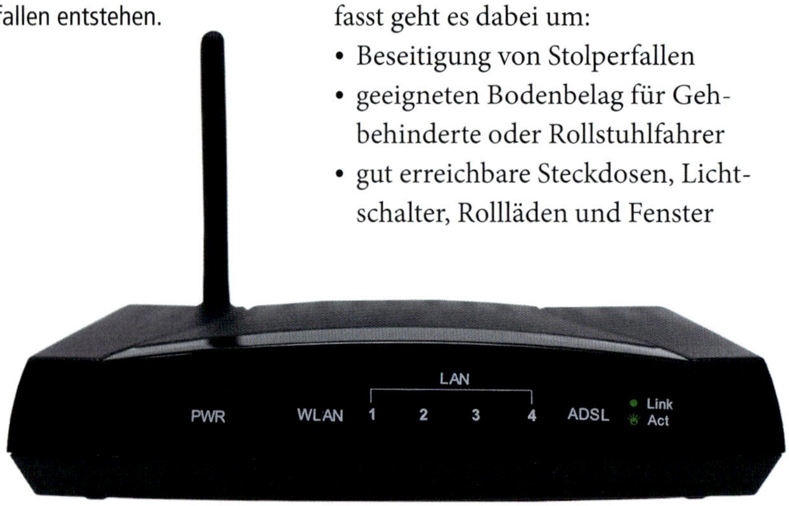

vorzugsweise eine einzige Tischsteckdose, deren Kabel am Tischbein entlanggeführt wird. Auf dem Boden sollte diese Leitung dann verklebt oder – beispielsweise bei einem fest verlegten Teppichboden – unter dem Boden entlanggeführt werden. Wer eine Vollsanierung des Bodens plant und z. B. Laminat, Parkett oder Fliesen verlegt, kann sich mit fest verlegten Bodensteckdosen das Leben erleichtern: Diese werden mit einem verschließbaren Klappdeckel vor Schmutz oder Feuchtigkeit geschützt und stehen nur etwa 1,5 mm vom Boden ab. Unter Couch- oder Esstisch angebracht, sind sie sehr unauffällig und stören die Optik nicht.

Kabel komplett vermeiden Drahtlose Internetverbindungen (WLAN) sind bei Computern mittlerweile die Regel. Laptops oder Tablets bieten mit langer Akkuleistung die Möglichkeit, sie viele Stunden zu nutzen und erst nach Gebrauch wieder an einer gut erreichbaren Stromquelle zu laden.

Funkkopfhörer Kopfhörer über Funk werden oft von Hörbehinderten genutzt, um Radio- oder Fernsehprogrammen mit großer Lautstärke zu folgen, ohne dass andere Haushaltsmitglieder gestört werden. Mit ihnen kann man sich frei im Raum bewegen und niemand stolpert über ein Kabel. Es gibt sie in vielen Varianten. Weitere Tipps für elektronische Hilfsmittel finden Sie im Kapitel „(Elektrische) Geräte als Helfer im Haushalt“ (siehe S. 78).

Gut zu wissen

Bodenbelag Rollstuhlfahrer und Gehbehinderte haben unterschiedliche Präferenzen in Bezug auf den Boden: Der geringste Rollwiderstand und ein Höchstmaß an Rutschsicherheit sind entgegengesetzte Ziele. Leben mehrere Personen in einem Haushalt, läuft die Entscheidung zwangsläufig auf einen Kompromiss hinaus. Beachten Sie neben dem Preis auch, ob das Material langlebig und pflegeleicht ist. Naturprodukte sind meist nur geringfügig teurer, sorgen dafür aber von sich aus für ein gutes Raumklima.

Niveaugleiche Böden und schwellenlose Übergänge

Kleine Kanten zwischen verschiedenen Zimmern halten nicht nur Rollstuhlfahrer auf. Schon eine 1 cm hohe Leiste, die unterhalb von Zimmertüren Zugluft verhindern soll, stellt ein vermeidbares Hindernis dar, über das Gehbehinderte stolpern können. Derartige Kanten lassen sich entfernen. Alternativ können sogenannte Bürstendichtungen zum Einsatz kommen, die Türspalten bis zu 15 mm ausgleichen und die neben dem Luftzug auch Staub, Insekten und Geräusche abhalten.

Angleichung unterschiedlicher Bodenhöhen Wenn Sie eine Vollsanierung planen, empfiehlt es sich, ein einheitliches Bodenniveau zu erreichen. Bei älteren Häusern oder Wohnungen wurden in den meisten Fällen im Lauf der Jahre vielfach Parkett-, Laminat- oder Steinböden verlegt. Die Folge: Das Bodenniveau von

So war es bei mir

„Ich hatte zunehmend mit Schwindelanfällen zu kämpfen und fühlte mich wackelig auf den Beinen. Nach einem Sturz, der zum Glück glimpflich verlief, war ich sehr verunsichert, wenn ich allein zu Hause war. Mein Mann entfernte daraufhin konsequent alle Teppichläufer und ließ einen durchgehenden Teppichboden fest verlegen, um im Fall der Fälle die Verletzungsgefahr zu minimieren. Dieser Teppich ist sogar rollstuhlgeeignet, falls wir eines Tages einen Rollator brauchen sollten. Möbel mit gefährlichen Kanten mussten weichen, entlang unseres langen Flurs haben wir einen Handlauf anbringen lassen. So kann ich mich in der Wohnung durchgängig abstützen, Stolperfallen gibt es ebenfalls keine mehr." *Monika S. aus Darmstadt*

Flur, Küche, Wohnbereich oder Schlafzimmer ist unterschiedlich. Solche Stufen können zwar mit (fest installierten) Rampen ausgeglichen werden, je nach Höhe entstehen so aber neue Stolperfallen an den Seiten der Rampe, wenn diese länger ausfällt, als der Türstock tief ist.

Wenn man auf Rollator oder Rollstuhl angewiesen ist, sorgen barrierefreie Türschwellen für deutlich mehr Mobilität.

Außentüren Auch hier gilt es, Schwellen und Stufen zu entfernen. Haustüren haben meist nur eine flache Kante, zu Balkon oder Terrasse hingegen finden sich häufig regelrechte Stufen, die überschritten werden müssen und für Rollstuhl oder Rollator ein unüberwindbares Hindernis darstellen. Da Außentüren neben Zugluft auch Wasser und Insekten abhalten müssen, empfehlen sich hier sogenannte Magnetschwellen. Mit diesem System wird bei geschlossener Tür eine Dichtung magnetisch von unten herangezogen, sie verhindert das Eindringen von Luft, Wasser oder Schmutz. Magnetschwellen lassen sich sowohl an Außen- als auch an Innentüren anbringen. Ein weiterer Vorteil: Durch sie können Heizkosten gespart werden. Zudem lassen sich viele Türen mit solchen Magnetschwellen nachrüsten, wodurch der Einbau neuer Türen entfällt und Kosten gespart werden.

Bodenbelag: rutschsicher und reibungsarm

Bei der Auswahl des Bodenbelags ist darauf zu achten, dass er einerseits rutschsicher ist, andererseits aber einen geringen Rollwiderstand aufweist. Unter Teppichläufern sollten Anti-Rutsch-Matten verlegt werden. Doch auch dann bleibt stets ein Restrisiko, über die Außenkanten zu stolpern. Steinböden sind die erste Wahl, wenn Sie eine Fußbodenheizung verlegen lassen wollen. Gerade ältere Menschen schätzen die Wärme von unten sehr, die

Wohnung wird weniger „fußkalt", z. B. im Parterre über einem ungeheizten Keller. Aber auch Parkett, Laminat, Linoleum, Teppichboden oder PVC gibt es in Ausführungen, die mit Fußbodenheizungen kombiniert werden können. Entscheidend ist die Temperaturdurchlässigkeit des Materials, da möglichst viel Wärme in den Raum geleitet werden soll. Die Verletzungsgefahr im Fall eines Sturzes ist bei Steinböden am höchsten. Holz oder Linoleum können den Aufprall hingegen etwas dämpfen. (Fest verlegte) Teppichböden können das Verletzungsrisiko am besten minimieren. Doch hier gilt es zu beachten, dass der Rollwiderstand umso höher ist, je dicker der Boden und je höher der Dämpfungseffekt sind, was Rollstuhlfahrer und Rollatorbenutzer in ihrer Beweglichkeit mehr oder minder stark einschränken kann.

Hinsetzen und aufstehen – bequem und sicher

Gängige Standardsitzhöhen sind für Menschen mit Einschränkungen in der Regel zu niedrig. Bei Stühlen hält sich das Problem in Grenzen, aber gerade Polstermöbel erschweren das Aufstehen und teilweise auch das Hinsetzen. Lange Zeit waren Sessel mit elektrischer Aufstehhilfe sehr groß und sperrig, doch mittlerweile gibt es diese Möbelstücke auch in schlichter, platzsparender Ausführung. In aller Regel haben die Modelle auch eine Liegefunktion, bei der sich das Fußteil nach oben bewegt, sie kosten zwischen 200 und 1500 Euro. Wer etwas mehr

Übersicht: Bodenbeläge

Material	Preis	Pro	Kontra
Kork	ab ca. 20 Euro/m²	isoliert gut; rutschhemmend	hoher Rollwiderstand
Linoleum	ab ca. 20 Euro/m²	isoliert gut; langlebig	hoher Rollwiderstand
PVC	ab ca. 20 Euro/m²	pflegeleicht; widerstandsfähig	kein Naturprodukt; gegebenenfalls elektrostatische Aufladung möglich
Laminat	ab ca. 15 Euro/m²	einfach und günstig zu verlegen	ohne (Trittschall-)Dämmung laut; wenig rutschhemmend
(Echtholz-)Parkett	ab ca. 35 Euro/m²	(„fuß"-)warm	teuer; je nach Ausführung empfindlich
Fliesen/Naturstein	ab ca. 25 Euro/m²	widerstandsfähig	nur bedingt rutschhemmend; isoliert schlecht
Teppichboden	ab ca. 15 Euro/m²	warm	hoher Flor besitzt hohen Rollwiderstand; schwieriger zu reinigen

Um das Aufstehen von der Couch zu erleichtern und somit möglichst lange unabhängig von anderen zu sein, helfen oft schon wenige Zentimeter hohe Möbelfüße.

Geld ausgeben kann, sollte die verschiedenen Massagefunktionen ausprobieren, mit denen höherpreisige Modelle ausgestattet sind: Von der Ganzkörpermassage – inklusive Waden- und Fußbereich – über gezielte Behandlung von Hals, Nacken oder Lendenwirbel bis hin zu einfachen Wärmefunktionen lässt sich damit Verspannungen vorbeugen und die Durchblutung fördern. Nicht zuletzt dienen sie der Entspannung und Wohltat. Steuerbar sind die verschiedenen Einstellungen über eine Fernbedienung, die kabelgebunden am Sessel oder kabellos funktioniert. Die Preise bewegen sich zwischen 1000 und 5000 Euro.

Möbelerhöhung Mit einem Möbelfuß lässt sich günstig eine ganze Couchgarnitur anpassen. Es gibt sie in verschiedenen Designs und Ausführungen, beispielsweise als verstellbare Version, mit der der Lieblingsfernsehsessel stabil auf die Wunschsitzhöhe gebracht werden kann. Möbelfüße haben allerdings den Nachteil, dass sie für den dauerhaften Einsatz gedacht sind. Selbst solche, die in der Höhe verstellbar sind, werden in der Regel einmal montiert und dann auf dieser Einstellung fixiert. Je nach Basismodell sollten Sie daher überlegen, ob nicht ein Schreiner die vorhandenen Füße entfernen und dafür höhere, zur Anmutung des Möbelstücks passende Füße montieren kann.

Schalter und Griffe

Damit alle Handgriffe ohne große Umstände erledigt werden können, sollten Steckdosen, Lichtschalter etc. in einer gut erreichbaren Höhe angebracht, also ohne Bücken zu bedienen sein. Niedrige Steckdosen lassen sich einfach durch höher angebrachte Aufputz-Steckdosen oder an die Wand montierte Steckerleisten ersetzen. Das Kabel wird dann in einem Kabelkanal nach oben geführt, ohne dass dafür Tapete oder Putz übermäßig in Mitleidenschaft gezogen werden. Eine gute Alternative bieten auch Steckdosen, die über eine Fernbedienung benutzbar sind: Teilweise kann man sie mit dem Infrarotsignal bereits vorhandener Fernseh- oder Radiofernbedienungen bedienen. Tiefes Bücken entfällt und sie sind bereits ab etwa 20 Euro erhältlich. Wird daran eine ganze Steckdosenleiste angeschlossen, lässt sich mit einem einzigen Knopfdruck beispielsweise die gesamte Elektrik eines Wohnzimmers ausschalten, von der Stehlampe bis zu Geräten wie Fernseher, Satelliten- und Stereoanlagen, die im Stand-by-Betrieb unnötig Strom verbrauchen und Kosten verursachen. Auch Lichtschalter gibt es als fernbedienbare Infrarotmodelle. Ohne Aufstehen lässt sich so die Deckenbeleuchtung ein- oder ausschalten. Außerdem verfügen die Schalter meist über eine Funktion zum Dimmen der Helligkeit.

Mechanische Greifhände Diese Helfer, auch Greifer oder Greifarm genannt, sind bereits eine Unterstützung, wenn das Aufstehen schwerfällt und entferntere Dinge vom Tisch im Sitzen herangeholt werden sollen. Mit manchen Modellen lassen sich auch Fenster öffnen.

Fenstergriffverlängerungen Alternativ zu Greifarmen lassen sich Fenster auch mit fest installierten Griffverlängerungen öffen. Sie ermöglichen es, auch schwerer zugängliche Fenster zu öffnen, ohne sich verrenken zu müssen.

Der Umbau von Fenstergriffen auf eine niedrigere Höhe ist mit hohen Kosten verbunden, da meist der ganze Fensterrahmen getauscht werden muss. Steht nicht ohnehin eine Renovierung der Fenster an – z. B. um eine bessere Wärmedämmung durch Isolierglas zu erreichen –, sollte von dieser Maßnahme abgesehen werden.

Hausnotruf oder Notruf-Apps

Gerade alleinstehenden oder gebrechlichen Menschen bieten sie ein höheres Gefühl von Sicherheit. Die verschiedenen Systeme haben unterschiedliche Vorteile – und Preise:

- Spezielle tragbare Telefone verfügen über einen Notrufknopf oder über einige besonders große, leicht erkennbare Tasten, die frei programmiert

Mit höher angebrachten Aufputz-Steckdosen erspart man sich das Bücken beim Ein- und Ausstecken.

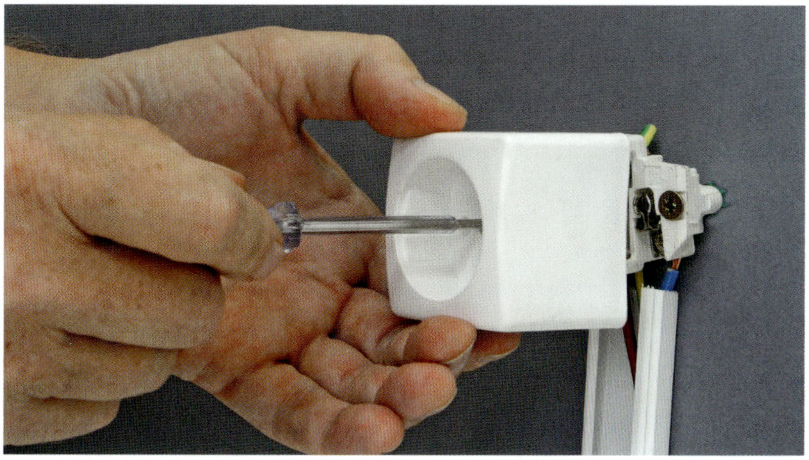

Lifter sind eine wertvolle Unterstützung bei Gehbehinderungen. Mittlerweile gibt es Modelle für fast jede Treppenform.

werden können. So kann beispielsweise bei einem Sturz der Betroffene schnell und unkompliziert Hilfe rufen: den Rettungswagen, persönliche Angehörige oder einen Pflegedienst. Er muss allerdings das Telefon stets bei sich tragen.

- Auch für Mobiltelefone gibt es entsprechende Notruf-Apps. Diese bieten darüber hinaus eine Ortungsfunktion, für den Fall, dass Ihnen außer Haus etwas zustoßen sollte und Sie dringend Hilfe benötigen.
- Private oder gemeinnützige Hausnotrufdienste bieten Notrufknöpfe an, die an einem Armband getragen werden. Wird der rote Knopf gedrückt, wird die Notrufzentrale über Funk verständigt. Auch hier gibt es unterschiedliche Ausführungen, beispielsweise die Möglichkeit von Sprechverbindungen über eine Basisstation oder das Mobilteil, oder den Kontakt zu Angehörigen. Die monatlichen Kosten schwanken zwischen 20 und 40 Euro, je nach Pflegegrad übernehmen die Pflegekassen diese Gebühren.

Prüfen Sie vor dem Abschluss eines Vertrags das Angebot, da Sie sich in der Regel länger an einen Anbieter binden. Die Stiftung Warentest hat in einem aktuellen Test die Funktionsweise verschiedener Systeme untersucht. Dabei zeigte sich, dass nicht alle Anbieter die lückenlose Erreichbarkeit über Funk und Sprechverbindung ausreichend prüfen, bevor es zum Ernstfall kommt. Dies aber ist entscheidend, damit die richtige Hilfe schnell und pragmatisch gewährleistet ist. Auch sind Rückfragen seitens der Mitarbeiter in der Zentrale wichtig. Wünscht der Bedürftige, dass die Angehörigen informiert werden, oder ist tatsächlich medizinische Hilfe nötig? Oft wird im Zweifelsfall ein Rettungswagen geschickt, was jedoch gar nicht immer als erste Maßnahme notwendig wäre.

Gefahrlos ins nächste Stockwerk: der Treppenlifter

Der Einbau eines Lifters ist eine sehr große Hilfe, um Innentreppen sicher und gefahrlos zu überwinden, wenn eine Gehbehinderung bereits fortgeschritten oder absehbar ist. Mittlerweile können diese Geräte in nahezu jede Treppenform integriert werden, einschließlich Wendeltreppen, sofern deren Innenradius nicht zu eng ist. Demnach unterscheidet man zwischen sogenannten geraden Treppenliften und Kurventreppenliften. Letztere sind aufwendiger und teurer – sie kosten rund 8000 bis 15000 Euro je Treppe. Die Einbauarbeiten sind überschaubar, viele Systeme werden zwar fest installiert, können aber auch leicht wieder entfernt werden, sodass es ein großes Angebot an günstigen gebrauchten Treppenliften gibt. Mit einem hochwertigen gebrauchten Lift lässt sich rund die Hälfte der Anschaffungskosten sparen. Ansonsten gibt es die Möglichkeit, einen Treppenlift zu mieten. Grob lässt sich sagen, dass sich diese Lösung nur bis zu einer Mietdauer bis ca. vier Jahre lohnt. Ab dem fünften Jahr ist eine Neuanschaffung in der Regel günstiger.

So war es bei mir

„Meine Frau wurde durch einen Schlaganfall quasi über Nacht zum Pflegefall. Sie hat zwar durch eine Reha-Maßnahme das Laufen und Sprechen glücklicherweise wieder erlernt, dennoch mussten wir in unserem Haus einiges verändern: Mit dem Treppenlifter kommt meine Frau nun in das obere Stockwerk zu Bad und Schlafzimmer und auf jeder Etage steht ein Rollstuhl bereit. Der alte Linoleumbelag im Wohnzimmer war jahrelang unter Teppichboden verschwunden, nun haben wir ihn wiederaufarbeiten lassen – und es sieht ganz modern aus. Eine Herausforderung waren die Türschwellen: Im Flur haben wir eine feste Rampe am Türstock anbringen lassen, da hier der Boden höher war. Alternativ hätten wir den ganzen Flurboden angleichen lassen müssen."

Urs L. aus Freiburg

Ordnungssysteme Ordnung ist das halbe Leben, so besagt es das Sprichwort. Ein guter Überblick sorgt für Entspannung, denn neben eingeschränkter Beweglichkeit sind viele Menschen im Alter von Vergesslichkeit und Orientierungsproblemen betroffen. Versuchen Sie in diesem Fall, so wenige Veränderungen wie möglich an Ihrem Zuhause vorzunehmen. Dinge, die einen festen Platz haben, sollten diesen behalten. Behelfen Sie sich mit Listen, die Sie möglichst selbst anlegen und auf denen Sie nachlesen können, in welcher Schublade oder in welchem Schrank sich die verschiedenen Dinge befinden. Langes Suchen in unbequemer Haltung kann so vermieden werden, weil sie bereits am Tisch sitzend auf Ihrer Liste nachschauen können, wo Sie etwas untergebracht haben. Legen Sie einen Notizblock auf den Tisch und neben das Telefon, um sich wichtige Details direkt notieren zu können.

Schutz vor Einbruch und Diebstahl

Die Gefahr eines Wohnungseinbruchs ist hierzulande nicht sehr hoch, die Zahl der Delikte war in den vergangenen Jahren relativ konstant. Man sollte trotzdem auf einen guten Schutz vor Diebstahl achten, der einen jedoch nicht in seinen täglichen Routinen einschränken darf. Kombiniert man Verhaltenstipps mit technischen Maßnahmen, ist das Hab und Gut bestmöglich geschützt:

- Lassen Sie Außentüren und Fenster nicht geöffnet und/oder installieren Sie Fenster- und Türgriffe, die sich verschließen lassen. Ein Griff ist bereits ab 15 Euro zu erwerben. Darüber hinaus gibt es auch Modelle, bei denen im Fall eines gewaltsamen Öffnungsversuchs ein Alarm ausgelöst wird. Auch kleine batteriebetriebene Alarmanlagen an Fenstern und Türen sind sinnvoll. Hier wird ein Teil auf Tür oder Fenster und das zweite Teil gegenüber auf den Rahmen geklebt. Aktiviert man nun den Melder, wird der Alarm ausgelöst, sobald Fenster oder Tür geöffnet werden. Die Geräte kosten rund 20 Euro. Speziell für Türen gibt es auch Stopper, die als Keil unter die Tür geschoben werden, zum Anbringen sowie zum Ein- und Ausschalten muss man sich hier jedoch bücken.

- Öffnen Sie die Haustür nur bekannten Personen oder nach einem Blick durch den „Türspion". Installieren Sie, wenn möglich, eine Kamera an der Klingelanlage. Wenn Sie in Ihrem Haushalt über ein WLAN-Netzwerk, also eine drahtlose Verbindung zum Internet verfügen, können Sie sogar auf eine Verkabelung verzichten: Viele Kameras funktionieren über Funk. Das Bild vom Außenbereich wird dann auf ein Tablet, Laptop oder Smartphone in der Wohnung übertragen. Sie sind ab etwa 100 Euro erhältlich.
- Schmuck sowie wertvolle Geräte wie Tablet, Laptop oder ein hochwertiges Smartphone sollten nicht offen auf Terrassen- oder von außen erreichbaren Balkontischen liegen gelassen werden. Bei einsehbaren Erdgeschoss- oder Hochparterrewohnungen sollten Sie solche Geräte und Wertsachen nicht sichtbar liegen lassen, wenn Sie aus dem Haus gehen, um Dieben keinen Anlass zum Einbruch zu geben.
- Schmuck, Bargeld oder Edelmetalle finden am besten in einem Tresor Platz, der an einem versteckten Ort fest an einer Zimmerwand angebracht ist. Gerade wer zur Vergesslichkeit neigt, sollte kuriose Verstecke vermeiden: Einbrecher haben oft viel Erfahrung und finden solche „geheimen Orte" schneller, als sich ihr Besitzer an sie erinnert.

Gut zu wissen

Wohnungssicherheit Achten Sie bei Maßnahmen gegen Einbruch und Diebstahl darauf, Ihre eigene Sicherheit nicht einzuschränken, z. B. bei einem Brand. Bei abschließbaren Fenstergriffen etwa sollte der Schlüssel immer griffbereit liegen, damit er im Ernstfall schnell zur Hand ist. Wichtige Unterlagen wie das Familienbuch oder den Rentenbescheid sollten Sie in einem handlichen Ordner sammeln, den Sie im Notfall mit einem Griff mitnehmen können. Solche Dinge sollten nicht im verschlossenen Tresor aufbewahrt werden.

Alarmanlagen Behalten Sie einen kühlen Kopf: Bevor Sie sich mit einem teuren Hausalarm ausstatten, sollten Sie zunächst versuchen, bekannte Risikofaktoren zu minimieren, die Einbrecher nutzen könnten. Dazu gehören insbesondere schlecht gesicherte Kellerfenster sowie Balkon- und Terrassentüren, die leicht aufgehebelt werden können.

Falls Sie sich für eine Alarmanlage entscheiden, so sollte diese einfach zu bedienen sein und zuverlässig funktionieren, damit Sie bei einer versehentlichen Auslösung nicht die ganze Nachbarschaft aufschrecken und selbst in unnötigen Stress geraten. Sollten Sie unsicher sein, können Sie einen kostenlosen Sicherheitscheck mit einem Fachhändler vereinbaren. Dieser klärt über mögliche Maßnahmen auf und geht mit Ihnen bei einem Vor-Ort-Termin Ihre konkrete Wohnsituation mit Blick auf das Gefahrenpotenzial durch.

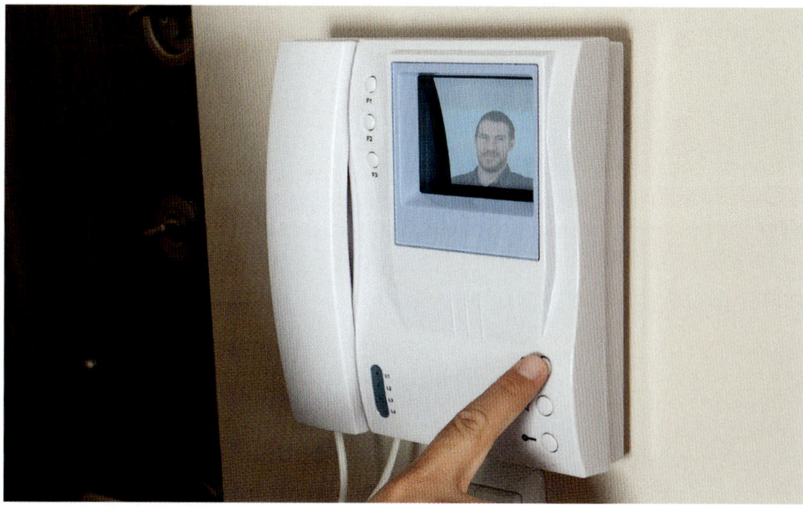

Sprechanlagen mit Bildübertragung bieten den Vorteil, dass man sehen kann, wer vor der Tür steht, ohne dass man auf das Klingeln reagieren muss.

Farbgebung und Innengestaltung

Farben spielen bei der Wohnungseinrichtung eine vielfach unterschätzte Rolle. Das gilt für Möbel und Hilfsmittel ebenso wie für die Wände. Damit Sie sich in Ihren vier Wänden nicht nur gut zurechtfinden, sondern es auch gemütlich bleibt, können Sie mit Farben experimentieren. Selbst psychischen Erkrankungen wie einer Altersdepression lässt sich mit einer gezielten Farbgebung entgegenwirken. Außerdem lässt sich durch das Vergeben von Farben leichter ein Ordnungssystem entwickeln, z. B. bei Ordnern oder Schubfächern. Durch eine dunkle Zimmerdecke etwa wirken Räume niedriger, was bei hohen Decken ein Gefühl von Geborgenheit vermitteln kann. Auch dunkle Wände lassen Räume kleiner erscheinen, geradezu näher rücken. Größere Weißflächen hingegen vermitteln Größe, was in Kombination mit zweckmäßigen, hellen Möbeln eventuell steril wirken kann. Auf der anderen Seiten kann man damit engere Räume größer und offener erscheinen lassen. Innenarchitekten können Sie bei Räumen mit einem schwierigen Zuschnitt beraten. Sie wissen, wie beispielsweise enge, schlauchartige Zimmer durch gezielte Farbgebung weiter und größer wirken. Einfarbige Oberflächen von Schränken, Kommoden oder sogar Türrahmen können durch Dekorfolien farblich gestaltet werden, die sich bei späterem Nichtgefallen ohne Rückstände wieder abziehen lassen. So lässt sich auch schlichten, funktionalen Möbeln ein großes Stück Gemütlichkeit abgewinnen.

Farben Warme Farben erhöhen das Gefühl von Behaglichkeit. Dazu zählen Gelb, Rot und Orange. Sie muntern auf, regen an, entspannen und beruhigen. Kalte Farben wirken passiv und vermitteln Distanz, so z. B. Blau, Grünblau oder Grau.

(Elektrische) Geräte als Helfer im Haushalt

Die Vielfalt an Elektronik für den Haushalt war nie so groß wie heute. Oberste Gebote sollten leichte Bedienbarkeit und Zuverlässigkeit sein, um sich Ärger zu ersparen.

Mechanische und elektrische Haushaltshelfer entwickeln sich stetig weiter, doch nicht alles, was angeboten wird, ist auch gleichermaßen hilfreich: Bevor man z. B. das Abschließen seiner Haustür einem Computersystem überlässt, man sich danach aber nicht sicher ist, ob alles funktioniert, übernimmt man das Abschließen lieber selbst. Als erweiterte Schutzvorkehrung für einen ausgeschalteten Küchenherd oder geschlossene Fenster sind die Geräte aber zumindest hilfreich – für den, der sie sich leisten kann und will. Denn je komplexer die Aufgaben sind und je mehr Geräte angesteuert werden, umso größer wird die Abhängigkeit von bestimmten Herstellern oder Standards. Sollen mehrere Geräte über ein einziges System oder sprachgesteuert funktionieren, müssen sie vom Hersteller mit entsprechenden Schnittstellen ausgestattet sein, über die ältere Modelle oft nicht verfügen. Dann heißt es nachrüsten – und das ist bei elektronischen Geräten dieser Art oft nicht ganz billig.

Und schließlich gibt es immer noch menschliche Hilfen, mit denen man seine Wünsche direkt besprechen kann, anstatt sich dem Computer auszuliefern. Wenn der freundliche Nachbar in der Urlaubszeit die Blumen gießt, werden nicht nur die sozialen Kontakte gepflegt, der Nachbar kann auch gleich durchlüften und nach der Post sehen – und er sieht den Pflanzen an, ob sie mehr oder weniger Wasser brauchen …

Gerade zum Entfernen von Tierhaaren können Saugroboter sehr hilfreich sein. Geeignet sind sie jedoch nur für barierrefreie Böden, denn Stufen und Kanten können viele Modelle nicht überwinden.

Das saubere Heim ohne Anstrengung

Moderne Akkus und leistungsfähigere Computerchips haben die Möglichkeiten der elektrischen Geräte beträchtlich erweitert: Von Bügelmaschinen über vollautomatische Staubsauger bis hin zum „Sozialroboter" können sie theoretisch viele Aufgaben übernehmen und sogar interagieren. Hier ein Überblick der derzeitigen Technologien sowie ihre Vor- und Nachteile:

Akkusauger Die Erfindung des Staubsaugers hat die Hausarbeit wesentlich erleichtert, meist wird mit besonders hoher Saugkraft und der Filterleistung geworben. Doch insbesondere für körperlich eingeschränkte Menschen ist die Tätigkeit mit Anstrengungen verbunden, auf die man gern verzichtet. Kabellose Modelle, die ihre Energie aus einem Akku beziehen, bieten den Vorteil, dass sie leichter sind als Geräte auf Rollen am Boden. Außerdem fällt die Gefahr des Stolperns weg, die ein Kabel mit sich bringen kann. Das Kabel kann sich auch nicht unter Möbelstücken verklemmen und man muss nicht – je nach Größe der Wohnung – mehrmals die Steckdose wechseln. Bei einigen der tragbaren Modelle entfällt auch der Staubsaugerbeutel: Aufgesaugte Krümel und Staub werden einfach direkt aus dem Auffangbehälter in den Mülleimer entsorgt.

Checkliste: Was erleichtert das Leben?

- ❑ Saugroboter
- ❑ Wischroboter
- ❑ Fensterputzroboter
- ❑ Wäschetrockner oder Waschtrockner
- ❑ Bügelgeräte
- ❑ Schuhputzmaschinen
- ❑ Lautsprecher mit Sprachfunktion (SmartSpeaker/IPA)
- ❑ Lichttechnik und Lampen
- ❑ Seniorenhandys/Apps für Handy oder Smartphone
- ❑ Externe Tastatur und Eingabehilfen
- ❑ (Vor-)Lesehilfen
- ❑ Kopfhörer
- ❑ Schlüsselfinder/Erinnerungsmelder

Saugroboter Diese flachen Geräte erledigen die Saugarbeiten völlig selbstständig und lassen sich sogar für bestimmte Tage oder Tageszeiten programmieren. Das erhöht den Komfort. Wenn man beispielsweise jeden Montagnachmittag seinem Lieblingssport nachgeht, kann der Saugroboter in der Zwischenzeit die Wohnung reinigen. Sensoren sorgen dafür, dass Hindernisse wie Möbelstücke, Personen und Haustiere umfahren werden. Nach getaner Arbeit – oder wenn die Akkuleistung nachlässt – kann sich der Roboter automatisch zurück zur Ladestation bewegen. Im Praxistest funktionieren die Geräte recht gut, dennoch kommt es hin und wieder vor, dass sie z. B. die La-

So war es bei mir

„Ich schaffte mir einen Saug-Wisch-Roboter an, nachdem ich so Rückenprobleme bekommen hatte. Im Fachhandel lernte ich, dass es zwei Typen gibt: Manche reinigen mit Wasser, andere mit speziellen Feuchttüchern. Ich wollte nicht ständig Geld für neue Einwegtücher ausgeben, also entschied ich mich für das andere Modell. Dann riet mir der Verkäufer noch, dass ich das Gerät nur nie allein lassen sollte, damit mein schönes Parkett nicht zu Schaden käme, falls doch einmal etwas kaputtgehen und Wasser austreten sollte. Ich bin mit den Diensten meines kleinen Helfers seither recht zufrieden, muss ich sagen. Nur manchmal, wenn mein Hund mal wieder feuchte Erde in die Wohnung gebracht hat, muss ich von Hand nachwischen." *Maria W. aus Ingolstadt*

destation nicht mehr finden oder sich in zwischenzeitlich in den Weg gestellten Objekten wie Regenschirmen o. Ä. verfangen. Zudem ist der Staubbehälter relativ klein, sodass er häufig geleert werden muss. Die Preise für Saugroboter beginnen bei etwa 150 Euro.

Checkliste: Welchen Saugroboter kaufen?

- ❑ Achten Sie auf leichte Bedienbarkeit, v. a. bei den Programmierfunktionen.
- ❑ Da die Geräte meist permanent ans Stromnetz angeschlossen sind, können sie einen hohen Stand-by-Verbrauch haben. Behalten Sie daher den Energiebedarf im Auge.
- ❑ Für hochwertige Modelle sollten auch nach mehreren Jahren noch Ersatzteile und insbesondere Austauschakkus erhältlich sein. Fragen Sie Ihren Verkäufer danach.
- ❑ Schwer zugängliche Stellen und Bereiche unter Möbeln müssen womöglich weiter von Hand gereinigt werden.

Wischroboter Analog zum Saugroboter gibt es auch Geräte, die zusätzlich zum Saugen auch das Wischen einer Wohnung übernehmen: Bei glatten Flächen, die feucht geputzt werden können, erkennen Sensoren den Untergrund und wechseln den Arbeitsmodus. Die Kombigeräte sind etwas teurer als reine Saugroboter: Sie kosten zwischen 200 und 600 Euro. Zum Leeren des Schmutzauffangbehälters kommt außerdem das Auffüllen von Wasser und Reinigungsmittel hinzu.

Fensterputzroboter Fenster zu reinigen ist mitunter anstrengend und stellt ein Sicherheitsrisiko dar. Eine empfehlenswerte Hilfe stellt die Verlängerungsstange dar, an der Schwamm und Abzieher befestigt sind und mit der schwerer zugängliche Flächen erreicht werden können. Noch komfortabler sind Fensterputzroboter, bei denen in der Regel nur noch die Wischlappen – sogenannte Reinigungspads – ausgewechselt werden müssen. Die Geräte erzeugen auf der Scheibe einen Unterdruck, saugen sich fest und fahren über die Glasfläche. Solche Roboter kosten ab 250 Euro. Je höher die Reinigungsleistung, je geringer das Gewicht, umso schneller und leiser das Gerät, desto teuer ist das Modell. Alle Geräte müssen an eine Steckdose angeschlossen werden. Eine Sicherungsleine oder ein integrierter

Akku sorgen dafür, dass sie nicht abstürzen, falls der Strom einmal ungewollt unterbrochen wird.

Waschtrockner Während manche Menschen Wäsche aus dem Trockner bevorzugen, weil sie besonders weich aus der Maschine kommt und das Trocknen deutlich weniger Zeit in Anspruch nimmt, sehen andere den (vermeidbaren) Stromverbrauch und den Platzbedarf für ein zweites großes Standgerät kritisch. Der größte Vorteil eines Trocknungsgeräts ist jedoch sicherlich die Arbeitserleichterung, da das Auf- und Abhängen der Wäsche entfällt. Sogenannte Waschtrockner, also Waschmaschine und Trockner in einem Gerät, schaffen das Platzproblem aus der Welt. Bei manchen Programmen lässt sich die Wäsche sogar waschen und trocknen, ohne das Gerät zwischendurch neu bedienen zu müssen. Allerdings kann man nur eine kleinere Menge Wäsche zuverlässig trocknen, als in die Waschtrommel passt. Hat die Waschmaschine also eine Kapazität von z. B. 8 kg, so reicht die Trocknerleistung nur für 5 kg Wäsche. Wer in einem Schritt waschen und trocknen möchte, muss somit regelmäßig mit nur halber Beladung waschen, was Strom- und Wasserverbrauch erhöht. Waschtrockner sind folglich eher für den gelegentlichen Einsatz geeignet, beispielsweise, wenn man einzelne Wäschestücke hat, die getrocknet werden müssen, wie z. B. Daunenkissen. Wer das Umschichten nasser Wäsche in ein zweites Gerät gut bewältigen kann und ausreichend Platz zur Verfügung hat, ist mit getrennten Geräten – Waschmaschine und Trockner – sicher besser beraten. Diese lassen sich meist übereinander aufstellen, die Hersteller bieten dafür in der Regel passende Befestigungssätze an.

Gut zu wissen

Waschtrockner Kombigeräte sind derzeit deutlich uneffizienter als Einzelgeräte, da sie spezielle Kondensationstrockner mit hohem Wasserverbrauch verwenden. Die Anschaffungskosten sind zwar geringer als für zwei Einzelgeräte, doch die Geldersparnis ist ein Trugschluss, denn der hohe Strom- und Wasserverbrauch frisst diese schnell wieder auf. Die Verbraucherzentrale spricht von 3000 Euro, die Waschtrockner im Lauf ihrer Funktionsdauer an Mehrkosten verursachen, im Vergleich zu seperater Waschmaschine und Trockner. Daher sind Waschtrockner nur für sehr kleine Haushalte zu empfehlen, für die der Platzbedarf das entscheidende Auswahlkriterium darstellt.

Hemdenbügler In eine ähnliche Kategorie wie Waschtrockner fallen Bügelmaschinen. Für Menschen ohne Trockner kann dies eine sinnvolle Anschaffung sein, denn es müssen nur noch Unterwäsche und Bettzeug zum Trocknen aufgehängt werden. Mit Dampfbügeleisen und Bügelstationen wurde die Bügeltätigkeit zwar bereits erleichtert, dennoch wird sie von vielen Menschen als lästig und anstrengend empfunden, v. a., wenn langes Stehen nicht mehr gut möglich ist. Bei den sogenannten Hemdenbüglern – von denen manche Modelle auch andere

Kleidungsstücke bewältigen können – handelt es sich um eine Bügelpuppe, der das Kleidungsstück „angezogen“ wird. Warme Luft strömt nun von unten durch die Puppe, trocknet Hemd oder Hose und glättet zugleich etwaige Falten. Preislich liegen die Geräte zwischen 50 und 500 Euro. Man sollte sorgfältig abwägen, ob sich die Anschaffung finanziell lohnt: In der professionellen Textilreinigung kosten Hemd oder Hose je ca. 5–10 Euro. Das Bügeln ist in der Regel inbegriffen, feinere Handarbeit kostet jedoch extra. Die Kostengegenüberstellung ist somit eines der Argumente, die neben Aufwand und Nutzen kritisch betrachtet werden sollten, bevor man sich ein solches Gerät anschafft (siehe Tabelle).

Hemdenbügler

Pro
Das Anziehen der Puppe ist weniger anstrengend, als selbst zu bügeln.
Die Zeit während des Bügel-/Trocknungsvorgangs ist frei verfügbar.
Qualitativ ausreichende Geräte sind nicht teurer als ein hochwertiges Bügeleisen.
Die Kleidung wird automatisch auch getrocknet, ein Trockner wird überflüssig.
Ein Hemdenbügler schont Textilien im Vergleich zu Trockner und Bügeleisen.
Kontra
Das Bügelergebnis ist nicht perfekt, je nachdem wie gut die Puppe „passt“.
Wer das Bügeln gewohnt ist, muss sich an neue Handgriffe wie das Ankleiden der Puppe gewöhnen.
Der Stromverbrauch ist in der Regel höher als der des Bügeleisens.
Bisweilen sind Hemdenbügler ziemlich laut.
Gewerbliche Textilreinigungen übernehmen nicht nur das Bügeln, sondern auch das perfekte Waschen der Kleidung; oft geben sie Stammkunden Rabatte.

Schuhputzmaschine Während der Schuhanzieher zu den alltäglichen Haushaltshelfern gehört, finden sich Schuhputzmaschinen meist nur in Hotels oder Messehallen. Dabei bietet die Technik auch für den Privathaushalt einige Vorteile. Einfache Modelle gibt es bereits für unter 100 Euro. Das Bücken und Säubern der Schuhe mit der Handbürste entfällt hierbei. Bei angezogenen Schuhen entfernt eine rund laufende Bürste zunächst groben Schmutz, eine weitere übernimmt das Polieren.

Kleine praktische Helfer

Neben den größeren Anschaffungen gibt es heutzutage zahlreiche technische „Spielereien“, die oft schon günstig zu haben sind und das Leben erleichtern können – von der richtigen Beleuchtung bis hin zum Schlüsselfinder mit akkustischem Signal.

Dimmer Eine dimmbare Deckenbeleuchtung ist empfehlenswert, damit bei Bedarf helles Licht verfügbar ist, aber auch eine gemütliche Atmosphäre erzeugt werden kann, z. B. mit gedimmtem Licht und zusätzlichen Leselampen.

Tageslichtlampen Für den Schreibtisch oder den Lesesessel sind Tageslichtlampen zu empfehlen, deren Farbspektrum dem Sonnenlicht nachempfunden ist. Ihr Licht ist nicht so kalt wie das mancher Energiespar- oder LED-Lampen. Letztere haben allerdings den Vorteil, dass sie sehr wenig Energie benötigen.

Buchlampen Eine weitere sehr hilfreiche und gleichzeitig effiziente Lichtquelle sind Leselampen zum Aufstecken an ein Buch. Da sie mit einer Batterie oder einem Akku betrieben werden, lassen sie sich auch als Taschenlampe verwenden.

Steckdosenlichter Diese Stecker mit kleinem Lämpchen erleichtern die Orientierung im Dunklen. Die meisten Modelle verfügen über einen Sensor, der sie bei relativer Dunkelheit automatisch einschaltet. So können die Lampen ständig eingesteckt bleiben, ohne tagsüber unnötig Strom zu verbrauchen. Zudem gibt es Modelle mit Bewegungsmelder, die sich nur dann einschalten, wenn man beispielsweise nachts die Toilette aufsucht.

Seniorenhandys Im Alter lassen Seh- und Hörkraft nach, hinzu treten nicht selten motorische Schwierigkeiten auf, etwa bei der Beweglichkeit der Finger oder auch beim Tastsinn. Gleichzeitig werden Touchscreens immer verbreiteter, die das Benutzen von Smartphones oder Tablets bei nachlassenden Sinnen erschweren können. Sogenannte Seniorenhandys gehen auf die Bedürfnisse älterer Menschen ein. Sie bieten dieselben Funktionen wie andere Smartphones – es lassen sich Telefonate führen, E-Mails empfangen und versenden sowie im Internet surfen –, doch die Eingabe funktioniert über deutlich abgegrenzte Tasten, die Darstellungen sind größer und die Menüführung ist übersichtlicher als bei anderen Handys. Außerdem bieten sie fest installierte Notruffunktionen.

Gut zu wissen

Energie sparen und damit Stromkosten senken Strom gibt es nicht zum Nulltarif und er wird in den nächsten Jahren voraussichtlich immer teurer werden. Auch der Verbrauch von modernen elektrischen Geräte kann sich zu hohen Kosten summieren, gerade wenn (günstigere) Akkutechnologie zum Einsatz kommt oder permanenter Stand-by-Betrieb vorgesehen ist. Als Faustregel gilt: Ladegeräte, die sich außerhalb des Ladevorgangs in der Steckdose erwärmen, verbrauchen unnötig Strom und verursachen rund 5 Euro Stromkosten pro Jahr. Schalten Sie elektrische Geräte bei Nichtbenutzung vollständig aus, gegebenenfalls über eine abschaltbare Steckerleiste. Trennen Sie Akkus und auch deren Ladegeräte nach dem Ladevorgang vollständig vom Stromnetz – das spart bares Geld.

Spezielle Apps für das Smartphone Alternativ zum besonders barrierefreien Handy gibt es auch spezielle Anwendungen, die Funktionen normaler Smartphones einfacher machen sollen. Solche Apps können nachträglich installiert werden. Sie sollen die Benutzeroberfläche seniorengerechter aussehen lassen. Doch Testergebnisse zeigen immer wieder, dass damit manche Handy-Funktionen nicht mehr verfügbar sind. Die Apps verursachen außerdem Sicherheitslücken im System. Ganz günstig sind sie auch nicht, sie kosten bis zu 100 Euro pro Jahr oder sind werbefinanziert – was für den Nutzer lästig ist, da man wiederholt Werbung zu sehen bekommt. Besser ist es, wenn der Hersteller bereits entsprechende Funktionen mitliefert, die das Gerät übersichtlicher machen und die Bedienung erleichtern.

Externe Tastatur und Eingabehilfen

Wem die Eingabe auf einem Touchscreen schwerfällt, dem helfen klassische Tastaturen, die kabellos über Bluetooth mit einem Computer, Tablet oder auch dem Smartphone verbunden werden. Zum einen wird so das Tippen erleichtert, zum anderen ist es damit möglich, den Bildschirm in eine komfortablere Position zu bringen, etwa auf eine höhere Buchstütze. So muss man nicht in unbequemer Haltung vor dem Gerät sitzen. Eine weitere Hilfe ist die Diktierfunktion, die viele Geräte bereits ab Werk installiert haben: Anstatt eine Nachricht über die Tastatur einzugeben, wandelt das Gerät das Gesprochene in Text auf dem Bildschirm um. Einige Anbieter senden das Diktierte allerdings an Server im Ausland – beispielsweise wenn die jeweilige Firma ihren Hauptsitz in den USA hat. Nutzer müssen dafür ihr Einverständnis geben und können nicht sicher sein, dass ihre Worte nicht zu anderen Zwecken verwendet werden. Das Postgeheimnis ist dann aufgehoben. Es gibt aber auch kostenpflichtige Apps, bei denen die Daten geschützt sind. Diese Programme funktionieren oft auch besser, weil sie Stimme und Aussprache des Nutzers analysieren und im Lauf der Verwendung dazulernen.

Bei eingeschränkter Fingerfertigkeit erleichtert eine Tastatur das Tippen – unterwegs soll ein Tablet aber leicht und handlich sein. Daher ist ein abnehmbares Keyboard besonders praktisch.

(Vor-)Lesehilfen Neben Diktierfunktionen gibt es auch Möglichkeiten, sich Texte vom Bildschirm vorlesen zu lassen. Nur wenige Handgriffe genügen, um sich Inhalte von Dokumenten oder Internetseiten vorlesen zu lassen. Das kann z. B. bei Gebrauchsanweisungen oder Rezepten praktisch sein oder wenn man mal die Brille verlegt hat. Die Lesegeschwindigkeit kann individuell angepasst werden und teilweise können unterschiedliche Stimmen ausgewählt werden. Auch viele E-Book-Lesegeräte verfügen über eine solche Funktion. Ihre Bücher – auch entliehene Titel aus der Stadtbücherei – werden so zum Hörbuch, ohne dass Sie zusätzlich etwas kaufen müssen. Die Qualität ist allerdings unterschiedlich. Wer einen perfekt gelesenen Roman mit entsprechender Betonung erwartet, wird zumindest von den kostenlosen Angeboten eventuell enttäuscht sein. Bevor Sie also Geld für ein Programm ausgeben, prüfen Sie zunächst, ob Sie mit der Bedienung zurechtkommen und ob Ihnen das Ergebnis zusagt.

Kopfhörer Diese Geräte, die viele überwiegend von Jugendlichen kennen, können gerade in Mehrpersonenhaushalten das Leben erleichtern. Kopfhörer ermöglichen, dass jedes Familienmitglied Musik oder Filme in der für ihn passenden Lautstärke hören kann. Denn der für Hörbehinderte passende Geräuschpegel kann andere Haushaltsmitglieder – und bisweilen auch Nachbarn – leicht stören. Am besten geeignet sind kabellose Modelle, die es als sogenannte In-Ear- (umgangssprachlich „Stöpsel" genannt) als auch als On-Ear-Varianten (also klassische Kopfhörer) gibt. Letztere sind zwar etwas schwerer, dafür aber angenehmer zu tragen und auch für Menschen mit Hörgeräten besser geeignet.

Hochwertige Ausführungen besitzen ein Außenmikrofon, sodass Umgebungsgeräusche wie Telefon- oder Türklingel in den Kopfhörer übertragen werden. Zudem lassen sich bei ihnen die Lautstärken von linkem und rechtem Ohr getrennt regeln. Achten Sie außerdem auf die Übertragungstechnik: Manche Menschen bekommen beispielsweise Schmerzen oder Druckgefühle im Kopf, wenn sie über längere Zeit In-Ear-Geräte mit Bluetoothtechnologie nutzen. Als Stromquelle kommt im Kopfhörer entweder eine Batterie oder ein Akku zum Einsatz. Akkumodelle werden bei Nichtbenutzung auf einer zugehörigen Ladestation aufgeladen. Das spart Kosten und verringert die Batterieabfälle.

Kabellose Kopfhörer – hier ein sogenanntes On-Ear-Modell – stellen über Bluetooth eine Verbindung zum Gerät wie z. B. dem Smartphone her.

Schlüsselfinder Auch Menschen mit einem guten Ordnungssystem verlegen mal den Schlüssel. Die lästige Suche können Sie abkürzen, indem Sie einen sogenannten Schlüsselfinder benutzen. Mittlerweile bietet die Technik auch Lösungen für Handtaschen oder Portemonnaies. Die Geräte gibt es in verschiedenen Ausführungen:

- Der klassische Schlüsselfinder reagiert auf Pfeifen ebenfalls mit einem Pfeifton; teilweise wird zusätzlich ein Lichtsignal ausgegeben.
- Ein Set von mehreren Schlüsselanhängern: Die einzelnen Anhänger können über eine Fernbedienung angesteuert werden; sie geben ein

Übersicht: Smart-Speaker-Funktionen

- Smart Speaker lassen sich über gesprochene Befehle oder Fragen steuern.
- Für die Bedienung sind weder Tastatur noch Computermaus notwendig.
- Sie antworten mit Inhalten, die sie über eine Internetsuche generiert haben.
- Sie können bei alltäglichen Arbeiten unterstützen, etwa Kochrezepte finden und vorlesen.
- Sie können vernetzte Geräte wie Musikanlage, Fernsehgerät oder auch Haustechnik wie Lichtschalter steuern.
- Sie können mithilfe entsprechender Programme beispielsweise Terminplanung oder Weckfunktionen übernehmen.
- Sie können Warenbestellungen in Online-Shops übernehmen.

Signal ab. Hierbei muss man allerdings beachten, dass man die Fernbedienung nicht verlegen darf.

- Schlüsselfinder in Verbindung mit Smartphone oder Tablet: Die Suche funktioniert über eine App und nutzt die kabellose Bluetoothtechnologie zum Orten. Die zum Teil sehr kleinen Empfängerchips lassen sich auch in einem Portemonnaie oder in der Hülle des Smartphones anbringen. Sie sind sogar programmierbar: Wird beispielsweise die Verbindung zwischen Smartphone und Empfänger unterbrochen, wird ein Alarm aktiviert. Dann geht ein Alarm los, wenn man aus dem Haus geht und das Portemonnaie, die Autoschlüssel oder die Autopapiere vergessen hat.

Einfache Schlüsselfinder sind bereits für 5–10 Euro erhältlich, vor dem Kauf sollten Sie testen, ob Sie in der Lage sind, den passenden Suchton zu pfeifen. Außerdem sollte das Gerät möglichst unempfindlich auf Nebengeräusche reagieren, sonst meldet sich der Empfänger permanent, wenn Sie z. B. eine klassische Symphonie hören. 10–30 Euro kosten Sets mit mehreren Empfängern und die Suche über eine Fernbedienung wird meist als komfortabler empfunden als über einen Pfeifton. Die App-basierten Schlüsselfinder sind mit rund 10–30 Euro je Einzelempfänger nochmals etwas teurer. Sie bieten den Vorteil, dass sie mit einem System ausgestattet sind, das den Besitzer durch einen Pfeifton an den mit dem Sendechip ausgestatteten Gegenstand erinnert, wenn man das Haus verlässt und der Gegenstand noch im Haus liegt. Umgekehrt lässt sich über das Handy der Haustürschlüssel suchen. Achten Sie auch bei diesen Geräten auf eine einfache Bedienbarkeit und je nach Größe der Wohnung oder des Hauses auch auf die Reichweite. Erkun-

Gut zu wissen

Smart Speaker und Datenschutz Für Händler sind Kundendaten interessant und wertvoll. Daher wird mit persönlichen Informationen bisweilen illegaler Handel betrieben. Da Smart Speaker wie Google Home und Alexa theoretisch immer online sind, kann der Nutzer nicht sagen, welche persönlichen Daten aus privaten Unterhaltungen ins Internet gelangen. Datenschutzgesetze sollen Sicherheit bringen, doch bei der schnelllebigen technischen Entwicklung des Internets hinken sie manchmal hinterher. Vorsicht ist also geboten. Zudem werden Daten vieler Geräte auf Server in den USA übertragen, wo andere Gesetze gelten als hierzulande.

digen Sie sich bei Kauf, ob das Gerät eine langlebige Batterie enthält bzw. ob man bei geringer Batteriereserve eine Warnung erhält. Bedenken Sie, dass die meist verwendeten Knopfzellen nicht billig sind und dass es wenig nützt, wenn gerade im seltenen Anwendungsfall die Batterie versagt. Bei manchen Modellen lässt sich die Batterie gar nicht tauschen. Ist dann die Leistung erschöpft, wird der ganze Sender zum Elektroschrott.

Erleichterung im Haushalt durch neue Technologien?

Was vor einigen Jahren noch nach Science-Fiction klang, ist teilweise Realität geworden. Kleine Geräte wie Alexa, Google Home, Amazon Echo oder Apple HomePod sind ansprechbar und beantworten Fragen nach dem Wetter oder Öffnungszeiten, spielen die Nachrichten und Musik ab, bieten auf Wunsch Spiele an u. v. m. Ob das aber immer sinnvoll und wünschenswert ist, muss sich noch zeigen.

Smart Speaker Von der Musikauswahl bis zum Einkaufen: Einen hilfsbereiten Assistenten, dem man eine Aufgabe überträgt, während man selbst im Sessel sitzen bleibt, wünscht sich wohl jeder hin und wieder. Das Internet bietet in Verbindung mit ausgereifter Spracherkennungssoftware zumindest eine Vorstufe dieses Traums. Sogenannte Smart Speaker – „Intelligente Persönliche Assistenten“ (IPA) – sind mit dem Internet verbunden und kombinieren Lautsprecher und Mikrofon. Einen prägnanten deutschen Ausdruck gibt es für diese „Intelligenten Persönlichen Assistenten“ (IPA) noch nicht, doch auch hierzulande sind die Geräte zu kaufen (z. B. Echo, Apple HomePod, Google Home). Ihre Funktionen werden kontinuierlich weiterentwickelt und erweitert. Anders als ein echter Roboter können die Geräte zwar keinen Kaffee servieren, in Verbindung mit weiterer, vernetzter Haustechnik können sie aber zahlreiche Aufgaben übernehmen – vom Einschalten der Beleuchtung über die Heizungsregulierung bis hin zum Betrieb elektrischer Rollläden. Dabei können sie komplett sprachgesteuert funktionieren.

Sozialroboter In anderen Ländern wird Robotern mehr zugetraut als hierzulande, wo berechtigte Skepsis den Durchbruch bislang verhindert: Sogenannte Sozialroboter sollen ältere Menschen geistig anregen und Einsamkeit entgegenwirken. Bislang gibt es nur wenige Modelle, die so „interagieren“ können, wie man es von einem klassischen Roboter erwartet. Beispielsweise beantwortet ein Plastikgerät mit einem dem Menschen nachempfundenen Äußeren Fragen mit Inhalten aus dem Internet. Die derzeit verfügbaren Sozialroboter sind sehr teuer und eher als kostspieliges Kinderspielzeug zu verstehen.

Der Sozialroboter „Pepper“ mit digitalem Tablet liefert Informationen aus dem Internet – auf Wunsch in mehreren Sprachen.

Gut gerüstet außer Haus

Die heutige Generation der Älteren führt ein sehr aktives Leben: Im Durchschnitt sind 65- bis 85-Jährige fünfmal wöchentlich außer Haus. Es besteht der Wunsch, die Mobilität möglichst lange zu erhalten, ohne auf Sicherheit und Komfort zu verzichten.

Die eigenen vier Wände zu verlassen ist aus vielen Gründen wichtig: Spazierengehen oder Radfahren hält fit, frische Luft und Sonnenlicht sind gut für die Seele und wer rausgeht, kann besser Kontakt zu anderen halten.

Hilfsmittel für unterwegs

Um sicher unterwegs zu sein, benötigt man im Lauf der Zeit eventuell ein paar Hilfmittel – einmal organisiert erleichtern sie den Alltag dauerhaft.

Sicheres Schuhwerk Zur Basisausrüstung gehören bequeme Schuhe, die vor Stürzen bewahren. Einige Vorbelastungen, wie etwa eine Fehlstellung der Zehen, werden mit zunehmendem Alter unangenehmer. Daher gilt: Gute Schuhe sind extrem wichtig, denn als Folge falschen Schuhwerks treten häufig Kopf-, Rücken- oder auch Gelenkschmerzen auf. Glücklicherweise ist man heute nicht mehr auf altmodische oder medizinische Optik angewiesen, denn es gibt mittlerweile eine erfreulich große Auswahl orthopädisch vorteilhafter Schuhe. Nehmen Sie sich Zeit bei der Auswahl und kaufen Sie in einem Fachgeschäft ein. Bei Schmerzen sprechen Sie mit einem Orthopäden oder Fußpfleger. Und sparen Sie nicht am falschen Ende. Zwei einfache Regeln gelten immer: Ein Schuh sollte wie eine zweite Haut sitzen und darf weder zu locker noch zu fest sein. Und gute Schuhe müssen den Zehen genug Bewegungsfreiheit lassen.

Seh- und Hörhilfen Im Lauf des Lebens werden Ohren und Augen schlechter. Das lässt sich kaum verhindern und kann im Straßenverkehr gefährlich werden. Lassen Sie daher Ihre Seh- und Hörfähigkeit regelmäßig

Gut zu wissen

Kostenübernahme bei Rollatoren Fast alle Krankenkassen geben einen Zuschuss zum Kauf eines Rollators, sie übernehmen die Kosten oder stellen ein Gerät zur Verfügung – leider regelt das jede Krankenkasse etwas anders. Auch ob und wie viel Sie bei einem Standardrollator zuzahlen müssen, bestimmt die Kasse. Wenn Sie einen Rollator mit besonderer Ausstattung brauchen, muss der Arzt dies schriftlich begründen. Möchte man einen besser ausgestatteten Rollator, zahlt man die Differenz selbst. Manche Kassen arbeiten nur mit bestimmten Händlern zusammen – darüber sollte man sich im Vorfeld informieren, um zu vermeiden, dass die Kasse die Kostenübernahme verweigert.

überprüfen, bestehende Brillen und Hörgeräte testen und gegebenenfalls anpassen. Denken Sie daran, die Hilfsmittel auch immer mitzunehmen, wenn Sie das Haus verlassen.

Einkaufstrolley Zu Fuß einkaufen zu gehen kann mühsam sein. Ein geeignetes und sehr hilfreiches Transportmittel ist ein sogenannter Einkaufstrolley mit Rädern, der die Einkaufstaschen ersetzt. Trolleys gibt es in verschiedenen Varianten: extra leicht, mit Kühltasche, für Treppen geeignet oder mit Sitzmöglichkeit, falls man unterwegs eine Pause machen muss.

Gehhilfe Gehstöcke oder Unterarmgehstützen sind zuverlässige Begleiter, wenn man sich unsicher auf den Beinen fühlt, geschwächt ist oder längere Zeit nicht weit laufen konnte, z. B. nach einer Operation: Scheuen Sie sich nicht, eine Gehhilfe zu nutzen, selbst wenn Ihnen der Umgang damit zunächst ungewohnt vorkommt. Übung macht bekanntlich den Meister, gegebenenfalls zusammen mit einem Physiotherapeuten. Vielleicht werden Sie mit so einer Hilfe und etwas Fleiß so fit, dass Sie in einigen Wochen wieder ohne Stütze mobil sind.

Rollator Wer mit einer körperlichen Einschränkung leben muss oder nach Krankheit oder Unfall wieder auf die Beine kommen will, für den ist ein Rollator von großer Bedeutung. Ein solches Gerät unterstützt Menschen,

Treppenstufen oder Bordsteine können für Trolleys ein Hindernis darstellen. Dann schaffen spezielle Treppentrolleys Abhilfe – Modelle mit einer sogenannten Drei-Rad-Treppensteiger-Funktion.

die Probleme mit dem Gleichgewicht haben, beim Gehen unsicher sind oder längere Strecken nicht ohne Hilfe bewältigen können. Die Handhabung von Rollatoren und die Wahl des passenden Modells sind aber nicht ganz so einfach, wie es zunächst scheinen mag. Zu Beginn fehlt vielen im Umgang mit der Mobilitätshilfe die Sicherheit. Die meisten Unfälle mit Rollatoren passieren tatsächlich, weil Senioren nicht richtig gelernt haben, sie zu bedienen. Nicht selten sind auch die Bremsen falsch eingestellt.

Um Unfälle zu vermeiden, muss der Rollator immer individuell angepasst werden und eine gute Einweisung ist die Voraussetzung für einen sicheren Umgang mit dem Gerät. Lassen Sie sich vor dem Kauf unbedingt intensiv beraten und lassen Sie sich zeigen, wie man

So war es bei mir

„Ich bin jetzt 82 Jahre alt und nutze meinen Rollator täglich für meine Einkäufe. Ich bewege mich damit viel sicher als mit meinem Gehstock – damit bin ich nur noch langsam vorangekommen. Jetzt kann ich mich auch mal setzen, wenn ich eine Pause brauche. Als ich den Rollator bekam, habe ich an einem Training teilgenommen, das die Polizei im Gemeindezentrum angeboten hat. V. a. beim Bremsen und bei Bordsteinen bin ich dadurch sicherer geworden. Aber bei manchen Hindernissen brauche ich Hilfestellung. Meistens wird mir dann recht schnell von netten Passanten geholfen." *Hilde K. aus Cuxhaven*

mit einem Rollator richtig und sicher läuft. Wichtig ist auch, Haltungsschäden vorzubeugen: Achten Sie darauf, dass die Griffe auf der Höhe der Handgelenke sind. So vermeidet man, dass man sich zu sehr auf die Gehhilfe stützt. Um nicht zu stürzen, ist es außerdem wichtig, den richtigen Abstand zum Gerät zu halten und nicht zu weit hinter dem Rollator zu laufen.

Rollatorschulungen Wenn der Arzt einen Rollator verordnet, sollte er immer gleich ein Rezept für eine Physio- oder Ergotherapie ausstellen, damit das richtige Gehen mit dem Gerät eingeübt wird. Die Kosten übernimmt die Krankenkasse. Ein Physiotherapeut oder Orthopäde kann die Höheneinstellung überprüfen und gegebenenfalls später noch einmal anpassen. Alternativ können Einweisung und Anpassung in einem Sanitätshaus erfolgen.

Aber auch Institutionen wie etwa Volkshochschulen (vhs), der Deutsche Olympische Sportbund (DOSB) oder Wohlfahrtsverbände haben Angebote zum Umgang mit dem Rollator im Programm. Spezielle Rollatortrainings sind in jedem Fall zu empfehlen, denn

Viele Institutionen bieten Rollatorschulungen an, wie hier die Landesverkehrswacht in Schwerin. Geübt wird das Verhalten an Haltestellen und das Überwinden von Hindernissen.

spätestens wer damit vor die Tür geht, hat mit Hindernissen zu kämpfen: Bordsteinkanten, Gullydeckel, Steigungen, abfallende Wege oder auch das Einsteigen in den Bus und das sichere Stehen in öffentlichen Verkehrsmitteln. Mit etwas Übung sind diese Stolpersteine aber überwindbar.

Besondere Fahrräder

Bewegung ist die beste Möglichkeit, Krankheiten vorzubeugen. Besonders das Radfahren ist dafür bestens geeignet, da es ein sehr schonender Sport für die Gelenke ist. Neben dem gewöhnlichen Fahrrad haben sich in den letzten Jahren einige weitere Modelle etabliert, die besonders für ältere Menschen interessant sind: Elektrorad bzw. Pedelec, die später genauer behandelt werden (siehe S. 119–123), das Dreirad für Erwachsene und das Elektromobil.

Dreirad für Erwachsene Wer sich auf zwei Rädern nicht mehr wohlfühlt, könnte einen Umstieg auf drei Räder in Erwägung ziehen: Das dritte Rad gibt einen Zugewinn an Stabilität – auch bei beladenem Lastenkorb. Dreiräder gibt es mit und ohne Elektromotor. Interessant für Senioren sind auch die sogenannten Sesselräder, die über einen bequemen, sesselähnlichen Sitz verfügen. Hier sollte man beim Kauf darauf achten, dass der Sitz nicht zu tief ist, sodass der Ein- und Aussteig immer noch gut machbar ist.

Elektromobil Noch sicherer als drei sind vier Räder. Es gibt unterschiedliche Modelle von Elektromobilen mit vier Rädern, mit denen zwischen gemächlichen sechs bis zu über 25 km/h erreicht werden können. Bis 6 km/h sind Elektromobile nicht meldepflichtig und dürfen im Schritttempo auch auf Gehwegen sowie in Fußgängerzonen fahren. Um den Straßenverkehr nicht zu behindern, dürfen sie sich nicht auf Straßen bewegen. Wird vom Arzt eine eingeschränkte Gehfähigkeit attestiert, übernehmen die Krankenkassen die Kosten für ein Elektromobil bis 6 km/h als Sonderform des Elektrorollstuhls ganz oder anteilig. Seniorenmobile mit einer Geschwindigkeit von mehr als 6 km/h werden nicht von den Kassen finanziert. Sie sind zudem meldepflichtig, benötigen also eine Haftpflichtversicherung. Elektromobile mit einer Mindestgeschwindigkeit von 10 km/h sind auf Landstraßen und Radwegen zu fahren, nicht auf Gehwegen. Wer unabhängig von der Witterung unterwegs sein möchte, für den gibt es rundum geschlossene Elektromobile.

Gut zu wissen

Abstellmöglichkeit für E-Bikes Überlegen Sie sich vor dem Kauf eines E-Bikes, wo Sie das Rad abstellen und wo Sie den Akku aufladen können. Bedenken Sie, dass die motorisierten Räder rund 20–30 kg wiegen – ein solches Gewicht schafft nicht jeder allein die Kellertreppe hinunter. In der Nähe des Abstellplatzes wird auch eine Steckdose gebraucht. Wenn Sie zur Miete wohnen: Sprechen Sie sich mit dem Vermieter ab. Und achten Sie auf einen ausreichenden Versicherungsschutz, für den Fall, dass der Akku in Brand gerät und das Feuer größeren Schaden anrichtet.

Sicher Auto fahren

In vielen ländlichen Regionen sind die Menschen aufs eigene Auto angewiesen: Der Einkauf im Supermarkt, der Besuch bei Freunden und Verwandten und auch beim Arzt sind ohne Auto häufig mit höherem Aufwand verbunden und bei körperlichen Beeinträchtigungen kaum möglich. Ältere Menschen sind zwar meist sehr erfahrene Autofahrer, doch auch wenn es die meisten nicht gern hören: Mit zunehmendem Alter lässt die Konzentration nach, die Reaktionsgeschwindigkeit und das Hör-und Sehvermögen nehmen ab. Hinter dem Steuer kann das gefährlich werden – auch für andere Verkehrsteilnehmer. Besonders ältere Menschen sollten daher ihre Fähigkeiten realistisch einschätzen. Einen Selbsttest und weitere Infos finden Sie auf S. 127–128.

Gut zu wissen

Kostenübernahme von Taxifahrten Nur unter bestimmten, eng definierten Bedingungen zahlt die Krankenkasse eine Krankenfahrt, etwa mit einem Taxi, zu einer ambulanten Behandlung. Eine ärztliche Verordnung vorab ist hierfür eine Grundvoraussetzung. Der Arzt muss bestätigen, dass die Behandlung notwendig und eine Taxifahrt aus medizinischen Gründen erforderlich ist. Eine Kostenübernahme kann erfolgen bei einer Fahrt zur Behandlung in einer Klinik, zu einer ambulanten Operation oder zu einer vor- oder nachstationären Therapie – sofern dadurch ein Klinikaufenthalt vermieden oder verkürzt wird. Der Arzt darf jedoch kein Rezept ausstellen für Fahrten zur Terminabstimmung, um Befunde zu erfragen oder um Medikamente abzuholen.

Das passende Auto für Senioren

Wenn Sie sich noch einmal ein neues Auto kaufen möchten, gibt es ein paar Dinge, auf die Sie achten können: Es ist hilfreich, wenn Fahrer und Beifahrer eine erhöhte Sitzposition einnehmen. Dazu muss es kein SUV sein, der häufig größer und schwerer als nötig ist und somit übermäßig viel Benzin verbraucht. Zudem erschwert er die Parkplatzsuche sowie das Einparken in Tiefgaragen und Parkhäusern. Es gibt einige moderne Kleinwagen, die gut als Seniorenautos geeignet sind und in die man leicht ein- und aussteigen kann. Überlegen Sie, ob ein kleines und somit im Unterhalt sehr sparsames Auto ausreicht. Wer einen Rollator oder andere größere Hilfsmittel einladen muss, braucht vermutlich mehr Platz als jemand, der nur ein paar Einkäufe transportiert.

Außerdem sollte das Fahrzeug eine möglichst gute Sicht bieten, was durch große Frontscheiben gewährleistet ist. Zudem dürfen die Scheiben auf keinen Fall spiegeln. Achten Sie weiter darauf, dass das Fahrzeug leicht zu rangieren ist (das ist hilfreich in Garagen und auf Parkplätzen) und informieren Sie sich über Zusatzausstattungen, die das Fahren vereinfachen. Parksensoren und eine Rückfahrkamera helfen beispielsweise beim Einparken, die Anfahrhilfe am Berg und die Stop-and-go-Funktion entlasten die Beine. Auch Spurhalte-Assistent und Fußgänger-Erkennung können das Fahren erleichtern. Doch überlegen Sie beim Kauf, ob Sie sich die

Technik zutrauen. Ein Automatikgetriebe kann sich bei Rücken- und Gelenkproblemen lohnen. Da hier oft die Erfahrung fehlt, ist das eher für jene geeignet, die sich nicht davor scheuen, sich noch einmal umzugewöhnen. Ein Navigationsgerät sollte möglichst zur Grundausstattung gehören.

Zuletzt sollten Sie bedenken, dass Sie für Ihre eigene Sicherheit sorgen, wenn Sie ein Auto wählen, dass auch von anderen Verkehrsteilnehmern gut gesehen wird. Entscheiden Sie sich statt einer dunklen Farbe lieber für gut sichtbare Modelle in Weiß oder Gelb.

Taxi statt eigenem Auto Nicht mehr selbst hinter dem Steuer zu sitzen bedeutet nicht das Ende der Mobilität: Für Fahrten zum Arzt oder zur Krankengymnastik können Sie, wenn kein öffentliches Verkehrsmittel die Strecke bedient, ein Taxi nehmen. Die Kosten bekommen Sie zwar nur in wenigen Fällen von der Krankenkasse erstattet (siehe Kasten). Doch die gelegentliche Nutzung eines Taxis (auch für Besuche bei Freunden und Verwandten) ist über das Jahr gesehen meist immer noch günstiger als der jährliche Unterhalt und die Benzinkosten eines eigenen Pkws. Das rechnet sich natürlich nur, wenn Sie Ihren Pkw zugleich verkaufen bzw. abmelden.

Außer Haus sicher mobil

Wer trotz zunehmender körperlicher Unsicherheiten und kleiner Hürden weiter regelmäßig das Haus verlässt, kann soziale Kontakte pflegen, seinen Lieblingsbeschäftigungen nachgehen und am gesellschaftlichen Leben teilnehmen. Dabei gibt es verschiedene Möglichkeiten, sich Hilfe und Unterstützung zu holen.

Notrufarmband Ein mobiler Notrufsender schenkt Senioren Unabhängigkeit und Sicherheit – z. B. beim Spaziergang durch die Natur oder einen Stadtpark. Im Fall eines Sturzes oder wenn der Kreislauf ins Schwanken gerät, kann die Person über ein kleines Gerät einen Notruf an die Zentrale des Anbieters oder auch an einen Angehörigen schicken. Häufig sind die Sender in ein Notrufarmband integriert, das sich bequem und unauffällig am Handgelenk tragen lässt. Muss das Armband unterwegs zum Einsatz kommen, ist lediglich ein Notfallknopf zu drücken. Dabei wird automatisch auch der Aufenthaltsort übermittelt. Sind die Senio-

Bei der Anschaffung eines neuen Autos sollte bedacht werden, dass womöglich eines Tages der Stauraum für einen Rollstuhl oder Rollator ausreichen muss.

So war es bei mir

„Es ist traurig, aber wahr: Ich traue mich allein nicht mehr auf die Straße. Ich war mit meinen 79 Jahren schon mal so erschöpft, dass ich den Rückweg nicht geschafft habe. Das war beängstigend. Über die Nachbarschaftshilfe Kölsch Hätz kommen nun seit zwei Jahren hin und wieder ehrenamtliche Helfer, die mich bei Einkäufen und auf dem Weg zum Arzt begleiten. Darüber freue ich mich sehr. Einmal in der Woche werde ich sogar von einer netten Dame abgeholt, die mit mir zum Rummicup-Spielen im Pfarrsaal geht. Der ist nicht weit weg. Sie glauben gar nicht, wie gut es tut rauszukommen." *Ingrid W. aus Köln*

ren nicht in der Lage, auf die Rückfrage des Notfalldienstes zu reagieren, entsendet dieser automatisch einen Rettungswagen. Derartige Dienste mit mobilen Notrufhandys oder Notrufarmbändern bieten die karitativen Einrichtungen oder Hilfsorganisationen ebenso wie einige private Anbieter.

Taschendiebe nutzen Gelegenheiten, in denen Menschen abgelenkt sind, wie hier durch einen Bildschirm mit Abflugzeiten.

Seniorenbegleiter Für Menschen, die sich dabei nicht mehr wohlfühlen, allein unterwegs zu sein, und die nur selten oder nie von Angehörigen zum Friseur, ins Café, zu Vorträgen oder zum Einkaufsbummel begleitet werden können, bietet eine Seniorenbegleitung eine passende Unterstützung. Seniorenbegleiter unterstützen nicht nur beim Einkauf, der Grabpflege oder der Freizeitgestaltung, sie sind auch da, wenn notwendige Termine wie Behördengänge oder Arztbesuche anstehen. Wenn gewünscht, bringen sie Gehhilfen oder ein Auto mit.

In manchen Städten oder Landkreisen gibt es ehrenamtliche Kräfte, die eine solche Begleitung kostenlos anbieten oder lediglich einen kleinen Zuschuss für die Fahrtkosten verlangen. Diese werden häufig von Vereinen oder der Caritas vor Ort organisiert. Kostenpflichtige Dienstleistungen können Sie bei anerkanntem Pflegegrad in einigen Fällen – etwa bei der Einkaufshilfe – im Rahmen der niedrigschwelligen Betreuungsangebote über die Pflegeversicherung abrechnen lassen (siehe S. 224).

Betreute Ausflüge Auch auf Ausflüge oder Reisen müssen Senioren und Menschen mit körperlichen Einschränkungen nicht verzichten. Nicht nur professionelle Reiseanbieter haben Seniorenreisen im Programm. In vielen Regionen bietet beispielsweise das Deutsche Rote Kreuz betreute Reisen an. Auch Vereine oder Kirchengemeinden organisieren den Besuch von Kulturveranstaltungen, Tagesausflüge oder Mehrtagestouren – häufig für wenig Geld. Ehrenamtliche Helfer kümmern sich dabei um Transfer, Unterkunft und Verpflegung.

Vorsicht: Nehmen Sie nicht an sogenannten Kaffeefahrten teil, also an scheinbar preisgünstigen Ausflügen mit Verpflegung und eventuell zusätzlichen Geschenk- oder Gewinnversprechen. Solche Veranstaltungen sind meist nur Werbe- und Verkaufsveranstaltungen. Seien Sie besonders misstrauisch, wenn Sie einen Brief mit einer angeblichen Gewinnmitteilung erhalten, bei der der vermeintliche Gewinn während eines Ausfluges übergeben wird. Häufig handelt es sich um Veranstaltungen, auf denen minderwertige Produkte zu überteuerten Preisen angeboten werden.

Mehr Informationen rund um das Verreisen finden Sie ab S. 210.

Checkliste: Sicher auf der Straße

So schützen Sie sich vor Trickbetrügern auf der Straße:

- ❑ Seien Sie immer misstrauisch, wenn fremde Menschen Sie ansprechen, auch bei hilfsbedürftigen Personen.
- ❑ Halten Sie Ihre Handtasche stets geschlossen und nah am Körper.
- ❑ Zücken Sie nie Ihre Geldbörse, wenn Ihnen jemand sehr nahe kommt.
- ❑ Tragen Sie teuren Schmuck möglichst nicht offen auf der Straße.
- ❑ Nehmen Sie nie viel Bargeld mit außer Haus.
- ❑ Verwahren Sie Ihre Geheimnummer für die Bankgeschäfte niemals zusammen mit Ihrer Bankkarte auf.
- ❑ Lassen Sie sich an Geldautomaten nicht von fremden Personen ablenken und drücken Sie sofort die Abbruchtaste, wenn Ihnen Vorgänge oder Personen verdächtig vorkommen.

Vorsicht: Trickdiebe

Auch wenn es niemanden davon abhalten sollte, auf die Straße zu gehen, ist es wichtig zu wissen, dass die meisten Diebstähle, bei denen Senioren betroffen sind, außer Haus passieren. V. a. ältere Menschen fallen Trickbetrügern zum Opfer. Es gilt sich also zu schützen vor den unzähligen Varianten des Trickdiebstahls, bei dem die Geldbörse, die Handtasche oder auch Schmuckstücke entwendet werden, ohne dass der Bestohlene dies bemerkt. Trickdiebe suchen ihre potenziellen Opfer in der Regel meist dort, wo ihnen große Menschenmengen Deckung und Schutz bieten, beispielsweise in öffentlichen Verkehrsmitteln, an Haltestellen und Bahnhöfen oder auch in Geschäften. Häufig treten die Täter zu mehreren auf: Während das potenzielle Opfer durch einen Täter abgelenkt wird, erfolgt der Diebstahl durch einen Mittäter. Seien Sie also immer auf der Hut – und sagen Sie lieber einmal zu häufig nein, wenn Sie jemand um etwas bittet, auch wenn das womöglich nicht Ihrem hilfsbereiten Naturell entspricht.

Sonne und frische Luft genießen – auf Balkon, Terrasse oder im Garten

Sonnenlicht und frische Luft sind enorm wichtig für die Gesundheit und die Gemütsverfassung. Wer mögliche Gefahren beseitigt, dem bleibt der Außenbereich von Wohnung oder Haus noch lange als Raum zur Erholung erhalten.

Die Möglichkeit, Zeit an der frischen Luft zu verbringen, ist für viele Menschen ein wichtiger Wohlfühlfaktor. Für ältere oder bewegungseingeschränkte Personen sind Balkon oder Terrasse die nächstliegenden Orte, um bei schönem Wetter draußen zu sein. Wer Freude daran hat, Blumen, Kräuter oder Gemüse anzupflanzen, sollte ein paar Aspekte berücksichtigen, die für eine sichere Nutzung dieser Außenbereiche von Bedeutung sind. Bei einem größeren Garten ist es besonders wichtig, diesen rechtzeitig an neue Ansprüche anzupassen. Dabei geht es nicht nur um Sicherheit, sondern v. a. auch darum, den Arbeitsaufwand zu verringern.

Ein Sonnenschirm sollte sich mit geringem Kraftaufwand öffnen und schließen lassen, z. B. durch eine Kurbelmechanik.

Gut geplant – Balkon und Terrasse richtig gestalten

Wer wegen eingeschränkter Mobilität kaum oder gar nicht außer Haus unterwegs ist, kann frische Luft auf Balkon oder Terrasse genießen.

Zugang schaffen Damit Balkon oder Terrasse auch mit einem Rollator o. Ä. sicher und leicht zugänglich sind, müssen Unebenheiten wie Balkonaustrittsschwellen beseitigt werden. Sie kommen häufig in älteren Wohnungen oder Häusern vor und können zu Stolperfallen werden oder gar ein unüberwindbares Hindernis für einen Rollator oder einen Rollstuhl darstellen. Hinzu kommt häufig noch eine Trittstufe nach außen. Wie Sie auch ohne bauliche Maßnahmen passierbare Übergänge schaffen, erfahren Sie auf S. 68.

Trittsichere Bodenbeläge Auch unebene Böden stellen eine Stolpergefahr auf Balkon und Terrasse dar. Und glatte Fliesen können selbst langsame Geher aus dem Gleichgewicht bringen – v. a. bei Feuchtigkeit und Nässe. Nach einem Regenschauer, bei Nebel oder wenn mal zu großzügig gewässert wurde, kann jeder Schritt zur Rutschpartie werden. Gefährlich ist glatter Grund natürlich auch auf Außentreppen und -stufen oder auf dem Weg zwischen Haustür und Gartentor. Ein ebener, durchgängiger und rutschfester Bodenbelag ist also von größter Bedeutung. Dielen oder Fliesen aus Holz sind eher ungeeignet, denn ebenso wie Bodenbeläge aus Stein oder Keramik können sie in Verbindung mit Feuchtigkeit schnell glitschig werden.

Um Stürzen vorzubeugen, muss nicht gleich der Bodenbelag ausgetauscht werden. Eine chemische Anti-Rutsch-Behandlung ist eine schnelle und günstige Lösung für Keramikfliesen. Dabei wird ein Mittel aufgetragen, das den Bodenbelag aufraut. Gute Varianten für trittsichere Bodenbeläge sind auch kurzflorige Kunstrasen, die es in verschiedenen Farben gibt, oder sogenannte trittsichere Outdoor-Teppiche, welche in zahlreichen Dekors erhältlich sind. Lassen Sie sich dazu am besten in einem Fachgeschäft beraten.

Sichere Brüstung Wichtig für Ihre Sicherheit ist zudem die Brüstung. Ein zu niedriges Balkongeländer kann zur Gefahr werden, wenn man einmal stolpert oder sich abstützen muss. Eventuell muss das Geländer aufgestockt werden – 90 cm sollte die Höhe mindestens betragen. Sollten Sie umbauen,

Gut zu wissen

Sonnenschutz bei Mietwohnungen Wer einen Balkon besitzt, darf sich vor Sonneneinstrahlung und den Blicken anderer schützen. Es ist daher auch Mietern erlaubt, einen Sonnenschirm aufzustellen oder eine Markise anzubringen. Allerdings kann der Vermieter auf die farbliche Gestaltung der Markise Einfluss nehmen. Auch dürfen ohne Einverständnis des Vermieters keine größeren baulichen Veränderungen vorgenommen werden, die über Bohrlöcher oder Haken hinausgehen. Somit ist ein Sonnensegel gestattet, aber alles, was aus dem Balkon einen abgeschlossenen Raum macht, bedarf der Genehmigung des Vermieters.

erwägen Sie eine durchsichtige Brüstung, die freie Sicht nach draußen auch im Sitzen ermöglicht. Hilfreich sind Handläufe an den Wänden – unverzichtbar sind sie an Stufen und Treppen.

Schutz vor der Witterung Vor Sonne, Wind und Kälte schützen Markisen – elektrische Modelle lassen sich ganz ohne Kraftaufwand bedienen. Verschiebbare Windschutzwände und Wärmestrahler für die kühlere Jahreszeit sind ebenfalls eine Überlegung wert. Achten Sie wie im Innenbereich auch auf sichere, stabile Sitzgelegenheiten mit einer Sitzhöhe, bei der das Hinsetzen und Aufstehen gut möglich ist, und denken Sie an Auflagen, die nicht verrutschen (siehe auch S. 50 und 70).

Reinigungsaufwand gering halten Teppiche können mit einem Staubsauger vergleichsweise einfach gereinigt werden; Fliesen oder Steinplatten lassen sich absaugen oder fegen. Man sollte den Reinigungsaufwand des Außenbereiches dennoch nicht unterschätzen, denn auf Balkon oder Terrasse gelangen deutlich mehr Staub, Insekten, Federn oder Pflanzenteile als in eine Wohnung. Erwägen Sie beim Bepflanzen außerdem immergrüne, blütenlose Pflanzen, die weniger Arbeit machen, als Balkonpflanzen, die Blätter und Blüten abwerfen. Empfindliche Blumen, die täglich gegossen werden wollen, sind an heißen Tagen schnell verdorrt, wenn man mal nicht zum Wässern kommt. Auch das sollte bedacht werden.

Die passenden Möbel Zum Entspannen unter freiem Himmel benötigen Sie geeignete Gartenmöbel. Viele Sonnenliegen oder Stühle, die Ihnen lange gute Dienste erwiesen haben, werden im Alter unbequem – häufig sind sie viel zu tief, sodass man nur schwer aufstehen kann. Eine sinnvolle Investition sind daher Balkon- oder Gartenmöbel, die den neuen Anforderungen entsprechen. Gute Gartenmöbel haben eine komfortable Sitz- oder Liegehöhe, sind einfach zu bedienen, wiegen wenig und sind pflegeleicht. Wichtig ist eine hohe Qualität, denn minderwertige Gartenstühle oder -liegen können schnell gefährlich werden, etwa wenn sie kippen. Achten Sie auch darauf, dass die Armlehnen möglichst stabil und robust sind. Das erleichtert das Aufstehen.

Bei Gartenstühlen ist es günstig, wenn sich die Sitzfläche auf Höhe Ihrer Knie befindet. Am besten geeignet sind zudem sogenannte Hochlehner, die eine angenehme Sitzposition bieten. Hier können Sie den gesamten Rücken anlehnen und Ihre Wirbelsäule entlasten. Wählen Sie bei Gartenliegen ein Modell, bei dem sich die Liegeposition über die Armlehnen einstellen lässt. So müssen Sie nicht um die Liege herumgehen, um die Position zu verstellen.

Auch das Material spielt bei der Wahl des neuen Möbelstücks eine große Rolle. Denn Pflegeaufwand und Witterungsbeständigkeit fallen hier unterschiedlich aus. Geeignet sind Polyrattan, Aluminium und auch hochwertige Kunststoffe. Rustikalere Gartenmöbel aus Holz sind schlicht zu schwer. Wer auf Holz nicht verzichten möchte, kann zu Holz-Aluminium-Kombinationen greifen.

Das führt zum vielleicht wichtigsten Kriterium: Die Gartenmöbel sollten leicht sein. Denn je weniger sie wiegen, desto einfacher ist es, sie von der Sonne

Checkliste: Seniorengerechter Balkon

- ❑ Leicht zu öffnende Türe.
- ❑ Möglichst schwellenfreier Übergang nach draußen.
- ❑ (Durchsichtige) Brüstung in Höhe von mindestens 90 cm.
- ❑ Rutschfester, durchgängiger Bodenbelag.
- ❑ Schutz vor Sonne, Wind und Kälte.
- ❑ Leichte, witterungsbeständige Gartenmöbel.

in den Schatten zu schieben oder bei Gewitter wegzuräumen – das gilt besonders, wenn man allein lebt. Man sollte daher ein Material wählen, das einen guten Kompromiss aus Stabilität und geringem Gewicht darstellt. Auch dieses Kriterium erfüllen Aluminium und hochwertige Kunststoffe. Bei jedem Neukauf gilt: Lassen Sie sich Zeit und probieren Sie die Bequemlichkeit und alle Funktionen ausgiebig aus.

Die Umgestaltung des Gartens

Bevor Sie mit Umbauten zu einem barrierefreien, pflegleichten Garten beginnen, sollten Sie bedenken, dass die jetzigen Änderungen im Garten für viele Jahre so bleiben werden. Beziehen Sie daher auch Ihre Angehörigen ein, denn was Ihnen große Freude bereitet hat, soll möglichst auch Ihren Kindern oder Enkeln gefallen, die Ihnen hin und wieder zur Hand gehen. Überlegen Sie ehrlich, welche Tätigkeiten Ihnen bereits jetzt schwerer fallen als früher, welche Bedürfnisse in den kommenden Jahren eventuell hinzukommen könnten und was Sie eines Tages vielleicht nicht mehr allein bewältigen können. Fragen Sie sich, ob es für solche Fälle jemanden gibt, dem Sie die Arbeit übergeben können. Beziehen Sie außerdem in die Planungen und die konkrete Umgestaltung idealerweise auch einen professionellen Gärtner oder Landschaftsplaner mit ein.

Beachten Sie aber zudem, dass Ihr Garten neben allen praktischen Erwägungen auch noch wohnlich bleiben soll und Sie sich darin wohlfühlen können. Überlegen Sie daher zuerst, was Ihnen besonders wichtig ist und welche Teile des Gartens auf jeden Fall erhalten bleiben sollen.

Helfende Hände

Zwar lässt sich durch gezielte Vereinfachung einiges an Gartenarbeiten abwenden, nicht jedoch alles. Das kann an der Größe liegen, am Gelände oder schlicht an den Kosten einer umfassenden Umgestaltung. Es lohnt sich daher, sich frühzeitig zumindest für einige Arbeiten um Hilfe von außen zu bemühen. Scheuen Sie sich nicht, hin und wieder einen Gartenhelfer zu engagieren, der die unliebsamen, aber notwendigen Arbeiten verrichtet. Das können Freunde, Verwandte und Nachbarn sein; und für größere Aufgaben gibt es günstige Gartenhelfer oder professionelle Landschaftsgärtner.

Scheuen Sie sich nicht, Hilfe im Garten anzunehmen. Dadurch können Beziehungen zu den Kindern vertieft werden oder nette Gespräche mit Nachbarn entstehen.

Zubehör für die Gartenarbeit

Manche einst unscheinbare Arbeiten können zur Last werden, wenn die Kraft nachlässt, die Beweglichkeit eingeschränkt ist oder die Gelenke schmerzen. Abhilfe schaffen zahlreiche Spezialgeräte, die das Gärtnern erleichtern. Erkundigen Sie sich und kaufen Sie am besten im Fachhandel ein. Dort gibt es z. B. Unkrautstecher mit verstellbarem Teleskopstiel und weitere Geräte wie Pflanzkellen oder Pendelhacken mit extra langem ergonomischem Stiel, mit Zusatzgriffen oder verstellbarer Teleskopstange. Eine große Erleichterung schaffen leichte Teleskop-Heckenscheren mit ergonomischem Griff und Akkuantrieb.

Im Sitzen bequemer arbeiten Bei unbequemen Gartenarbeiten in ungünstiger Körperhaltung kann eine tragbare Sitzbank Abhilfe schaffen oder auch ein Rollsitz bzw. Rollwagen – denn im Sitzen geht alles leichter. Während die Bank den Nachteil hat, dass sie von einem zum anderen Ort getragen werden muss, hat ein Rollsitz breite Kunststoffräder und kann mit leichten Bewegungen der Beine weitergeschoben werden. Er verfügt über eine breite Sitzfläche und bietet oft auch Stauraum, Halterungen und eine Ablagefläche für die benötigten Gartenwerkzeuge.

Sogenannte Rollsitze ermöglichen Gartenarbeiten im Sitzen. Durch die Rollen kann man sich fortbewegen, ohne aufstehen zu müssen.

Barrierearmer Garten

Ob Terrasse, Vorgarten, Rasengrundstück, Blumenparadies oder Nutzgarten: Um lange Freude daran zu haben, sollte der gesamte Außenbereich möglichst barrierefrei angelegt sein. Das erhöht die Chance, dass Sie sich dort auch im höheren Alter gefahrlos bewegen und nach Wunsch auch gärtnerisch betätigen können.

Gartenwege Unbedingt zu vermeiden sind Stufen und Unebenheiten aller Art, die sich als Stolperfallen entpuppen oder schwer ohne fremde Hilfe überwindbar sind. Das gilt übrigens nicht nur für sämtliche Wege, sondern auch für Wiesen, Rasen und andere bepflanzte Flächen. Auch wenn nicht jedes Grundstück flach ist: Stufenlose Wege ermöglichen das Begehen mit einem Rollator und den Einsatz von Schubkarren oder anderen rollenden Hilfsmitteln. Wo unüberwindbare Stufen zum Hindernis werden können, sind sie bestenfalls durch flache Rampen zu ersetzen. Manchmal müssen bestehende Wege komplett erneuert werden. Denken Sie bei Veränderungen in möglichst großen Dimensionen: Ab einer Breite von

120 cm lässt sich ein Weg bei Bedarf – eventuell in der Zukunft – auch mit einem Rollstuhl befahren. Und auch hier gilt: Ein stabiler Handlauf entlang einer Rampe oder einer Gartentreppe ist kein Luxus, sondern bietet Alt wie Jung Sicherheit.

Bodenbeläge Achten Sie bei Wegen, Treppen oder Zugängen auf einen einwandfreien Bodenbelag, denn in breiten Bodenspalten oder an unebenen Stellen können Fußgänger stolpern und Rollstühle hängen bleiben. Günstige Materialien für rutschfeste Wege sind z. B. strukturierte oder raue Bodenplatten und grobporige, wasserdurchlässige Pflastersteine. Ungeeignet sind Materialien, die schnell durch Algen oder Moos rutschig werden, wie Holz, Sandstein oder Schiefer.

Beleuchtung Entscheidend für die Vermeidung von Stürzen ist auch eine gute Beleuchtung der Wege und Stufen sowie gutes Licht an Toren und Hauseingängen. Gute Leuchten richten das Licht blendfrei nach unten. Der Lichtschein der einzelnen Leuchten muss am Boden ineinander übergehen, sodass keine irritierenden Schatten entstehen. Nützliche technische Ergänzungen bei der Gartenbeleuchtung sind Bewegungsmelder oder auch Zeitschaltuhren. Empfehlenswert – v. a. für größere Grundstücke – sind zudem Solarlampen, die automatisch an- und wieder ausgehen. Sie kommen völlig ohne Stromanschlüsse und Kabel aus.

So war es bei mir

„Seit einer Verletzung kann ich mein linkes Bein nicht mehr richtig anheben. Dadurch konnte ich die Wege in meinem Garten nicht mehr benutzen – die Sturzgefahr war einfach zu hoch. Das hat mich schwer getroffen! Das Problem waren die Unebenheiten auf den alten Steinplatten. Meine Söhne haben dann zwei der Wege neu pflastern lassen. Dabei wurden auch drei flache Stufen entfernt. Den leichten Anstieg kann ich bewältigen – ich glaube, auch dann noch, wenn ich mal einen Rollator oder gar einen Rollstuhl nutzen muss. Alle Wege machen zu lassen war leider zu teuer, aber für eine neue Beleuchtung hat es noch gereicht. Wir haben Solarleuchten angebracht, die ganz ohne Stromkabel auskommen.“ *Gerhard V. aus Torgau*

Sitzgelegenheiten Für weitläufige Gärten empfiehlt es sich, mehrere Sitzgelegenheiten anzulegen, um sich nach Bedarf ausruhen zu können – das können Holzbänke sein, aber auch Steinmauern und selbstverständlich Sitzgruppen aus stabilen Gartenmöbeln (siehe S. 98).

Pflegeleichte Bepflanzung

Das Grün im Garten pflegeleichter zu gestalten ist eine längerfristige Aufgabe. Wem die Gartenarbeit zunehmend schwerer fällt, der sollte Hilfe annehmen. Es kann sehr lohnenswert sein, sich bei der (Um-)Gestaltung des Gartens den Rat eines Gärtners oder Landschaftspflegers einzuholen – das erspart hinterher womöglich viel Arbeit.

Passende Pflanzen auswählen Das wichtigste Ziel jeder Planung sollte es sein, die wiederkehrenden Arbeiten zu minimieren. In einem seniorengerechten Garten nehmen daher pflegeleichte Pflanzenarten eine besondere Rolle ein: Statt einjähriger Pflanzen bieten sich winterharte, langlebige und langsam wachsende Stauden sowie blühende Sträucher und mehrjährige Zwiebelblumen an. Eine wichtige Regel lautet zudem, dass einheimische Pflanzen meist am besten gedeihen und folglich auch am wenigsten Pflege benötigen. Häufig kommen sie allein mit dem Regenwasser aus.

Da Pflanzen, die einzeln oder in kleinen Gruppen über den gesamten Garten verteilt wachsen, viel Arbeit verursachen, ist es ratsam, kleinteilige Strukturen in Ihrem Garten zu reduzieren. Verzichten Sie auf sehr hoch wachsende Stauden und bevorzugen Sie solche, die weder stark wuchern noch zu hoch werden, denn hier muss häufiger gestutzt werden. Auch mit Sträuchern oder Bäumen lassen sich schöne optische Akzente setzen. Einige Ziergehölze kommen völlig ohne Beschnitt aus, wie z. B. Rhododendron, Schneeball, Glockenhasel, Fächerahorn oder Zaubernuss. Hat man manchmal Enkel zu Besuch, sollte man beachten, dass Rhododendon giftig ist und die unreifen Beeren des Schneeballstrauchs zu Erbrechen und Durchfall führen können. Die anderen erwähnten Arten sind ungiftig.

Auch bei Obstgehölzen ist eine frühzeitige Planung hilfreich: Hohe Obstbäume lassen sich im Alter kaum noch pflegen, auch die Ernte ist mühsam. Rechtzeitig gepflanzte, kleinwüchsige Obstbaumsorten oder Spaliergehölze erleichtern Beschnitt und Ernte.

Gut zu wissen

Hochbeete Ein klassisches Hochbeet besteht in der Regel aus mehreren Schichten, die sich aus überwiegend organischem Material wie Ästen, Grünabfällen, Kompost und Blumenerde zusammensetzen. Bei der Verrottung dieser Materialien wird Wärme frei. Diese beschleunigt das Pflanzenwachstum und das Gemüse kann früher geerntet werden. Das bedeutet aber auch, dass ein Hochbeet nach spätestens fünf Jahren neu befüllt oder zumindest aufgefüllt werden muss, denn die biologische Masse fällt zusammen und ihr Volumen schrumpft.

Unkrautwuchs vermeiden

Es lässt sich viel Arbeit sparen, wenn unerwünschte Pflanzen gar nicht erst wachsen. Recht zuverlässig dämmt eine dichte Bepflanzung aus wenigen Arten mit geschlossener Pflanzendecke den Wildkrautwuchs ein. Als wirksame Bodendecker kommen zahlreiche sehr pflegeleichte Polsterstauden infrage. Sie bilden bunte Blütenteppiche und benötigen außer einem Schnitt im Jahr kaum Pflege. Doch auch hier ist bereits bei Planung und Kauf wichtig, die Ansprüche der Pflanzen an den Boden, ans Wasser und v. a. an die richtige Lichtmenge und -intensität zu beachten.

An Stellen, an denen keine geschlossene Pflanzendecke gewünscht oder möglich ist, eignet sich Rindenmulch als Bodenabdeckung. Der Mulch wirkt als natürlicher Wildkrautschutz und reduziert somit den Arbeitsaufwand; er schützt die Erde vor dem Austrocknen und dient zudem dem Schutz der Pflanzen und Sträucher vor Frost. Noch weniger Pflegeaufwand haben Beete, die mit Unkrautvlies ausgelegt wurden.

Bequemer gärtnern mit Hochbeeten

Deutlich mehr Pflegeaufwand als Stauden und andere Grünpflanzen erfordert ein Gemüsebeet. Allerding lässt sich auch hier die Arbeit ganz entscheidend erleichtern: Anstrengendes Umgraben und mühsames Bücken beim Säen, Unkrautjäten und schließlich bei der Ernte lassen sich vermeiden, wenn Sie ein Hochbeet anlegen. Die notwendigen Arbeiten können bequem im Stehen oder Sitzen durchgeführt werden. Dazu ist eine Oberflächenhöhe des Beetes von etwa 80–100 cm ideal. Für Pflanz- und Umtopfarbeiten eignen sich Arbeitstische, die man nach Bedarf aufstellt und so das Bücken vermeidet.

Hochbeete können mit verschiedenen Materialien wie Stein, Holz, Draht, Aluminium oder Kunststoff eingefasst sein. Mit Trockenmauern aus Natursteinen lassen sich auch ganze Gartenbereiche als ein Hochbeet einfassen. Wenn diese Begrenzung aus einer stabilen Mauer besteht, kann man sich auch auf den Rand des Hochbeetes setzen.

Tischbeete für alle, die sitzen müssen

Das Hochbeet hat den Nachteil, dass beim frontalen Sitzen die Beine im Weg sind – das Arbeiten wird erschwert. Es bleibt nicht aus, dass man sich beim Gärtnern strecken und verdrehen muss.

Ein Hochbeet ist sehr bequem, da das Bücken entfällt. Und wenn man ein Drahtnetz am Boden auslegt, haben auch Nacktschnecken und andere Schädlinge keine Chance.

Das kann zur körperlichen Belastung werden. Für Menschen, die im Sitzen arbeiten müssen oder wollen, sowie für Rollstuhlfahrer empfehlen sich spezielle Tischbeete, die eine unterfahrbare Arbeitsfläche aufweisen. Das erleichtert das Gärtnern, weil man im Sitzen mit gerader Oberkörperhaltung arbeiten kann. Allerdings verfügt so ein Tischbeet über wenig Volumen und Tiefe, sodass es für Pflanzen mit tiefen Wurzeln ungeeignet ist. Außerdem trocknet der Boden dadurch schnell aus, weshalb es häufig bewässert werden muss.

Rasenmähen leicht gemacht

Wenn das Pflanzen und Gärtnern mit der Zeit zu mühsam wird, bietet eine vergrößerte Rasenfläche eine vergleichsweise pflegeleichte Alternative. Dann muss der Rasen nur hin und wieder gewässert und regelmäßig geschnitten werden.

Aufsitzrasenmäher Nur bei größeren Rasenflächen, die zusammenhängen und mindestens ein paar hundert Quad-

Mähroboter fahren, ähnlich wie Roboterstaubsauger, selbstständig über die Rasenflächen und halten das Gras auf immer gleicher Länge.

ratmeter umfassen, lohnt sich ein Aufsitzrasenmäher. Dann bietet ein solcher Rasentraktor, den es in verschiedenen Größen und Stärken gibt, eine enorme Entlastung: Er schneidet nicht das Gras und befreit den Rasen von Laub. Das Schnittgut wird je nach Modell fein geschnitten als Dünger ausgeworfen oder in einen Fangkorb geblasen.

So war es bei mir

„Nach dem Tod meines Mannes dachte ich, ich müsste den Garten aufgeben. Mein Mann hatte ja immer so viel gemacht: Die Hecke gestutzt, die Apfelbäume beschnitten, den Rasen hatte auch meistens er gemäht und das Moos von den Wegen gekratzt. Das war für mich allein einfach zu viel. Doch nach einigen Überlegungen und Ratschlägen eines befreundeten Gärtners habe ich mich dazu entschieden, den Garten zu behalten. Denn er hatte mir immer so viel Freude bereitet. Meine Kinder und der Gärtner haben eine Bewässerungsanlage eingebaut und Stolperstellen beseitigt. Ich werde ja auch nicht jünger. Der Gärtner hatte mich außerdem auf eine ganz neue Idee gebracht, die mir sehr zusagt: Ein großes Stück unseres Gartens nutzt nun eine sehr nette Nachbarsfamilie. Und die helfen mir auch hin und wieder, wenn ich etwas allein nicht schaffe."

Magda R. aus Münster

Mähroboter Zum Mähen kleinerer Flächen gibt es Roboter. Solche Mähmaschinen fahren selbstständig über die Wiese und halten das Gras dauerhaft auf der gewünschten Länge. Rasenschnitt fällt dabei nicht an, der feine Rasenschnitt bleibt unmerklich als Mulch auf der Rasenfläche zurück. Wer den Einsatz eines Mähroboters plant, kann nach Wunsch einen Begrenzungsdraht verlegen. Dieser sendet ein magnetisches Signal als Begrenzung aus, die vom Roboter nicht überschritten wird. Alternativ können Barrieren jeder Art als Begrenzung zwischen Beeten und Rasenfläche erbaut werden, z. B. mit Rasenkantensteinen, auch Mähkanten genannt. Sie sind häufig aus Beton, können aber auch aus Naturstein oder Klinker sein. Die Begrenzungssteine erleichtern auch dann das Kürzen der Wiese, wenn es mit einem klassischen Rasenmäher erfolgt.

Bequemer bewässern

Ob Rasenfläche, Blumen oder Kräuter, kein Garten kommt völlig ohne Bewässerung aus. Langfristig kann zwar eine geschlossene Pflanzendecke mit bodendeckenden Stauden die Wasserverdunstung und damit den Wasserbedarf verringern. Doch es gibt auch Möglichkeiten der einfachen Bewässerung.

Wasseranschlüsse planen Wer eine große Artenvielfalt im Garten haben möchte, sollte schon bei der Gartengestaltung über möglichst einfaches Bewässern nachdenken und sich entsprechend beraten lassen, um das Gießkannenschleppen zu vermeiden. Schläuche sind bisweilen unpraktisch, wenn der Garten größer ist: Sie können sich verhaken und müssen immer wieder aufgerollt werden. Ein quer über dem Gartenweg liegender Gartenschlauch ist außerdem eine Stolperfalle. Einem einzigen langen Gartenschlauch sind fest installierte Wasseranschlussstellen an verschiedenen Orten im Garten vorzuziehen, an denen man kurze Schlauchstücke leicht und schnell anschließen kann.

Checkliste: Barrierearmer Garten

- ❑ Sind die Gehwege rutschfest, eben und ausreichend breit und können sie mit Rollstuhl/Rollator genutzt werden?
- ❑ Haben Sie ausreichend Schattenplätze und Sitzmöglicheiten?
- ❑ Lässt sich Ihr Garten einfach bewässern?
- ❑ Können Sie Stauden, Sträucher und Bäume reduzieren, die viel Pflege benötigen?
- ❑ Kann ein Hochbeet hilfreich sein?
- ❑ Ist der Geräteschuppen leicht zugänglich?

Bewässerungssysteme Am einfachsten und kräfteschonensten ist eine automatische Bewässerungsanlage. Diese ist auch dann einsatzbereit, wenn Sie einige Tage abwesend sind. Moderne Varianten lassen sich bequem über einen Bewässerungscomputer oder via Smartphone steuern. Man stellt eingehend die gewünschte Tageszeit und die Intervalle der Gartenbewässerung ein, den Rest regelt das Programm automatisch. Zusätzlich installierte Regen- und Bodenfeuchtesensoren sorgen dafür, dass nur bei Bedarf gewässert wird. Eine automatische Bewässerung ist auch mit Grundwasserpumpen oder Regenwasserzisternen kombinierbar.

Das Angebot solcher Bewässerungssysteme ist riesig und die Variationsmöglichkeiten sind fast unbegrenzt. Daher ist eine genaue Planung unbedingt notwendig. Auch die erstmalige Installation ist nicht ganz einfach: Eine automatische Gartenbewässerung wird bei größeren Flächen im Boden verlegt. Sind die Rohre und Schläuche angebracht, funktioniert ein solches Bewässerungssystem bei guter Qualität einige Jahre wartungsfrei. Man sollte beim Kauf darauf achten, dass das System ohne zusätzlichen Aufwand winterfest gemacht werden kann.

Einfacher kompostieren Um sich das kraftzehrende Umsetzen und Verteilen des Komposts zu ersparen, können Sie den eigenen Kompost ganz abschaffen und Gartenabfälle nur noch über die Biotonne entsorgen. Das Endergebnis ist das gleiche, ob Sie nun den Kompost im eigenen Garten kultivieren oder die Stadtwerke das für Sie übernehmen. Achten Sie nur darauf, keine Torferde zu kaufen, denn der industrielle Torfabbau schadet den Mooren.

Hilfsmittel und Beratung im Internet finden

Das Internet bietet eine große Fülle an Informationsmöglichkeiten und ist aus dem Alltag vieler Menschen nicht mehr wegzudenken. Wenn Sie bisher einen Bogen um digitale Technik gemacht haben, sollten Sie darüber nachdenken, sich dieser Option zu öffnen.

Für Menschen, die bislang keinen Bezug zu Computern oder dem Internet hatten und die entsprechend auf diesem Gebiet wenig oder gar keine Erfahrung haben, werden spezielle Schulungen angeboten. Die Bedienung von Computern ist in den vergangenen Jahren deutlich benutzerfreundlicher geworden. Vieles ist intuitiv erlernbar, wenn man mit Zeit und Offenheit an die Sache herangeht. Im Gegenzug erhät man Zugang zur virtuellen Welt, die mehr und mehr unabdingbar wird. Denn mittlerweile sind viele Angebote und Dienstleistungen ohne Internetzugang nur sehr schwierig – oder bisweilen gar nicht – nutzbar. Dies gilt z. B. für Leihautos oder -fahrräder, aber auch, um einen Termin im Bürgerbüro zu vereinbaren, Angebote der Verbraucherzentrale einzusehen oder um einen Volkshochschulkurs zu suchen. Und nicht zuletzt informieren Unternehmen, Organisationen und Ämter online über verschiedenste Aktivitäten, aber auch über Rechte und Pflichten.

Wer sich in diesem Bereich neu zurechtfinden möchte, steht zunächst vor der Wahl des richtigen Geräts. Zwar genügt bereits ein Smartphone mit entsprechendem Tarif, um Internetangebote nutzen zu können, das kleine Display und das erschwerte Eintippen von Buchstaben und Zahlen lassen den Gebrauch auf Dauer aber recht unkomfortabel erscheinen.

Die Geräte sind in den vergangenen Jahren deutlich praktischer geworden: Es muss nicht mehr der unhandliche

Gut zu wissen

Fake-News Im Internet kann jeder mit einfachen Mitteln seine Meinung öffentlich kundtun. Das ist einerseits praktisch, birgt aber auch Gefahren: Anders als Zeitungsmeldungen werden private Internetbeiträge nicht geprüft und Falschinformationen – früher (Zeitungs-)Enten, heute Fake-News genannt – können leicht verbreitet werden. Die virtuelle Welt ist auch anfällig für „Verschwörungstheorien": Um eine Meinung oder Sichtweise zu belegen, wird auf Verlinkungen verwiesen, die dem Leser weismachen, dass diese Sicht wissenschaftlich belegt sei und viele Vertreter hätte. Dabei bewegt man sich online in einer Nische des Internets, die nur durch Foren- und Blogeinträge oder gefälschte Rezensionen aufrechterhalten wird. Seien Sie daher kritisch und suchen Sie nach seriösen Quellen. Fragen Sie sich, wem gewisse Informationen nützen könnten, z. B. Bewertungen von Produkten, und verlassen Sie sich nur auf unabhängige „Prüfer".

Standcomputer mit Bildschirm oder ein verhältnismäßig teurer Laptop sein, schon ein günstiges Tablet ermöglicht die Teilhabe an der Internetwelt. Die Kosten für den Internetzugang sind ebenfalls stark gesunken. Die Tarife lassen sich grob in drei Kategorien einteilen:

- Man bezahlt monatlich einen festen Betrag für ein bestimmtes Datenvolumen – die Menge an Daten, die abgerufen werden kann – oder für unbegrenztes Surfen („Datenflat").
- Man entrichtet sogenannte Prepaid-Gebühren, bei denen eine bestimmte nutzbare Datenmenge im Voraus bezahlt wird.
- Es fallen Gebühren an, die je nach abgerufener Datenmenge am Monatsende abgerechnet werden.

Flexible Lösungen sind in der Regel etwas teurer und die Geschwindigkeit der Datenübertragung ist davon abhängig, wie gut das jeweilige „Netz" (Telekom, Vodafone, Unity Media usw.) ausgebaut ist. Dies kann auf dem Land zu Funklöchern führen, in denen eine mobile Internetverbindung gar nicht möglich ist. Wenn das Signal schwach ist, kann es auch innerhalb von Häusern (z. B. mit Stahlbetonwänden) zu Einschränkungen kommen.

Das richtige Vorgehen bei der Internetrecherche

Um durch das Internet an neue Informationen zu gelangen, gibt es zwei mögliche Vorgehen: die Eingabe eines Suchbegriffs oder einer Frage in eine Suchmaschine oder die direkte Eingabe einer Internetadresse. Vielen ist der Unterschied nicht bis ins Detail klar, dabei kann das gewählte Vorgehen großen Einfluss auf das Ergebnis haben. Wer beispielsweise eine private Haushaltshilfe sucht und bereits einige gängige Anzeigenportale kennt, ist besser beraten, die jeweiligen Adressen einzugeben und dann dort seine Suche zu starten, als sie allgemein über eine Suchmaschine zu formulieren. Denn Agenturen und professionelle Anbieter optimieren ihre Internetseiten so, dass sie möglichst weit oben in den Ergebnislisten der Suchmaschinen stehen. Daneben gibt es viele werbefinanzierte Anzeigen unter den Suchmaschinenergebnissen, die gerade für Ungeübte nicht immer auf den ersten Blick als Werbung zu erkennen sind.

So war es bei mir

„Ich wollte mir ein Elektrofahrrad zulegen und war auf der Suche nach unabhängigen Testberichten. Ich hatte erst einige Begriffe in eine Suchmaschine eingegeben, doch die Ergebnisse waren fast ausschließlich reine Preisvergleiche, Anzeigen und scheinbar persönliche Erfahrungsberichte, denen ich nicht traute. Außerdem wurde ich dauernd auf die Seiten eines großen Online-Verkaufsportals geleitet. Erst als ich direkt auf die Internetseiten der Verbraucherzentrale gegangen bin, fand ich eine Übersicht verschiedener Modelle, die von dem unabhängigen Verein auf Herz und Nieren geprüft worden waren. Ich musste für den Internetartikel zwar ein paar Euro bezahlen, das hat sich aber in jedem Fall gelohnt, weil ich auf diese Weise einen Fehlkauf vermieden habe." *Wolfgang E. aus Rostock*

Das Internet bietet verschiedene Möglichkeiten, mit Familie und Freunden in Kontakt zu bleiben, z. B. lässt sich über den Laptop mithilfe von Diensten wie Skype mit Bild telefonieren.

Internetforen oder Social-Media-Dienste Im Internet findet man zahlreiche Seiten, in denen sich Nutzer über spezielle Themengebiete oder Hobbys austauschen, ebenso wie Webseiten von Menschen, die ein ähnliches Alter oder denselben Wohnort haben und so über das Internet in Kontakt treten.

Um Diskussionsforen beizutreten und mit Mitgliedern in Kontakt zu treten, genügt es, sich auf der jeweiligen Internetseite anzumelden. Achten Sie darauf, keine unnötigen Informationen preiszugeben. Zwar lässt sich ohne korrekte Angaben zur Person kein Online-Konto eröffnen, aber wer sich beispielweise nur über Urlaubsreisen austauschen möchte, muss weder genaue Adresse, noch Telefonnummer, Geburtsdatum oder weitere Details über sich hinterlegen. Wer sich bei heiklen Themen, wie etwa dem Austausch über Krankheiten, bedeckt halten möchte, kann auch ein Pseudonym wählen. Das Telemediengesetz beschreibt in §13 Abs. 6: „Der Diensteanbieter hat die Nutzung von Telemedien und ihre Bezahlung anonym oder unter Pseudonym zu ermöglichen, soweit dies technisch möglich und zumutbar ist. Der Nutzer ist über diese Möglichkeit zu informieren." Ob das rechtlich weiterhin erlaubt bleibt, wird aktuell (Anfang 2020) unter der „Klarnamenpflicht" vor Gericht verhandelt. Denn leider wird die Anonymität im Netz auch dazu genutzt, um persönliche Meinungen als Fakten zu verbreiten oder andere zu beleidigen. Zudem sollte man sich an die sogenannte Netiquette halten, eine Art Benimmregeln für das Internet.

Sicherheitsaspekte Die Sicherheit sollte im Internet stets eine Rolle spielen. Dies gilt für die Verbindungsart, für Passwörter und für das Herunterladen von Dateien. Kabelgebundene LAN-Verbindungen sind für Hacker, also Kriminelle, die Sicherheitslücken im Netz ausnutzen, am schwersten angreifbar. Durch gut gewählte, komplexe Passwörter sind aber auch kabellose WLAN-Verbindungen sehr sicher. Mehr Vorsicht ist hingegen bei öffentlichen Netzwerken geboten: Wer im Café mit dem eigenen Laptop surft, ist für Hacker im Café-Netzwerk sichtbar und kann schnell Daten verlieren – insbesondere, wenn die Sicherheitseinstellungen des eigenen Computers mangelhaft sind. Auf gewisse Aktivitäten sollte im öffentlichen Umfeld demnach verzichtet werden, wie etwa Bankgeschäfte mit Kreditkartendaten. Für jeden empfehlenswerte Sicherheitsvorkehrungen ist das Einrichten einer Firewall und eines Virenscanners.

Regeln für die Passwortsicherheit

Viele Jahre galt für Passwörter, dass sie aus sechs bis acht Zeichen bestehen sowie Buchstaben- und Zahlenkombinationen enthalten sollten, die so nicht im Wörterbuch vorkommen. Groß- und Kleinschreibung, Sonderzeichen und regelmäßiges Ändern sollten für Sicherheit sorgen. Doch das Vorgehen ist veraltet. Die schwer zu merkenden Passwörter haben viele Nutzer überfordert und gelten heute als zu kurz. Bilden Sie daher komplexe, aber auch gut merkbare Passwörter. Eine gute Idee ist, aus einem Satz nur die Anfangsbuchstaben/Zeichen zu nehmen: „Wer mir 10 Gruben gräbt, fällt selbst hinein!" wird damit zu: „Wm10Gg,fsh!" Zudem sollten keinesfalls Geburtstage, Namen von Partnern oder Haustieren im Passwort enthalten sein – und das Passwort sollte weder im Computer gespeichert sein noch als E-Mail verschickt werden.

Welche Internetzugänge gibt es?

Art	Funktion	Pro	Kontra
(DSL-)Modem mit LAN/WLAN	wird an der Dose vom Festnetztelefon installiert	• schnellste Lösung • sicherste Lösung	• nur zu Hause bzw. als WLAN in der nahen Umgebung nutzbar
Mobiler WLAN-Hotspot	kleines, tragbares Modem mit mobiler SIM-Karte	• Internetzugang für mehrere private Geräte unterwegs oder zu Hause • sehr sicher	• Geschwindigkeit ist von Mobilfunknetzabdeckung abhängig
Öffentlicher WLAN-Hotspot	WLAN-fähige Geräte (Laptop, Tablet oder Smartphone) finden unterwegs ins Netz	• viele kostenlose Angebote in Cafés, an öffentlichen Plätzen • schnell	• eher unsicher – nicht für Bank-/Kreditkartengeschäfte nutzen • teilweise gesperrte Seiten und Inhalte
USB-Internet-Stick („Surf-Stick")	für Standcomputer und Laptops mit USB-Anschluss	• einfache Lösung, die auch unterwegs nutzbar ist • sicher	• Geschwindigkeit von Mobilfunknetzabdeckung abhängig
SIM-Karte in Tablet oder Smartphone	ersetzt einen mobilen WLAN-Hotspot	• einfachste Lösung • sicher	• Geschwindigkeit von Mobilfunknetzabdeckung abhängig

So bleibe ich möglichst lange unabhängig

Selbsttests für Fitness und Geist

Fitness und geistige Leistungsfähigkeit sind entscheidend, wenn es darum geht, im Alter unabhängig zu sein. In Selbsttests können Sie Ihren Zustand überprüfen – auch in Sachen Autofahren.

Die Selbstständigkeit hängt stark davon ab, wie leistungsfähig der Körper ist, um den Alltag, aber auch unerwartete Herausforderungen zu meistern. Viele altersbedingte Rückgänge bei der körperlichen Leistungsfähigkeit können vermieden oder auch umgekehrt werden.

Alltags-Fitness-Test (AFT)

Um den persönlichen Fitnesszustand zu ermitteln, hilft der sogenannte Alltags-Fitness-Test (AFT), den u. a. der Deutsche Olympische Sportbund (DOSB) unterstützt. Mit ihm lässt sich die für den Alltag nötige Fitness überprüfen. Dabei geht es um Bein- und Armkraft, Ausdauer, Beweglichkeit in der Hüfte und im Schulterbereich sowie um Geschicklichkeit. Kräftige Beine reduzieren z. B. das Sturzrisiko. Kraft im Arm benötigt man für viele Haushaltstätigkeiten, um Gegenstände aufzuheben und zu tragen, z. B. Einkäufe. Eine gute Ausdauer ermöglicht Ausflüge, Wanderungen etc., aber auch Alltägliches. Die Hüftbeweglichkeit ist wichtig, um z. B. auf ein Fahrrad zu steigen. Geschicklichkeit ist nötig, um etwa rechtzeitig aus Bus oder Bahn auszusteigen oder um jemandem auszuweichen. Die Beweglichkeit im Schulterbereich erleichtert u. a. das Erreichen des Sicherheitsgurts im Auto und den Schulterblick.

Beweglich zu bleiben bedeutet, sich seine Selbstständigkeit zu bewahren. Den oberen Körper drehen zu können ist beispielsweise fürs Autofahren unabdingbar.

Die Schulterbeweglichkeit wird z. B. getestet, indem man im aufrechten Stand einen Arm von oben und einen von unten auf den Rücken führt und versucht, die Hände zu berühren. Dann wird der Abstand zwischen den Mittelfingerspitzen gemessen.

Wer den AFT zu Hause durchführen möchte, kann sich eine Broschüre mit allen Übungen, Anleitungen und Erklärungen zur Auswertung unter www.alltags-fitness-test.de herunterladen. Auch Videos und weitere Infos sind dort zu finden. Um den AFT zu absolvieren, benötigen Sie allerdings eine Person, die Sie unterstützt. Sie muss z. B. zählen, messen und die Zeit stoppen. Der eigene Leistungsstand lässt sich im Vergleich zur jeweiligen Altersgruppe ermitteln. Auch Sportvereine bieten AFT an.

Wie Sie Ihre Fitness verbessern können, worauf Sie achten sollten und welche Sportarten besonders im Alter geeignet sind, erfahren Sie ab S. 130.

Demenz-Selbsttest ersetzt nicht den Arzt

Ein Selbsttest kann Ihnen niemals eine sichere Antwort auf die Frage geben, ob eine Demenz vorliegt. Der Verein Alzheimer Forschung Initiative e. V. hat aber eine Liste mit Fragen erstellt, die Anzeichen für Alzheimer oder eine andere Form der Demenz liefern können. Sie kann keine ärztliche Diagnose ersetzen, kann aber als Warnsignal dienen.

1. Vergessen Sie oft wichtige Termine oder können Sie den Alltag nur mit Erinnerungsnotizen organisieren?
2. Fällt es Ihnen schwer, Ihren Alltag vorausschauend zu planen?
3. Haben Sie zunehmend Probleme damit, alltägliche Aufgaben auszuführen und sich an den Ablauf von Routineaufgaben zu erinnern?
4. Haben Sie wiederholt Orientierungsprobleme in vertrauter Umgebung?
5. Haben Sie große Mühe damit, vertraute Gesichter wiederzuerkennen?
6. Fällt es Ihnen schwer, aktiv an einem Gespräch teilzunehmen oder einer Unterhaltung zu folgen?
7. Verlegen Sie Gegenstände an ungewöhnliche Orte, weil Sie nicht mehr genau wissen, wozu sie gut sind?
8. Haben Sie Schwierigkeiten bei Entscheidungen wie z. B. der Kleiderwahl (Winterstiefel im Sommer)?
9. Ziehen Sie sich zunehmend aus Ihrem sozialen Leben zurück?
10. Leiden Sie an starken Stimmungsschwankungen und haben Sie sogar den Eindruck, dass sich Ihre Persönlichkeit verändert?

Wenn Sie mindestens eine der Fragen mit Ja beantwortet haben, suchen Sie bitte umgehend Ihren Hausarzt auf. Denn bestimmte Formen der Demenz sind therapierbar, wenn sie früh genug entdeckt werden. Andere Demenzen können positiv beeinflusst bzw. deren Auswirkungen verzögert werden. Sollte Ihr Arzt Anzeichen für eine Erkrankung feststellen, kann er Sie zu Spezialisten wie Neurologen oder Psychiatern oder in eine Gedächtnissprechstunde überweisen. Mit entsprechenden Untersuchungen und Testverfahren lässt sich dort eine sichere Diagnose stellen.

Gut zu wissen

Spezialisten in Ihrer Nähe In Gedächtnissprechstunden, Gedächtnisambulanzen und Memory-Kliniken untersuchen Spezialisten Patienten auf Hirnleistungsstörungen. Die Deutsche Alzheimer Gesellschaft e. V. bietet eine Übersicht über Adressen solcher Einrichtungen. Sie sind nach Postleitzahlen sortiert. Bitte informieren Sie sich über das Verfahren, die Wartezeit für einen Termin und die Untersuchungsmethoden (www.deutsche-alzheimer.de → Unser Service → Gedächtnissprechstunden).

Mobil sein hat viele Facetten

Mobilität bewahrt Menschen im Alter ihre Selbstständigkeit und lässt sie am gesellschaftlichen Leben teilhaben. Mobil sein bedeutet ein Stück Lebensqualität und die Möglichkeiten sind durchaus vielfältig.

Ob zu Fuß, mit Bus und Bahn, Fahrrad oder Auto: Für Ihre individuelle Mobilität stehen Ihnen prinzipiell unterschiedliche Mittel zur Verfügung. Es lohnt sich, darauf zu schauen, welche für Sie grundsätzlich infrage kommen und welches Sie zu welchem Anlass nutzen können.

Wie Sie von A nach B kommen, hängt stark von der Region ab, in der Sie leben, und ebenso von Ihrer persönlichen Lebenssituation. Wenn Sie fit genug sind, fahren Sie Fahrrad oder gehen zu Fuß. Wenn Sie auf dem Land wohnen, ein Auto haben und sich sicher fühlen, legen Sie gewiss viele Ihrer Wege damit zurück. Das Angebot an öffentlichem Personennahverkehr (ÖPNV) ist von Region zu Region sehr unterschiedlich ausgestaltet. Enorme Unterschiede liegen zwischen Stadt und Land. Die meisten größeren Städte verfügen über ein gut ausgebautes Bus- und Bahnnetz. Sollten Sie in der Stadt wohnen und wenig oder keine Erfahrung mit dem ÖPNV haben, können Sie einige nützliche Tipps dazu ab S. 123 lesen.

Wege zu Fuß zurückzulegen hat viele Vorteile: Bewegung und frische Luft sind der Immunabwehr, der Fitness und nicht zuletzt einer gesunden Psyche dienlich.

Alternativen zum eigenen Auto

Auf dem Land sieht es mit den öffentlichen Verkehrsmitteln oft anders aus. Für viele ist dort das Auto das einzige Fortbewegungsmittel. Wenn Sie nicht Auto fahren, ist es in dörflicher Umgebung nicht ganz einfach, zum Supermarkt oder zum Arzt zu kommen oder Freunde und Verwandte zu besuchen. Allerdings gibt es neben den bisher genannten klassischen Mobilitätsmöglichkeiten mittlerweile in vielen ländlichen Regionen innovative Konzepte, die Lücken schließen und auch älteren Menschen Chancen bieten.

So stehen in einigen Dörfern Bänke, auf denen man Platz nehmen und warten kann, dass sich eine Mitfahrgelegenheit ergibt. Autofahrer kennen diese Orte und steuern sie auch gezielt an, um zu helfen. Über Internetplattformen bieten in anderen Landstrichen besonders Pendler an, Menschen privat mitzunehmen. Die Fahrten verlaufen in der Regel entlang der Busstrecken, allerdings unabhängig des Fahrplans und häufig auch zu Zielen, die von den Bussen nicht angefahren werden.

Manche Kommunen stellen einen Kleinbus zur Verfügung, den Menschen nutzen können. Dafür muss man sich rechtzeitig vor der gewünschten Abfahrt in einer Zentrale anmelden. Sie werden dann an einer möglichst nahen Haltestelle eingesammelt und zu einem vereinbarten Fahrpreis an ihr Ziel gebracht.

Welche Mobilitätsangebote es in Ihrer Gegend gibt, können Sie in der Regel bei Ihrer Stadt- oder Gemeindeverwaltung erfragen.

Informationen über das Smartphone

Mit einem Smartphone können Sie sich ebenfalls alle Infos zu Ihren Mobilitätsmöglichkeiten holen. Manche Angebote muss man über eine App, also eine Anwendungssoftware bzw. eine digitalen Plattform, nutzen.

Wenn Sie mit einem Smartphone sicher umgehen können, kann Ihnen eine Mobilitäts-App bei der Routenplanung sehr hilfreich sein. Das Bundesministerium für Verkehr und digitale Infrastruktur (BMVI) beschreibt die ideale Mobilitätsplattform so: „Eine Lösung für alle Wege. Eine Registrierung. Eine App. Eine Buchungsplattform. Eine Rechnung.“ Sie zeigt Ihnen alle möglichen Mobilitätsangebote einer Region an. Auch überregionale Reisen lassen sich damit planen.

Im Zentrum steht dabei in der Regel der ÖPNV. Ergänzt wird die Übersicht häufig mit den Bereichen Auto (inklusive Carsharing, Taxi sowie Mitfahrgelegenheit) und Mietfahrräder. In einigen Apps können Sie Verkehrsmittel abschalten, die Sie nicht nutzen wollen. Im Idealfall können Sie Tickets per App buchen und bezahlen.

Mobilitäts-Apps sind beispielsweise:

- easy.GO: www.myeasygo.de
- fromAtoB: www.fromatob.de
- HERE we Go: wego.here.com
- Moovel: www.moovel.com/de
- Qixxit: www.qixxit.com/de

Gut zu wissen

Apps erfassen Ihre Daten Sie sollten bedenken, dass sämtliche Apps Ihre Daten erfassen, auswerten oder gegebenenfalls auch an Dritte weitergeben. Achten Sie darauf, ob die App die gültigen Anforderungen an den Datenschutz erfüllt. Dazu zählen z. B. Angaben zur Verarbeitung personenbezogener Daten und zu den dafür Verantwortlichen, Informationen zu Zweck und Dauer der Datenverarbeitung sowie Hinweise auf Nutzerrechte wie etwa Auskunft, Einschränkung der Verarbeitung oder Löschung der Daten. Schauen Sie sich deshalb die jeweiligen Datenschutzinformationen genau an und überlegen Sie sich gut, ob Sie das möchten.

Das Angebot bei Mobilitäts-Apps wandelt sich sehr schnell. Neben den genannten überregionalen Apps gibt es zahlreiche lokale Mobilitätsplattformen sowie Apps von Verkehrsverbunden und der Deutschen Bahn, den sogenannten DB Navigator.

Sicher zu Fuß unterwegs

Zu Fuß unterwegs zu sein ist die umweltfreundlichste und kostengünstigste Art der Fortbewegung. Außerdem tut regelmäßige Bewegung gut. Dazu zählt auch, Besorgungen möglichst oft zu Fuß zu erledigen. Das gilt natürlich nur für diejenigen, die dazu körperlich in der Lage sind. Wenn es Ihnen möglich ist, versuchen Sie also – so oft es geht – spazieren zu gehen. Dabei sollten Sie einiges beachten, um im Straßenverkehr als Fußgänger auf der sicheren Seite zu sein.

Wenn die Sichtverhältnisse schlecht sind, sorgt man mit Reflektorstreifen schnell und unkompliziert für die eigene Sicherheit im Straßenverkehr.

Die richtige Kleidung Suchen Sie Ihre Kleidung nach dem Wetter aus, auch im Hinblick darauf, wie sich das Wetter im Lauf Ihres Spaziergangs ändern kann. Es ist immer lohnenswert, sich nach dem „Zwiebelprinzip" zu kleiden: mit mehreren dünnen Kleidungsschichten anstelle weniger dickerer. Um gut von anderen Verkehrsteilnehmern gesehen zu werden, ist helle Kleidung besser als dunkle – besonders in der dunklen Jahreszeit und zu später Stunde. Achten Sie außerdem selbst darauf, ob andere Sie wahrnehmen, wenn Sie z. B. eine Straße überqueren wollen. Als Fußgänger sind Sie nicht dazu verpflichtet, helle Kleidung zu tragen oder Beleuchtung dabeizuhaben. Leuchtstreifen oder Anstecker aus reflektierendem Material können Ihre Sichtbarkeit allerdings erhöhen. Bei Regen sollte ein Schirm oder eine Kapuze nicht Ihre Sicht beeinträchtigen.

Schuhe mit einem guten Profil erhöhen Ihre Standsicherheit. Ratsam ist knöchelhohes Schuhwerk, das Ihnen zusätzlich Sicherheit gibt und Sie vorm Umknicken schützen kann. Besonders im Herbst und Winter stellen heruntergefallenes Laub, Wasser, Eis und Schnee eine Gefahr dar. Bei Temperaturen knapp unter dem Gefrierpunkt oder bei dünner Schneedecke kann laut dem Fachverband Fußverkehr Deutschland FUSS ein Gleitschutz wie Schuh-Spikes sinnvoll sein. Mit einer Halterung aus Kunststoff oder Gummi lassen sich Spikes an Ihren Schuhen befestigen. Empfohlen werden Fersen-Spikes. Sie sollten sich beim Kauf durch aktuelle Testergebnisse oder fachkundige Beratung über sichere und gute Modelle informieren. Wichtig ist: Ziehen Sie die Spikes auf jeden Fall aus, wenn Sie festen Untergrund betreten wie z. B. im Supermarkt. Denn auf einem solchen Boden erhöhen Spikes die Rutschgefahr.

Fußgänger müssen vorhandene Gehwege nutzen. Das sieht die Straßenverkehrsordnung (StVO) vor. Das gilt unabhängig davon, wie viel Verkehr auf der Straße ist, selbst wenn ein Gehweg sehr schmal ist und Sie möglicherweise mit einem Rollator unterwegs sind oder eine Begleitperson an Ihrer Seite benötigen. Wenn es keine Gehwege gibt, ist es Ihnen überlassen, auf welcher Fahrbahnseite Sie gehen. Als Fußgänger müssen Sie lediglich außerhalb geschlossener Ortschaft am linken Fahrbahnrand gehen. Die linke Seite zu nutzen ist prinzipiell sinnvoll, weil Sie den Verkehr besser im Auge haben. Gesetzlich vorgeschrieben ist, dass Fußgänger Fahrbahnen zügig und auf kürzestem Weg quer zur Fahrtrichtung überqueren müssen. „Zügig" bedeutet hierbei: Ihren persönlichen Kräften entsprechend.

Achtung bei Ampeln und Zebrastreifen Nutzen Sie, wenn es möglich ist, Fußgängerampeln und Zebrastreifen. An Zebrastreifen müssen laut StVO Fahrzeuge nur halten, wenn Fußgänger oder Rollstuhlfahrer erkennbar den Übergang benutzen wollen. Geben Sie am besten ein Handzeichen und vergewissern Sie sich, dass Ihr Vorhaben von den Fahrzeugführern verstanden wurde.

Seien Sie vorsichtig bei Ampeln an Kreuzungen und Einmündungen. Denn dort haben Fahrzeuge beim Abbiegen oft zur selben Zeit Grün wie Sie. Achten Sie darauf, dass Sie wahrgenommen werden. Wenn Sie etwas langsam sind, warten Sie lieber eine bereits begonnene Grünphase ab und starten dann gleich zu Beginn der nächsten. So haben Sie für die Überquerung etwas mehr Zeit.

Sollten Sie in einer Stadt mit Straßenbahn leben, passen Sie beim Überqueren von Gleisen besonders auf – zum einen auf herannahende Züge, zum anderen auf Stolper- und Rutschgefahren auf der Bahntrasse.

Des Weiteren ist Kommunikation im Straßenverkehr wichtig. Setzen Sie Ihre Arme und Hände ein, um auf sich aufmerksam zu machen. Seien Sie aufmerksam und rücksichtsvoll, aber auch selbstbewusst. Setzen Sie Ihr Recht durch – aber nicht, ohne auf Ihre Sicherheit zu achten. Denn als älterer Fußgänger gehören Sie zu den Personen, die sehr stark davon abhängig sind, dass andere Verkehrsteilnehmer Rücksicht nehmen.

Bei widrigen Wetterverhältnissen ist es besonders wichtig, dass Sie sich vor Betreten des Zebrastreifens vergewissern, von Verkehrsteilnehmern gesehen worden zu sein.

Missstände melden Wenn Sie Missstände entdecken, wie z. B. zu schmale Gehsteige oder gefährliche Übergänge, informieren Sie Ihre Gemeinde- oder Stadtverwaltung. Sollte die Behörde nicht reagieren, können Sie sich auch an Ihre lokale Zeitung wenden.

Per Rad mobil

Radfahren liegt im Trend, auch bei älteren Menschen. Gerade durch Pedelecs und E-Bikes steigen Senioren immer öfter auf das Rad um. Aus gesundheitlicher Sicht ist das Fahrrad ein sehr empfehlenswertes Transportmittel und ein schonendes Fitnessgerät. Regelmäßige Bewegung und frische Luft tun dem Kreislauf gut, Fahrradfahren schont im Vergleich zu vielen anderen Sportarten Knie- und Hüftgelenke. Allerdings setzen sich Radfahrer auch einem gewissen Unfallrisiko aus. Beim Radfahren mit und ohne Hilfsmotor gibt es einiges zu beachten.

Wie schon für Fußgänger erwähnt, sollten Sie auch als Radfahrer auf die angemessene Kleidung achten und helle Funktionskleidung tragen (siehe S. 116). Es erscheint darüber hinaus sinnvoll, eine Warnweste überzuziehen, um als Radfahrer besser gesehen zu werden und sicherer unterwegs zu sein. Solche meist gelben oder orangefarbenen Westen kennen Sie vielleicht aus dem Auto, wo seit 2014 vorgeschrieben ist, sie mitzuführen. Sie erhalten diese Kleidungsstücke im Fachhandel, in Baumärkten und immer auch mal wieder als Angebote in Supermärkten. Reflektoren an Armen und/oder Beinen erhöhen ebenfalls Ihre Sicherheit. Zwar gibt es für Radler keine Helmpflicht, Sie sollten dennoch einen Fahrradhelm tragen, um bei einem Sturz oder Unfall das Risiko schwerer Kopfverletzungen zu verringern. Achten Sie beim Kauf auf das TÜV-Siegel, das die gesetzlichen Sicherheitsstandards garantiert. Ratsam ist es, sich nach aktuellen Tests z. B. von der Stiftung Warentest umzuschauen.

Keine Angst vor längerer Pause Es heißt ja bekanntlich, dass man das Fahrradfahren nicht verlernt. Wenn Sie aber länger nicht gefahren sind, gehen Sie es langsam und umsichtig an. Überschätzen Sie sich nicht. Möglicherweise sollten Sie sich bei Ihrem Arzt durchchecken lassen. Sinnvoll ist eine Prüfung Ihrer Seh- und Hörfähigkeit sowie

So war es bei mir

„Ich bin jahrzehntelang nicht mehr Fahrrad gefahren. Ein Bekannter hat mir den Tipp gegeben, eine Radfahrschule für Erwachsene zu besuchen. Der Allgemeine Deutsche Fahrrad-Club e. V. (ADFC; mehr Infos unter www.adfc-radfahrschule.de) bietet solche Kurse in ganz Deutschland an. Sie sind für Leute, die noch nie oder lange nicht mehr im Sattel gesessen haben. Man lernt, wie man sicher auf- und absteigt, anfährt und anhält. Zum Einstieg in den Kurs geht es ohne Pedaltreten los, das Rad wird zunächst wie ein Laufrad genutzt, um Sicherheit zu gewinnen. Dann übt man Bremsen, Kurvenfahren und einiges mehr. Für mich war das ein richtig guter Wiedereinstieg. Mittlerweile habe ich so manche Kilometer im Sattel verbracht."

Manfred L. aus Gelsenkirchen

Ihres Herz-Kreislauf-Systems durch ein Belastungs-EKG.

Und wenn Sie sich unsicher fühlen: Für Menschen, die schon länger nicht mehr in die Pedale getreten haben, gibt es sogar Fahrrad-Sicherheitstrainings. Dort können Sie auf speziellen Rad-Parcours üben, um sich Sicherheit für den Straßenverkehr anzueignen. Ob es so etwas in Ihrer Nähe gibt, kann Ihnen oft Ihre Stadt- oder Gemeindeverwaltung sagen.

Bevor Sie aufs Rad steigen, sollten Sie sich natürlich vergewissern, ob Ihr Gefährt in vollem Umfang verkehrssicher und funktionsfähig ist. Das gilt besonders dann, wenn das Fahrrad längere Zeit im Keller oder in der Garage stand und nicht bewegt wurde. Bremsen, Reifendruck und Lichtanlage sollten Sie auf jeden Fall überprüfen. Einige Fahrradhändler bieten eine Inspektion für das Rad an. Möglicherweise lohnt es sich, mal einen Fachmann darauf schauen zu lassen. Vereinbaren Sie aber unbedingt vor der Untersuchung, was gemacht werden soll und bei welchen Mängeln der Händler Sie zunächst fragen sollte, ehe er sich an die Reparatur macht. Sonst können bei der Rechnung böse Überraschungen auf Sie zukommen. Das kommt Ihnen vielleicht aus der Autowerkstatt bekannt vor.

E-Bike oder Pedelec?

Fahrräder mit Elektroantrieb bieten gerade Menschen eine wertvolle Unterstützung, denen es durch das Alter oder eine gesundheitliche Einschränkung Schwierigkeiten bereitet, über eine längere Distanz oder in bergigem Terrain Rad zu fahren.

Helmpflicht besteht nur für Fahrten mit sogenannten S-Pedelecs, doch auch für alle anderen Räder ist ein Helm dringend zu empfehlen.

Der überwiegende Teil der Elektrofahrräder sind Pedelecs (Pedal Electric Cycles), auch wenn E-Bike die wahrscheinlich weiterverbreitete Bezeichnung ist. Pedelecs unterstützen den Radfahrer nur, wenn er selbst in die Pedale tritt – und auch nur bis zu einer Geschwindigkeit von 25 km/h. Ein Pedelec ist dem Fahrrad rechtlich gleichgestellt. Sie benötigen dafür weder Versicherungskennzeichen noch Zulassung oder Führerschein. Es besteht zudem keine Helmpflicht oder Altersbeschränkung. Die schnellen Pedelecs, die auch Schweizer Klasse, Pedelec 45 oder S-Klasse genannt werden, funktionieren zwar wie ein Pedelec, die Motorunterstützung wird aber erst bei 45 km/h abgeschaltet. Sie gelten daher als Kleinkrafträder. Hierfür benötigt man ein Kennzeichen mit Prüfplakette, Führerschein, Betriebserlaubnis sowie Versicherungsnachweis und es besteht Helmpflicht.

E-Bikes dagegen bieten dem Fahrer per Drehgriff oder Schaltknopf Motorunterstützung wie bei einem Mofa, ohne dass er selbst treten muss. Wird die Motorleistung von 500 Watt und eine Höchstgeschwindigkeit von 20 km/h nicht überschritten, gehören E-Bikes zur Klasse der Kleinkrafträder (etwas schnellere Kleinkrafträder fallen dann schon in die Kategorie Mofas). Für den Betrieb benötigen Sie also, wie auch für Pedelecs mit stärkerer Motorunterstützung, Kennzeichen, Betriebserlaubnis und wenigstens die Mofa-Prüfbescheinigung AM (siehe Tabelle S. 121).

Hilfe bergauf und bei Gegenwind

Das Pedelec bietet Ihnen eine Menge Vorteile. In erster Linie erleichtert es Fahrten bergauf und bei Gegenwind. Für wenig trainierte Fahrer vergrößert sich auch die persönliche Reichweite, allerdings sollten Sie immer darauf achten, wie weit der Akku Sie maximal noch trägt. Gute Pedelec-Modelle zeigen Ihnen auf dem Display an, wie weit Sie in etwa im aktuellen Unterstützungsmodus noch kommen.

Wie hoch die Reichweite eines Akkus ist, hängt von verschiedenen Faktoren ab: Neben der im Akku gespeicherten Energie ist der Energieverbrauch entscheidend. Dabei kommt es darauf an, wie schwer Fahrer und Rad sind, wie stark die Unterstützung des Motors eingestellt ist, ob Gegenwind herrscht, wie viele Steigungen zu überwinden sind und wie die Temperatur ist. Hochwertige Akkus haben eine Lebenszeit von drei bis fünf Jahren. Das entspricht etwa 1000 Ladezyklen. Hersteller sind verpflichtet, ausgediente Akkus zurückzunehmen und sie sachgemäß zu entsorgen.

Die Akkus können an verschiedenen Stellen am oder im Rahmen oder an anderen Komponenten eingebaut sein. Die Platzierung des Akkus beeinflusst die Gewichtsverteilung und dadurch die Fahreigenschaften in hohem Maße: Je höher der Akku angebracht ist und je weiter er vom Schwerpunkt entfernt liegt, desto instabiler ist das Fahrverhalten des Pedelecs. Ungünstig ist es z. B., wenn der Akku am hinteren Gepäckträger untergebracht ist. Achten Sie grundsätzlich darauf, dass der Akku sowohl abnehmbar als auch abschließbar ist. Zum einen sind Sie beim Laden der Batterie flexibler, Sie können sie mit in die Wohnung nehmen und an ein Ladegerät anschließen. Zum andern erschweren Sie es Dieben, den Akku zu stehlen.

Der Akku eines Elektrorads sollte abnehmbar sein. So kann man ihn bequem mitnehmen und aufladen. Zugleich ist er dann vor Diebstahl geschützt.

Gleichmäßige Gewichtsverteilung

Auch die Lage des Motors hat Einfluss auf die Straßenlage. Es gibt Front-, Mittel- und Heckmotor. Ein Mittelmotor, der im Bereich des Tretlagers eingebaut ist, sorgt laut TÜV Rheinland für eine gleichmäßige Gewichtsverteilung mit niedrigem, zentralem Schwerpunkt. Eine solche Variante entspricht am ehesten dem Fahrgefühl, das man von einem rein mit Muskelkraft angetriebenen Fahrrad kennt. Ein Hinterradantrieb kommt einem eher sportlichen Fahrstil entgegen. Hier ist eine Energierückgewinnung beispielsweise bergab möglich. Allerdings ist der Ausbau eines platten Hinterrades komplizierter als bei den anderen Motoranordnungen. Ein Frontmotor hat eine sehr ungünstige Gewichtsverteilung und eine entsprechend schwierige Straßenlage. Achten Sie auf jeden Fall auf das zulässige Gesamtgewicht des Elektrofahrrades. Denn nur so können Sie sich auf die Wirkung Ihrer Bremsen verlassen.

Selbst geübte Radfahrer sollten sich langsam an das neue Fahrgefühl gewöhnen. Es besteht die Gefahr, das Tempo zu unterschätzen. Auch für andere Verkehrsteilnehmer wie Autofahrer oder Fußgänger hat die hohe Geschwindigkeit oft noch einen überraschenden Effekt, der das Unfallrisiko erhöht. Zudem sind ein höheres Gewicht und ein anderes Fahrverhalten als bei einem antriebslosen Fahrrad für Neulinge gewöhnungsbedürftig. Gerade beim Anfahren können Ungeübte durch den starken Schub überrascht werden und die Kontrolle über ihr Gefährt verlieren.

Unterschiede Pedelec, S-Pedelec und E-Bike

	Pedelec	S-Pedelec	E-Bike
Betriebserlaubnis/ Versicherungskennzeichen	nicht notwendig	notwendig	notwendig
Führerschein	nicht erforderlich	Führerscheinklasse AM	Führerscheinklasse AM
Motorleistung	bis 250 Watt	bis 500 Watt	bis 500 Watt
Pedalbewegung	erforderlich	erforderlich	nicht erforderlich
Geschwindigkeit	bis 25 km/h	bis 45 km/h	bis 20 km/h
Helmpflicht	nein	ja	nein
Radwegnutzung	erlaubt	nicht erlaubt	außerorts erlaubt

Vorsicht vor Schnäppchen Laut ADFC ist die Auswahl an Pedelecs und E-Bikes in den vergangenen Jahren stark gestiegen. So gut wie jeder namhafte Hersteller bietet verschiedene Modelle an. Beim Preis gibt es eine enorme Spannweite: Sie reicht von wenigen hundert Euro bis zu mehreren tausend Euro. Die Experten raten allerdings von Schnäppchen ab. Unter 1800 Euro gibt es nach Ansicht des ADFC in der Regel keine Elektroräder, die uneingeschränkt empfehlenswert sind.

Ratsam ist es, sich im Fachhandel ausgiebig und individuell beraten zu lassen. Auf eine Probefahrt, im besten Fall sogar mehrere Probefahrten, soll-

Gut zu wissen

E-Bikes und S-Pedelecs gelten als Kraftfahrzeuge Während Pedelecs rechtlich normale Fahrräder sind, gibt es für S-Pedelecs und Elektrofahrräder laut ADFC einiges zu beachten. Mit ihnen darf man keine Radwege oder Straßen und Wege befahren, die für Kraftfahrzeuge gesperrt sind. Auch der Transport von Kindern in Anhängern ist mit S-Pedelecs und E-Bikes nicht gestattet, an Fahrrädern und Pedelecs dagegen schon. Da die Akkumulatoren von Elektrofahrrädern als Gefahrgut angesehen werden, ist der Transport von Pedelecs und E-Bikes in Flugzeugen verboten.

ten Sie auf keinen Fall verzichten. Manche Händler bieten zudem an, das Rad auf die persönlichen Gegebenheiten und die individuellen Ansprüche des Kunden einzustellen.

Durch die technische Ausstattung unterscheidet sich ein Pedelec sehr deutlich von einem Fahrrad ohne Motor. Viele Komponenten sind äußerst komplex. Wenn Sie als geschickter Bastler mit wenig Werkzeug viele Reparaturen an Ihrem Fahrrad selbst erledigt haben, kann dies auch für Sie bei einem Pedelec deutlich komplizierter werden. Sogar ein plattes Hinterrad ist nicht so leicht zu wechseln. Daher sollten Sie sich eine vertrauenswürdige und zuverlässige Werkstatt suchen. Dort können Sie auch regelmäßig eine Wartung in Auftrag geben, um die Sicherheit Ihres Pedelecs zu erhalten.

Anders als Fahrräder ohne Antrieb müssen Pedelecs das CE-Zeichen tragen, da für sie die Anforderungen der Maschinenrichtlinie gelten. Mit ihm beweisen Hersteller, dass sie alle geltenden Vorschriften eingehalten haben. Fragen Sie auch nach dem GS-Zeichen (für geprüfte Sicherheit). Das weltweit anerkannte Gütesiegel stellt sicher, dass das Pedelec die Qualitäts- und Sicherheitsstandards des deutschen Produktsicherheitsgesetzes erfüllt. Das GS-Zeichen kann allerdings auch lediglich für die Kombination aus Akku und Ladegerät verliehen werden und gilt dann nicht für das komplette Pedelec.

Anfahr- bzw. Schiebehilfe

Ratsam ist es, ein Pedelec mit einer Anfahr- bzw. Schiebehilfe zu wählen. Dabei handelt es sich um eine seit 2013 in Deutschland gesetzlich erlaubte Vorrichtung, mit der Sie Ihr Gefährt ohne eigene Tretleistung auf bis zu 6 km/h beschleunigen können. In der Regel aktivieren Sie diese Hilfe, indem Sie dauerhaft eine Taste an der Bedieneinheit drücken. Nur bei Druck schiebt der Motor selbstständig. Lassen Sie die Taste los, endet der Schub. Eine Anfahr- bzw. Schiebehilfe erleichtert Ihnen das Anfahren z. B. bergauf oder an einer Ampel. Sie unterstützt Sie ebenfalls dabei, Ihr Pedelec zu schieben. Denn das wird über eine längere Strecke sehr anstrengend.

Weil ein Pedelec deutlich schwerer ist als ein Fahrrad ohne Motor, kann das Auf- und Absteigen für ältere Menschen etwas schwieriger sein. Daher sollten sich auch Männer überlegen, ob sie sich vielleicht ein Damenmodell zulegen. Denn ohne Querstange und mit tiefem Einstieg fällt das Auf- und Absteigen leichter.

Versicherungsschutz beachten Der ADFC empfiehlt bei hochwertigen Pedelecs, eine spezielle Diebstahlversicherung abzuschließen. Mit einem Basisschutz einer Hausratversicherung sind Pedelecs (keine versicherungspflichtigen schnellen Pedelecs) bei einem Einbruchdiebstahl aus Ihrer Wohnung, Ihrem Keller, Ihrer Garage oder einem anderen im Versicherungsschein genannten Ort abgesichert. Ihre Hausratversicherung können Sie möglicherweise um einen Diebstahlschutz erweitern. Ihr Pedelec ist dann auch im Fall eines Diebstahls an einem anderen Ort wie z. B. vor einem Geschäft versichert. Eine erweiterte Hausratversicherung deckt schnelle Pedelecs nicht ab. Diese können Sie in der Regel mit einer Kaskoversicherung gegen Diebstahl und Vandalismus versichern. Lassen Sie sich am besten zu diesem Thema von einem Experten beraten.

Zu guter Letzt: Ein sicheres Schloss und entsprechende Orte, an denen man das Pedelec anschließen kann, sind ein Muss bei einem so teuren Fahrzeug.

Öffentliche Verkehrsmittel nutzen

Für viele Menschen sind schon allein Fahrplanauskunft und Fahrscheinkauf hohe Hürden, die es ihnen schwer machen, auf Bus und Bahn umzusteigen. Aber keine Angst: Es ist kein Buch mit sieben Siegeln; jeder kann es lernen – ganz unabhängig vom Alter. Informations- und Serviceschalter sind mittlerweile eher die Ausnahme. Am besten Sie horchen sich innerhalb Ihrer Familie oder Ihres Freundeskreises um, wer vielleicht ein erfahrener ÖPNV-Nutzer ist und Ihnen beim Einstieg helfen kann.

E-Bikes, deren Akku auf dem Gepäckträger angebracht ist, sind weniger empfehlenswert, da sich der Schwerpunkt des Rades ungünstig verlagert.

Machen Sie sich mit dem Bus- und Bahnangebot rechtzeitig vertraut. Empfehlenswert ist es, nicht erst dann damit zu beginnen, wenn Sie dringend darauf angewiesen sind. Vielleicht planen Sie zunächst einfach mal einen Ausflug, um herauszufinden, welche Wege Ihnen offenstehen. Je nach Region, in der Sie leben, ist das Liniennetz sehr unterschiedlich gestaltet – das betrifft besonders städtische und ländliche Gegenden. Während Sie in einer größeren Stadt in der Regel mit einem sehr guten ÖPNV-Angebot versorgt sind, kann es auf dem Land sehr dünn sein. Dafür gibt es dort häufig zusätzliche Mobilitätsinitiativen von kommunalen und karitativen Einrichtungen. Darüber wird oft auch in der Tageszeitung berichtet.

Immer mit aktuellen Fahrplänen

Im Internet oder über eine Smartphone-App können Sie sich über Bus- und Bahnverbindungen informieren – und oft auch über zusätzliche Angebote (siehe auch S. 83). Sollten Sie eine solche Möglichkeit nicht haben, decken Sie sich mit gedruckten Fahrplänen Ihrer Verkehrsgesellschaft ein. Achten Sie darauf, dass Sie immer über aktuelle Ausgaben verfügen.

Tickets erhalten Sie meistens an Automaten. Der Kauf ist nicht immer ganz einfach. Die beste Lösung: Probieren Sie es aus. Auch dabei ist es stressfreier, wenn Sie einen Versuch ohne Zeitdruck starten. Fahrscheine kann man oft auch im Voraus erwerben, sodass man ein Kontingent auf Lager hat, das man jederzeit nutzen kann. Mit Fünfertickets o. Ä., also einer bestimmten Anzahl an Fahrscheinen im Paket, spart man meistens auch noch Geld. Dabei gilt zu beachten, ob ein Ticket schon beim Verkauf automatisch entwertet wird oder ob man es bei Fahrtantritt entwerten muss. Auch manche Kioske bieten Fahrscheine an. Wenn man Bus und Bahn regelmäßig nutzen möchte, kann es sich lohnen, sich eine Jahreskarte zuzulegen. Informieren Sie sich über Seniorentickets und weitere spezielle Angebote für ältere Menschen.

Geübte ÖPNV-Nutzer finden schnell die aktuellen Abfahrtszeiten – sei es an den Fahrplänen der Haltestellen oder in einer App auf dem Handy.

Training für Sicherheit

Viele Verkehrsverbunde bieten mittlerweile einen besonderen Service für ältere und mobilitätseingeschränkte Menschen an. So gibt es in zahlreichen Regionen Mobilitätstrainings gerade für Senioren, um ihnen mit Informationen und Übungen die Nutzung des ÖPNV zu erleichtern. Dabei geht es u. a. um die Bedienung von Fahrkartenautomaten oder darum, die richtige Verkehrsverbindung und den richtigen Tarif zu finden. Ein Schwerpunkt liegt auf sicherem Verhalten beim Ein- und Aussteigen in Busse und Bahnen sowie deren Nutzung mit Rollator.

In manchen Orten gibt es auch speziell geschultes Personal, das sich um die Belange von Senioren kümmert. Solche Lotsen helfen beispielsweise beim Ein- und Aussteigen und begleiten bei Bedarf Fahrgäste während der gesamten Fahrt mit Bus und Bahn. Wenn Sie z. B. schwer hören oder schlecht sehen, auf den Rollstuhl angewiesen sind oder einen Rollator benötigen, können Sie Lotsen um Unterstützung bitten. Sie können per App, per Telefon oder E-Mail gebucht werden. Das hängt vom jeweiligen Anbieter ab.

Innerhalb der Fahrzeuge sollte man darauf achten, immer einen sicheren Platz zu haben, gerade wenn man mit einem Rollator unterwegs ist. In Bussen und Bahnen kündigen Monitore und/oder Durchsagen die nächste Haltestelle an, sodass man sich ganz gut orientieren kann. Wer aussteigen möchte, drückt rechtzeitig den Stop-Knopf. Auf einer Anzeige erscheint dann „Wagen hält“ o. Ä.

Überqueren Sie nach dem Aussteigen die Straße nicht vor oder hinter dem Fahrzeug, sondern warten Sie am besten, bis es weitergefahren ist.

Gut zu wissen

Kostenlose ÖPNV-Nutzung für körperlich Eingeschränkte Mit einem besonderen Schwerbehindertenausweis können Sie viele Busse und Bahnen in ganz Deutschland übrigens kostenlos nutzen. Besonders ist der Ausweis, wenn Vermerke wie „aG (außergewöhnlich gehbehindert), „G“ (gehbehindert), „BL“ (blind), „GL“ (gehörlos) oder „H“ (hilflos) auf der Rückseite eingetragen sind. Um den ÖPNV kostenlos in Anspruch zu nehmen, müssen Sie auf Ihrem zuständigen Versorgungsamt ein kostenpflichtiges Beiblatt zum Ausweis/Wertmarke beantragen.

Mit dem Auto mobil bleiben

Wer auf ein Leben hinter dem Steuer zurückblickt, möchte in der Regel auch möglichst lange noch mit dem Auto unterwegs sein. Wenn Sie über Jahrzehnte Fahrpraxis gesammelt haben, verfügen Sie über große Routine im Straßenverkehr, wissen, wie Sie in bestimmten Situationen reagieren müssen und wie Sie Gefahren einschätzen können. Senioren fahren in der Regel vorausschauend, risikobewusst und zurückhaltend. Dagegen empfinden viele Menschen Senioren am Steuer als Risiko. Dafür gibt es aber keine statistischen Belege. Allerdings können der langjährigen Erfahrung als Autofahrer gesundheitliche Entwicklungen entgegenwirken, die jeder selbst einschätzen muss.

Mit zunehmendem Alter können Wahrnehmung, Reaktionsvermögen und Aufmerksamkeit zurückgehen. Eine gute Sehkraft und ein ausreichendes Hörvermögen sind Grundvoraussetzungen, um sicher Auto zu fahren.

Weil sich Augenerkrankungen oft schleichend einstellen, empfiehlt das ADAC-Ärztekollegium, ab dem 50. Lebensjahr alle zwei Jahre und ab dem 60. Lebensjahr eine jährliche Kontrolle beim Augenarzt vornehmen zu lassen. Die Hörfähigkeit nimmt grundsätzlich bereits ab dem 30. Lebensjahr ab. Eine altersbedingte Schwerhörigkeit ist jedoch in der Regel nicht vor dem 70. Lebensjahr zu befürchten. Zwar spielt das Gehör für Autofahrer eine nicht so wichtige Rolle wie das Sehvermögen, Sie sollten aber dennoch Ihre Hörfähigkeit überprüfen lassen. Wenn Sie schwer hören, sollten Sie beim Autofahren keine Musik laufen lassen und auf eine Freisprechanlage verzichten.

Auch die Beweglichkeit ist altersbedingten Einbußen unterworfen. Das kann dazu führen, dass z. B. der Blick in den Rück- oder Außenspiegel, zur Seite (Schulterblick) oder durch das Heckfenster schwerfällt oder gar unmöglich wird. Auch Beweglichkeit und Kraft in Händen, Armen und Beinen können nachlassen. Wenn Sie Bedenken haben, sprechen Sie mit Ihrem Arzt darüber.

Rückfahrkameras übertragen das Bild auf ein Display in der Armatur und erleichtern so das Einparken (siehe auch S. 129).

Rückmeldungen ernst nehmen

Nehmen Sie auch Rückmeldungen Ihres Umfelds ernst. Denken Sie über Anmerkungen oder auch Kritik Ihrer Partnerin oder Ihres Partners, Ihrer Kinder und Enkelkinder nach. Denn es spielt ebenfalls eine Rolle, wie sicher Sie beim Autofahren auf andere wirken.

Eine Liste mit Warnsignalen hat die Deutsche Seniorenliga für Angehörige von älteren Autofahrern aufgestellt, die Anzeichen für eine mögliche abgenommene Fahreignung sein können:

- Unsicherheit selbst in vertrauter Umgebung
- kein Anpassen an den Verkehrsfluss (auffallend langsam, unsicher, zu schnell oder zu dicht auffahrend)
- kein vorausschauendes Fahren
- mangelndes Wahrnehmen anderer Verkehrsteilnehmer und des Gegenverkehrs
- langsames Erfassen von Schildern, Ampeln und der allgemeinen Vorfahrtsregelsituation
- koordinative und motorische Probleme beim Abbiegen, Wenden und Parken
- kein zuverlässiges Halten der Spur, Ignorieren/Nichtkontrollieren des toten Winkels beim Abbiegen oder Überholen, Schwierigkeiten mit dem Schulterblick

- (zu) spätes Bemerken kritischer Situationen, Überforderung in komplexen Situationen
- häufiges Auf-der-Bremse-Stehen
- vermehrt Kratzer und Schrammen an Auto und Garage

Einen verpflichtenden Fahreignungstest für Senioren gibt es in Deutschland nicht. Zum einen spricht für einige Experten gegen den Test, dass geeignete Fahrer fälschlicherweise als ungeeignet bewertet werden könnten. Zum anderen besteht die Gefahr, dass ein positives Testergebnis Fahrer dazu verleiten kann, ihre Fahrtüchtigkeit zu überschätzen – gerade auf lange Sicht gesehen, denn der Eignungstest ist lediglich eine Momentaufnahme.

Allerdings ist jeder Kraftfahrer dazu verpflichtet, selbst zu überprüfen, ob er sicher am Straßenverkehr teilnehmen kann, ohne andere Verkehrsteilnehmer zu gefährden. Die Verantwortung liegt also bei jedem persönlich. Einen kleinen Selbsttest mit zehn Fragen finden Sie auf S. 128.

Freiwillige Tests und Trainings

Wenn Sie Ihre Fahrtüchtigkeit überprüfen lassen wollen, haben Sie z. B. die Möglichkeit, beim Allgemeinen Deutschen Automobil-Club e. V. (ADAC) einen freiwilligen Fahr-Fitness-Check zu machen. Das Angebot richtet sich an ältere Menschen, die noch regelmäßig Auto fahren. Es ist eine Fahrprobe im eigenen Auto, die ein speziell qualifizierter ADAC-Moderator begleitet. Dabei geht es darum, Verbesserungspotenzial aufzuzeigen und – wenn nötig – über geeignete Unterstützung und Hilfen zu sprechen. Bei diesem freiwilligen Testverfahren handelt es sich nicht um eine Art Medizinisch-Psychologische Untersuchung (MPU) – eine Meldung der Ergebnisse an Behörden ist ausdrücklich ausgeschlossen. Der Teilnehmer erhält keine amtliche Expertise seiner Fahrtauglichkeit, sondern lediglich eine Rückmeldung zur aktuellen

Führerscheinvorschriften in anderen europäischen Ländern

Land	Alter	Vorschrift
Spanien	ab 65 Jahren	Der Führerschein muss alle fünf Jahre erneuert werden; eine medizinische Untersuchung der Fahrtüchtigkeit ist ebenfalls erforderlich.
Dänemark	ab 75 Jahren	Bei jeder Führerscheinverlängerung muss ein ärztliches Attest vorgelegt werden.
Großbritannien	ab 70 Jahren	Der Führerschein muss alle drei Jahre verlängert werden, dabei soll man medizinische Probleme auflisten, die für das Autofahren relevant sein könnten.
Schweiz	ab 70 Jahren	Alle zwei Jahre wird eine ärztliche Kontrolluntersuchung fällig.
Italien		Hier gelten Führerscheine prinzipiell nur befristet. Ein Medizincheck ist Bestandteil jeder Verlängerung. Dabei gilt folgende Staffelung:
	ab 50 Jahren	Erneuerung alle fünf Jahre.
	ab 70 Jahren	Erneuerung alle drei Jahre.
	ab 80 Jahren	Erneuerung alle zwei Jahre.

Checkliste: Fit am Steuer?

Im Alter lassen Reaktion, Übersicht und Beweglichkeit nach. Das kann die Leistungsfähigkeit beim Autofahren einschränken. Einen vorgeschriebenen Verkehrstest für Senioren gibt es nicht. Die Alzheimer Forschung Initiative e. V. hat aber einen Schnelltest entwickelt, um zu prüfen, wie fit man als Autofahrer ist.

Beantworten Sie ehrlich diese zehn Fragen:

- ❑ Verlieren Sie beim Fahren manchmal die Orientierung?
- ❑ Fällt es Ihnen schwer, Verkehrsteilnehmer, Ampeln oder Verkehrszeichen zu erkennen und rechtzeitig zu reagieren?
- ❑ Haben Sie Probleme, das Gas-, Kupplungs- oder Bremspedal zu betätigen?
- ❑ Hören Sie Motorengeräusche, Schaltung oder Signale anderer Verkehrsteilnehmer (manchmal) spät oder schlecht?
- ❑ Finden Sie es schwierig, den Kopf zu drehen und über Ihre Schulter zu blicken?
- ❑ Werden Sie im dichten Verkehr oder auf unbekannten Straßen nervös?
- ❑ Hupen andere Fahrer häufig wegen Ihres Fahrverhaltens?
- ❑ Verursachen Sie in letzter Zeit häufiger kleinere oder Beinahe-Unfälle?
- ❑ Fühlen Sie sich beim Fahren unsicher?
- ❑ Werden Sie schläfrig oder wird Ihnen schwindelig, nachdem Sie Ihre Medikamente eingenommen haben?

Wer mindestens eine der Fragen mit Ja beantwortet hat, dem rät die Alzheimer Forschung Initiative, einen Arzt aufzusuchen, um den gesundheitlichen Zustand checken zu lassen.

Situation. Laut ADAC dauert der Fahr-Fitness-Check etwa eineinhalb Stunden und findet in der Region des Teilnehmers statt. Die unverbindliche Preisempfehlung beginnt ab 59 Euro für Mitglieder und ab 79 Euro für Nichtmitglieder. Weitere Informationen finden Sie unter www.adac.de.

Auch die Prüfgesellschaft DEKRA bietet einen Fahrleistungsfähigkeits- und Gesundheitscheck an. Informationen finden Sie unter www.dekra.de → Fahrerlaubnis und Fahreignung → Fahreignung und MPU → Mobilitäts-Check für Senioren.

Mit dem Generation Plus-Training hat der ADAC ein Programm im Angebot, das auf ältere Autofahrer zugeschnitten ist. Unter Anleitung von Trainern erfahren Sie in Übungen, wie sich Ihr Fahrzeug in bestimmten Situationen verhält und wo die Grenzen liegen. Zu den Trainingsinhalten gehört es auch, dass Sie Fahrtechniken üben, mit denen Sie Gefahrensituationen besser bewältigen. Außerdem lernen Sie, wie sich körperliche Einschränkungen kompensieren lassen. Es geht auch um den Umgang mit Fahrassistenzsystemen. Der Kurs dauert acht Stunden. Die Kursgebühr fängt bei 99 Euro für Mitglieder an (ab 115 Euro für Nichtmitglieder). Weitere Infos finden Sie unter www.adac.de → Produkte → Fahrsicherheitstraining.

Technik kann weiterhelfen Neben gesundheitlicher Vorsorge, Schulungen und Trainings können auch Fahrerassistenzsysteme im Auto für ältere Menschen sinnvoll sein. Navigationssysteme sind mittlerweile in neueren Fahrzeugen eine Selbstverständlichkeit.

Weitere Assistenten sind:

- Der Verkehrszeichenassistent (Verkehrszeichenwarner) gibt ein Signal, wenn Sie z. B. die erlaubte Geschwindigkeit überschreiten.
- Beim adaptiven Kurvenlicht richten sich die Scheinwerfer der Kurve entsprechend aus, sobald Sie in die Kurve einlenken.
- Der Fernlichtassistent erkennt entgegenkommende oder vorausfahrende beleuchtete Fahrzeuge und regelt das Auf- und Abblenden des Fernlichts automatisch.
- Bei einem Head-up-Display werden Anzeigen z. B. der aktuellen Geschwindigkeit ins Sichtfeld projiziert, wodurch der Fahrer weder den Kopf drehen noch die Blickrichtung ändern muss.
- Der Aufmerksamkeitsassistent (Müdigkeitswarner) erkennt, wenn Sie müde werden, und warnt Sie.
- Der City-Notbremsassistent unterstützt einen Bremsvorgang oder löst im Ernstfall eine Vollbremsung automatisch aus. Solche Assistenten erkennen inzwischen teilweise sogar auch Fußgänger und Radfahrer.
- Die Rückfahrkamera liefert beim Rückwärtsfahren ein Bild davon, was hinter dem Fahrzeug passiert.
- Einparkhilfen unterstützen dabei, ein Auto einzuparken. Manche Systeme liefern per Monitor virtuelle Linien und Bezugspunkte auf einen Parkplatz am Heck des Fahrzeugs zur besseren Orientierung. Manche warnen optisch und akustisch vor Hindernissen. Es gibt bereits Systeme, die ein Fahrzeug selbstständig einparken.
- Der Abstandsregeltempomat ermittelt die Position und die Geschwindigkeit eines vorausfahrenden Fahrzeugs per Sensor und passt Geschwindigkeit und Abstand des eigenen Fahrzeugs automatisch an.
- Der Spurwechselassistent (auch Totwinkelassistent oder Spurwechselunterstützung) warnt vor einer drohenden Kollision beim Spurwechsel.
- Der Spurassistent warnt Sie davor, wenn Sie im Begriff sind, die Fahrspur zu verlassen.

Bedenken Sie: Fahrerassistenzsysteme können Ihnen helfen. Sie sollten aber nicht gutgläubig davon ausgehen, dass auf sie immer Verlass ist. Bleiben Sie wachsam und eigenverantwortlich.

Neue Technologien können das Autofahren vereinfachen. Mit einem Head-up-Display erscheint beispielsweise die Navigation direkt im Sichtfeld.

Sport in jedem Alter

Bewegung ist ein zentraler Mosaikstein, um im Alter fit zu bleiben. Körperliche Fitness erhält die Mobilität, steigert das Wohlbefinden und wirkt sich positiv auf die Lebenserwartung aus.

Wer sportlich aktiv werden will, muss sich dafür nicht unbedingt einem Sportverein anschließen oder sein Zuhause mit Sportgeräten ausstatten. Allein wenn man Bewegung regelmäßig in seinen Alltag integriert, hat dies schon einen positiven Effekt. Kleine Schritte reichen. Zweimal pro Woche ein einstündiger Spaziergang, Treppen statt Fahrstuhl oder Rolltreppe nehmen sowie Besorgungen öfter zu Fuß oder mit dem Fahrrad erledigen und nicht etwa mit dem Auto – allein das ist schon eine ganz gute Basis.

Wir geben Ihnen Tipps und stellen Gymnastikübungen in unterschiedlicher Intensität (siehe S. 133–136) sowie für Senioren besonders geeignete Sportarten vor (siehe ab S. 136).

Bewegen heißt vorbeugen Regelmäßige Bewegung ist die beste Prävention vor bestimmten Alterserscheinungen. Sie kurbelt Ihr Herz-Kreislauf-System an und senkt den Blutdruck.

Im Alter nimmt die Muskelmasse ab. Auch die Knochendichte wird geringer, die Knochen sind nicht mehr so stabil wie in jungen Jahren, das Risiko für Knochenbrüche steigt leicht an. Besonders Frauen nach den Wechseljahren haben ein erhöhtes Risiko, an einem chronischen Knochenschwund (Osteoporose) zu erkranken. Um dieser Erkrankung vorzubeugen, ist es wichtig, aktiv zu bleiben. Krafttraining regt den Aufbau neuer Knochenmasse an. Dafür braucht der Körper außerdem ausreichend Kalzium und Vitamin D.

Auch Gelenkerkrankungen wie Arthritis und Arthrose sind eine typische Alterserscheinung. Daher ist es wichtig, die Stützmuskulatur an den Gelenken zu stärken. Besonders gelenkschonende und vorbeugend wirkene Sportarten sind Schwimmen, Radfahren und Nordic Walking. Auch die geistige Fitness wird durch körperliche Aktivität gefördert, und das verringert das Risiko, an einer Demenz zu erkranken.

Bewegung im Alltag

Schon mit kleinen Änderungen Ihrer alltäglichen Bewegungsgewohnheiten können Sie einiges erreichen – wie das schon erwähnte Treppensteigen statt Aufzug zu fahren. Um Senioren sportliche Übungen näherzubringen, haben die Bundeszentrale für gesundheitliche Aufklärung (BZgA), die Deutsche Sporthochschule Köln (DSHS), der

Im Alter gewinnt das Dehnen an Bedeutung, um möglichst lange mobil zu bleiben – gerade vom Dehnen der Beine profitiert man, da sich dadurch der Gang verbessert.

Deutsche Olympische Sportbund (DOSB), der Deutsche Turner-Bund (DTB) und der Landessportbund Nordrhein-Westfalen (LSB NRW) das AlltagsTrainingsProgramm (ATP) entwickelt. Die Verbände sehen eine Schlüsselfunktion in der Bewegungsförderung, da im Alter Kraft, Ausdauer, Beweglichkeit, Koordination und Schnelligkeit abnehmen.

Die Institutionen verfolgen mit dem ATP das Ziel, ältere Menschen mit Trainingsmöglichkeiten im Alltag vertraut zu machen – und das sowohl drinnen als auch draußen. Das Kursprogramm kann über zwölf Wochen absolviert werden und richtet sich in erster Linie an Männer und Frauen ab 60 Jahren, die einen eher inaktiven Lebensstil pflegen. Dabei benötigt man nur wenige Hilfsmittel wie Treppen, Stühle oder ein elastisches Übungsband. Das macht es für jeden leicht umsetzbar. Seit 2018 ist das Programm von der Zentralen Prüfstelle Prävention (ZPP) als Präventionskurs anerkannt. Somit werden die Kosten anteilig oder sogar vollständig von den gesetzlichen Krankenkassen übernommen.

Alltagssituationen nutzen Beim Kursprogramm des ATP greift der Übungsleiter verschiedene Alltagssituationen und im Alltag gefragte Fertigkeiten auf. Dazu zählen u. a. Tragen, Heben und Aufstehen. Während der Übungseinheiten geht es z. B. darum, wie Sie das Tragen von Taschen zur Kräftigung von Rumpf- und Armmuskulatur nutzen können oder Ihr Wohnumfeld trainingswirksam einsetzen können – mit Treppen, Bänken, Bäumen, Stühlen, Flaschen, Töpfen und vielem mehr.

Gut zu wissen

Webseiten, die fit halten Auf der Seite www.aelter-werden-in-balance.de finden Sie u. a. Kurstermine des AlltagsTrainingsProgramms (ATP; Tel. 0221/8 99 25 38) und viele Online-Bewegungsangebote. Die Bundeszentrale für gesundheitliche Aufklärung (BZgA) stellt Wissenswertes für Senioren auf www.bzga.de → Programme und Aktivitäten → Gesundheit älterer Menschen vor. Beispielweise kann man hier den E-Mail-Newsletter „Gesund und aktiv älter werden" abonnieren (Tel. 0221/89 92-0).

Leichte Gymnastik

Es bietet sich an, mindestens zweimal pro Woche – bis täglich – ein leichtes Gymnastikprogramm von 15 Minuten zu absolvieren. Richten Sie sich dafür feste Zeiten ein, während derer Sie Ihre Übungen machen – z. B. vor dem Frühstück oder vor dem abendlichen Fernsehprogramm.

Arme, Beine, Nacken, Rücken, Hüfte: Empfehlenswert ist es, alle Körperpartien dabei zu berücksichtigen. Sie können selbstverständlich auch Schwerpunkte für bestimmte Bereiche setzen, die Ihnen am wichtigsten erscheinen. Vernachlässigen Sie aber nicht dauerhaft ganze Körperregionen.

Einfache Übungen für den Oberkörper sind z. B. den Kopf abwechselnd von links nach rechts zu drehen oder ihn zur Brust und in den Nacken zu neigen, den Oberkörper kreisen zu lassen oder von links nach rechts zu neigen. Dabei können Sie auch die Arme seitlich ausstrecken.

Sie können eine Schulter abwechselnd kreisen (nach vorn und nach hinten), die Schultern hochziehen und wieder senken, in die Hände klatschen, hinter dem Rücken und über dem Kopf klatschen, Schattenboxen, die ausgestreckten Arme seitlich vom Körper hochheben und runternehmen sowie kreisen lassen.

Bewegungsformen für die unteren Körperpartien sind beispielsweise: ein Bein anwinkeln (oder im Sitzen heben), den Fuß abwechselnd linksherum und rechtsherum kreisen lassen, mit einem Fuß oder mit der Fußspitze Kreise auf den Boden malen. Wichtig ist, dass Sie bei allen Übungen einen sicheren Stand haben. Sie können sie auch im Sitzen ausführen. Wenn es Ihnen möglich ist, machen Sie ein paar Kniebeugen und/oder Liegestütze.

Schaumstoffball als Sportgerät Ein kleiner Schaumstoffball in Tennisballgröße ist ein einfaches und effektives sportliches Hilfsmittel. Ihn können Sie in die Hand nehmen und die Hand dann – so fest es geht – zusammendrücken. Anschließend die Übung mit der anderen Hand wiederholen. Werfen Sie den Ball von einer in die andere Hand. Oder übergeben Sie ihn durch die leicht gespreizten Beine von der rechten in die linke Hand (danach von der linken in die rechte), indem Sie eine Acht dabei nachzeichnen. Werfen Sie den Ball hoch und fangen ihn mit beiden Händen oder nur mit einer Hand, klatschen Sie dabei in die Hände, während der Ball in der Luft ist. Jede dieser Übungen sollten Sie zehnmal wiederholen, und das insgesamt in drei Sätzen.

Das alles hält fit. Zudem gibt eine gute Muskulatur Sicherheit im Alltag und senkt die Sturzgefahr.

Acht Tipps für Sport im Alter

Wenn Sie sich intensiv bewegen möchten, sollten Sie einiges beachten, damit sich Ihre Aktivitäten nicht negativ auf Ihre Gesundheit auswirken.

1. **Lassen Sie sich ärztlich durchchecken** Auch wenn Sie sich gesund und kräftig fühlen, besprechen Sie mit Ihrem Arzt Ihre sportlichen Pläne. Das ist sehr wichtig, damit Sie sich nicht überfordern und auch nicht Ihrer Gesundheit schaden. Das gilt besonders dann, wenn Sie an einer Herzerkrankung leiden. Lassen Sie sich erklären, was Sie bei Medikamenten, die Sie regelmäßig einnehmen müssen, beachten sollten.
2. **Wählen Sie eine passende Sportart für sich aus** Suchen Sie sich etwas, das Ihrer körperlichen Verfassung entspricht. Außerdem sollte Ihnen die Sportart unbedingt Spaß machen. Nur so bleiben Sie über längere Zeit am Ball. Achten Sie darauf, dass Ihr Sport in jeder Jahreszeit möglich ist, oder wählen Sie eine Winter- und eine Sommeraktivität aus. Wenn es Ihnen schwerfällt, sich aufzuraffen, ist vielleicht Sport in der Gruppe oder im Verein für Sie eine gute Motivationshilfe.
3. **Überlasten Sie sich nicht** Das kann Ihrer Gesundheit schaden. Passen Sie Ihr Pensum an Ihre aktuelle körperliche Situation an. Nur so können Sie sich dauerhaft mit Freude bewegen.
4. **Gönnen Sie sich ausreichende Erholungsphasen** Belastung und Entlastung gehören zusammen und müssen in einem ausgewogenen Verhältnis liegen. Ruhe gehört genauso zum Sport wie Aktivität.
5. **Pausieren Sie bei Krankheit** Machen Sie nur Sport, wenn Sie sich gesund fühlen. Auch nur mit einer leichten Erkältung sollten Sie auf sportliche Anstrengung verzichten, denn es kann Ihnen schaden.
6. **Kurieren Sie Verletzungen konsequent aus** Sollten Sie sich verletzt haben, z. B. durch eine Zerrung, seien Sie vernünftig und lassen Sie die Verletzung ausheilen. Steigen Sie zu schnell wieder ins Training ein, kann Sie die Verletzung schnell wieder einholen.

Zu einer sportärztlichen Untersuchung gehören eine Befragung über Vorbelastungen, ein Ruhe-EKG, Blutdruckmessung, Blutabnahme und eventuell ein Ultraschall.

So war es bei mir

„Ich musste mich einer Hüftoperation unterziehen, nachdem ich kaum noch mit meinem Hund Gassi gehen konnte. Nach der OP wurde ich auf Reha geschickt – und das half auch, um wieder selbstständig den Alltag bewältigen zu können, aber ich war noch eine ganze Weile kraftlos. Eines Tages zeigte mir mein Sohn ein paar Kräftigungsübungen im Internet. Sie waren leicht zu merken und ich begann, sie vier- bis fünfmal pro Woche gleich nach dem Aufstehen zu machen. Nach drei Wochen bemerkte ich, dass mir die Übungen schon leichter fielen, nach fünf Wochen stellte ich fest, dass mein Gang aufrechter wurde und ich insgesamt mehr Energie hatte – eine ausgesprochen positive Entwicklung!" *Holger S. aus Wiesbaden*

7. **Achten Sie auf Essgewohnheiten** Sie sollten nicht direkt vor dem Sport essen, allerdings sollten Ihre Energiespeicher ordentlich gefüllt sein, wenn Sie sich sportlich betätigen. Sonst droht Ihnen ein Schwächeanfall oder eine Unterzuckerung. Wichtig: Trinken Sie ausreichend.
8. **Tragen Sie die passende Kleidung** Zum einen sollten Sie sich in Ihren Sportsachen wohlfühlen. Zum anderen sollte die Bekleidung den Klimaverhältnissen bzw. der Umgebung angepasst sein. Atmungsaktive Textilien sind empfehlenswert. Und auch Ihre Sportschuhe sollten der Sportart entsprechen.

Übungen im Liegen und Sitzen

Auch wer – vorübergehend oder dauerhaft – nicht sehr mobil ist, kann mit einfachen Übungen seine Fitness fördern. Das geht sogar im Bett und auf der Bettkante. Folgende Übungen sind für bewegungseingeschränkte Personen zu empfehlen:

Fersenschleifer Damit kräftigen Sie Ihre Oberschenkelmuskulatur. Dabei befinden Sie sich in Rückenlage, Ihre Beine sind ausgestreckt. Beugen Sie ein Knie in Richtung Gesäß, dabei schleift Ihre Ferse auf dem Untergrund. Strecken Sie das Bein wieder aus. Nun ist die andere Seite dran.

Wadenpumpe Bei dieser Übung bleiben Sie mit ausgestreckten Beinen in der Rückenlage. Machen Sie zunächst die Füße lang. Ziehen Sie dann die Zehen an – immer im Wechsel. Mit dieser Übung stärken Sie Ihre Waden.

Schneidemesser Setzen Sie sich aufrecht auf die Bettkante oder einen Stuhl. Beugen Sie die Unterarme im rechten Winkel nach vorn, dabei liegen die Oberarme dicht am Körper an. Ihre Daumen zeigen nach oben. Machen Sie kleine Hackbewegungen wie beim Gemüseschneiden. Die Übung können Sie intensivieren, indem Sie die Arme nach vorn ausstrecken. Diese Übung kräftigt Arme und Rumpf.

Fersenheber Hierbei sitzen Sie; Ihre Füße stehen flach auf dem Boden. Heben Sie nun beide Fersen an, die Fußspitzen bleiben auf dem Boden. Setzen Sie die Fersen wieder auf. Das stärkt die Wadenmuskulatur.

Kniestrecker Mit dieser Übung kräftigen Sie Ihre Oberschenkelmuskeln. Im Sitzen strecken Sie ein Knie aus und heben das Bein vom Boden an und senken es wieder. Sie können auch versuchen, das Bein fünf Sekunden gestreckt zu halten. Anschließend ist das andere Bein an der Reihe.

Rumpfzieher Diese Übung ist gut für Oberarme und Rumpfmuskulatur. Sie sitzen aufrecht und legen den gestreckten linken Arm auf das rechte Knie. Heben Sie den gestreckten Arm diagonal nach oben, schauen Sie ihm dabei nach und legen ihn wieder ab. Wiederholen Sie die Übung mit dem rechten Arm auf dem linken Bein.

Absolvieren Sie jede Übung jeweils zehnmal (pro Seite). Machen Sie eine kurze Pause und wiederholen Sie den Durchlauf noch zweimal – mit einer weiteren Pause zwischendurch.

Übungen mit mehr Intensität

Etwas forderndere Übungen, die Arme, Beine und Rumpf stärken, empfiehlt die Marie-Luise und Ernst Becker Stiftung. Dabei kommen auch leichte Gewichte zum Einsatz.

Armbeugen Für diese Übung, die Ihre Arme kräftigt, benötigen Sie zwei Hanteln (1 oder 1,5 kg). Sie können auch Alltagsgegenstände als Gewichte wie z. B. eine 1-l-Plastikflasche nehmen. Die Übung können Sie im Stehen oder im Sitzen machen. Wenn Sie sitzen, lehnen Sie sich nicht an. Ihre Arme hängen leicht gebeugt seitlich am Köper. In den Händen halten Sie die Gewichte, mit den Handflächen nach vorn. Beugen Sie die Ellbogen an und führen Sie dabei die Gewichte soweit wie möglich zu Ihren Schultern. Senken Sie sie anschließend langsam wieder ab. Ihre Arme bleiben dabei dicht am Körper.

Liegestütze Dies ist eine etwas einfachere Variante der Übung, die Sie von früher kennen. Die Liegestütze dient u. a. Ihrer Haltung. Sie stehen dabei vor einer Wand und stützen Ihre Hände auf Schulterhöhe an der Wand ab. Ihre Arme sollen dabei fast durchgestreckt sein. Ihre Füße stehen schulterbreit auseinander. Wichtig ist, dass Sie Spannung im ganzen Körper halten. Nähern Sie sich nun mit dem Oberkörper ganz langsam der Wand. Dabei bleiben Ihre Füße am Boden. Wenn Ihre Nase fast die Wand berührt, strecken Sie Ihre Arme wieder.

Schwertziehen Die Übung stabilisiert den Rumpf und stärkt den Rücken. Dabei stehen Sie mit geradem Rücken, Ihre Füße sind schulterbreit auseinan-

Das Armbeugen trainiert den Trizeps. Das Balancieren auf dem Gymnastikball kräftigt gleichzeitig die Tiefenmuskulatur.

der. In einer Hand halten Sie ein Gewicht vor die andere Körperseite auf Hüfthöhe. Die Handfläche zeigt nach innen. Heben Sie nun den Arm nach oben, als würden Sie ein Schwert ziehen, und führen ihn dann wieder zurück.

Spitze-Ferse-Übung Stellen Sie sich hierfür hinter einen Stuhl. Legen Sie die Hände auf die Lehne und gehen Sie im Wechsel auf die Zehenspitzen und auf die Ferse. Achten Sie darauf, dass Sie beim Zehenheben nicht mit dem Gesäß nach hinten ausweichen. Sie können bei dieser Übung auch Beinmanschetten (1–1,5 kg) einsetzen, um die Intensität zu erhöhen.

Knieheben Auch hier können Sie Beinmanschetten verwenden. Bei dieser Übung heben Sie abwechselnd Ihre Beine, bis Hüft- und Kniegelenk jeweils einen rechten Winkel ergeben. Senken Sie das Bein anschließend wieder ab. Sie können sich dabei auch abstützen, z. B. an einer Stuhllehne, um das Gleichwicht zu halten.

Kniebeuge Bei dieser Übungsvariante stehen Sie gerade hinter einem Stuhl, Ihre Hände liegen auf der Lehne. Hinter Ihnen steht ein zweiter Stuhl mit der Sitzfläche in Ihre Richtung zeigend. Gehen Sie nun in die Hocke, bis Sie fast auf dem Stuhl sitzen, aber nicht ganz, und kommen Sie anschließend wieder in die Ausgangsposition. Wichtig ist, dass Sie während der gesamten Bewegung Ihren Rücken gerade halten.

Auch diese Übungen sollten Sie zehnmal machen und mit Pausen zweimal wiederholen.

Empfehlenswerte Sportarten

Sportarten mit kontrollierten und geradlinigen Bewegungsabläufen wie z. B. Radfahren und Krafttraining sind für Senioren am besten geeignet. Auch im Wasser können sich ältere Menschen sehr gut sportlich betätigen. Darüber hinaus gibt es viele andere Bewegungsformen, die guttun und Spaß machen.

Aerobic Sicherlich erinnern Sie sich noch an die 1980er-Jahre, als die Schauspielerinnen Jane Fonda und Sydne Rome den Sport populär machten. Aerobic war damals ein buntes Spektakel, dem v. a. junge Frauen nachgingen. Das Ausdauertraining kombiniert Gymnastikübungen und Tanzelemente mit Musik. Erfunden hat es der US-amerikanische Arzt Kenneth H. Cooper in den 1960er-Jahren zur Stärkung von Herz und Lunge. Eine Aerobic-Einheit besteht aus drei Phasen: Zunächst geht es um das Aufwärmen durch leichte Übungen wie lockeres Laufen auf der Stelle. In der zweiten Phase, der sogenannten Cardio- bzw. Ausdauerphase, stehen rhythmische Bewegungen und vorgegebene Schrittfolgen auf dem Programm. Die Abkühlphase (Cool-down) besteht aus ruhigen Kräftigungsübungen im Stehen, Sitzen oder Liegen sowie dem Dehnen der Muskulatur. Mittlerweile bieten Fitnessstudios Aerobic speziell für Senioren an. Dabei folgt man den Anleitungen des Trainers. Ebenso gibt es DVDs zum Thema, mit denen man selbstständig zu Hause trainieren kann.

Nordic Walking Hierbei handelt es sich um zügiges Gehen, bei dem spezielle Stöcke eingesetzt werden. Dieser Sport hat in den vergangenen Jahren einen regelrechten Boom erfahren. Er ist ein ganzheitliches, präventives Training für das Herz-Kreislauf-System und die Muskulatur, das man sowohl in städtischer Umgebung als auch in der Natur ausüben kann. Durch leichte Stöcke aus Karbon oder Aluminium wird auch der Oberkörper aktiv beteiligt. Der Deutsche Turner-Bund (DTB) sieht einen großen Vorteil gegenüber dem Jogging darin, dass beim Nordic Walking immer ein Fuß auf dem Boden bleibt. Dadurch entstehen keine Flugphasen, an deren Ende der Körper, also beim Aufsetzen eines Fußes auf den Boden, das Vielfache des eigenen Körpergewichts abfangen muss. Das schont die Gelenke. Es ist eine besonders geeignete Sportart für untrainierte Menschen und Sporteinsteiger, Menschen mit Übergewicht und Gelenkproblemen, Herz-Kreislauf-Erkrankungen sowie Reha-Patienten. Turn- bzw. spezielle Walkingschuhe können einen besonderen dämpfenden Effekt bieten. Es ist ratsam, sich im Fachhandel beraten zu lassen.

Wassergymnastik Durch den Auftrieb des Wassers wird der Körper geschont. Denn dadurch muss man im Wasser nur etwa 10 % des Körpergewichts tragen, sodass Muskulatur, Wirbelsäule, Gelenke und Bandscheiben sehr stark entlastet werden. Spezielle Übungen kurbeln das Herz-Kreislauf-System an und stärken die Muskeln. Dabei kommen verschiedene Hilfsmittel zum Einsatz. Der Wasserwiderstand wiederum verstärkt den Trainingseffekt. Schwimmbäder bieten in der Regel Kurse für ältere Menschen an. Aquajogging und Aquarobic sind Formen der Wassergymnastik.

Viele Krankenkassen übernehmen bis zu 80 % der Kosten für Wassergymnastikkurse für Senioren.

Tai-Chi ist nicht nur eine Kampfkunst, sondern auch eine Heilgymnastik, die kräftigende mit entspannenden Bewegungsabläufen verbindet. So stärkt Tai-Chi sowohl den Geist als auch den Körper.

Schwimmen Ob im Sommer unter freiem Himmel oder im Winter im Hallenbad: Schwimmen ist eine hervorragend geeignete Sportart. Es stärkt das Herz-Kreislauf-System, beansprucht sehr viele Muskelpartien und fördert die Kondition. Dabei schont Schwimmen die Gelenke, da das Wasser den Körper fast schwerelos werden lässt. Es kommt allerdings auch auf den Schwimmstil an: So kann bei Rücken- oder Nackenproblemen das Brustschwimmen die Beschwerden auch verstärken, wenn der Kopf anhaltend über Wasser bleibt. Viele Schwimmbäder bieten Seniorenschwimmen an, bei dem Abschnitte für ältere Menschen abgetrennt sind. Denken Sie über eine Schwimmbrille nach, sie schützt die Augen vor Chlor. Wenn man kein sehr sicherer und trainierter Schwimmer ist, sollte man nur dort schwimmen, wo eine Aufsicht anwesend ist. Gehen Sie zu Ihrer eigenen Sicherheit besser niemals allein in offenen Gewässern schwimmen.

Tanzen Das Spektrum des Tanzens als Sportart ist breit gefächert: von ruhigen, fließenden Bewegungen über zügigere Bewegungsfolgen bis hin zu schnellen Schritten und schweißtreibendem Körpereinsatz. Tanzen bietet für nahezu jede körperliche Verfassung das passende Angebot. Es hält körperlich fit, fördert die Koordination und schult gleichzeitig das Gedächtnis. Tanzkurse sind auch in fortgeschrittenem Alter gut möglich. In größerer Runde ist es auch ein gesellschaftliches Erlebnis, durch das man soziale Kontakte knüpfen und pflegen kann. Und Musik macht gute Laune.

Tai-Chi Tai-Chi-Chuan ist eine jahrhundertealte chinesische Kampfkunst. Sie umfasst neben der Selbstverteidigung auch andere Aspekte wie Gesundheit und Meditation. Als asiatische Heilgymnastik mit langsamen, sanften Bewegungen soll Tai-Chi – wie es landläufig genannt wird – heutzutage die Gesundheit erhalten, den Körper entspannen und das Wohlbefinden verbessern. Tai-Chi schult den Gleichgewichtssinn und verringert so das Sturzrisiko. Die Sportart wirkt sich positiv auf den Körper bei Stress, Rückenschmerzen, Konzentrations- und Schlafstörungen sowie Verspannungen aus. Tai-Chi soll außerdem einen positiven Effekt u. a. bei Arthritis, Bluthochdruck, Migräne und Gelenkschmerzen haben. Es wird auch als Meditation in Bewegung oder Schattenboxen bezeichnet und ist unter Schreibweisen wie T'ai Chi Ch'uan, Taijiquan und Taiji Quan ebenfalls geläufig. Es gibt spezielle Kurse für Senioren, Parkinsonpatienten und Menschen mit Einschränkungen.

Yoga Auch Yoga ist eine sanfte Methode, den Körper kräftig zu halten. Es handelt sich hierbei um eine aus Indien stammende philosophische Lehre, die geistige mit körperlichen Übungen verknüpft. Für viele Menschen dürfte Yoga schlicht und ergreifend das Ausüben von Stellungen sein, die Asanas genannt werden. Für andere dagegen ist es zu einer Lebenseinstellung geworden. Yoga sorgt für ein besseres Körpergefühl, stärkt die Muskulatur und fördert die Konzentrationsfähigkeit sowie den Gleichgewichtssinn, was die Gefahr von Stürzen reduziert. Spezielle Atemübungen entspannen Körper und Geist und regen die Durchblutung an. Yoga hat einen positiven Einfluss auf Zivilisationskrankheiten wie Übergewicht, Diabetes und Bluthochdruck. Es ist möglich, die Übungen an das Alter und die körperlichen Voraussetzungen der Teilnehmer anzupassen. Daher empfiehlt es sich, einen Yogakurs zu machen. Manche Krankenkassen fördern die Teilnahme oder erstatten sogar die gesamten Kosten.

Radfahren/Heimtrainer Dem Thema Radfahren haben wir uns bereits auf S. 118 gewidmet. Alternativ oder ergänzend zum Fahrrad als Fortbewegungsmittel können Sie auch in den eigenen vier Wänden auf Tour gehen. Dazu benötigen Sie einen Heimtrainer – eines der klassischsten Fitnessgeräte für zu Hause. Dafür gibt es mittlerweile eine Fülle an Begriffen und Varianten wie z. B. (Fahrrad-)Ergometer, Trimm-dich-Rad, Indoor-Cycle oder Spinning.

Der herkömmliche Heimtrainer ist mit Griffen, Sattel und Pedalen wie ein Fahrrad konzipiert, nur dass Sie sich mit ihm auf der Stelle bewegen. Er verfügt über einen Computer, der Leistungsdaten wie die virtuell zurückgelegte Strecke, Kalorienverbrauch usw. angibt und mit dem Sie die Belastung – also z. B. den Tretwiderstand – einstellen können. Die Vorteile eines Heimtrainers sind, dass Sie wetterunabhängig trainieren können und sich nicht den Gefahren des Straßenverkehrs aussetzen müssen. Der Nachteil: Es fehlt die frische Luft. Mit dem Gerät trainieren Sie Ausdauer und Ihre Beinmuskulatur.

Eine Alternative dazu ist das Liegerad (englisch: Recumbent-Bike), das im Prinzip genauso funktioniert, bei dem man aber in einer Liegeposition trainiert. Das sorgt z. B.

Bei der Anschaffung eines Heimtrainers sollte man beachten, für welches Maximalgewicht das Gerät konzipiert ist. Robuste Modelle sind oft bis 150 kg belastbar.

Gut zu wissen

Training gegen Demenz Eine Studie aus Skandinavien zum Thema Demenz mit über 1200 Teilnehmern kommt zu folgendem Ergebnis: Gesunde Ernährung, intensiver Sport und Denkaufgaben wirken dem geistigen Abbau entgegen. Die finnische FINGER-Studie (Finnish Geriatric Intervention Study) befasste sich im Jahr 2015 mit der Prävention kognitiver Einschränkungen bei älteren Menschen. 1260 Teilnehmer mit Anzeichen einer beginnenden Demenz wurden zwei Jahre beraten, doch nur eine Gruppe wurde intensiv unterstützt durch Ernährungsberatung, Sport und Psychotherapie. Sie hatten deutliche Erfolge zu verzeichnen: Ihre kognitiven Fähigkeiten verbesserten sich noch um 25 % stärker als die der Personen aus der Kontrollgruppe.

bei Gelenk- und Rückenbeschwerden für Entlastung. Der tiefe Sitz erleichtert darüber hinaus das Aufsteigen.

Crosstraining/Ellipsentrainer Auf einem Crosstrainer beanspruchen Sie neben der Beinmuskulatur auch den Oberkörper. Der Bewegungsablauf ähnelt dem des Treppensteigens – mit Armeinsatz. Das Fitnessgerät hat durch seine Bauart eine eher kurze Schrittlänge, was bei einem Hüftschaden teilweise unangenehm ist und zu Problemen führen kann. Der Ellipsentrainer ist ähnlich konzipiert, bietet aber einen sanfteren Bewegungsablauf, der eher dem Skilanglauf gleichkommt.

Rudern Auch mit einem Rudergerät trainiert man den gesamten Körper auf gelenkschonende Weise. Dabei ist es wichtig, die richtige Belastungsintensität zu finden: Man sollte problemlos 45 Minuten auf dem Gerät trainieren können, um Kraft und Ausdauer zu verbessern.

Worauf Sie im Fitnessstudio achten sollten Mit gezieltem Krafttraining wirken Sie einem Rückgang Ihrer Muskulatur entschieden entgegen. Viele Fitnessstudios bieten längst spezielle Trainingsprogramme für Senioren an. Das hat den großen Vorteil, dass man – in einem guten Studio – von qualifizierten Trainern beraten und angeleitet wird und eine große Fülle an Trainingsmöglichkeiten vorfindet. Ein Gesundheits- oder Fitnesscheck sollte bei der Aufnahme im Fitnessstudio inklusive sein, sodass sich Ihr Trainingsprogramm auf Ihre gesundheitliche Verfassung abstimmen lässt.

Bei den speziell auf ältere Menschen zugeschnittenen Kursprogrammen geht es in erster Linie um die Intensität und die Schwierigkeit der Übungen, aber auch beispielsweise um die Musikauswahl, deren Lautstärke und eine angepasste Raumtemperatur.

Siegel und Zertifikat Ob ein Studio prinzipiell die Normen erfüllt, kann für Sie eine Hilfe bei der Studiowahl sein. Das „ZertFit“ z. B. ist ein Zertifizierungsprogramm für Fitness- und Gesundheitsanlagen auf Basis der geltenden EN- und DIN-Normen. Fitnessstudios können sich durch das Zertifikat unabhängig und neutral bestätigen lassen, diese Normen einzuhalten. Erkennen lässt sich das anhand des „ZertFit“-Logos, das man im Studio in aller Regel gut sichtbar vorfindet. Anderenfalls kann man nachfragen.

Auch das Qualitätssiegel „Sport Pro Fitness“ kann Ihnen weiterhelfen. Es wurde vom Deutschen Olympischen Sportbund (DOSB), dem Deutschen Turner-Bund (DTB), dem Bundesverband Deutscher Gewichtheber (BVDG) und den Landessportbunden entwickelt. Dabei geht es um die Qualifikation des Leitungs- und Trainingspersonals, sportfachliche Betreuung, Geräteausstattung, räumliche Bedingungen, Service sowie Umweltkriterien. Das Siegel beschränkt sich allerdings auf Fitnessstudios von Sportvereinen, nicht auf private Anbieter.

Besser heute als morgen starten

Wenn Sie sich mehr bewegen möchten, dann schieben Sie Ihr Vorhaben nicht auf. Je früher Sie beginnen, desto mehr zahlt es sich für Ihre Gesundheit und Ihr Wohlbefinden aus. Sie sollten sich grundsätzlich überlegen, ob Sie beim Sport eher allein sein oder lieber in einer Gruppe trainieren möchten. Eine Verpflichtung kann sich so oder so auf Ihre Motivation auswirken. Wenn Sie es schätzen, unabhängig zu sein, suchen Sie sich etwas, was Sie allein machen können. Training mit anderen Menschen oder sogar in einem Verein kann Sie dahingehend unterstützen, sich an feste Zeiten halten zu müssen. Außerdem bietet Ihnen Gruppensport die Gelegenheit, sich auszutauschen – auch das kann sehr guttun.

Checkliste: Das richtige Fitnessstudio

Bei der Wahl eines passenden Fitnessstudios kann Ihnen diese Checkliste Orientierung bieten.

Bietet das Studio …

- ❑ einen Gesundheits- oder Fitnesscheck zu Beginn inklusive an?
- ❑ spezielle Kurse für Senioren („60+“ oder „Best Ager“ o. Ä.)?

Gibt es …

- ❑ Sport- und Fitnesstrainer?
- ❑ Ergo- und Physiotherapeuten?
- ❑ Mitarbeiter, die in medizinischer Trainingstherapie geschult sind?
- ❑ vielleicht sogar eine medizinische Betreuung?

Sonstiges

- ❑ Gehen dort Menschen in meinem Alter hin?
- ❑ Komme ich mit dem Publikum prinzipiell zurecht?
- ❑ Ist das Studio nicht zu weit von meinem Zuhause entfernt bzw. kann ich es gut erreichen?
- ❑ Kommen mir die Öffnungszeiten entgegen?
- ❑ Ist der Preis angemessen?
- ❑ Ist die Kündigungsfrist für mich in Ordnung?
- ❑ Ist das Kursangebot im Preis inklusive bzw. wofür muss ich extra bezahlen?
- ❑ Gibt es eine Zertifizierung/ein Qualitätssiegel?

Anforderungen an die Ernährung im Alter

Die Ernährung spielt eine große Rolle dabei, gesund zu bleiben und die eigene Lebensqualität zu fördern. Altersbedingte Veränderungen haben Einfluss darauf, wie der Körper Nahrung verarbeitet. Vieles haben Sie aber beim Essen selbst in der Hand.

Menschen verändern sich im Lauf der Jahre. Im fortgeschrittenen Alter gibt es viele verschiedene körperliche Veränderungen. Die einen sind für alle sichtbar wie graue Haare oder Fältchen; andere dagegen spielen sich im Körperinneren ab – haben aber oft eine deutlich größere Bedeutung.

Der Wandel des menschlichen Körpers ist laut der Deutschen Gesellschaft für Ernährung e. V. (DGE) individuell höchst unterschiedlich ausgeprägt und abhängig z. B. von genetischen Faktoren und der bisherigen Lebensweise, besonders im Hinblick auf Bewegung und Essgewohnheiten. Allgemeine Funktionseinschränkungen bei bestimmten Organen, Körperteilen und -funktionen haben Einfluss auf die Ernährung bzw. die Verwertung von Nahrung im Körper.

Der Körper verändert sich

Häufige altersbedingte Veränderungen des Körpers, die direkten oder indirekten Einfluss auf die Ernährung bzw. Nahrungsverwertung haben, sind:

- Die Muskelmasse nimmt ab. Laut Cornelius Bollheimer, Professor am Institut für Biomedizin des Alterns der Universität Erlangen-Nürnberg, sei ein Verlust von 30–40 % normal.
- Organe wie Nieren und Leber bilden sich um mehr als 10 % zurück, weil die Anzahl der Zellen abnimmt. Ihre Funktion als Filter und Reinigungsorgan verschlechtert sich.
- Der Aldosteronspiegel fällt ab. Das Hormon ist ein wichtiger Baustein des Mineralstoffwechsels, denn es steuert den Flüssigkeitshaushalt. Die Gefahr einer Dehydratation (eines Flüssigkeitsmangels) erhöht sich.
- Häufig sind die Zellen der Bauchspeicheldrüse in Folge von Übergewicht, Bewegungsmangel und Ernährung geschwächt, sodass sich der Blutzucker schlechter reguliert und Diabetes mellitus entstehen kann.
- Veränderungen bei Knochendichte und Skelettmuskulatur können zu einer Osteoporose führen und somit zu Problemen bei der persönlichen Mobilität.
- Nahrung wird langsamer durch den Dickdarm transportiert, was bei manchen Menschen eine Verstopfung auslösen kann.

- Der Körper nimmt Nährstoffe wie z. B. Vitamine schlechter auf.
- Fettsäure-, Cholesterin- und auch Harnsäurewerte im Blut erhöhen sich tendenziell.
- Zahnprothesen können Kauprobleme mit sich bringen, sodass die Nahrungsaufnahme an sich unangenehm wird.
- Das Immunsystem lässt nach. Im Alter werden Menschen anfälliger für Infektionen. Mit guter Ernährung lässt sich die Immunabwehr stärken.

Das Verdauungssystem verändert sich im Alter insgesamt weit weniger als viele andere Körperpartien. Es kann allerdings sein, dass im Dünndarm weniger Laktase produziert wird. Dieses Enzym benötigt der Körper, um den Milchzucker (Laktose) zu verdauen. Die Folge kann eine altersbedingte Laktoseintoleranz sein, also eine Unverträglichkeit von Milchprodukten. Deren Konsum führt bei Betroffenen zu Völlegefühl, Blähungen oder Durchfall. Heutzutage gibt es aber vielfältige Alternativen wie laktosefreie Milch und pflanzliche Milchvarianten.

Probleme beim Essen Ein chronisch trockener Mund oder Probleme beim Schlucken erschweren häufig die Nahrungsaufnahme bei älteren Menschen. Sollten Sie davon betroffen sein, nehmen Sie ärztliche Hilfe in Anspruch, um die Beeinträchtigung in den Griff zu bekommen. Untersuchungen haben gezeigt, dass der Zustand der Zähne enormen Einfluss auf die Ernährung hat. Sinkt die Zahl der Zähne, so nimmt gleichzeitig die Aufnahme von Kalorien, Proteinen, Fett und Vitaminen ab. Fehlende Kalorien werden dann nicht selten durch mehr Zucker und Fett kompensiert.

Wenn Sie Zahnprobleme – vielleicht mit den Dritten – haben, können Sie entweder Ihre Ernährung anpassen (vorwiegend oder ausschließlich weiche oder flüssige Kost) oder das Problem angehen. Möglicherweise kann Ihnen Ihr Zahnarzt weiterhelfen, sodass Sie sich nicht einschränken müssen. Das steigert Ihre Lebensqualität.

Auch Medikamente beeinflussen die Ernährung. Einige Rheumamittel führen zu chronischen Entzündungen des Magen-Darm-Traktes. Harntreibende Mittel (Diuretika), die bei Herzschwäche oder Bluthochdruck die

Weil Aldosteron – ein Hormon, das im Körper für den Flüssigkeitshaushalt zuständig ist – mit der Zeit abnimmt, ist ausreichendes Trinken im Alter besonders wichtig.

Entwässerung fördern, können Flüssigkeitsmangel und Elektrolytstörungen nach sich ziehen und zu lebensbedrohlichen Mangelerscheinungen führen.

Weniger Energie reicht

Der Energiebedarf des Körpers nimmt im Alter insgesamt ab. Das kann zu Übergewicht führen, wenn man die Kalorienzufuhr nicht anpasst. Hier finden Sie eine Übersicht darüber, wie sich der Bedarf ändert und welche Kalorienzahl dafür in etwa nötig ist.

Energiebedarf im Verlauf der Jahre

Altersgruppe	Kalorienbedarf
bis 33 Jahre	100 %
33–55 Jahre	– 10 %
55–75 Jahre	– 15 % (oder 100 % – 25 %)
ab 75 Jahre	– 10 % (oder 100 % – 35 %)

Die verminderte Kalorienmenge wird jeweils vom vorangegangenen Alter abgezogen. Die Rechnung in Klammern bezieht sich auf den Ausgangswert, also die Altersgruppe bis 33 Jahre.

Ihren veränderten Energiebedarf können Sie ganz einfach selbst ausrechnen. Wenn Sie mit 30 Jahren z. B. einen Energiebedarf von 2400 kcal pro Tag hatten, erhalten Sie folgende Werte:

33–55 Jahre: 2400 – 10 % = 2160 kcal*
55–75 Jahre: 2160 – 15 % = 1840 kcal*
ab 75 Jahre: 1840 – 10 % = 1660 kcal*

* Werte gerundet

Eine Mangel- oder Fehlernährung stellen Ärzte bei älteren Menschen regelmäßig fest. Dabei diagnostizieren sie nach Angaben des Instituts für Ernährungsinformation am häufigsten:

- Über- oder Untergewicht
- Mangel an Eiweiß, Vitaminen, Mineralstoffen und Spurenelementen
- Flüssigkeitsmangel
- Mangel an Ballaststoffen

Mehr Eiweiß im Alter

Während der Energiebedarf bei älteren Menschen sinkt, brauchen sie deutlich mehr Eiweiß als in jungen Jahren. Das bedeutet, dass sie bei einer geringeren Nahrungszufuhr relativ mehr Eiweiß zu sich nehmen sollten. Laut Ärztezeitung hat das zwei Gründe: Erstens erhöht sich der Bedarf bei akuten und chronischen Krankheiten. Zweitens kann der Körper Eiweiß im Alter schlechter verwerten. Außerdem können bestimmte Medikamente wie z. B. das entzündungshemmende Kortison den Eiweißhaushalt negativ beeinflussen.

Eine höhere Eiweißaufnahme ist nach Ansicht von Experten angebracht. Wer eine Nierenerkrankung hat, sollte allerdings vorher seinen Arzt aufsuchen, da Eiweiß die Nieren belastet.

Für Erwachsene gilt prinzipiell eine Empfehlung von täglich 0,8 g Eiweiß pro kg Körpergewicht. Wer 60 kg wiegt, sollte 48 g verzehren, was z. B. einem 200-g-Stück Putenfleisch entspricht.

Eine internationale Arbeitsgruppe von Altersforschern empfiehlt über

65-Jährigen, 1,0–1,2 g Eiweiß pro kg Körpergewicht zu essen. Eine 60 kg schwere Person sollte täglich mindestens 12 g Eiweiß mehr essen, was ungefähr zwei Scheiben Käse entspricht (siehe S. 151). Viele Käsesorten sind übrigens laktosefrei.

Im Alter steigt die Gefahr einer Dehydratation. Für ältere Menschen ist es daher noch wichtiger als für jüngere, auf ihren Flüssigkeitshaushalt zu achten. Mundtrockenheit, Müdigkeit und Konzentrationsstörungen sind häufig erste Signale des Körpers. Im weiteren Verlauf lässt die Gewebespannung der Haut nach, die Leistungsfähigkeit nimmt deutlich ab und es kann zu Verwirrtheit und Schwindel kommen. Lassen Sie es nicht so weit kommen, trinken Sie ausreichend und achten Sie auf Symptome – gerade an heißen Tagen und während andauernder Hitzeperioden.

Das richtige Maß finden

Wenn Sie nicht durch Krankheit oder Unverträglichkeit eingeschränkt sind, brauchen Sie keine Schonkost. Sie sollten grundsätzlich darauf achten, dass Sie Ihre Nahrung gut vertragen, Ihnen das Essen schmeckt, es nicht zu viel und nicht zu wenig ist und es alle für Ihren Körper wichtigen Nährstoffe ausreichend enthält. Bei der Wahl der Speisen ist es sinnvoll, eingeschränkte Körperfunktionen zu berücksichtigen oder Beeinträchtigungen – unter Umständen mit ärztlicher Hilfe – zu beheben.

Gut zu wissen

Wasser, Tee und Säfte Senioren sollten täglich mindestens 1,3 l trinken, besser sind 1,5 l. Das empfiehlt die Deutsche Gesellschaft für Ernährung e. V. (DGE). Besonders gut geeignet sind Leitungs- oder Mineralwasser, Kräuter- und Früchtetees ohne Zucker sowie mit reichlich Wasser verdünnte Obst- und Gemüsesäfte. Auch Kaffee zählt laut DGE zur Flüssigkeitsaufnahme. Weil Koffein auf Herz und Kreislauf anregend wirkt, ist er aber nicht als Durstlöscher geeignet. Bis zu vier Tassen Kaffee pro Tag sind aus Sicht der Experten in Ordnung.

Bevor Sie im folgenden Abschnitt ganz konkret Lebensmittel und Inhaltsstoffe kennenlernen, die gesund und jung halten, Krankheiten vorbeugen oder lindern können, finden Sie hier grundsätzliche Empfehlungen des Instituts für Ernährungsinformation für eine gute Ernährung im Alter.

- Streben Sie Ihr Normalgewicht an.
- Essen Sie wenig Fett. Pflanzliche Fette und Öle sind eine bessere Wahl als tierische. Meiden Sie gehärtete Fette.
- Steigen Sie auf die Vollkornvariante um, z. B. bei Brot, Nudeln und Reis.
- Gemüse, Salat und Obst sind jeden Tag eine gute Wahl, ebenso Milch und Milchprodukte wie Joghurt. Sollten Sie Letztere nicht vertragen, greifen Sie auf laktosefreie Varianten zurück. In Supermärkten gibt es eine große Auswahl.
- Schränken Sie Ihren Fleischkonsum ein, zweimal pro Woche Seefisch und etwa zweimal Fleisch reichen aus.
- Trinken Sie ausreichend. 1,3–1,5 l pro Tag sollten es mindestens sein.

In Gesellschaft kocht man eher mit frischen Zutaten, als wenn man etwas für sich allein zubereitet, und man nimmt sich mehr Zeit fürs Essen. Zwei Faktoren, die für gemeinsame Mahlzeiten sprechen.

Tipps für Ihren Alltag Eine gesunde Ernährung muss weder aufwendig noch teuer sein. Die folgenden praktischen Tipps helfen Ihnen dabei, Kochen und Essen einfach in Ihren Alltag zu integrieren und Speisen bekömmlicher zuzubereiten.

- Essen Sie regelmäßig. Fünf bis sechs kleinere Mahlzeiten sind bekömmlicher als wenige und dafür üppigere.
- Nehmen Sie sich Zeit, richten Sie das Essen appetitlich an und essen Sie bewusst.
- Kauen Sie gründlich, denn gut gekaut ist halb verdaut.
- Gönnen Sie sich täglich eine Suppe oder einen Tee, denn etwas Warmes braucht der Mensch.
- Kochen Sie ruhig mehr als benötigt und frieren Sie etwas davon ein. Reis, Nudeln und Gemüse eignen sich sehr gut dafür.
- Greifen Sie mit gutem Gewissen auf Tiefkühlgemüse zurück, denn es enthält etwa so viele Vitamine wie frische Produkte. Wählen Sie pure Gemüsesorten ohne Saucen.
- Entscheiden Sie sich lieber für weniger und dafür bessere Produkte, denn Qualität steht vor Quantität.

Gemeinsam kochen und speisen

Ebenso haben soziale und psychosoziale Faktoren wie persönliches Umfeld und allgemeine Lebenssituation, Einkommen, Wohnung usw. Einfluss auf die Ernährung. Wie und was wir essen, hängt sehr stark von unserer gesellschaftlichen und familiären Herkunft ab. Wer nicht allein lebt, zelebriert möglicherweise das Essen als gemeinsames Ritual mit Gewohnheiten und Bräuchen in angenehmer Atmosphäre. Vielleicht ist das Kochen selbst schon der Auftakt zu einem gemeinschaftlichen Abend.

Wer keinen Partner (mehr) an seiner Seite hat, sollte – soweit es ihm möglich ist – hin und wieder in Gesellschaft essen, Bekannte oder Familie einladen oder sogar eine regelmäßige Koch- und Essrunde initiieren. Über das gemeinsame Speisen lässt sich einer drohenden sozialen Isolation entgegenwirken. Ein Dinner zu zweit oder ein Abendessen in der Gruppe schaffen Zusammengehörigkeit und bieten die Chance zum Austausch. Auch das Planen, Einkaufen und Kochen können schon Teil einer gemeinschaftlichen Veranstaltung sein. Und nicht zu vergessen: Nicht mehr ganz so mobile Menschen können dann bei den Vorbereitungen mit Unterstützung durch Familie, Freunde und Bekannte rechnen.

Hilfe in Anspruch nehmen Bei mobilitätseingeschränkten Menschen kommt hinzu, dass oft schon der Einkauf die Ernährung beeinflusst. Denn die Möglichkeiten, sich auf eine bestimmte Art zu ernähren, hängen stark davon ab, welches Angebot verfügbar bzw. wie viel Aufwand damit verbunden ist, die gewünschten Produkte zu bekommen. Sollten Sie Probleme mit dem Einkauf haben, scheuen Sie sich nicht davor, Hilfe in Anspruch zu nehmen. Bitten Sie Verwandte, Bekannte oder Nachbarn, gelegentlich Besorgungen für Sie zu erledigen.

Einkaufsservice kann helfen

Es gibt mittlerweile auch zahlreiche Anbieter, die Lebensmittel als Dienstleistung einkaufen und ausliefern. Darunter sind Online-Unternehmen wie All You Need Fresh (www.allyouneedfresh.de), Arranja (www.arranja.de) oder My Time (www.mytime.de), bei denen Sie Lebensmittel und Bedarfsgüter bestellen können.

Darüber hinaus haben sich regionale Dienstleister gegründet. Manche bieten ihre Dienste auch mit persönlicher oder telefonischer Bestellung an. Ob ein entsprechendes Unternehmen auch in Ihrer Nähe ist, können Sie mit dem Stichwort „Einkaufsservice“ und Ihrem Wohnort per Suchmaschine im Internet herausfinden.

Einige Supermärkte wie Edeka (www.edeka24.de) und Rewe (shop.rewe.de) liefern ebenfalls nach Ihrer Online-Bestellung Produkte nach Hause. Bei überregionalen Einkaufs- und Lieferdiensten kommt Ihre Bestellung oftmals per Paket und nicht mit einem Boten (siehe auch S. 214–215).

Auch das Deutsche Rote Kreuz bietet einen Einkaufsservice für Senioren und Menschen mit Behinderung (www.drk.de → Wir helfen in Deutschland → Senioren). Dabei begleitet Sie ein Mitarbeiter der Organisation beim Einkauf oder arbeitet Ihre Liste ab. Über die kostenlose DRK-Hotline 0 80 00/36 50 00 erfahren Sie, ob es in Ihrer Gegend ein entsprechendes Angebot gibt.

So war es bei mir

„Ich habe mich einer Kochgruppe für Senioren angeschlossen. Einmal im Monat treffen wir uns mit sechs bis zehn Personen in unserem Stadtteilzentrum, kochen und essen zusammen. Wir planen die Gerichte in der Gruppe und entdecken dabei immer wieder Gemeinsamkeiten und erinnern uns an Speisen aus unserer Jugend. Einige von uns, die noch mobil sind, erledigen den Einkauf. Jeder trägt seinen Teil nach seinen persönlichen Möglichkeiten bei. Am schönsten ist die Vorweihnachtszeit. Da backen wir Plätzchen und es sind immer einige Enkelkinder mit dabei. Das macht uns allen viel Spaß und tut uns gut."

Brigitte Z. aus Aalen

Gut essen, besser leben

Was bedeutet ausgewogen? Welche Nahrungsmittel tun dem Körper gut? Was bewirken Heilkräuter? Wer Bescheid weiß und bewusst isst, fördert seine Gesundheit aktiv mit, erhöht sein persönliches Wohlbefinden und bleibt länger fit.

Allgemein als gesund gelten Gemüse und Obst, Hülsenfrüchte wie Bohnen, Linsen und Erbsen, fettarme Milchprodukte, Kartoffeln, Vollkornprodukte sowie Fisch und mageres Fleisch. Wir wollen in diesem Abschnitt auf einige wichtige Aspekte, Produkte und Zusammenhänge etwas näher eingehen.

Eine vollwertige Ernährung liefert genügend, aber nicht zu viel Energie. Alle lebensnotwendigen Nährstoffe wie Fett, Vitamine, Mineralstoffe sowie sekundäre Pflanzenstoffe sind in ihr in ausreichender Menge vorhanden. Denn sie alle haben lebenswichtige Funktionen im menschlichen Körper. Kein Nahrungsmittel allein kann die erforderlichen Nährstoffe liefern. Daher ist eine sinnvolle und förderliche Kombination von Lebensmitteln nötig, um für den Organismus das Beste zu erreichen. Es geht also um Ausgewogenheit, d. h. alles in adäquater Menge. Und es geht um Abwechslung, damit Essen auch Freude bereitet.

Diese Ernährungspyramide verdeutlicht das empfohlenen Mengenverhältnis einzelner Lebensmittelgruppen.

Die Ernährungspyramide (links) ist ein Beispiel für eine vollwertige Ernährung. Sie teilt das reichhaltige Lebensmittelangebot in Gruppen ein und erleichtert so die tägliche Lebensmittelauswahl. Je weiter unten in der Pyramide eine Lebensmittelgruppe steht, desto größere Mengen sollten daraus verzehrt werden. Ganz unten steht das Gemüse, gefolgt von Obst, dann Getreide- und Milchprodukte, Fisch und Fleisch. Lebensmittel aus kleinen Segmenten sollten sparsam verwendet werden. Dazu zählen in erster Linie Genussmittel und Zuckerhaltiges. Für eine abwechslungsreiche Ernährung sollte die Lebensmittelvielfalt der einzelnen Gruppen genutzt werden.

Lebensmittelgruppen zur Orientierung Die Getränke in Form von Wasser, ungesüßten Tees und verdünnten Fruchtsäften stehen dabei im Zentrum:

Sie sollten täglich etwa 1,5 l davon trinken. Pflanzliche Lebensmittel sind die Basis einer vollwertigen Ernährung. Sie liefern Kohlenhydrate, Eiweiß, hochwertige Fette, Vitamine, Mineralstoffe, Ballaststoffe und viele sekundäre Pflanzenstoffe. Sie finden sich in drei Lebensmittelgruppen wieder: erstens Obst, zweitens Gemüse und Salat sowie drittens Getreide, Getreideprodukte und Kartoffeln.

Dazu kommen tierische Lebensmittel aus den Gruppen Milch und Milchprodukte sowie Fleisch, Wurst, Eier und Fisch. Sie erweitern in kleineren Portionen den täglichen Speiseplan und versorgen den Körper mit Eiweiß (Protein), Vitaminen und Mineralstoffen. Bei der Gruppe der Öle und Fette ist entscheidend, dass die Qualität stimmt. Besonders pflanzliche Öle liefern wertvolle ungesättigte Fettsäuren und das nervenstärkende Vitamin E.

Hauptbestandteile der Nahrung

Kohlenhydrate, Fett und Eiweiß sind die drei Hauptbestandteile unserer Nahrung. Sie werden auch Makronährstoffe genannt und geben dem Körper Energie. Der Energiegehalt der drei Nährstoffe ist unterschiedlich: So hat 1 g Fett einen Brennwert von 37 kJ (Kilojoule) bzw. 9 kcal (Kilokalorien), 1 g Eiweiß oder Kohlenhydrate 17 kJ (4 kcal). Ab dem 51. Lebensjahr sollte, so die Empfehlung von Experten, die Energie zu 55–65 % aus Kohlenhydraten, 25–30 % aus Fett und 10–15 % aus Eiweiß stammen.

Gut zu wissen

Käse und Fett Der Fettanteil im Käse ist meist als Fett in Trockenmasse (Fett i. Tr.) angegeben. Das hat folgenden Grund: Käse besteht aus Trockenmasse und Wasser, das während Reife und Lagerung verdunstet. Wenn sich die Angabe des Fettgehalts auf das Käsegewicht beziehen würde, müsste man sie regelmäßig ändern. Um den absoluten Wert bei Edamer, Gouda und Tilsiter zu berechnen, wird der Fett-i.-T.-Wert z. B. mit 0,5 multipliziert: Bei 45 % Fett i.T. sind das 22,5 g Fett absolut pro 100 g Käse. Frischkäse hat den Faktor 0,3, Weichkäse 0,4 und Hartkäse 0,6.

Wichtiges Eiweiß

Eiweiß befindet sich in jeder Zelle des menschlichen Körpers. Es fördert die Erneuerung von Zellen und Geweben wie z. B. Muskeln, schützt vor Infektionen, bildet verschiedene Hormone im Körper und trägt zur Energiegewinnung bei.

Wie bereits erwähnt, kann im Alter die Eiweißversorgung zum Problem werden, da ältere Menschen mehr Protein benötigen als junge. Menschen über 65 Jahre sollten täglich 1,0–1,2 g Eiweiß pro kg Körpergewicht zu sich nehmen. Wer 60 kg wiegt, sollte also zwischen 60 und 72 g Protein verzehren. Bei einer Nierenschädigung sollten Sie Ihren Eiweißkonsum mit Ihrem Arzt besprechen, denn kranke Nieren könnten mit zu viel Eiweiß überfordert sein.

Lieferanten für Eiweiß Zu den besonders eiweißhaltigen Lebensmitteln zählen u. a. Hühnereier, Fleisch und Fisch, Hülsenfrüchte wie Linsen und

Sojabohnen, Milchprodukte wie Käse und Quark sowie Nüsse, Kerne und Samen. Ernährungswissenschaftler raten, täglich zwei Portionen weiße Milchprodukte wie Jogurt, Milch oder Hüttenkäse und eine Portion gelbe Milchprodukte wie Schnittkäse zu sich zu nehmen. Eine Portion Joghurt entspricht 180–250 g, Hüttenkäse 200 g, Käse 50–60 g, eine Portion Milch sind 200 ml. Übrigens: Parmesan ist mit 38 g Eiweiß pro 100 g der Toplieferant für Proteine unter den Käsesorten.

Auch Fisch sollten Sie ein- bis zweimal pro Woche essen – allerdings nicht in Form von Fischstäbchen, sondern als Filet oder naturbelassene Variante. Greifen Sie dabei v. a. zu fettreichem Seefisch wie z. B. Hering, Makrele, Lachs, Tunfisch und Sardinen, die einen besonders hohen Gehalt an den entzündungshemmenden Omega-3-Fettsäuren bieten. Heimische Alternativen sind Saibling, Karpfen und Forelle.

Von Fleisch und Wurst sollten Sie insgesamt nicht mehr als 300–450 g pro Woche verzehren. Auch wenn unser Körper tierisches Protein besser verwerten kann, sollte sich Fleischkonsum im Rahmen halten. Es darf übrigens auch gern Eiweiß aus pflanzlichen Quellen sein, denn sie enthalten viele gesundheitsfördernde Substanzen wie Ballaststoffe (siehe S. 154).

Hülsenfrüchte enthalten gesunde Kohlenhydrate, Eiweiß, Ballaststoffe und reichlich sekundäre Pflanzenstoffe. Bei regelmäßigem Verzehr lässt ihre blähende Wirkung nach.

Tierisches Eiweiß Für eine ausgewogene Ernährung empfehlen Experten ein Drittel tierisches Eiweiß. Dabei sollten Sie möglichst auf verarbeitetes Fleisch verzichten. Darunter versteht man u. a. Schinken und Würstchen, also Fleisch, das z. B. durch Salzen, Fermentieren, Räuchern oder Pökeln haltbar gemacht wurde. Diese Produkte können laut einem im Jahr 2015 von der Weltgesundheitsorganisation (WHO) veröffentlichten Bericht krebserregend sein. Dies gilt ab einer Menge von 50 g täglich, das entspricht etwa einem Wiener Würstchen. Entscheiden Sie sich eher für Fisch und helles Fleisch (Geflügel) als für rotes Fleisch (Schwein und Rind). Zwei Drittel des Eiweißes sollten aus pflanzlichen Quellen stammen. Dazu zählen beispielsweise Hülsenfrüchte wie Kichererbsen, Linsen und Bohnen. Hülsenfrüchte haben auch für Diabetiker einen positiven Effekt: Bereits 200 g täglich können laut Studien die Blutfettwerte und den Langzeitblutzucker senken.

Eiweiß und Bewegung Um Ihre Muskeln zu stärken bzw. Muskelabbau zu verhindern oder zu stoppen, reicht eine eiweißhaltige Ernährung allein nicht aus. Hinzukommen muss regelmäßige Bewegung. Nur so halten Sie Ihre Muskeln fit (siehe ab S. 130).

Ausgewählte Lebensmittel und ihr Proteingehalt

Lebensmittelgruppe	Lebensmittel	Eiweiß pro 100 g	Portionsbeispiel
Fleisch	Putenbrust	23 g	Vollkornbrot mit 80 g Putenbrust: ca. 23 g Eiweiß
	Rindfleisch	22–30 g	Portion Rindersteak (150 g): ca. 34 g Eiweiß
Fisch und Meeresfrüchte	Räucherlachs	28,5 g	80 g Räucherlachs mit Sahnemeerrettich: ca. 23 g Eiweiß
	Thunfisch (Dose)	26 g	200 g Salat mit Thunfisch und Bohnen: ca. 21 g Eiweiß
	Garnelen	18–19 g	250 g Garnelen-Gemüse-Pfanne: ca. 22 g Eiweiß
Milchprodukte	Milch	3 g	Glas Milch (200 ml): 6–7 g Eiweiß
	Joghurt	3–4 g	Becher Joghurt (200 g): 7 g Eiweiß
	Quark	12 g	Becher Quark (250 g): 30 g Eiweiß
	Emmentaler	29 g	mittelgroße Scheibe (20 g): 6 g Eiweiß
	Hüttenkäse	11 g	Becher Hüttenkäse (200 g): 22 g Eiweiß
Eier	Hühnerei	13 g	Frühstücksei: 6–7 g Eiweiß
(Pseudo-)Getreide	Quinoa	14 g	250 g Quinoasalat mit grünen Bohnen: ca. 14 g Eiweiß
	Haferflocken	13 g	Schüssel Haferflocken mit Milch: ca. 9 g Eiweiß
Hülsenfrüchte	Linsen	24 g	250 g Linseneintopf: ca. 14 g Eiweiß
	Sojabohnen	35 g	Portion Tofu (100 g): 8 g Eiweiß
Nüsse und Samen	Erdnusskerne	25 g	Handvoll Erdnusskerne (25 g): 6 g Eiweiß
	Kürbiskerne	24 g	Handvoll Kerne (25 g): 6 g Eiweiß

Solange es eine Ausnahme bleibt, darf man sich auch gern einmal etwas gönnen – ganz ohne schlechtes Gewissen.

Wichtige Kohlenhydrate

Kohlenhydrate machen in der Regel den größten Anteil unserer Nahrung aus und sind der Kraftstoff für unsere Muskeln und unser Gehirn. Sie bestehen zwar aus Zuckermolekülen, kohlenhydratreiche Lebensmittel müssen aber nicht unbedingt süß schmecken. Besonders viele Kohlenhydrate stecken z. B. in Brot, Kartoffeln, Nudeln und Reis. Auch Obst enthält viele Kohlenhydrate in Form von Fruchtzucker.

Je nach ihrem Aufbau werden Kohlenhydrate in drei Gruppen unterteilt:

- Einfachzucker (Monosaccharide) sind z. B. Traubenzucker (Glukose) und Fruchtzucker (Fruktose).
- Zweifachzucker (Disaccharide) sind v. a. Haushalts- sowie Malz- und Milchzucker.
- Mehrfachzucker (Polysaccharide) sind im Wesentlichen in Getreide, Vollkornprodukten, Kartoffeln und Hülsenfrüchten enthalten. Auch Pseudogetreide wie Quinoa und Amaranth sind eine gute Quelle.

Der gute Mehrfachzucker Süßigkeiten wie Gummibären, Schokolade und Co. bestehen hauptsächlich aus Einfach- und Zweifachzucker. Sie schmecken süß, haben viele Kalorien, aber keine Vitalstoffe. Sie gelangen sehr schnell ins Blut und lassen den Blutzuckerspiegel in die Höhe schnellen. Aber sie machen nicht satt. Mehrfachzucker dagegen sickern langsam ins Blut. Weil sie vor der Aufnahme in die Blutbahn erst aufgespalten werden müssen, steigt der Blutzuckerspiegel gemächlich an. Mehrfachzucker sorgen so im Vergleich zu Einfach- und Zweifachzucker auch für ein längeres Sättigungsgefühl.

Menschen ab 70 Jahren sollten nach Erkenntnissen neuester Forschung auf Kohlenhydrate achten und möglichst nicht zu viele Einfach- und Zweifachzucker zu sich nehmen. Denn im Alter steigt durch zu hohen Zuckerkonsum das Risiko für Probleme mit dem Gedächtnis und der Denkfähigkeit um das Vierfache. Diese auch Mild Cognitive Impairment (MCI) genannten Probleme können laut Untersuchungen der US-amerikanischen Mayo Clinic in Rochester (Minnesota) ein Vorstadium einer Alzheimererkrankung sein. Ganz auf Kohlenhydrate zu verzichten ist nicht ratsam, weil eine bestimmte Blutzuckerkonzentration lebenswichtig ist. Wenn sie unterschritten wird, kann es selten, z. B. wenn eine Krankheit wie Diabetes vorliegt, zu einer lebensgefährlichen Unterzuckerung kommen.

Die nachhaltigsten Energielieferanten sind also komplexe Kohlenhydrate. Entsprechende Lebensmittel enthalten in der Regel auch viele Vitamine, Mineralstoffe, sekundäre Pflanzenstoffe und Ballaststoffe und haben gleichzeitig einen geringen Fettgehalt. Die wichtigsten Quellen für komplexe Kohlenhydrate und Ballaststoffe sind Vollkornbrot, Haferflocken, Vollkornreis und -nudeln sowie Obst, Gemüse, Hülsenfrüchte und Kartoffeln.

Abends keine Kohlenhydrate? Bei vielen Menschen gelten Kohlenhydrate als Dickmacher. Besonders abends, so heißt es vielfach, sollte man keine Kohlenhydrate mehr zu sich nehmen, um Kalorien zu sparen und somit abzunehmen oder zumindest das Gewicht zu halten. Das ist nur bedingt richtig, denn Lebensmittel mit komplexen Kohlenhydraten enthalten nicht übermäßig viele Kalorien, stattdessen machen sie lang anhaltend satt. Eine Ausnahme ist Brot: Aufgrund des niedrigen Wasseranteils hat es einen deutlich höheren Brennwert als andere Produkte: 100 g Vollkornbrot enthalten 200 kcal, 100 g Weißbrot 270 kcal; 100 g Kartoffeln haben dagegen nur 70 kcal, 100 g gekochter Reis 110 kcal und 100 g gekochte Nudeln 140 kcal.

Ausgewählte Lebensmittel und ihr Anteil an verwertbaren Kohlenhydraten

Lebensmittel	verwertbare Kohlenhydrate in g/100 g
Banane (getrocknet)	75,2
Wildreis	73
Rosinen	68
Vollkornnudeln	60
Müslikeks	60
Weizenbrötchen	55,5
Bohnen (getrocknet)	47,4
Orangensaftkonzentrat	47,1
Linsen	40,6
Vollkornbrot	39,9
Croissant	34,2
Banane (reif)	20

Die „5 am Tag"-Kampagne besagt, dass man sich mit täglich fünf Portionen Gemüse und Obst gesund hält.

Topinambur, auch Jerusalem-Artischocke genannt, enthält den wertvollen Ballaststoff Inulin, der wahrscheinlich Darmkrebs vorbeugt.

Fett nur in Maßen

Hier gilt für ältere Menschen die allgemeine Empfehlung für Erwachsene: Nicht mehr als 30 % sollte der Anteil von Fett an der täglichen Nahrung ausmachen. Forscher gehen davon aus, dass bei vielen Senioren das Essen zu viel Fett enthält. Übermäßiger Verzehr gesättigter Fettsäuren kann aber zu Gewichtsproblemen führen und die Risiken für Herzkrankheiten und Krebs erhöhen.

Bei Ölen sieht es anders aus, sie können durchaus gesund sein. Hier gilt: Qualität vor Quantität. Prinzipiell sollten täglich ein bis zwei Esslöffel pflanzliche Öle, Nüsse oder Samen verzehrt werden. Besonders hochwertige pflanzliche Öle sind u. a. Oliven-, Traubenkern-, Raps- und Weizenkeimöl. Wie Nüsse und Samen enthalten sie große Mengen wertvoller mehrfach ungesättigter Fettsäuren. Mit Linolsäure, Omega-3-Fettsäuren und Vitaminen sind gute Öle wertvoll für den menschlichen Körper und beugen sogar Erkrankungen vor. Sie können beispielsweise den Cholesterinspiegel senken und Herz-Kreislauf-Erkrankungen entgegenwirken.

Achten Sie darauf, dass das Öl kalt gepresst und wenig verarbeitet ist. Dadurch wird es zwar licht- und wärmeempfindlicher, behält aber die meisten gesunden Inhaltsstoffe.

Tierische Fette wie Butter, Schmalz, Sauerrahm und Crème fraîche sollten Sie lediglich in kleinen Dosen zu sich nehmen. Versteckte Fette und oft auch die sehr ungünstigen Tranfettsäuren stecken in Fertigprodukten. Häufig enthalten sie auch zu viel Zucker. Kochen Sie daher so oft es geht selbst.

Ein Hoch auf die Ballaststoffe

Tatsächlich „belasten" diese Stoffe unseren Körper nicht, sondern helfen ihm sogar. Erwachsene sollten laut Deutscher Gesellschaft für Ernährung e. V. (DGE) mindestens 30 g pro Tag aufnehmen. Ballaststoffe sind pflanzliche Faser- und Quellstoffe, die weitgehend unverdaulich, dafür aber äußerst gesund sind. Sie enthalten praktisch keine Kalorien. Sie sorgen für ein anhaltendes Sättigungsgefühl und fördern die Darmtätigkeit.

Es gibt zwei Arten von Ballaststoffen. Die unlöslichen stecken v. a. in Vollkornprodukten, aber auch in Pilzen und Hülsenfrüchten. Mit ausreichend Flüssigkeit quellen sie im Magen auf und machen dauerhaft satt. Sie sorgen für einen lockeren Stuhlgang und reinigen den Darm und helfen so dabei, einer Erkrankung des Dickdarmes, Verstopfung sowie Hämorrhoiden vorzubeugen. Lösliche Ballaststoffe ernähren die Darmflora und helfen bei der Nahrungsverwertung. Sie produzieren außerdem gesunde Fettsäuren. Ballaststoffe schützen auch vor Arterienverkalkung, Herzkrankheiten, senken den Blutdruck und stärken das Immunsystem. Sie verhindern besonders hohe Blutzuckerwerte. Daher sollten Diabetiker sogar 40 g Ballaststoffe pro Tag verzehren.

Vollkorn ist eine gute Wahl Um Ihre Versorgung mit Ballaststoffen zu verbessern, ziehen Sie bei Brot, Mehl, Nudeln usw. die Vollkornvariante vor. Essen Sie fünfmal täglich eine Handvoll Gemüse und/oder Obst. Besonders reich an Ballaststoffen sind Topinambur, Kohlsorten und Schwarzwurzeln, Himbeeren und Kiwis, aber auch Trockenfrüchte wie Aprikosen oder Backpflaumen. Auch eine Handvoll Nüsse bringt Sie weiter, ebenso wie Pilze und Hülsenfrüchte. Wichtig ist, dass Sie dazu viel Wasser trinken, weil Ballaststoffe stark quellen.

Ausgewählte Lebensmittel und ihr Anteil an Ballaststoffen

Lebensmittel	Ballaststoffgehalt in g/100 g
Weizenkleie	45,1
Leinsamen (ungeschält)	35,0
weiße Bohnen	23,2
Pflaumen (getrocknet)	18,8
Schwarzwurzel	18,3
Kleieflocken	18,0
Linsen	17,0
Erbsen	16,6
Kichererbsen	15,5
Knäckebrot	14,0
Roggenvollkornmehl Typ 1800	13,9
Topinambur	12,1
Vollkornweizenmehl Typ 1700	11,7
Erdnusskerne	11,7
Artischocke	10,8
Pistazienkerne	10,6
Amaranth	10,3
Vollkornhaferflocken	10,0
Pumpernickel	9,3
Schwarze Johannisbeere	6,8
Avocado	6,3
Rosenkohl	4,4
Grünkohl	4,2
Kürbiskerne	8,8
Sonnenblumenkerne	6,3

Gut zu wissen

Zusammenspiel entscheidet Bei Studien zur Gesundheitsförderung durch Nahrungsmittel betrachten Forscher die Lebensmittel häufig isoliert voneinander. Menschen kombinieren aber in der Regel verschiedene Lebensmittel. Die Analyse im Labor gibt also nicht die reale Wirkung der Nahrungsmittel wieder. Außerdem macht oftmals das Zusammenspiel verschiedener Inhaltsstoffe einen positiven Effekt auf den Organismus aus. So wird beispielsweise das u. a. in Möhren enthaltene Betacarotin besser vom Körper aufgenommen, wenn man es zusammen mit Fett verzehrt (z. B. einen geriebenen Möhrensalat mit Öl).

Vitamine und Co.

Experten wie die Diplom-Biologin und Ernährungswissenschaftlerin Dr. Andrea Flemmer gehen davon aus, dass eine Vielzahl von Beschwerden, die auf das Alter zurückgeführt werden, eher die Folge einer schlechten Ernährung ist. Der Verzehr von ausreichend Vitaminen, Spurenelementen und Mineralstoffen trägt zu mehr Gesundheit bei. Die wichtigsten finden Sie hier.

Ausgewählte Vitamine, Mineralstoffe und Spurenelemente Folsäure (auch Vitamin B_9 oder Folat genannt) gehört zur Gruppe der B-Vitamine und ist an Blutbildung, Wachstumsprozessen und Zellteilung beteiligt. Der von der Deutschen Gesellschaft für Ernährung e. V. (DGE) empfohlene tägliche Bedarf von 0,3 mg lässt sich decken, indem man regelmäßig Salate, Spinat, Tomaten, Paprika, Vollkornprodukte, Nüsse, Eier oder Leber isst.

Vitamin D ist gut für Knochen, Zähne, Muskeln sowie das Immunsystem. Es hilft u. a. bei der Kalziumeinlagerung in die Knochen. Das meiste Vitamin D bildet der Körper mithilfe der Sonne selbst. Wer sich wenig in der Sonne aufhält, braucht mehr Vitamin D über seine Nahrung. Fische wie Hering, Lachs und Makrele tragen zur Vitamin-D-Versorgung bei. Avocados und Pilze gehören zu den wenigen pflanzlichen Lieferanten. Auch Vitamin-D-Tabletten können bei der Versorgung helfen.

Zum Erhalt von Nervengewebe und Herzmuskeln trägt Vitamin B_1 (Thiamin) bei. Es wird auch benötigt, um Nährstoffe aus der Nahrung in Energie umzuwandeln. Besonders reich an Vitamin B_1 sind Haferflocken, Kartoffeln, Spargel, Spinat, Linsen, Erbsen, Bohnen, Erdnüsse, Walnüsse, Schweinefleisch, Scholle und Tunfisch.

Kalzium ist der mengenmäßig am stärksten vertretene Mineralstoff im menschlichen Körper. 99 % davon stecken in Knochen und Zähnen. Das Element ist auch an der Reizübertragung in Nervenzellen sowie an der Blutgerinnung beteiligt. Käse bietet dem Körper viel Kalzium, v. a. Hart- und Schnittkäse. Außerdem sind Milch und Milchprodukte wie z. B. Joghurt und Kefir sowie grünes Blattgemüse, getrocknete Feigen, Nüsse, Samen und Oliven ordentliche Kalziumquellen. Mineralwasser mit einem Kalziumgehalt zwischen 200 und 600 mg/l sind ebenfalls empfehlenswert.

Jodmangel kann über einen längeren Zeitraum zu einer Schilddrüsenerkrankung führen. Denn das Spurenelement wird für die Produktion der Schilddrüsenhormone benötigt. Müdigkeit und Konzentrationsschwierigkeiten sind erste Anzeichen für einen Jodmangel. Speisesalz mit Jod ist eine gute Quelle. Seefisch, Meeresfrüchte wie Muscheln, Algen, Milch und Milchprodukte sowie Fleisch und Wurst tragen ebenfalls zur Jodversorung bei. Bei Fleisch und Wurst gilt aber, deren Konsum im Rahmen zu halten.

Was sind Superfoods?

Vielleicht haben Sie den Begriff schon gehört: Superfoods. Für sie gibt es laut Europäischem Informationszentrum für Lebensmittel (EUFIC) keine offizielle wissenschaftliche Definition. Allgemein versteht man darunter Lebensmittel, überwiegend Obst und Gemüse, mit einem Nährstoffgehalt, der über dem anderer Lebensmittel liegt und der einen besonderen gesundheitlichen Nutzen für den menschlichen Körper hat. Das EUFIC rät nicht dazu, sich ausschließlich von Superfoods zu ernähren oder deren Wirkung zu überschätzen. Um eine ausgewogene Nährstoffaufnahme zu garantieren, sollten Sie sich sehr vielfältig ernähren und nicht auf eine Auswahl bestimmter Produkte konzentrieren. Ewige Jugend und Gesundheit werden sie sicher nicht bringen. Allerdings haben einige Nahrungsmittel besonders viele Nährstoffe wie Vitamine, Proteine und Antioxidantien, die eine positive Wirkung auf den Organismus haben.

Antioxidantien beispielsweise schützen unsere Körperzellen vor sogenannten freien Radikalen. Diese schädlichen Moleküle entstehen durch Zigarettenrauch, Alkohol und Luftverschmutzungen, aber auch ganz natürlich bei Stoffwechselprozessen im Körper. Zu viele freie Radikale können altersbedingte Krankheiten wie Krebs, Diabetes und Herzerkrankungen auslösen.

Je dunkler die Beeren, desto besser

Heidelbeeren zeichnen sich durch eine hohe Konzentration Anthocyane aus. Diese sekundären Pflanzenstoffe sind starke Antioxidantien, die das Wachstum krebsartiger Dickdarmzellen im menschlichen Körper hemmen und sie sogar abtöten können. Weitere Wirkstoffe in der Heidelbeere konnten zudem in Studien an Ratten schützende

So war es bei mir

„Kochen war nie so meins. Handwerkern hat mir immer mehr Spaß gebracht. Jetzt habe ich für unseren Balkon ein Hochbeet gebaut, weil meine Frau gern Tomaten und Kräuter pflanzen wollte. Mittlerweile haben wir jedes Jahr eine schöne Auswahl an Kräutern, quasi für jeden Anlass und fast jeden Geschmack. Ich habe mich auch intensiv mit deren Wirkung beschäftigt und experimentiere immer wieder herum, was bei uns wächst, wofür und wogegen etwas wirkt. Die Gärtnerei macht mir mittlerweile richtig Freude. Jetzt habe ich mit dem Instandhalten des Beetes immer was zu tun – und eigentlich noch ein weiteres Hobby. Denn mit meinen Kräutern zu kochen lasse ich mir mittlerweile auch nicht mehr nehmen." *Klaus A. aus Weimar*

Wirkung vor altersbedingtem Gedächtnisschwund entfalteten und diesen sogar umkehren. Etwas exotischere Beerenarten, die viele wertvolle Antioxidantien enthalten, sind die brasilianischen Açai-Beeren und die chinesischen Goji-Beeren. Als Faustformel gilt: je dunkler die Beeren, desto besser.

Grünes Blattgemüse Grünkohl liefert neben Antioxidantien ein hohes Maß an Vitaminen, sekundären Pflanzenstoffen, Eiweiß, Eisen und Ballaststoffen. Laut Studien wirkt er entzündungshemmend und senkt das Krebsrisiko. Ebenfalls sehr empfehlenswert sind Spinat und Mangold. Auch Rosenkohl hat einen gesundheitsfördernden Effekt. Er sorgt dafür, dass gefährliche Stoffe, die z. B. durch zu dunkel gebratenes Fleisch entstehen, die Körperzellen nicht schädigen.

Andere Alleskönner Avocado bietet viele Vitamine wie Folsäure, wertvolle Spurenelemente und Mineralstoffe. Obwohl sie sehr fetthaltig ist, hat sie eine positive Wirkung auf den Cholesterinspiegel, denn ihre Fettsäuren sind überwiegend ungesättigt und somit sehr gesund. Rote Bete soll gut für Herz und Kreislauf sein. Ihr wird außerdem nachgesagt, dass sie entzündungshemmend wirkt. Ihr hoher Nitratgehalt trägt dazu bei, dass der Blutdruck sinkt und das Blut weniger schnell gerinnt. Zimt senkt den Blutzuckerspiegel. Brokkoli ist reich an Vitamin B_2 und kann kleinere Entzündungen der Haut lindern. Entzündungshemmend wirkt auch grüner Tee. Aprikosen verfügen über sehr viele Mineralstoffe und Vitamine. Das Obst fördert die Blutbildung und hat entwässernde Wirkung. Der bittere Chicorée verträgt sich im Salat bestens mit Orangen oder Pfirsichen. Das Gemüse enthält viel Betacarotin, und das schützt die Augen. Zudem trägt es zur Vorbeugung von Herz-Kreislauf-Erkrankungen bei.

Aprikosen enthalten eine beachtliche Menge Betacarotin. Dieser Pflanzenstoff wird im Körper zum augenschützenden Vitamin A umgewandelt.

Menüvorschläge für eine ausgewogene Ernährung

	Mahlzeit	Gericht	wertvolle Inhaltsstoffe
Tag 1	Frühstück	Joghurt mit Obst	Darmgesunde Bakterien und Vitamin C für eine starke Immunabwehr
	Zwischen-mahlzeit	Apfel	Quercetin gegen freie Radikale und Ballaststoffe Pektin und Cellulose für die Verdauung
	Mittagessen	Linseneintopf	Eiweiß für mehr Energie sowie Zink und Eisen für das Immunsystem
	Zwischen-mahlzeit	Haferkeks mit Fenchel- oder Ingwertee	Phosphor und Magnesium stärken die Knochen; der Tee hilft bei Blähungen
	Abendessen	Vollkornbrot mit Putenbrust und Gurke	B-Vitamine für gesunde Zellen und Magnesium gegen Muskelkrämpfe
Tag 2	Frühstück	Knäckebrot mit Käse und Schnittlauch	Eiweiß, Eisen und Magnesium für gesunde Zellen
	Zwischen-mahlzeit	Banane	Kalium wirkt blutdruckregulierend, Magnesium benötigen die Muskeln
	Mittagessen	Vollkornreis-Gemüse-Pfanne	Ballaststoffe gegen Darmkrebs, Kupfer für gute Nerven
	Zwischen-mahlzeit	Kräcker mit Hüttenkäse und Tomate	Eiweiß kräftigt Haut und Haare, Kalzium stärkt die Knochen und Kalium entwässert
	Abendessen	Räucherlachs mit Rote-Bete-Salat	Zink, Selen und Vitamin C helfen dem Immunsystem, Eisen unterstützt die Blutbildung
Tag 3	Frühstück	Birchermüsli	Ballaststoffe für die Verdauung, B-Vitamine für gute Nerven
	Zwischen-mahlzeit	Schälchen Beeren	Sekundäre Pflanzenstoffe wirken entzündungshemmend
	Mittagessen	Kartoffel-Brokkoli-Auflauf	Vitamin C, Magnesium und Glucosinolate sollen Krebs vorbeugen
	Zwischen-mahlzeit	Trockenobst mit Nüssen	Omega-3-Fettsäuren wirken gegen Entzündungen und regulieren die Blutfettwerte
	Abendessen	Zucchinisuppe	Eisen unterstützt die Blutbildung, Betacarotin dient der Augengesundheit

Essen auf Rädern als Alternative

Wenn Sie selbst nicht mehr für sich kochen können, ist Essen auf Rädern eine Alternative zum Selberkochen. Hier erfahren Sie, worauf Sie bei der Wahl eines Anbieters achten sollten.

Die Bandbreite bei den Anbietern von Essen auf Rädern ist immens: vom frisch gekochten Menü des örtlichen Bürgervereins bis zur aufgewärmten Tiefkühlkost aus der industriellen Großküche. Sollten in Ihrer Region mehrere Anbieter aktiv sein, haben Sie die Wahl. Dann ist es sinnvoll, gezielt die Angebote unter die Lupe zu nehmen und mit Ihren Vorstellungen und Wünschen abzugleichen. Neben dem Geschmack, der Auswahl und dem Preis spielen weitere Faktoren eine Rolle dabei, den passenden Menüanbieter zu finden.

Ein „persönliches" Lieferverhältnis spricht für einen Anbieter: Wenn meistens dieselbe Person kommt und auch für Fragen etwas Zeit hat.

Infos zu Anbietern

Informationen zu mobilen Menüanbietern bekommen Sie im örtlichen Seniorenbüro, bei Beratungsstellen der Wohlfahrtsverbände wie Arbeiterwohlfahrt, Caritasverband oder Diakonisches Werk oder der Verbraucherzentrale. Auch Freunde, Bekannte oder Nachbarn können Ihnen vielleicht weiterhelfen oder sogar von ihren Erfahrungen mit Angebot, Qualität und Service von entsprechenden Dienstleistern berichten.

Die DGE hat einen Qualitätsstandard für Essen auf Rädern entwickelt. Dabei geht es um Vorgaben für die Zubereitung wie Garmethoden, Produkte, Portionierung und Hygiene sowie für Rahmenbedingungen wie Warmhaltezeiten, Lager-, Transport- und Ausgabetemperatur. Zahlreiche Anbieter haben sich nach dem DGE-Qualitätsstandard für Essen auf Rädern zertifizieren lassen.

Speisepläne vergleichen Am besten ist es, wenn Sie sich die Speisepläne mehrerer Dienstleister anschauen und sie vergleichen. Dabei kann Ihnen eine Checkliste helfen (siehe rechte Seite).

Wenn Sie die Checkliste auf mehrere Menüanbieter anwenden, können Sie anhand der Kreuze sehen, welcher Dienst Ihren Ansprüchen am ehesten entspricht. Sie können natürlich auch bestimmte Aspekte als für Sie wichtiger bewerten als andere und so Prioritäten bei der Bewertung setzen.

Entscheidend ist natürlich das, was bei Ihnen ankommt. Daher wäre es sinnvoll, sich für einen Anbieter zu entscheiden, der Ihnen ein Probemenü kostenlos anbietet. So können Sie einen Eindruck von der Qualität des Essens gewinnen: Wird es heiß angeliefert? Müssen Sie es aufwärmen? Schmeckt es Ihnen? Ist es verträglich?

Außerdem gibt es Anbieter, die Ihnen alternativ zur täglichen Lieferung tiefgefrorene Menüs für eine Woche liefern, die Sie dann selbst aufwärmen. Vielleicht entspricht das eher Ihren Vorstellungen?

Gut zu wissen

Das Essen und die Steuer Essen auf Rädern gilt nicht als haushaltsnahe Dienstleistung und lässt sich daher nicht steuerlich geltend machen. Grund dafür ist, dass das Essen nicht in den Räumen der Kunden, sondern beim Anbieter hergestellt wird. Wenn es gesundheitlich erforderlich ist, dass Sie Ihre Speisen auf diesem Wege beziehen, können Sie die Ausgaben für das Essen als außergewöhnliche Belastung steuerlich anrechnen lassen. Aber nicht in vollem Umfang: Eine zumutbare Belastung zwischen 1 und 7 % der Essenskosten müssen Sie selbst tragen.

Kündigungsfrist beachten

Achten Sie auch auf Kündigungsfristen. Bei einigen Dienstleistern können Sie von heute auf morgen kündigen, bei anderen kann die Zeitspanne der gesetzlichen Kündigungsfrist von vier Wochen entsprechen.

Checkliste: Anbieter bewerten

- ❑ Täglich mindestens eine Mahlzeit im Angebot, die Ihrer Ernährungsform entspricht.
- ❑ Eindeutige und verständliche Kennzeichnung.
- ❑ Es gibt ein (kostenloses) Probemenü.
- ❑ Es gibt jeden Tag Gemüse im Menü.
- ❑ Es gibt 3 x pro Woche Salat oder Rohkost.
- ❑ Sie können wenigsten 1 x pro Woche eine Vollkornbeilage bestellen.
- ❑ Sie bekommen mindestens 3 x pro Woche Obst.
- ❑ 3 x pro Woche vegetarische Speisen im Angebot.
- ❑ Die Fleischsorten sind ausgewiesen.
- ❑ Nährwerte der Mahlzeiten sind angegeben.
- ❑ Allergene Zutaten/Zusatzstoffe sind ausgewiesen.
- ❑ Ansprechpartner für Fragen und Kritik.
- ❑ Ernährungsberatung auf Wunsch.
- ❑ Flexibilität bei Bestellungen und Lieferzeiten.
- ❑ Reibungsloser Ablauf auch an Sonn- und Feiertagen ohne (versteckte) Zusatzkosten.
- ❑ Sie bekommen eine verständliche und übersichtliche Rechnung.

Quelle: Verbraucherzentrale

So halten Sie Ihre grauen Zellen auf Trab

Geistige Fitness ist ebenso wichtig wie körperliche, wenn es darum geht, möglichst lange unabhängig und selbstständig zu leben. Und auch hier gilt: Wer rastet, der rostet. Bleiben Sie also auch mental aktiv.

Neben Armen, Beinen und Rücken können Sie auch Ihr Gehirn trainieren. Eine Portion Neugier und eine Prise Mut zu Neuem sind beste Zutaten dafür, Ihre geistige Leistungsfähigkeit zu erhalten oder sogar zu verstärken. Aktivitäten zu pflegen wie Musizieren, Kartenspielen oder andere Hobbys kann laut dem Verein Alzheimer Forschung Initiative (AFI) das Risiko senken, an Alzheimer oder einer anderen Form von Demenz zu erkranken.

Zur Demenzvorbeugung trägt auch bei, Routinen zu vermeiden. Das können Sie schon damit erreichen, indem Sie nicht immer im selben, Ihnen bestens bekannten Supermarkt einkaufen, sondern sich mit dem Angebot und den Begebenheiten eines anderen Lebensmittelgeschäfts beschäftigen und sich dort zurechtfinden. Oder wählen Sie gelegentlich einen alternativen Nachhauseweg, auf dem Sie neue Eindrücke gewinnen. Voraussetzung dafür ist aber, dass Sie sich sicher fühlen, die Orientierung nicht verlieren und ausreichend Zeit haben. Auch wenn Sie bestimmte Abläufe in Ihrem Alltag variieren und nicht alles in gewohnter Reihenfolge erledigen, halten Sie Ihre grauen Zellen auf Trab.

Gut zu wissen

Ob Englisch, Griechisch oder Swahili Vielleicht reizt es Sie, eine Fremdsprache zu lernen. Jetzt ist der richtige Zeitpunkt dafür. Volkshochschulen (vhs) bieten eine Fülle an Sprachkursen an. Für den Fall, dass Sie bereits eine Fremdsprache beherrschen und Ihre Sprachkenntnisse vertiefen oder in der Übung bleiben möchten, können Sie sich nach sogenannten Sprachcafés oder nach Sprachstammtischen umsehen. Dort treffen sich Menschen, um in einer bestimmten Sprache zu kommunizieren. Einige Angebote finden Sie unter www.sprachcafe.org, indem Sie das Stichwort „Sprachcafé" und Ihren Wohnort in Suchmaschinen eingeben oder im Lokalteil der Tageszeitungen. Bei der vhs, aber auch bei anderen Bildungsträgern können Sie darüber hinaus zahlreiche andere Fertigkeiten erlernen oder Ihr Wissen und Können vertiefen. Computerkurse beispielsweise werden zu vielen verschiedenen Themen und für unterschiedliche Könnensstufen angeboten, häufig auch speziell für Senioren.

Ein Leben lang lernen

Die Forschung ist sich heute sicher: Der Spruch „Was Hänschen nicht lernt, lernt Hans nimmermehr" ist nicht richtig, das Gegenteil ist der Fall. Es ist nie zu spät, etwas Neues zu lernen.

Vielleicht erreichen Sie im Alter keine Perfektion mehr, aber es tut ganz sicher Ihrer Gedächtnisleistung gut. Denn das menschliche Gehirn ist bis ins hohe Alter lernfähig. Je mehr Sie Ihren Geist fordern, desto mehr bilden sich Verbindungen zwischen Ihren Nervenzellen und desto leistungsfähiger wird Ihr Gehirn. Fest steht auch, dass altersbedingt abgestorbene Zellen durch andere Areale des Gehirns ersetzt werden können, wenn man seine grauen Zellen ausreichend fordert.

Was Sie schon immer machen wollten

Widmen Sie sich Dingen, die Sie schon immer interessiert haben, für die Ihnen aber bisher die Zeit gefehlt hat: Kochen, Töpfern, Schreinern, Zeichnen, Schreiben, Tanzen oder ein Musikinstrument erlernen. Kurse zu Ihren persönlichen Interessen finden Sie ganz sicher. Manche Volkshochschulen (vhs) haben spezielle Angebote zum Gedächtnistraining. Jede neue Herausforderung bringt Ihr Gehirn weiter. Aber auch hier gilt dasselbe wie beim Sport: Überfordern Sie sich nicht, sondern betreiben Sie alles mit Maß. Nur so hat es einen positiven Effekt und bringt Ihnen Freude.

Als weitere sinnvolle Beschäftigungen für Senioren, die ihre Aufmerksamkeit und Merkfähigkeit steigern möchten, nennt die AFI u. a.:

- Kopfrechnen, beispielsweise beim Einkaufen
- Lesen – ganz gleich, ob Bücher, Zeitschriften oder Tageszeitungen
- Spielabende in einer Gruppe mit Würfel- oder Kartenspielen, Schach, Memory oder Puzzles

Es ist nie zu spät, ein Instrument zu lernen. Musizieren macht nicht nur Freude, es wirkt auch Demenzerkrankungen entgegen.

Übungen für das Gehirn

Der Bundesverband Gedächtnistraining (BVGT) arbeitet mit zwölf Trainingszielen – von assoziativem Denken bis Zusammenhänge erkennen. Zu allen Zielen hat der Verein Übungen zusammengestellt, die in der Regel nicht nur eine, sondern mehrere Funktionen des Gehirns trainieren. Auf der Internetseite des BVGT finden Sie Audiodateien mit Übungsbeispielen: www.bvgt.de → Ganzheitliches Gedaechtnistraining → Trainingsziele. Einige der Übungen finden Sie tabellarisch auf der folgenden Seite.

Beispiele für Gedächtnistrainingsübungen

Assoziatives Denken

Was assoziieren (verbinden) Sie mit den folgenden Begriffen?
Beispiel: Lernen (Schule, Lehrer, Fahrradfahren, Schüler usw.)

1. Gedächtnis …

2. Training …

Denkflexibilität

1. Zählen Sie die Monate des Jahres in umgekehrter Reihenfolge auf, und zwar so schnell wie möglich.

2. Buchstabieren Sie Gedächtnistraining rückwärts.

Formulierung

Verbinden Sie drei Wörter zu einem sinnvollen Satz.
Beispiel: Gedächtnis, Übungen, Spaß – Mit einfachen Übungen kann man sein Gedächtnis trainieren und dabei Spaß haben.

1. Auto, Haus, gehen

2. Blume, Straße, fühlen

3. Papier, Eimer, Wasser

Konzentration

Finden Sie Trainingsziele des BVGT in den Buchstabenketten:

NEDENASSAAAASSOZIATIVESDENKENJKLDEOEFFKKEKFANKRE

Assoziatives Denken

RKTÄTDENKFLEXIBILITÄTFLEMERURTFORMTURIERFDGASDFRKF

Denkflexibilität

ÄHIGKEITJADFKDSAFJOGISCHESFORMULIERUNGKONHUTUENL

Formulierung

KONZZUFANTKREALOGISCHESDENKENURTESTRUKKREAFANTS

Logisches Denken

MERKFLEXJAFASFSAFKONZENTRATIONFORMMULLIERUNGJAD

Konzentration

Logisches Denken

Finden Sie die Antwort auf die folgenden Rätsel:

1. Olafs Vater hat zwei Kinder: Hänsel und …?

2. Womit fängt das Gedächtnis an und hört das Training auf?

1. Olaf 2. Mit dem Buchstaben G

Merkfähigkeit

Verbessern Sie Ihre Merkfähigkeit mit folgenden Übungen:

1. Prägen Sie sich bei Ihrem nächsten Einkauf die Dinge auf Ihrem Einkaufszettel ein und lassen Sie ihn zu Hause.

2. Versuchen Sie, so oft es geht, Telefonnummern nicht aus dem Telefonspeicher zu wählen, sondern auswendig einzutippen.

Strukturieren

Stellen Sie sich folgenden Einkaufszettel vor: Mehl, Fernsehzeitung, Tomaten, Käse, gekochter Schinken, Tiefkühlpizza, Erdbeermarmelade, Äpfel, Milch. Bringen Sie die Produkte in die Reihenfolge, wie sie in Ihrem Supermarkt zu finden sind. Das können Sie vor jedem Einkauf machen.

Wortfindung

Finden Sie möglichst viele Tiere, die mit dem Buchstaben E anfangen. Machen Sie die Übung mit allen Buchstaben des Alphabets.

Zusammenhänge erkennen

Finden Sie ein Wort, das zusammen mit den anderen fünf Wörtern jeweils ein neues Wort bildet.
Beispiel: Kauf, Tür, Herr, Lebkuchen, Schnecken; Lösung: **Haus** (Kauf**haus**, **Haus**tür, **Haus**herr, Lebkuchen**haus**, Schnecken**haus**).

1. Öffner, Post, Beschwerer, Kasten, Träger

2. Brief, Ton, Korb, Krepp, Toiletten

3. Haus, Trink, Brillen, Fenster, Wein

1. Brief 2. Papier 3. Glas

Mit dem Smartphone oder Tablet trainieren

Auch mit dem Smartphone oder Tablet können Sie Ihr Gehirn trainieren. Eine der zahlreichen Apps ist z. B. „Trainiere dein Gehirn – Gedächtnisspiele", ein Gedächtnistrainer mit Schwerpunkt auf Senioren. Die App bietet verschiedene Denk- und Merkspiele. Die Nutzer müssen sich verschiedene Muster oder Zahlen merken, Kartenpaare finden, Elemente verschiedener Bilder einprägen, Zeichenfolgen wiederholen oder Objekte zuordnen.

Das Computer-Portal PC-Welt hält die App für einen seniorengerechten Gedächtnistrainer „mit einfallsreichen Minispielen und einem zunehmend fordernden Schwierigkeitsgrad". Die App ist kostenlos, jedoch gibt es Werbeeinblendungen. Diese lassen sich gegen eine Gebühr deaktivieren.

Weitere Gedächtnis-Apps für unterschiedliche Altersgruppen sind:

- „Smarter – Gehirn-Trainer & Denk-Spiele" kombiniert Wissensfragen, Merkspiele und logische Denksportaufgaben. Zum Spielstart sind nur einige Levels verfügbar. Die Spieler müssen sich Inhalte erspielen oder kaufen. Die App ist kostenlos mit Werbeunterbrechungen, die sich gegen Gebühr ausblenden lassen.
- „Lustiges Rätsel 1 – Verdrehtes Rätsel" bietet mehr als 200 Rätsel und Gedächtnisübungen, bei denen die Nutzer kreatives Denken benötigen und Lösungen abseits der gewohnten Pfade finden müssen. Bei der kostenlosen App lässt sich die Werbung nicht deaktivieren.
- „Smart – Puzzlespiel & Logik Spiele" beinhaltet neben Gedächtnisübungen auch Einheiten, die das kognitive Reaktionsvermögen trainieren, die Konzentration schärfen sowie die Phasen maximaler Aufmerksamkeit verlängern. Um alle Spiele der App freizuschalten, ist ein kostenpflichtiges Upgrade notwendig. Mit ihm werden auch die regelmäßigen Werbeeinblendungen deaktiviert.
- „Skillz – Logisches Denkspiel" verfügt über Denk-, Merk- und Knobelspiele und fordert beispielsweise das Erkennen unpassender Muster oder das Zuordnen von Formen und Farben. Wer sich mit anderen Spielern messen will, muss sich bei Google Play Spiele anmelden. Die App ist kostenlos mit Werbung, die sich gegen Gebühr ausblenden lässt.

Auf einem Tablet sind Buchstaben und Gedächtnisspiele größer dargestellt und somit leichter erkennbar.

So bleibe ich möglichst lange selbstständig

Freundschaften pflegen

Schulkameraden kennt man nicht mehr, die Freundin aus dem Sportverein ist weggezogen: Wenn wir älter werden, scheint es oft schwierig, Freundschaften zu pflegen oder neue zu schließen. Doch es gibt Wege, soziale Netzwerke wieder zu erweitern.

Kein Arbeitsstress mehr, kein Zeitdruck, keine lästigen Termine: Die Aussicht auf das Leben im Ruhestand klingt zunächst einmal verlockend. Unter Abschiedsschmerz vom Berufsleben leidet vermutlich nur, wer ausgesprochen gern zur Arbeit gegangen ist. Wer dagegen ausgelaugt und erschöpft ins Rentnerdasein startet, fühlt sich häufig erst einmal wie befreit. Doch anschließend kommt nicht selten eine Phase, in der sich die neue Freiheit eher wie eine Leere anfühlt – und in der klar wird, wie wichtig die Berufstätigkeit eigentlich war.

Um festzustellen, wie es um Ihre Freundschaften steht und ob sie Sie bereichern, lohnt sich eine Bestandsaufnahme.

Arbeit gibt uns Struktur, sie macht uns sichtbar, im Idealfall gibt sie uns auch einen Sinn. Fällt sie weg, hinterlässt sie zunächst ein Loch. Was mache ich mit dem neu gewonnenen Freiraum? Sind etwa die Mahlzeiten, gelegentliche Arztbesuche oder der Fernseher alles, was bleibt? Das fragen sich viele frischgebackene Ruheständler.

Eine von vielen Möglichkeiten, mit der neuen Freizeit umzugehen, ist es, alte Freundschaften wiederzubeleben. Das ist gewiss manchmal nicht ganz einfach, wenn verschiedene Lebensentwürfe z. B. den Bekanntenkreis aus dem Studium in alle Himmelsrichtungen verstreut haben. Kontakt über viele Jahre zu halten kann schwierig sein. Doch es lohnt sich, es zu versuchen: Soziale Kontakte können Experten zufolge sogar das Leben verlängern.

Freundschaften tun gut

Die echte Unterstützung von Freunden federt Stress ab und sorgt dafür, dass wir uns wohlfühlen. Gute Freunde sind sogar wichtig für die Gesundheit: Forscher haben herausgefunden, dass ein funktionierendes soziales Umfeld das Immunsystem stärken kann. So tragen gute Freunde zu unserer mentalen und emotionalen Stärke bei – gemeint sind aber nicht die virtuellen „Freunde“: Zwar verbringen wir laut Bundesverband Digitale Wirtschaft im Durchschnitt täglich 71 Minuten in sozialen Netzwerken (Stand 2018). Doch „Smileys“ oder SMS sind zwar ein nettes Lebenszeichen, können aber auf Dauer die Wirkung einer echten Umarmung durch einen anderen Menschen nicht ersetzen. Um Freunde (wieder) zu gewinnen und zu bewahren, bedarf es auf lange Sicht mehr als Klicks und Kurznachrichten.

Zeit für eine Bestandsaufnahme

Nehmen Sie sich doch einmal Zeit, Ihre verschiedenen zwischenmenschlichen Beziehungen – also Freunde und Bekanntschaften, aber vielleicht auch verwandtschaftliche Beziehungen – aufzuschreiben und zu bewerten, z. B. nach dem System in der Checkliste (rechts).

Ein anderes Bewertungsschema ist es, die Beziehungen als Schaubild darzustellen: Nehmen Sie ein großes Blatt Papier, schreiben Sie Ihren Namen in die Mitte. Rundherum notieren Sie die Namen der Menschen, zu denen Sie Beziehungen pflegen. Nah bei Ihrem Namen stehen die Personen, die Ihnen besonders wichtig sind, weiter entfernt schreiben Sie diejenigen, die weniger bedeutsam für Sie sind. Wie wichtig eine Beziehung für Sie ist, können Sie beim Schreiben auch durch die Strichstärke symbolisieren – oder durch die Schriftgröße.

Checkliste: Freundschaften

Machen Sie eine Liste Ihrer Freunde, Bekanntschaften und engeren Verwandten und bewerten Sie die einzelnen Beziehungen nach folgendem System:

- ❑ Sehr belastende Beziehungen kennzeichnen Sie mit: – –
- ❑ Belastende Beziehungen mit –
- ❑ Neutrale Beziehungen mit 0
- ❑ Gute Beziehungen mit +
- ❑ Sehr gute, intakte Beziehungen mit ++

Fragen Sie sich dann, wie es um diese Beziehungen bestellt ist:

- Was ist mir wichtig in diesen Beziehungen?
- Was tut mir gut an diesen Beziehungen?
- Was belastet mich eventuell an diesen Beziehungen?
- Wie wirken sich die belastenden Faktoren aus – auf meine Partnerschaft, meine Familie, meinen Alltag, meine Stimmungen?
- Worauf könnte ich in Zukunft achten, um einzelne Beziehungen zu verbessern?
- Welches Ergebnis wünsche ich mir?
- Was kann ich anders machen als bisher?

Wer anschließend feststellt, dass die eine oder andere Bekanntschaft oder

Freundschaft eher belastend ist, sollte darüber nachdenken, ob sich die Qualität dieser Beziehung verbessern lässt. Vielleicht ist ein offenes Gespräch möglich, in dem Sie ganz klar sagen, was Sie als störend oder hinderlich empfinden. Wenn dies nicht gelingt, könnten Sie auch darüber nachdenken, ob es nicht besser ist, die Beziehung ganz zu beenden.

Denn manchmal muss man sich trennen, um sich selbst treu bleiben zu können. Das erfordert mentale und emotionale Stärke, aber setzt gleichzeitig neue Energien und Perspektiven frei. Wenn es Sie langweilt, mit Ihren früheren Kolleginnen bei jedem Treffen nur alte Anekdoten auszutauschen, trauen Sie sich, solche Kontakte einschlafen zu lassen, oder schlagen Sie etwas anderes vor – einen Kinobesuch, einen Spaziergang.

Ergibt Ihre Bestandsaufnahme, dass Ihre Beziehungen oft neutral sind? Dann fragen Sie sich, woran das liegen könnte und was Sie sich für diese Beziehungen wünschen. Auch hier gilt: Ein wichtiger Schritt von einer neutralen zu einer guten Beziehung ist Offenheit – sich selbst und den eigenen Bedürfnissen gegenüber ebenso wie anderen gegenüber. Fest steht: Einsicht ist der erste Schritt zur Besserung.

Und noch etwas fällt Ihnen bei Ihrer Bestandsaufnahme vielleicht auf: Da kommen ganz schön viele Menschen zusammen. Wenn das so ist, dann stellen Sie sich doch mal vor, wie viele Abende Sie bräuchten, um jeden Ihrer Freunde einmal im Monat zu sehen – und wie viele Wochenenden nötig wären, all diejenigen zu besuchen oder einzuladen, die in einer anderen Stadt leben. Wenn dadurch nun jeder dritte Abend oder jedes zweite Wochenende belegt wäre, ist klar: Das ist unrealistisch. Verabschieden Sie sich also in diesem Fall von Ihren Ansprüchen, Ihre Freunde häufig zu treffen – und damit auch von Ihrem schlechten Gewissen.

Gut zu wissen

Einsamkeit nimmt zu Offenbar leiden immer mehr Menschen in Deutschland unter Einsamkeit. Das zeigen Zahlen der Bundesregierung vom Mai 2019. Danach stieg bei den 45- bis 84-Jährigen die Zahl derer, die sich einsam fühlen, im Zeitraum von 2011 bis 2017 um rund 15 % an. Einsamkeit kann Folgen für die Gesundheit haben: Forschungsergebnisse zeigen, dass soziale Isolation das Auftreten und den Verlauf chronischer Krankheiten ungünstig beeinflussen und psychische Leiden wie Depressionen, aber auch schwere Erkrankungen des Herz-Kreislauf-Systems oder Demenz auslösen kann.

Freundschaften ergeben sich nicht einfach so

„Freunde zu haben bedeutet, reich zu sein", besagt ein spanisches Sprichwort. Allerdings ist jede Freundschaft anders und will anders geschätzt und gepflegt werden. Experten empfehlen, Freundschaften von vornherein gut zu pflegen, um im Alter nicht allein dazustehen. Es kann auch sinnvoll sein, darüber nachzudenken, wen man noch von früher kennt, aber aus den Augen verloren hat:

Ehemalige Schul- oder Studienfreunde, frühere Kollegen, mit denen man sich immer gut verstanden hat – vielleicht lässt sich der eine oder andere Kontakt aus alten Zeiten wiederbeleben. Es gibt eine Reihe von Möglichkeiten, wie Sie Freundschaften pflegen können.

Bleiben Sie mit ein oder zwei Schulfreunden in Kontakt Auch wenn Sie inzwischen nicht mehr so viele Gemeinsamkeiten haben, ist es schön, wenn es gelingt, sich mit Schulfreunden in regelmäßigen Abständen zu treffen. Sie kennen Phasen Ihres Lebens, die weder Ihr Partner noch die Freunde, die Sie später kennengelernt haben, mit Ihnen geteilt haben. Wenn Sie mit Schulfreunden über „alte Zeiten" reden, bleiben Ihre eigene Biografie und frühere Lebensperspektiven in Erinnerung. Das ist besonders dann hilfreich, wenn Sie keine Eltern oder Geschwister mehr haben, mit denen Sie darüber sprechen könnten. In vielen Fällen halten solche „alten" Freundschaften auch eine längere Funkstille aus, ohne dass die Vertrautheit aus früheren Jahren verloren geht.

Ein wenig „Arbeit" muss sein Es gibt Zeiten, da haben wir selbst zu unserer besten Freundin oder zu unserem besten Freund wenig Kontakt. Aber zwischendurch mal ein paar nette Zeilen auf einer schönen Postkarte, eine E-Mail, ein (Skype-)Anruf, ein kurzer Chat via Facebook oder eine WhatsApp-Nachricht sind doch eigentlich immer möglich. Kurze Lebenszeichen – Glückwünsche zum neuen Enkelkind oder zum Geburtstag, die Postkarte aus dem Urlaub oder Genesungswünsche nach einer Operation helfen, die Verbindung zu halten. Sie stabilisieren die Freundschaft. Und wenn man ab und zu miteinander telefoniert, hat dies noch einen weiteren Effekt: Wir können heraushören, ob unser Freund oder unsere Freundin eventuell Hilfe braucht. Denn meist kennen wir sie oder ihn so gut, dass wir die feinsten Signale aufnehmen und daraus die richtigen Schlüsse ziehen können. Noch besser ist es, sich immer mal wieder Zeit zu nehmen für Treffen oder gemeinsame Erlebnisse. Und Sie könnten die „alten Freunde" auch zu Festen einladen, vom runden Geburtstag über die Silberhochzeit bis zur Umzugsparty.

Die digitale Welt eröffnet viele Möglichkeiten – sowohl um neue Kontakte zu knüpfen als auch um bestehende Freundschaften zu pflegen.

So war es bei mir

„Als Student habe ich mich mit Kommilitonen angefreundet und viel mit ihnen unternommen. Das war 1959, wir waren etwa zehn Leute. Nach dem Studium haben wir uns erst mal aus den Augen verloren – jeder ist in eine andere Stadt gezogen. Doch Anfang der 1970er-Jahre hat Peter die Sache in die Hand genommen und ein Wiedersehen organisiert. Ein ganzes Wochenende haben wir uns in einer günstigen Pension eingemietet, Ausflüge unternommen, gesungen und Themen diskutiert, die für uns damals wichtig waren. Seitdem treffen wir uns jedes Jahr am ersten Wochenende im August. Und das, obwohl die meisten schon über 80 sind. Zwischen den Treffen telefonieren manche von uns regelmäßig, andere schreiben sich. Es ist schön, dass wir den Kontakt so viele Jahre halten konnten."

Karl-Heinz Z. aus Kassel

Entwickeln Sie Beziehungsrituale Sehen Sie montags nach dem Wassergymnastikkurs für eine halbe Stunde bei der Freundin vorbei, die in der Nähe des Schwimmbads wohnt. Rufen Sie den passionierten Pilzsammler unter Ihren Freunden an, wenn die feuchtwarmen Spätsommertage reiche Funde und volle Körbe versprechen. Bringen Sie Ihren früheren Nachbarn weiterhin das jährliche Nikolauskörbchen vorbei. Treffen Sie sich zu Jahrestagen, z. B. zum Schul- oder Ausbildungsabschluss. Laden Sie sich mit zwei oder drei Ihrer Freunde reihum vierteljährlich zum Brunchen ein.

Setzen Sie Prioritäten Verabreden Sie sich mit den beiden Freunden, die Ihnen besonders am Herzen liegen, gleich für das nächste halbe Jahr oder Jahr. Vereinbaren Sie in regelmäßigen Abständen Treffen oder gemeinsame Unternehmungen. Auch wenn dann später noch etwas dazwischenkommt: Sie werden sich dadurch öfter sehen, als wenn Sie immer kurzfristig nach einem gemeinsamen freien Termin für Verabredungen fahnden.

Freuen Sie sich mit dem anderen Zu erkennen, wann es dem anderen nicht so gut geht, ist ein Aspekt – aber der andere ist, sich mit seinem Freund oder seiner Freundin ehrlich zu freuen. Echte Freunde kennen keinen Neid. Sie wünschen dem anderen von Herzen, was gut für ihn ist.

Hören Sie aktiv zu Lassen Sie Ihr Gegenüber ausreden und zeigen Sie Empathie. Schwenken Sie nicht gleich auf sich selbst um und fragen Sie nach, wenn jemand Ihnen etwas erzählt.

Akzeptieren Sie auch Kritik Tolerieren Sie es auch, wenn ein guter Freund mal etwas sagt, dass Sie eigentlich so gar nicht hören wollten. Freunde sind kritisch, weil sie einen mögen. So machen sie uns auch schon mal auf „blinde Flecken" aufmerksam und wollen uns vor einer falschen Entscheidung oder einer Dummheit bewahren. Konstruktive Kritik kann sehr hilfreich sein. Wenn Sie selbst Kritik üben, bleiben Sie dabei stets liebevoll und wertschätzend. Eine gute Freundschaft verträgt auch ein Nein oder eine wohlwollende Kritik.

Nehmen Sie sich selbst und den anderen an Akzeptieren Sie Ihre Mitmenschen so, wie sie sind. Natürlich ist es in Ordnung, guten Rat zu geben, zu kritisieren und auch mal zu streiten. Aber wenn man merkt, dass man den anderen eigentlich ändern möchte, sollte man sich stattdessen fragen, warum das so ist und was das mit einem selbst zu tun hat. Den anderen ändern zu wollen tut weder Freundschaften noch Partnerschaften gut. Wichtig ist es aber auch, sich selbst zu akzeptieren. Das ist letztlich sogar die Voraussetzung dafür, andere so lassen zu können wie sie sind. Wenn sich Lebensumstände wandeln – der Ehepartner stirbt, das berufliche Leben endet, eventuell eine neue Partnerschaft beginnt oder eine Erkrankung, die einen nicht mehr so mobil sein lässt –, dann müssen sich auch Freundschaften verändern. Seien Sie offen für neue Aktivitäten, Rhythmen oder Themen.

Bleiben Sie authentisch Verstellen Sie sich möglichst nicht. Schließlich möchten Sie so akzeptiert und gemocht werden, wie Sie wirklich sind. Auch Ihre Freunde sollten sie selbst sein dürfen. Erwarten Sie nicht das, was Sie selbst geben könnten, sondern die besonderen Gaben des anderen – an Zeit, Emotionalität, praktischer Hilfe und Lebendigkeit. Verhalten Sie sich ehrlich und stets respektvoll.

Seien Sie offen und ehrlich zu guten Freunden Freundschaften zeichnen sich auch dadurch aus, dass man sich dem anderen anvertraut. Ein Freund weiß mehr über Sie als Bekannte, Nach-

Sich bei jemandem völlig fallen zu lassen und von Herzen lachen oder auch weinen zu können ist ein Beleg für die besondere Qualität der Freundschaft.

barn oder Kollegen. Durch das Einanderanvertrauen entsteht eine größere Vertrautheit als zu anderen Menschen. Das birgt natürlich auch die Gefahr, dass jemand Wissen weitergibt, das nicht weitergegeben werden sollte. Seien Sie aufrichtig, verspielen Sie das Vertrauen, das in Sie gesetzt wird, nicht. Das könnte der Anfang vom Ende der Freundschaft sein.

Verzeihen Sie Fehler Auch Freunde machen Fehler. Gerade weil man viel vom anderen weiß oder auch mal kritisch ist, kann es passieren, dass man sich im Ton vergreift oder unpassende, falsche Worte wählt. Gestehen Sie Fehler ruhig ein. Wenn man um Entschuldigung bittet und auch verzeiht, zeigt man nicht nur Größe, sondern gibt auch zu verstehen, dass einem der andere viel bedeutet.

Vermeiden Sie Enttäuschungen Versprechen Sie nichts, was Sie nicht halten können. Verzichten Sie auf Abschiedsworte wie: „Lass uns das bald mal wieder machen!“, wenn die Umsetzung unwahrscheinlich ist. Oft ist es besser, wenn man sich für die gemeinsame Zeit bedankt: „Ich habe unseren Theaterbesuch sehr genossen“, „Es hat mir gutgetan, mit dir spazieren zu gehen.“ So drücken Sie Ihre Wertschätzung aus. Statt unverbindlich „wir telefonieren“ zu sagen, zücken Sie Ihren Kalender und verabreden Sie sich gleich konkret.

Nutzen Sie die Zeit gut Wichtiger als sich oft zu sehen ist die Intensität der Zeit, die Sie miteinander verbringen. Es bringt nichts, wenn Sie zu einem Treffen hetzen, wenn Sie eigentlich gar keine Zeit haben. Verabreden Sie sich zu Zeiten, in denen Sie genug Luft und

Seien Sie nach einem Streit souverän, indem Sie sich sowohl aufrichtig entschuldigen als auch dem Gegenüber verzeihen.

Muse dafür haben. Auch ohne große Unternehmungen kann gemeinsam verbrachte Zeit schön sein. Die Begegnung selbst sollte im Mittelpunkt stehen, nicht das aufwendig gekochte Essen, für das Sie stundenlang in der Küche gestanden haben.

Neue Freunde finden

Viele glauben, es sei unmöglich, im Alter noch neue Freunde zu finden. Es stimmt schon: Wer in fortgeschrittenem Alter jemanden kennenlernen will, dem bieten sich zunächst einmal weniger Gelegenheiten als noch mit zehn, 20 oder Mitte 30. Also muss man selbst aktiv für Gelegenheiten sorgen, Menschen zu treffen, um Bekanntschaften zu schließen, die dann eventuell zu Freundschaften werden können. Dafür gibt es einige Möglichkeiten, vom Seniorensportverein über den Volkshochschulkurs und den Tanzkurs bis zur Bildungsveranstaltung.

Eine weitere Gelegenheit, Leute kennenzulernen, sind Mittagstische wie sie Vereine, Pflegeeinrichtungen oder Mehrgenerationenhäuser anbieten. Das gemeinsame Essen eignet sich zudem gut, um den Tag zu strukturieren. Wer allein zu Hause lebt, dem fehlt oft ein geregelter Ablauf.

Auch ehrenamtliches Engagement ist eine Möglichkeit, Kontakte zu knüpfen: ob in der Flüchtlingsbetreuung, im Erfahrungsaustausch mit Schülern und Auszubildenden, als Leihoma oder beim Vorlesen im Seniorenheim. In vielen Städten gibt es Ehrenamtsvermittler, die einem weiterhelfen, falls man für sich noch nicht das richtige Engagement gefunden hat (siehe auch S. 204).

Viele Menschen glauben, dass Freundschaften, die man im Erwachsenen- oder gar Rentenalter knüpft, nicht so eng und vertraut werden können, wie die, die man als Kind oder Jugendlicher schließt – und dass man sich als älterer Mensch tendenziell eher Gleichgesinnte sucht, mit denen man zwar ein paar schöne Stunden verbringt, denen man aber nicht seine innersten Gedanken und Gefühle anvertraut.

So war beispielsweise für die Teilnehmer einer repräsentativen Umfrage im Auftrag eines Apothekenmagazins die Antwort klar: Fast die Hälfte der Befragten war der Ansicht, unter Erwachsenen geschlossene Bekanntschaften seien meist oberflächlich – echte Freundschaf-

So war es bei mir

„Vor eineinhalb Jahren sind neue Nachbarn eingezogen. Ein sympathisches Paar in unserem Alter. Wir haben überlegt, sie zum Kaffee einzuladen, dann aber doch gezögert. Schließlich will man ja nicht gleich so mit der Tür ins Haus fallen. So verging die Zeit – bis vor ein paar Monaten der Nachbar bei uns klingelte und fragte, ob wir in deren Abwesenheit die Blumen gießen könnten. Als Dank brachten sie Kuchen vorbei, den wir dann gemeinsam aßen. Später, im Gespräch, stellte sich heraus, dass es den beiden genauso gegangen war wie uns: Sie dachten, wir fänden es vielleicht aufdringlich, wenn sie uns ansprechen. Das Kuchenessen war aber so nett, dass wir uns auch gezielt verabredet haben. Dabei kamen wir auf ein paar Gemeinsamkeiten – und ja, wir haben das Gefühl, dass so etwas wie Freundschaft daraus werden könnte."

Sylvia K. aus München

ten würden sich daraus nur ganz selten entwickeln. Und jeder Vierte glaubte, echte Freunde könne man nur in der Kinder- und Jugendzeit finden.

Männer und Frauen führen Freundschaften übrigens auf unterschiedliche Art und Weise: Während Männer eher gemeinsam etwas unternehmen, treffen sich Frauen meist explizit, um sich auszutauschen und ihre Beziehung zueinander zu pflegen. Psychologen sprechen von „Face to Face“-Freundschaften bei Frauen im Gegensatz zu „Side by Side“-Freundschaften bei Männern. In beiden Fällen gilt allerdings, dass wir uns öffnen müssen, wenn wir Freunde finden wollen.

Fest steht: Wenn man Menschen kennenlernt, die gut zu einem passen, und wenn beide Seiten es möchten, kann man auch im Alter noch sehr enge Freundschaften schließen.

Denn Freundschaft basiert zunächst einmal auf gleichen Interessen. Wenn Gleichgesinnte sich – bei welcher Gelegenheit auch immer – regelmäßig treffen, zu guten Bekannten werden, sich dann nach und nach füreinander öffnen und persönliche Dinge von sich erzählen, entsteht Vertrauen, und die Bekanntschaft kann zur Freundschaft werden. Ähnlich funktioniert es bei Paarbeziehungen.

Den ersten Schritt zu machen und sich gegenüber einem neuen Bekannten zu öffnen erfordert Mut. Denn man weiß ja noch nicht, wie der andere mit dem, was man ihm anvertraut hat, umgehen wird und ob er sich ebenfalls öffnen wird. Auch haben viele Menschen Angst, eine neue Bekanntschaft zu schnell zu überfrachten: Was, wenn man dann später doch feststellt, dass es nicht so gut passt? Dennoch gilt: Man

Bei Männerfreundschaften stehen meist Aktivitäten im Vordergrund, wie gemeinsames Joggen. In so einem Rahmen kommt es durchaus auch zu persönlichem Austausch.

muss sich öffnen, wenn man Freunde gewinnen will.

In Krisenzeiten werden neben den guten Freunden oft auch Menschen wichtig, die vorher nur lockere Bekannte waren: Nachbarn, die für einen einkaufen gehen, wenn man krank ist, ein Kollege, dem zur selben Zeit gekündigt wurde wie einem selbst, Menschen, die dieselbe Selbsthilfegruppe besuchen. Solche praktischen und seelischen Hilfestellungen können sehr unterstützend sein. Doch mit dem Überwinden der Krise endet dann auch oft die Verbundenheit. Das kann umgekehrt natürlich auch Ihnen passieren, wenn Sie der Helfer in der Not sind.

So oder so: Man sollte in solchen Fällen nicht zu enttäuscht sein, wenn aus den Begegnungen dann doch keine dauerhafte Freundschaft wird. Und haben Sie auch kein schlechtes Gewissen, wenn Sie ein Ritual aus schwierigen Zeiten wieder aufgeben, wie z. B. den wöchentlichen Kaffeetratsch, der der Zeit entstammt, als Sie für den bereits gesundeten Nachbarn einkaufen waren. Es zeigt Größe und gute Umgangsformen, wenn man nicht stillschweigend von der etwas engeren zur lockeren Beziehung übergeht, sondern das offen anspricht und für die gemeinsame Zeit dankt.

Wer ein bewegtes Leben hat – z. B. häufige Arbeitsplatzwechsel, Umzüge, aber auch viele Freizeitaktivitäten und Ehrenämter –, hat oft viele einzelne Freunde aus den verschiedenen Bereichen, aber nicht diesen einen festen Freundeskreis. In diesem Fall kann man eine der vielen Gruppen zum bevorzugten Freundeskreis erklären: Das kann ein Volkshochschulkurs mit seit Jahren gleichbleibenden Teilnehmern sein, eine Kirchengemeinde oder Pfarrei, ein Chor oder die Sportgruppe. Im Idealfall versteht sich die Gruppe als Gemeinschaft. Solch ein Verbund kann einen auch durch schwere Zeiten tragen, wenn einzelne Personen überfordert wären.

Enge Freunde hat man nur wenige, das wusste schon der griechische Philosoph Aristoteles (384 bis 322 v. Chr.): „Es empfiehlt sich, nicht möglichst viele Freunde zu erwerben, sondern nur so viele, als zum gemeinsamen Leben genügen. Es ist nicht möglich, mit vielen innig befreundet zu sein."

So war es bei mir

„Mein ehemaliger Chef und ich haben uns angefreundet, nachdem wir beide in Rente gegangen waren. Wir hatten schon zusammen Volleyball gespielt. In der Mannschaft haben sich natürlich alle geduzt, aber er kam immer zum ‚Sie' zurück, sobald wir vom Spielfeld runter waren. Als wir beide kurz nacheinander aufhörten zu arbeiten, hat er mich angerufen und wir waren zusammen eine Runde laufen. Jetzt duzen wir uns, sehen uns regelmäßig und werden vielleicht gemeinsam die Jugendmannschaft in unserem Verein trainieren. Es ist schon toll, wie sich das entwickelt hat, das hätte ich nie gedacht. Aber klar ist auch: Diese neue Freundschaft ist nicht mit denen vergleichbar, die ich in meiner Jugend geknüpft habe, weil wir noch nicht so eine lange gemeinsame Geschichte haben, wie ich sie mit meinen beiden besten Freunden teile. Den einen kenne ich seit der Grundschule, den anderen aus dem Studium. Uns verbinden Jahrzehnte." *Klaus D. aus Ulm*

Single- und Seniorenbörsen im Internet

Das Internet bietet viele Möglichkeiten, gerade wenn man weniger unterwegs ist. Spezielle Seniorenplattformen können, ähnlich wie Partnerbörsen, helfen, neue Kontakte zu knüpfen und Freunde zu finden. Aber Vorsicht: Es gibt auch einige Fallstricke.

Sie heißen „Feierabend.de", „Platinnetz", „50plus-Treff", „Lebensfreunde50" oder „SilberSingles": Längst haben Online-Börsen auch Senioren als Zielgruppe entdeckt. Dabei geht es den Anbietern nicht nur darum, über das Netz Menschen für gemeinsame Unternehmungen zusammenzubringen – auch die Partnervermittlung spielt eine Rolle. Schließlich gibt es nicht wenige Menschen jenseits der 60, die nach dem Tod des Partners oder nach einer Trennung noch einmal eine neue Liebe suchen.

Zwar raten Experten dazu, sich bei der Suche nach einer neuen Beziehung nicht nur auf das Internet zu verlassen, sondern auch unter Menschen zu gehen – schließlich ist es im „richtigen Leben" wohl doch noch am einfachsten, jemand Passenden kennenzulernen –, doch das Internet bietet auch verschiedene Möglichkeiten, wenn es darum geht, schon einmal eine Vorauswahl zu treffen und überhaupt einen Kontakt herzustellen.

Allerdings gibt es im Netz ein Problem: die Ehrlichkeit. Manche schummeln in ihren Internetprofilen beim Alter, beim Gewicht oder bei der Größe – aus Angst, andernfalls gleich „weggeklickt" zu werden. Andere möchten sich interessanter machen, indem sie Hobbys angeben, die sich schon längst nicht mehr ausüben, und Interessen vorgeben, die sie gar nicht haben. Häufig werden stark geschönte oder sehr veraltete Fotos eingestellt. Natürlich fliegt der Schwindel spätestens bei der persönlichen Begegnung auf.

Die Partnersuche im Internet

Im Internet gibt es grundsätzlich zwei verschiedene Vorgehensweisen bei der Partnersuche: die Kontaktbörsen und die Partnervermittlungen.

Kontaktbörsen Hier stellt ein Anbieter lediglich die Internetplattform zur Verfügung, auf der Kontakt- oder Partnersuchende ihr Profil eingeben, das bedeutet: Man kann Fotos und persönliche Angaben einstellen, in der Regel zunächst kostenlos. Gebühren fallen erst an, wenn man aktiv wird und sich für eine sogenannte Premium-Mitgliedschaft anmeldet, um mit anderen Mitgliedern Kontakt aufzunehmen. Die Webseiten bieten oft nicht nur die Möglichkeit, sich zu verabreden, sondern versuchen darüber hinaus, durch weitere Servicekomponenten wie Ratgeber und Tipps, Gesprächsforen und regionale Gruppen dem Nutzer mehr zu bieten.

Partnervermittlungen Hier werden den Kunden Partner vorgeschlagen – in der Regel auf der Grundlage eines umfangreichen Fragebogens, in den Angaben zur eigenen Person sowie zu persönlichen Ansichten und Wünschen einzutragen sind. Auf der Basis dieses erstellten Profils schickt das Partnerinstitut, dessen Service im Normalfall nicht kostenlos ist, per E-Mail passende Vorschläge. Die Online-Kunden haben es selbst in der Hand, ob und wie sie die ermittelten Empfehlungen nutzen.

Es gibt Portale, die ihre Leistung gratis oder zumindest für bestimmte Personengruppen (z. B. Frauen bis 45 Jahre) kostenfrei anbieten. Meist hat das den Hintergrund, dass sie Mitglieder aus der entsprechenden Gruppe suchen. Bei anderen Anbietern ist eine (oft unnütze) kostenfreie Mitgliedschaft möglich, die aber noch keinen Austausch mit anderen möglich macht: Den Kontakt zu anderen Partnersuchenden bekommt man dann erst mit einer kostenpflichtigen Mitgliedschaft.

Online-Dating Experten raten, beim sogenannten Online-Dating ein aktuelles Foto einzustellen, ansonsten aber zunächst möglichst wenige Informationen von sich preiszugeben. Denn auf manchen Singleplattformen wartet nicht der Traummann oder die Traumfrau, sondern die ein oder andere Enttäuschung oder gar Abzocke. Für eine erste Sichtung sollten also das Foto und der Wohnort ausreichen.

Auch wenn es dann zum gegenseitigen „Like“ – also zur ersten Interessensbekundung – kommt, sollte man nicht sofort den vollen Namen, die Telefonnummer oder gar die Wohnadresse herausgeben, sondern erst, wenn man eine Weile gechattet (sich hin- und hergeschrieben) und Vertrauen zum virtuellen Gegenüber gefasst hat. Zudem ist es ratsam, sich für das Online-Dating eine spezielle E-Mail-Adresse einzurichten, die später wieder gelöscht werden kann.

Schon beim sogenannten Chatten kann sich zeigen, ob das Gegenüber grundsätzlich auf der gleichen Wellenlänge liegt.

Gut zu wissen

Vorsicht bei Vergleichsportalen Damit Kontakt- oder Partnersuchende schnell ans Ziel kommen, bieten Vergleichsportale im Internet ihre Hilfe dabei an, eine geeignete Singlebörse auszuwählen. Doch die sogenannten Ranking-Dienste, die mit den „besten Partnervermittlungen" oder „Singlebörsen im Test" werben, können in die Irre führen und Enttäuschungen sowie hohe Kosten verursachen. Denn auch Bestnoten bieten keine Garantie, dass man nicht doch auch auf geschönte Profile trifft und auf falsche Versprechen hereinfällt. Verbraucherzentralen warnen, dass die Testverfahren und Vorempfehlungen von Vergleichsportalen nur mäßig transparent sind – und dass sich ihre Empfehlungen oft an den Provisionen der Dating-Dienste orientieren, die für ein gutes Testergebnis zahlen.

Love Scamming Für die Vorsicht gibt es einen Grund: das sogenannte Love Scamming. Dabei wenden sich die Täter ganz bewusst an ältere Menschen, weil sie davon ausgehen, dass diese einsam sind. Dann wird den Senioren die große Liebe vorgegaukelt. Wenn ein wenig Vertrauen aufgebaut wurde, berichtet der Internetbekannte, dass er jetzt ganz dringend Geld brauche. Verbraucherzentralen warnen davor, dass gerade solche Betrügereien an Häufigkeit zunehmen. Sie raten dazu, sich so bald wie möglich mit Online-Kontakten zu treffen, das aber in jedem Fall an einem öffentlichen Ort und nicht zu Hause.

Wahrheit zahlt sich aus Ob Kontaktbörse oder Partnervermittlung: Wer ein idealisiertes Bild von sich darstellt, erhält nicht immer die passenden Zuschriften. Die Kontakte können sich beim Kennenlernen als Reinfall entpuppen – und wenn über einen längeren Zeitraum immer wieder neue kostenpflichtige Angebote eingeholt und ausprobiert werden müssen, kann das schnell ins Geld gehen. Es lohnt sich also menschlich und finanziell, möglichst nah an der Wahrheit zu bleiben.

Den richtigen Anbieter finden Um von vornherein zu vermeiden, dass Sie an einen unseriösen Dienst geraten, sollten Sie zunächst prüfen, ob auf der Internetseite Name, Adresse und Rufnummer der Firma sowie ein Verantwortlicher genannt werden, bevor Sie sich online registrieren oder gar einen Vertrag unterzeichnen. Lassen Sie sich nicht von positiven Internetbewertungen blenden. Wenn Vergleichsportale Testberichte heranziehen, dann versuchen Sie zunächst herauszufinden, aus welcher Quelle die Tests stammen und wer sie verfasst hat.

So vermeiden Sie Fallstricke

Die Welt der Online-Partnervermittlung ist enorm groß. Um den Überblick zu behalten und Online-Fallen zu umgehen, hier einige hilfreiche Tipps:

- Legen Sie zunächst Ihre Wünsche fest: Da das Angebot von der Singlebörse über die Partnervermittlung bis zum Erotikportal riesig ist, sollten Sie zunächst überlegen, was Sie suchen. Singles zur gemeinsamen Freizeitgestaltung? Einen Partner fürs Leben? Ein schnelles Abenteuer?

Wenn man die Vorsichtsmaßnahmen beachtet, ist die Wahrscheinlichkeit durchaus hoch, jemanden über das Internet kennenzulernen.

- Sehen Sie sich das Impressum an – und zwar vor der Anmeldung. Sie sollten wissen, mit wem Sie es zu tun haben. Wenn der Anbieter im Ausland sitzt, ist es oft schwieriger, Rückzahlungsansprüche durchzusetzen, besonders wenn der Unternehmenssitz außerhalb der EU ist.
- Prüfen Sie die Leistungen, die der Anbieter verspricht: Erhalten Sie passende Partnervorschläge oder nur den Zugang zu einem Portal, auf dem Sie selbst suchen müssen? Wird wirklich die in der Anzeige beworbene Person vermittelt oder bekommt man nur Kontaktvorschläge?
- Es ist ratsam, sich die Allgemeinen Geschäftsbedingungen (AGBs) genau anzusehen: Achten Sie z. B. darauf, dass der Anbieter persönliche Daten nur mit Ihrem ausdrücklichen Einverständnis an Dritte, etwa für Werbezwecke, weitergibt. Und wenn bei den Kontakten teure 0900er-Nummern angegeben sind, sollten Sie diese grundsätzlich meiden.
- Seien Sie misstrauisch bei „kostenloser Mitgliedschaft“ und Testangeboten. Die Registrierung zur kostenfreien Mitgliedschaft ermöglicht oft noch nicht den Kontakt zu anderen. Und günstige Testangebote verwandeln sich nach Ablauf nicht selten in langfristige, teure Mitgliedschaften.
- Achten Sie auf die Laufzeit der angebotenen Verträge. Häufig sind die Mitgliedschaften bei längerer Laufzeit auf den Monat umgerechnet günstiger. Bedenken Sie aber: Wenn Ihnen das Portal dann nach ein paar Monaten nicht mehr gefällt oder Sie bereits jemanden kennengelernt haben, sind Sie an die gewählte Laufzeit gebunden oder müssen über das Recht zur außerordentlichen Kündigung streiten.
- Kündigen Sie den Vertrag rechtzeitig. In den AGBs steht, ob eine automatische Vertragsverlängerung vorgesehen ist. In diesem Fall denken Sie daran, rechtzeitig zu kündigen. Am besten, Sie erledigen das schon bald nach Vertragsschluss, dann versäumen Sie die Frist nicht.
- Bezahlen Sie nicht sofort für den gesamten Zeitraum, sondern nach Möglichkeit monatlich. Auch wenn dies meist etwas teurer ist, haben Sie nur so die Garantie, dass Sie Ihrem Geld im Streitfall nicht hinterherlaufen müssen.

Nachbarschaftshilfe aufbauen

Wer möglichst lange in vertrauter Umgebung leben möchte, braucht nicht nur eine altersgerechte Wohnung: Hilfreich kann auch die Unterstützung anderer Menschen sein. Schön, wenn man da auf freiwillige Hilfe von nebenan zählen kann.

Gute Freunde kann man sich aussuchen – die Nachbarn in der Regel nicht. Aus Nachbarn müssen nicht unbedingt Freunde werden. Doch es ist angenehm und entlastend, wenn man sich gut versteht mit den Menschen von nebenan. Und es kann im Ernstfall sehr hilfreich sein, wenn man eine gut funktionierende Nachbarschaftsstruktur hat. Von heute auf morgen geht das meist nicht: Pflegen muss man sie ebenso wie Freundschaft.

So war es bei mir

„Als wir vor 20 Jahren in unsere Wohnung gezogen sind, waren auch drei andere Paare neu im Haus. Schon das hat uns verbunden. Wir hatten immer etwas zu reden, wenn wir uns im Flur trafen. Irgendwann schlug eine Nachbarin vor, den vernachlässigten Grünstreifen hinterm Haus in einen Garten zu verwandeln. Wir haben umgegraben, Büsche gepflanzt, Rasen gesät und einen Sitzplatz angelegt. Dort grillen wir seither gelegentlich – manchmal auch gemeinsam. Das hat den Zusammenhalt weiter gestärkt: Wer in Urlaub fährt, weiß, dass die Pflanzen gegossen oder die Katzen versorgt werden. Eine Nachbarin hatte sich mal die Schulter gebrochen, da haben wir ihr alle beim Einkaufen geholfen oder auch mal für sie gekocht. Mit einem der Paare verbindet uns inzwischen eine enge Freundschaft. Den Zusammenhalt genießen wir sehr." *Sibylle M. aus Stuttgart*

Im Alltag lässt sich vieles durch Nachbarschaftshilfe organisieren. Doch wer vom Zusammenhalt einer guten Nachbarschaft profitieren möchte, muss sich auch selbst einbringen. Wer mal eine helfende Hand braucht, z. B. dabei, die schwere Gartenbank zu verrücken, einen Schrank aufzubauen, oder wer wegen eines gebrochenen Arms Unterstützung mit den Einkaufstaschen benötigt, der kann vielleicht im Gegenzug auch mal die Blumen gießen oder auf die Nachbarskinder aufpassen.

Damit aus dem zufälligen Nebeneinander ein freundliches Miteinander wird, damit gute Kontakte und neue Begegnungen entstehen, sollte man offen auf die Nachbarn zugehen: Ein freundlicher Gruß oder einmal ein kleines Gespräch, wenn man sich auf dem Flur oder beim Bäcker begegnet – warum eigentlich nicht? Vielleicht ist ja auch eine Einladung zum Kaffeetrinken denkbar oder Sie regen einen Grillabend im Gemeinschaftsgarten an. So lässt sich nach und nach Vertrauen aufbauen. Das ist wichtig, wenn es auch einmal um einen größeren Gefallen geht oder wenn man regelmäßige Unterstützung braucht.

Durch gelegentliche Einladungen unter Nachbarn wächst das Vertrauen und zugleich können aktuelle Anliegen besprochen werden.

Wichtig ist aber: Laden Sie sich nicht zu viel auf. Gehen Sie keine Verpflichtungen ein, die Sie nicht bewältigen können. Behalten Sie ein klares Ziel im Blick – z. B. einen gemeinsamen Nutzen. Achten Sie darauf, dass Privatsphäre und Unabhängigkeit erhalten bleiben. Und erwarten Sie auch nicht zu viel von Ihren Nachbarn.

Ideen für eine gut vernetzte Nachbarschaft

Manchmal sind es nur kleine Dinge, die ein dichtes Netzwerk unter Nachbarn knüpfen und so ein möglichst langes Leben in den eigenen vier Wänden leichter machen. Die folgenden Ideen stammen vom Bundesministerium für Familie, Senioren, Frauen und Jugend (BMFSFJ) und lassen sich leicht selbst in die Tat umsetzen.

Telefonkette Ein kurzer Anruf, eine einfache Frage: „Wie geht es dir/Ihnen heute?“ Mit einer Telefonkette kann ein Gefühl von Sicherheit im Alltag vermittelt werden. Es ist eine vorsorgliche Maßnahme, die auch die Aufmerksamkeit füreinander fördern soll – den Hausnotruf (siehe S. 73) ersetzt eine solche Telefonrunde nicht. Sie funktioniert so: Alle Beteiligten – das können Freunde, Verwandte oder Nachbarn sein – rufen sich regelmäßig in einer festgelegten Reihenfolge an. Man benötigt in der Regel jemanden, der die Kette startet, der dann auch den letzten Anruf erhält und informiert wird, sobald ein Teilnehmer auch 15 Minuten nach der vereinbarten Zeit nicht zu erreichen ist. Das erste Glied der Kette hat dann auch die Möglichkeit, über vorab ausgetauschte „Notfallnummern“

So war es bei mir

„Mit einem Bänderriss fing es an: Ich humpelte auf Krücken und wusste nicht, wie ich zu meinen Arztterminen und zur Reha kommen sollte. Auto fahren konnte ich so nicht und der Vorort, in dem ich lebe, wird nur dreimal am Tag von einem Bus angefahren. Ein Nachbar bot sich an, mich mit seinem Auto hinzufahren, ein anderer konnte mich abholen. Es fanden sich Leute, die für mich eingekauft haben, andere sind mit meinem Hund spazieren gegangen. Für die Unterstützung bin ich heute noch dankbar. Irgendjemand kam dann auf die Idee, das Ganze über einen E-Mail-Verteiler zu organisieren. Inzwischen ist die ganze Nachbarschaft in der E-Mail-Gruppe. Wer eine Mitfahrgelegenheit braucht, schreibt einfach eine kurze Mail. Das klappt nicht immer, aber doch sehr oft." *Peter S. aus Hamburg*

z. B. bei Angehörigen, Freunden, Hausärzten oder Pflegediensten nachzufragen. Die Telefonate sollten kurz und knapp sein, sodass die Kette nach etwa 30 Minuten einmal durchlaufen werden kann. Wichtig: Wer z. B. verreist oder auf Kur geht, sollte daran denken, sich vorübergehend von der Telefonkette abzumelden.

Haus- und Straßenfeste Fragen Sie doch mal Ihre Nachbarn, ob sie nicht Lust auf ein Haus- oder Straßenfest haben. Schon die gemeinsame Planung kann sehr viel Spaß machen und das gemeinsame Ziel schweißt zusammen. Beim Fest lernt man einander besser kennen und knüpft neue Kontakte. Ein Anlass und der passende Ort finden sich immer, ganz gleich ob im Hinterhof, auf der Straße oder einem Platz in der Nähe. Mag sein, dass sich anfangs nur wenige Menschen dafür erwärmen können, das Fest mit Ihnen zu organisieren. Doch wenn dann alle auf Ihre Initiative hin einen schönen Tag erlebt haben, werden sich beim nächsten Mal vielleicht schon mehr Menschen fürs Mitmachen begeistern können.

Einkaufsgemeinschaften Ob Heizöl, Getränke oder Lebensmittel: Wer das Einkaufen unter Nachbarn aufteilt, spart in erster Linie Zeit und manchmal sogar Geld. Einen Versuch ist es wert. Doch gerade zu Anfang sollte die Mitgliederzahl überschaubar sein. Die Beteiligten sollten sich kennen und Vertrauen zueinander haben.

Hol- und Bringdienste „Wie komme ich aus meinem Dorf in die Stadt zum Einkaufen, zum Arzt – oder auch zum Theater?" Nachbarschaftlich organisierte Hol- und Bringdienste sind für ältere Menschen, die phasenweise oder dauerhaft selber nicht mehr Auto fahren können, eine gute Alternative zu Bus und Bahn – v. a. auf dem Land, wo es um den öffentlichen Personennahverkehr oft nicht ganz so gut bestellt ist. Wer selbst noch fit am Steuer ist, könnte sich überlegen, ob er nicht Familien aus der Nachbarschaft mit Fahrten zur Schule, zum Musikunterricht oder zum Sport entlasten kann und möchte.

Gemeinschaftsgärten Manche zunächst ungewohnte Idee kann sich durchaus als wertvoll entpuppen. Wie wäre es denn z. B. damit, zusammen mit Nachbarn ein Gartenprojekt auf die Beine zu stellen? Die gemeinsame Betätigung an der frischen Luft kann dazu beitragen, sich besser kennenzulernen. Außerdem kann man sich Gartenarbeit aufteilen, sodass es niemandem zu viel wird. Und vielleicht entstehen aus so einem Projekt sogar weitere Nachbarschaftshilfen.

Wer über ein solches Projekt nachdenkt, kann sich nach einem geeigneten Grundstück in der Umgebung umsehen. Sie können auch bei Ihrer Gemeinde- oder Stadtverwaltung nachfragen, vielleicht verpachtet die Kommune Grundstücke oder stellt sogenannte Ausgleichsflächen zur Verfügung. Diese dürfen allerdings nicht privat genutzt werden. Folglich ist eine Einzäunung solcher Grundstücke nicht erlaubt, eine Abgrenzung durch Sträucher aber schon.

Alternativ können Gartenbesitzer, denen das eigene Grundstück zu groß und die damit verbundene Arbeit zu mühselig wird, darüber nachdenken, ob sich Nachbarn an Nutzung, Kosten und Arbeit beteiligen möchten. Auch so können neue Kontakte entstehen.

Auch ein gemeinsamer Schrebergarten ist eine Möglichkeit. Vielleicht gibt es ja einen Schrebergartenverein in der Nähe, der Sie und Ihre Nachbarn aufnimmt oder zumindest auf die Warteliste setzt. In der Regel liegen die Pachtkosten für einen Schrebergarten bei wenigen hundert Euro pro Jahr. Je mehr Menschen mitmachen, desto günstiger wird es für den Einzelnen.

Gartenfeste mit den Nachbarn können zu einer generationsübergreifenden Tradition werden, die den Zusammenhalt stärkt.

Bei Tauschringen kann man seine Dienste als Leihoma anbieten. Dabei entstehen bisweilen auch innige Verbindungen, die beide Seiten bereichern.

In Kassel ist vor einigen Jahren ein schönes Gartenprojekt entstanden: Aus einer ungenutzten Rasenfläche auf dem Kasseler Huttenplatz mitten im dicht besiedelten Stadtviertel Vorderer Westen hat sich seit 2012 ein lebendiges vielfältiges und buntes Gartenbiotop mit Hochbeeten, Bohnentipi, Kräuterspirale, Kartoffelacker, Insektenhotel und bunten Blumenwiesen entwickelt. Den Anstoß für das Stadtgartenkulturprojekt gab die Künstlergruppe AndAndAnd während der dOCUMENTA (13). Den Künstlern ging es v. a. darum, „Räume zu erkunden, die Kunst und Kultur heute besetzen können, sowie verschiedene Öffentlichkeiten oder Gemeinschaften anzusprechen und einzubinden". Deshalb trafen sich im März 2012 etwa 100 Anwohner, Studenten und Interessierte, um auf dem Platz einen experimentellen Stadtgarten anzulegen.

Bis heute wird der Garten gemeinschaftlich bewirtschaftet. Menschen verschiedenen Alters treffen sich dort, darunter auch viele, die nicht aktiv mitgärtnern, aber sich dort z. B. mit ihren Kindern Gemüse, Blumen und Insekten ansehen. Während der Gartensaison treffen sich die Gärtnerinnen und Gärtner samstags ab 11 Uhr auf dem Platz. In der Winterzeit wird auf regelmäßigen Stammtischtreffen das neue Gartenjahr geplant.

Zeitbörsen und Tauschringe „Biete Englischkonversation, brauche Unterstützung beim Unkraut jäten". – „Wer kann die Birne meiner Deckenlampe auswechseln? Ich backe dafür einen Kuchen." – „Suche Unterstützung bei der Installation eines neuen Computerprogramms! Ich könnte im Gegenzug bügeln" … Talent-, Zeit- oder Tauschbörsen gibt es inzwischen in vielen Städten. Sie sind eine bewährte Form der organisierten Nachbarschaftshilfe.

Das Prinzip ist Geben und Nehmen, jeder kann dabei mitmachen, nicht nur diejenigen, die genug Geld haben, sich bestimmte Leistungen zu kaufen. Wenn Sie sich bei einer Tauschbörse anmelden, bieten Sie etwas an, was Sie gut können: kochen, Gartenarbeit, auf Kinder aufpassen, Nachhilfe in Mathe oder Französisch, Klavierunterricht, Hund ausführen, tapezieren, Fahrdienste – was auch immer. Für Ihre Leistung erhalten Sie im Tausch andere Hilfsangebote, die Sie selbst gut gebrauchen können.

Meist tauschen die Mitglieder der Börse untereinander Leistungen, bei der Zeit als Währung eingesetzt wird. Eine Zeiteinheit heißt beispielsweise „Talent“ und entspricht, sagen wir, drei Minuten. Wichtig: Alle Leistungen werden gleich bewertet.

In der Praxis funktioniert das so: Albert schneidet Beate die Haare. Das dauert 30 Minuten. Da ein „Talent“ drei Minuten entspricht, gibt Beate Albert für seine Arbeit einen Zeit-Verrechnungsscheck über zehn „Talente“. Diesen Scheck reicht Albert bei der Zentrale der Zeitbörse ein. Dort werden von Beates Zeitkonto zehn „Talente“ abgebucht und Alberts Konto gutgeschrieben. Wenig später übersetzt Beate für Claudia einen Brief ins Englische. Das dauert 90 Minuten. Dafür bekommt Beate 30 „Talente“. Nach einigen Tagen lässt sie sich von Dieter die Büsche im Garten schneiden usw.

Bei diesem zeitversetzten Austauschen sind die Konten der einzelnen Mitglieder mal im Plus, mal im Minus. Jedes Minus sollte möglichst zügig durch eigenen Einsatz wieder ausgeglichen werden. Beim Guthaben gibt es dagegen meist keine Beschränkungen – und Zinsen gibt es weder im Plus noch im Minus.

Solche Zeitbörsen können sich über ein, zwei Straßen, über Stadtteile oder auch über ganze Städte erstrecken. Welche Leistungen in einem Tauschring angeboten werden, hängt v. a. von dem Können und der Kreativität der teilnehmenden Nachbarn ab.

Checkliste: Nachbarschaftshilfe aufbauen

Stellen Sie sich bei der konkreten Umsetzung folgende Fragen:

- ❑ Finden sich Mitstreiterinnen und Mitstreiter, die ein ähnliches Ziel haben?
- ❑ Wer kann welche Stärken und Fähigkeiten einbringen?
- ❑ Gibt es öffentlich zugängliche Räume, in denen man sich regelmäßig treffen könnte?
- ❑ Wie soll die Zusammenarbeit organisiert werden?
- ❑ Welche Person, Organisation, Initiative, Behörde könnte uns in unserem Anliegen unterstützen?
- ❑ Gibt es vergleichbare Initiativen, von deren Erfahrungen wir lernen können?
- ❑ Lassen sich Kooperationspartner finden?
- ❑ Wie verteilen wir die Verantwortlichkeiten?
- ❑ Wie werden die Nachbarschaftsarbeiten am besten organisiert?
- ❑ Welche vereinsrechtlichen Fragen sind zu klären?
- ❑ Wie sieht unser Konzept aus und wie können sich Freiwillige hierbei einsetzen?
- ❑ Sollen Aufwandsentschädigungen vereinbart werden?
- ❑ Wird ein Versicherungsschutz gewährleistet?
- ❑ Wie können wir die Öffentlichkeit über unser Projekt informieren?

Gut zu wissen

Was als Schwarzarbeit gilt, ist im „Gesetz zur Bekämpfung der Schwarzarbeit und illegalen Beschäftigung" (SchwarzArbG) festgelegt. Schwarz arbeitet z. B., wer …

- … als Angestellter oder Selbstständiger tätig ist, ohne gesetzlich gemeldet zu sein.
- … Dienst- oder Werkleistungen in erheblichem Umfang erbringt, ohne bei den Sozialversicherungsträgern, der Kranken-, Pflege-, Renten- oder Unfallversicherung gemeldet zu sein.
- … als Handwerker tätig ist, ohne in der Handwerksrolle eingetragen zu sein.
- … als Gewerbetreibender seine Tätigkeit nicht beim Finanzamt gemeldet hat.

Nicht zur Schwarzarbeit zählen Gefälligkeiten, Selbsthilfe (Heimwerken) oder Nachbarschaftshilfe sowie die „illegale Beschäftigung", etwa von Ausländern ohne Genehmigung.

Organisierte Nachbarschaftshilfe

Vielerorts bieten auch die kirchlichen Träger und verschiedene Hilfsorganisationen Nachbarschaftshilfe an. Die Helferinnen und Helfer sind auf ehrenamtlicher Basis tätig, ihr Engagement erfolgt stundenweise und freiwillig. Sie erhalten in der Regel eine Aufwandsentschädigung und sind über die jeweiligen Träger unfall- und haftpflichtversichert. Die Träger organisieren auch die Einsätze. Tätigkeiten sind z. B.:

- Hilfen im Haushalt, wie etwa einkaufen, Mahlzeiten zubereiten, Wäschepflege, Wohnung in Ordnung halten.
- Hilfen im sozialen Bereich, wie etwa Begleitung zum Arzt, zu Behörden und zu Veranstaltungen, Spaziergänge, Unterhaltung und Gespräche, Betreuung von an Demenz erkrankten Menschen oder Betreuung von Kindern (stundenweise) bei kurzzeitiger Abwesenheit der Mutter.

Um das Angebot der Nachbarschaftshilfe verlässlich anbieten zu können, erheben die Träger in der Regel für die Einsätze eine sozialverträgliche Gebühr. Die Höhe dieser Gebühr ist von Ort zu Ort unterschiedlich.

Viele organisierte Nachbarschaftshilfen werden zur Unterstützung im Alltag nach § 45a SGB XI anerkannt, sodass anfallende Gebühren von der jeweiligen Pflegeversicherung über den sogenannten Entlastungsbetrag (siehe S. 233) erstattet werden, wenn ein Pflegegrad vorliegt.

Nachbarschaftshilfe – oder Schwarzarbeit?

Wenn sich Familienmitglieder, Freunde oder Nachbarn gegenseitig helfen und gelegentlich so etwas wie Rasenmähen, Babysitten, Blumengießen oder Schneeschippen im Winter übernehmen, läuft dies in der Regel unter Nachbarschaftshilfe. Wo hört eine Gefälligkeit auf – und wo fängt Schwarzarbeit an? Fest steht: Schwarzarbeit ist kein Kavaliersdelikt, sondern eine Straftat. In schweren Fällen drohen bis zu fünf Jahre Haft.

Als Nachbarschaftshilfe wird Arbeit bezeichnet, die

- von Verwandten, Freunden oder Nachbarn erbracht wird;

- auf gegenseitiger Unterstützung beruht;
- unentgeltlich, allenfalls gegen ein geringes Entgelt oder gegen ein kleines, als angemessen erachtetes Geschenk erbracht wird.

Doch was ist angemessen? Ein Dankeschön, z. B. ein Kinogutschein, eine Flasche Rotwein oder ein geringes Entgelt, als Entschädigung sind erlaubt – aber die Aufwandsentschädigung sollte in jedem Fall geringer ausfallen, als die erbrachte Leistung eigentlich Wert ist.

Und noch etwas ist zu beachten: Der Helfer darf nicht etwa in der Absicht handeln, dauerhaft einen Gewinn erzielen zu wollen. Wenn also Ihr Nachbar, der Ihnen bislang zweimal im Jahr beim Wechseln der Autoreifen geholfen und dafür jeweils 20 Euro erhalten hat, Ihnen nun anbieten würde, gegen einen geringen Stundenlohn regelmäßig die Büsche in Ihrem Garten zu beschneiden, umzugraben, Unkraut zu jäten, die Straße zu fegen, Ihre größeren Einkäufe zu erledigen und dann noch bei Gelegenheit die Küche zu streichen, würde dies unter Schwarzarbeit fallen – wegen des regelmäßigen Stundenlohns.

Ab welchem Betrag ein vermeintlicher Nachbarschaftshelfer gegen das Schwarzarbeitsgesetz verstößt, ist nicht festgelegt, sondern hängt vom Einzelfall ab. Entscheidend ist das Motiv: Steht die Hilfsbereitschaft im Vordergrund oder das Geld?

Wer haftet bei Schäden?

Angenommen, Ihr Nachbar mäht Ihren Rasen und beschädigt dabei eine Statue. In einem solchen Fall können Sie sich den Schaden im Normalfall nicht von Ihrem Nachbarn erstatten lassen.

Zwar muss nach dem Bürgerlichen Gesetzbuch (BGB) derjenige, der eine fremde Sache beschädigt oder eine Person verletzt, dafür einstehen – er muss also den Schaden ersetzen und der verletzten Person unter Umständen ein Schmerzensgeld zahlen –, doch bei Freundschaftsdiensten und Gefälligkeiten erscheint es den Richtern oft nicht angemessen, derart strenge Haftungsregeln anzulegen: Bei Verwandten, Nachbarn, Freunden gehen sie davon aus, dass beide Parteien stillschweigend einen Haftungsausschluss vereinbart haben. So ist inzwischen gängige Rechtsprechung, dass es nur dann Schadensersatz und Schmerzensgeld gibt, wenn ein Helfer vorsätzlich oder grob fahrlässig Schaden verursacht hat.

Gut zu wissen

Wer eine private Haftpflichtversicherung hat, ist in der Regel auch bei Freundschaftsdiensten geschützt. Die Versicherung reguliert meist alle Schäden, die grob oder leicht fahrlässig verursacht wurden. Hilfe beim Umzug ist aber häufig aus dem Leistungskatalog ausgeschlossen. Sehen Sie im Zweifelsfall in Ihre Versicherungspolice. Umzugshelfer, die sich absichern möchten, können sich von demjenigen, dem sie helfen, auch Folgendes unterschreiben lassen: „Mein Freund Max Muster hilft mir beim Umzug. Er haftet nicht für dabei verursachte Schäden. Ausgenommen sind nur Vorsatz und grobe Fahrlässigkeit."

Hobbys finden und pflegen

Wer nicht mehr berufstätig ist, kann sich einem erfüllenden Hobby widmen. Welches, das hängt letztlich von den persönlichen Vorlieben ab. Besonders günstig ist es, wenn durch die Freizeitbeschäftigung Körper und Geist gefördert werden.

Als frischgebackener Rentner oder Pensionär hat man plötzlich viel Freizeit. Das ist dann ein Problem, wenn man sie nicht sinnvoll füllt. Vielen Ruheständlern fehlen zunächst das geregelte Arbeitsleben und die sozialen Kontakte, die der Job mit sich brachte: Sie können mit der neu gewonnenen Zeit nichts anfangen, fühlen sich einsam und haben oft Langeweile.

Doch das muss nicht sein, wenn man seinen Alltag als Rentner aktiv gestaltet. Dabei ist es hilfreich, den Tag zu strukturieren. Beim morgendlichen Kaffee die Zeitung lesen, nach dem Mittagessen eine halbe Stunde ruhen, anschließend eine Runde an der frischen Luft: Solche täglichen Rituale helfen, eine gute Balance zwischen Ruhephasen und unterschiedlichen Aktivitäten zu finden.

Planen Sie Ihre Aktivitäten im Ruhestand am besten vorab. Empfehlenswert sind regelmäßige Tätigkeiten, die möglichst vielfältig sind.

Zudem ist es hilfreich, wenn Sie sich zunächst folgende Fragen beantworten:

- Was ist mir wichtig im Leben?
- Was möchte ich in meiner Freizeit machen?
- Wie kann ich meine Freizeit aktiv gestalten?
- Was könnte eine schöne Herausforderung für mich sein?

Überlegen Sie doch einmal, welche Träume Sie im Lauf der Jahre z. B. aus Zeitmangel aufgegeben haben. Erinnern Sie sich daran, was Sie in letzter Zeit vernachlässigt haben, aber noch unbedingt machen möchten. Oder Sie suchen sich etwas, das vielleicht sogar eine echte Herausforderung darstellt: Sie wollten immer schon Italienisch lernen? Sie konnten in Ihrer Jugend ganz gut Englisch sprechen? Sie haben schon immer von Klarinettenunterricht geträumt? Warum eigentlich nicht eine Sprache oder ein Musikinstrument lernen oder alte Fähigkeiten wieder auffrischen? Gehen Sie das ganz an, ohne sich selbst unter Druck zu setzen, und investieren Sie nur so viel Zeit, wie es Ihnen Freude bereitet – die geistigen Fähigkeiten halten Sie mit solchen Tätigkeiten allemal in Schwung.

Zudem gibt es viele Freizeitaktivitäten, die Sie auch körperlich fit halten. Sie müssen ja nicht unbedingt einem Verein beitreten: Schon moderate

Bewegung wie beispielsweise Schwimmen und Gymnastik unterstützt die Fitness und die Motorik.

Übrigens: Menschen mit einem Haustier, um das man sich kümmern muss, sind oft zufriedener und auch körperlich gesünder. Dies gilt zumindest für diejenigen, die regelmäßig mit einem Hund Gassi gehen. Ganz nebenbei kann man dabei auch wunderbar mit anderen Menschen ins Gespräch kommen, die ebenfalls einen Vierbeiner spazieren führen. Vielleicht wäre das auch etwas für Sie?

V. a. in größeren Städten ist das Angebot an Freizeitaktivitäten für Senioren meist vielseitig. Erkundigen Sie sich, was in Ihrer Stadt oder Gemeinde angeboten wird oder was Freunde, Nachbarn und Bekannte in ihrer Freizeit unternehmen. Vielleicht können Sie sich anschließen oder zumindest einmal mitkommen und hineinschnuppern, ob das etwas für Sie wäre.

Hier ein paar Ideen für eine erfüllte Freizeitgestaltung:

Ausflüge

Gemeinsame Ausflüge mit Gleichgesinnten machen viel Spaß. Sie können selbst Freunde und Bekannte zusammentrommeln, um z. B. gemeinsam ins Museum oder zum Wandern zu gehen, eine andere Stadt zu besuchen oder was auch immer Ihnen Spaß macht. Oder Sie informieren sich im Tagesblatt oder Internet über Seniorenangebote.

Boule

Sicher haben Sie es schon einmal gesehen: Menschen, die im Park oder am Strand Boule spielen. Der Name kommt aus dem Französischen, von „la boule“, „die Kugel, der Ball“. In Frank-

Boule vereint vieles, was ein gutes Hobby ausmacht: Man bewegt sich, ist an der frischen Luft und hat mit anderen Leuten Spaß.

Gut zu wissen

Wenn zu viel Ruhe aufs Gemüt schlägt Je nach Gesundheitszustand und persönlicher Verfassung sind Ruhephasen in jedem Fall sinnvoll, aber in Maßen. Denn Alltagsaufgaben und Aktivitäten setzen Ziele und können dazu beitragen, dass schwermütige Gedanken verschwinden oder gar nicht erst aufkommen. Lassen Sie deshalb gar nicht erst zu, dass Langeweile und Energielosigkeit Ihren Tag bestimmen. Wenn das Gefühl überhandnimmt, nicht mehr gebraucht zu werden, kann es das eigene Handeln und Denken beeinflussen. Der Fachbegriff der Psychologen dazu lautet „Bore-out" (von englisch boredom, Langeweile). Falls Ihre Niedergeschlagenheit anhält und Sie feststellen, dass Sie damit allein nicht fertig werden, suchen Sie vorsichtshalber einen Arzt auf.

reich heißt das Spiel allerdings „Pétanque". Dort ist es sehr beliebt, ebenso wie in Italien, wo es „Boccia" heißt.

Gespielt wird im Freien, auf einem Feld mit etwa den Maßen 5 × 30 m. Als Erstes wirft der Spieler, der zuvor verloren hat, eine sogenannte Setzkugel. Anschließend versucht jeder Spieler, seine Kugeln so nah wie möglich an die Setzkugel heranzuwerfen oder die Kugeln der Gegner weiter wegzustoßen. Für jede Kugel, die der Setzkugel näher liegt als eine andere, gibt es einen Punkt.

In vielen Städten sind in Parks oder auf Plätzen Boule-Spielfelder für jedermann entstanden. Hier treffen sich mehr oder weniger regelmäßig Menschen aller Altersgruppen. Manche spielen Boule auch ganz sportlich im Verein: In Deutschland gibt es den Deutschen Pétanque Verband (DPV), den Boccia Bund Deutschland (BBD) und den Deutschen Boule Verband Sektion Lyonnaise (DBLV), die sich zum Dachverband Deutscher Boccia-, Boule- und Pétanque-Verband zusammengeschlossen haben.

Dart

In Großbritannien ist es die Kneipensportart schlechthin und auch hierzulande ist das Geschicklichkeitsspiel beliebt. Für echte Fans ist es mehr, als nur mit Pfeilen – den sogenannten Darts – auf eine Runde Scheibe zu werfen: Dart ist auch eine Präzisionssportart, nicht unähnlich dem Sport- oder Bogenschießen.

Die Dartscheibe wird so aufgehängt, dass die Wurfdistanz 2,37 m beträgt, der Mittelpunkt der Scheibe (Bulls Eye) muss 1,73 m über dem Boden sein. Es gibt verschiedene Spielvarianten, aber das Entscheidende ist immer, dass man mit seinen drei Pfeilen pro Durchgang die „richtigen" Felder trifft.

Was beim Zuschauen zunächst sehr einfach wirken mag, sollte nicht unterschätzt werden. Die Grundlagen der Bewegung müssen durchaus geübt werden, um sich mit anderen messen zu können.

Geselligkeit ist nur einer der Faktoren, die den Reiz des Dartspiels ausmachen. Ein weiterer Aspekt: Dieser Sport ist extrem entspannend, denn es kommt weder auf Zeiten noch auf Geschwindigkeiten an, sondern ausschließlich auf Präzision. Zudem wird die Hand-Augen-Koordination einem echten Test unterzogen, an der man je nach Ehrgeiz jahrelang feilen kann.

Weitere Informationen finden Sie beim Deutschen Dart-Verband e. V. unter www.deutscherdartverband.de.

Gärtnern

Rosen züchten, Gemüsebeete anlegen, Unkraut im Zaum halten, ernten, Vögel beobachten: Gärtnern ist ein vielfältiges Hobby. Im Garten ist rund ums Jahr nahezu immer etwas zu tun. Für manche mag Gartenarbeit ein lästiges Übel sein, das man am liebsten einem Gärtner überlässt. Doch unterschätzen Sie nicht, wie positiv sich Arbeit im eigenen Garten auf die Gesundheit auswirken kann. Außerdem hat man die Möglichkeit, den Garten pflegeleicht zu gestalten, wenn man schon älter ist (siehe S. 99–105).

Gärtnern bedeutet immer auch Bewegung – das ist gut, aber lassen Sie es bei schweren Arbeiten wie Umgraben langsam angehen oder suchen Sie sich Unterstützung für Aufgaben, die Ihnen mittlerweile schwerfallen. Wenn Sie Rückenprobleme haben, sollten Sie zunächst mit dem Hausarzt sprechen. Die Knie machen nicht mehr so richtig mit? Da kann ein gelenkschonendes Hochbeet Abhilfe schaffen (siehe S. 103). Zudem kann man Sitzhilfen und Fußbänkchen nutzen, um sich die Gartenarbeit zu erleichtern.

Wer sich mit Muse dem Gärtnern hingeben möchte, findet immer neue Ideen und Inspirationen beim Durchblättern der vielfältigen Gartenbücher. Der Buchhandel hält ein breites Angebot bereit, z. B. für entspanntes Gärtnern im Alter.

Sie haben keinen eigenen Garten, genießen die Arbeit mit Pfanzen aber? Dann erkundigen Sie sich doch bei einem Schrebergartenverein. Vielerorts sind auch Gemeinschaftsgärten entstanden, wo man sich beispielweise ein Beet mieten und nach Herzenslust bepflanzen kann. Etliche davon finden Sie auf der Internetseite der gemeinnützigen Stiftung „Anstiftung“ unter www.anstiftung.de.

Geocaching

Bei dieser modernen Variante der Schnitzeljagd bewegt man sich an frischer Luft und sucht dabei mithilfe von sogenannten GPS-Geräten in unbekanntem Gelände nach einem „Cache“ (englisch für „geheimes La-

Einen Hauch von Abenteuer erlebt man beim Geocaching, wenn man gemeinsam im Team Rätsel lösen muss, um an sein Ziel zu gelangen.

So war es bei mir

„Ich bin gern an der frischen Luft, liebe lange Spaziergänge und Wanderungen. Möglichkeiten dazu gibt es bei uns ja genug, ich wohne am Rand des Schwarzwalds. Als ich in Rente ging, war meine Frau schon verstorben. Mir war klar, dass ich etwas tun muss, damit mir zu Hause nicht die Decke auf den Kopf fällt. So kam ich auf die Idee mit der Wandergruppe. Ich habe einen Freund und einen Nachbarn gefragt, ob sie mitmachen, dann habe ich Zettel im Supermarkt um die Ecke und im Gemeindehaus aufgehängt. Inzwischen sind wir zehn Personen, von denen im Schnitt sieben bis acht mitkommen. Dann gehen wir regelmäßig alle zwei Wochen wandern. Wir treffen uns auch, wenn das Wetter schlecht ist, machen dann aber nur einen kurzen Spaziergang und kehren ein. Die Routen werden reihum geplant, jeder ist mal dran." *Wolfgang F. aus Offenburg*

ger“). Das ist meist ein kleiner Behälter mit einem Logbuch und oft auch einem kleinen Geschenk darin, den jemand dort versteckt und auf einer Geocaching-Seite im Internet angemeldet hat, z. B. unter www.geocaching.com. Oft müssen auf der Suche nach dem „Cache“ Rätsel gelöst werden oder man gelangt von Punkt zu Punkt durch die Landschaft.

Hat man das Ziel erreicht, darf man das Geschenk als Andenken mitnehmen. Für echte „Cacher“ ist es Ehrensache, dem Nächsten ebenfalls eine kleine Aufmerksamkeit zu hinterlassen.

Voraussetzung für die Schatzsuche ist ein GPS-taugliches Mobilgerät. Das kann ein Smartphone mit einer entsprechenden App sein – oder ein spezieller GPS-Empfänger. GPS steht für „Global Positioning System“, dabei wird der Standort des Nutzers mithilfe von Satelliten-Signalen bestimmt. GPS-Empfänger sind robuster als Smartphones und können die gesuchte Position genauer orten. Sie können allerdings auch mehrere hundert Euro kosten. Für den Anfang reicht ein Smartphone sicherlich aus.

Hat der Geocacher den „Cache“ gefunden, trägt er sich in das Logbuch ein. Zusätzlich sollte man seinen Fund in der sogenannten Logliste des entsprechenden Geocaches im Internet dokumentieren – „loggen“ nennt man das.

Letztlich beschäftigt man sich beim Geocachen also mit wandern und dabei Rätsel lösen. Man bewegt sich in freier Natur und hält das Gehirn aktiv. Eine besondere Ausrüstung brauchen Sie nicht – feste Schuhe und Wetterschutz reichen aus. Aber Achtung: Manche „Chaches“ sind an schwer zugänglichen Stellen versteckt. Als Beginner sollte man sich nicht zu viel zumuten.

Kochen

Gesunde Ernährung ist im Alter besonders wichtig (siehe S. 142). Für viele Senioren ist es aber gar nicht so einfach, für sich allein ausgewogen zu kochen. Auch lassen manchmal Geruchs- und Geschmackssinn nach, sodass frühere Lieblingsspeisen plötzlich fad schmecken können. Wer auf der Suche nach Inspirationen ist, könnte es mit einem Kochkurs versuchen. Ganz nebenbei ist das auch eine gute Möglichkeit, neue Bekanntschaften zu knüpfen.

Vielerorts gibt es extra Seniorenkochkurse. Der Vorteil: Die Anbieter können sich auf diese Zielgruppe spezialisieren, ihre Rezepte entsprechend anpassen und eventuell auch altersspezifische gesundheitliche Themen ansprechen. Die Gewohnheiten, Vorlieben und Bedürfnisse älterer Menschen unterscheiden sich häufig von denen junger Menschen, sodass Sie Ihre Fragen in einem Kochkurs für Senioren gezielter stellen können. Ob Sie gern kochen oder es bisher überhaupt nicht können, spielt keine Rolle: Kurse gibt es für jedes Niveau, entweder bei privaten Anbietern, bei Ernährungsberatern oder an der Volkshochschule.

Und fragen Sie doch einmal bei Ihrer Krankenkasse nach: Viele gesetzliche Kassen bieten auch Kochkurse an. Häufig sind diese Kurse für Mitglieder der Versicherung sogar kostenfrei.

Modellbau

Kleine Eisenbahnen, ferngesteuerte Autos, Schiffe, Flugzeuge, Gebäude, Wiesen, Bäume und vieles mehr: Beim Modellbau geht es darum, in standardisierten Maßstäben ein Abbild der Wirklichkeit zu erschaffen. Aus einem Bausatz oder oft auch nur mit Rohmaterialien wird ein Modell erschaffen, bemalt und mit viel Liebe zum Detail so lebensecht wie möglich gestaltet.

Das kann sehr zeitintensiv sein: Selbst einfache Modelle aus dem Kaufhausregal fertigzustellen kann viele Stunden dauern. Man benötigt eine ruhige Hand, gute Augen oder eine entsprechende Sehhilfe – und v. a. viel Geduld. Da man beim Modellbau viel sitzt, bietet sich ein weiteres Hobby mit mehr Bewegung an. Ganz billig ist Modellbau nicht: Schon Plastikmodellbausätze können dreistellige Summen kosten, dazu kommen Farben, Kleber und Werkzeuge.

Nichtsdestotrotz haben sich die vielen leidenschaftlichen Modellbaufans in Vereinen organisiert. Kontaktdaten finden Sie im Internet.

Origami ist ein entspannendes Handwerk für alle Könnensstufen – vom Basteln mit den Enkelkindern bis hin zum Erschaffen filigraner Kunstwerke.

Origami

Die Kunst des Papierfaltens stammt aus Japan. Das Wort „Origami" leitet sich ab von „oru" für „falten" und „kami" für „Papier": Zumeist beginnt man mit einem quadratischen Blatt Papier, woraus durch Falten zwei- oder dreidimensionale Objekte wie etwa Tiere, Papierflieger oder geometrische Körper entstehen – der Fantasie sind keine Grenzen gesetzt.

Origami fördert die Konzentration und sorgt für Beweglichkeit in den Fingern. Die Faltkunst verlangt räumliches Denken, regt Fantasie und Kreativität an. Viele Ideen, Anleitungen und Literaturempfehlungen rund um das Papierfalten sowie Hinweise auf regionale Treffen von Fans dieser Kunst finden Interessierte auf der Website des Vereins Origami Deutschland e. V. (www.papierfalten.de).

Reisen

Neue Orte und ferne Länder außerhalb der Hochsaison zu entdecken – auch dafür ist nun Zeit. Für alle, die sich in einer Reisegruppe am besten aufgehoben fühlen, gibt es viele Angebote mit unterschiedlichen Arten der Reisebetreuung (siehe S. 210). Auch Reisen in ärztlicher Begleitung sind heutzutage keine Seltenheit mehr. Fragen Sie am besten in Ihrem Reisebüro nach den für Sie infrage kommenden Angeboten.

Singen

In Deutschland gibt es Chöre für Kinder und Jugendliche, für Profis und Amateure – und oft auch für Senioren. Studien belegen, dass die Lebensqualität im Alter durch das Singen steigt. Auch wenn sich die Stimme im Alter verändert, liegt Singen im Trend und Seniorenchöre sind beliebt: Die Deutsche Gesellschaft für Musikgeragogik (DGfMG e. V.; www.singen-im-alter.de) verzeichnet mehr als 150 Chöre (Stand Dezember 2019) und immer wieder kommen neue dazu. Ziel der Gesellschaft ist es, älteren Menschen eine Anlaufstelle zu bieten, wenn sie auf der Suche nach einem passenden Chor sind.

In Seniorenchören kann auf die Bedürfnisse älterer Menschen eingegangen werden und man kann sich auf die älter gewordenen Stimmen einlassen. Denn Stimmen altern und verändern sich ein Leben lang. Mit den Jahren lässt die Elastizität der Stimmbänder nach, hormonelle Veränderungen kommen hinzu und so werden Frauenstimmen dunkler und tiefer, Männerstimmen rauer. Aber das ist kein Grund, nicht zu singen. Singen ist gesund und in jedem Alter möglich. Die Stimme lässt sich trainieren wie ein Muskel und so kann man auch ohne Vorerfahrungen den Schritt in einen Chor wagen.

Ganz nebenbei geben Chorproben der Woche eine Struktur und man verlässt regelmäßig das Haus. Oft verbringen die Chormitglieder auch über die Proben hinaus Zeit miteinander.

Sie suchen einen passenden Chor? Vielleicht singt ja schon jemand aus Ihrem Bekanntenkreis in einem Seniorenchor und Sie können sich einfach anschließen. Viele Städte bieten außerdem Übersichten über die Chöre in der Umgebung. Wer in einem kirchlichen Chor singen möchte, kann sich direkt an die Gemeinde oder den Kirchenvor-

Gut zu wissen

Musikalische Aktivitäten, v. a. das Singen, können bei Demenzpatienten die kognitiven Fähigkeiten stärken und ihre Stimmung verbessern. Das fanden Forscher der Universität Helsinki heraus. An ihrer Untersuchung nahmen 89 Probanden mit leichter bis mittelschwerer Demenz teil: Zwei Gruppen machten über zehn Wochen bei einem Musikprogramm mit. Dabei ging es entweder um das aktive Singen oder das passive Hören bekannter Lieder. Die dritte Gruppe erhielt die Standardtherapie. Vor und nach dem Musikkurs wurden die Probanden untersucht und sechs Monate nachbeobachtet. Es zeigte sich, dass die musikalischen Aktivitäten kognitive Fähigkeiten wie Arbeitsgedächtnis, Verstandesfunktion und Orientierungsvermögen verbesserten sowie Depressionen linderten. Häufig konnte eine Verschlechterung vermieden werden, zu der es in der dritten Gruppe gekommen war.

steher wenden. Viele Seniorenchöre findet man auch über das Internet.

Spielen

Gedächtnisspiele unterstützen das Gehirn und sind nicht nur etwas für Kinder – ganz im Gegenteil. Sogar einfaches Liederraten, „Stadt, Land, Fluss“ und „Memory“ eignen sich als Gedächtnistraining. In geselliger Runde macht es besonders viel Spaß. Laden Sie doch einmal Freunde, Familie oder Nachbarn zum Spielenachmittag ein!

Sie können natürlich auch Gesellschaftsspiele, Doppelkopf, Kanasta, Bridge oder Skat spielen – was immer Ihnen Spaß macht. Vielerorts gibt es entsprechende Angebote über Vereine oder Seniorenzentren.

Sport

Es gibt viele Sportarten, die Sie auch als Seniorin oder Senior noch anfangen und regelmäßig ausüben können (siehe S. 130). Viele Sport- und Wandervereine bieten spezielle Kurse und Gruppen an. Erkundigen Sie sich bei den örtlichen Sportvereinen oder im Internet unter dem Stichwort „Seniorensport“. Auch Ihre Krankenkasse gibt Ihnen gern Tipps, wo und wie Sie in Ihrer Nähe sportlich aktiv werden können.

Tanzen

Tanzen ist mehr, als sich im Rhythmus der Musik zu bewegen: Es ist eine anspruchsvolle Tätigkeit für Körper und Geist – und es schüttet sogenannte Endorphine (Glückshormone) aus.

So war es bei mir

„Ich bin nun schon 72. Die sogenannten 68er habe ich voll mitgemacht. Bob Dylan, Janis Joplin, Jimi Hendrix, Rock, Blues – das war damals meine Musik. Und was haben wir damals abgetanzt! Irgendwann habe ich gehört, dass es eine Gruppe gibt, die sich regelmäßig einmal im Monat in den Räumen einer Tangoschule trifft und die Songs von damals auflegt. Aber auch neuere Musik, die durchaus manchmal meinen Geschmack trifft. Da bin ich also hingegangen – obwohl mich meine Frau erst für verrückt erklärt hat. Aber es hat richtig viel Spaß gemacht. Und es waren ein paar jüngere Leute da, so ab 30 oder 40 vielleicht. Nachdem ich so viel Freude hatte, ist meine Frau dann auch mal mitgekommen – und später hat sie mich tatsächlich dazu überredet, mit ihr einen Tangokurs zu machen. Davon hatte sie schon lange geträumt.“ *Lutz G. aus Karlsruhe*

Schon kleine Trainingseinheiten helfen älteren Menschen, Körper, Geist und Seele fit zu halten. Das ergab eine Studie der Ruhr-Universität Bochum. Die Neurowissenschaftler fanden heraus, dass schon eine Stunde Tanz pro Woche ausreicht, um Körper und Geist fit zu halten. Das Verblüffende: Selbst Stubenhocker steigerten nach einem halben Jahr Training ihre Beweglichkeit erheblich. Auch die Aufmerksamkeit der Studienteilnehmer sowie ihre Reaktionsfähigkeit wurden deutlich verbessert.

Vom Tanztee bis zum Tanzkurs: Es gibt zahlreiche Veranstaltungen für Senioren, bei denen sich sowohl Alleinstehende als auch Paare treffen und tanzen können. Angebote finden Sie z. B. bei Tanzschulen, in Tanzsportvereinen oder Seniorenzentren.

Seniorenstudium

Warum nicht noch einmal studieren, wenn man endlich Zeit dafür hat? Viele Universitäten haben Angebote für ältere Menschen und mehr als 40 000 Seniorstudenten sind bundesweit registriert – Tendenz steigend.

Das Angebot ist enorm groß: Mehr als 50 Universitäten und Fachhochschulen bundesweit haben spezielle Studiengänge für Senioren oder Seniorenuniversitäten im Programm und bieten zudem spezielle Begleit-, Veranstaltungs- und Orientierungshilfen für Ältere an. Die Angebote sind allerdings von Ort zu Ort unterschiedlich aufgebaut – und die älteren Semester sind entweder als reguläre Studenten, Seniorenstudenten oder auch als Gasthörer eingeschrieben. Einheitliche Regelungen gibt es nicht.

Beim Seniorenstudium ist es in den meisten Fällen nicht das vorrangige Ziel, einen bestimmten Abschluss zu erwerben, obwohl manche Unis diese Möglichkeit durchaus anbieten. Es geht vielmehr darum, je nach Interesse und Neigung den persönlichen und geistigen Horizont zu erweitern – einfach aus Freude an der eigenen Weiterbildung. Studieren können Sie im Prinzip alles – von der Ägyptologie über Literaturwissenschaft bis zur Volkswirtschaft. Oder möchten Sie in die Geschichte der Kunst eintauchen? Oder haben Sie Ihre „Liebe zur Weisheit" (Philosophie) entdeckt?

Oft sind die Seniorenstudiengänge in die Universitätsabläufe integriert, d. h., ältere und jüngere Studenten sitzen in gemeinsamen Veranstaltungen. Das macht die Sache lebendig: Für viele macht gerade der Austausch mit der jüngeren Generation den besonderen Reiz des Seniorenstudiums im Universitätsbetrieb aus.

Voraussetzungen für ein Seniorenstudium

Wie bei allen Studiengängen an Universitäten erfordert auch das Seniorenstudium in der Regel eine offizielle Immatrikulation oder eine Zulassung als Gasthörerin oder Gasthörer.

Sie können sich teilweise auch ohne Hochschulreife für ein Seniorenstudium an einer Universität oder Hochschule bewerben. Voraussetzung sind zumeist ein Realschulabschluss oder der Mittlere Schulabschluss (MSA) sowie eine abgeschlossene Berufsausbildung mit mehrjähriger Berufserfahrung, die im Zusammenhang mit dem gewünschten Studienfach stehen sollte.

Der Akademische Verein der Senioren in Deutschland e. V. hat auf seiner Website unter www.avds.de die Zugangsvoraussetzungen der einzelnen Universitäten aufgelistet. Diese Website ist durchaus empfehlenswert, hält sie doch viele Informationen, nützliche Tipps, Adressen und Telefonnummern für ältere Studenten bereit. U. a. sind auch die Angebote der deutschen Hochschulen für Senioren beschrieben.

Die Anmeldung zum Seniorenstudium ist an der jeweiligen Studienabteilung der Hochschule möglich und auch die entsprechenden Formulare sind dort erhältlich. Bitte beachten Sie, dass Sie sich jedes Semester neu anmelden müssen.

Viele Hochschulen verlangen eine schriftliche Absichtserklärung, dass Sie an einer bestimmten Lehrveranstaltung teilnehmen werden. Die Veranstaltungen, die Sie belegen, werden dann ins Studienbuch oder in den Belegbogen eingetragen. Deshalb sollten Sie sich rechtzeitig das Vorlesungsverzeichnis holen und sich über die Angebote und v. a. über die Fristen informieren.

In der Regel ist beim Seniorenstudium eine Gasthörergebühr fällig. Diese variiert von Hochschule zu Hochschule und kann z. B. von der Anzahl der besuchten Lehrveranstaltungen abhängen. Je nach finanzieller Lage ist manchmal eine Ermäßigung möglich. In der Regel beträgt die Gasthörergebühr nicht mehr als 100 Euro pro Semester, kann jedoch ansteigen, wenn z. B. die Dauer des Studiums sechs oder mehr Semester beträgt. Die Maßgaben sind aber von Bundesland zu Bundesland verschieden.

Studierende Senioren werden meist in die normalen Vorlesungen integriert. Das führt oft zu einem erfrischenden Austausch zwischen den Generationen.

Zertifikate oder Studienbescheinigungen über die Teilnahme an einem Gasthörer- bzw. Seniorenstudium kann man sich im Normalfall ausstellen lassen.

Fernstudium ohne Abitur Viele Hochschulen bieten Fernstudiengänge an, die neben der Berufstätigkeit absolviert werden können. Zwar gibt es auch Präsenzzeiten, die man vor Ort verbringt, aber den größten Teil der Aufgaben bearbeitet man zu Hause.

Die Zugangsbedingungen sind wie beim Direktstudium der Realschulabschluss sowie die abgeschlossene Ausbildung samt Berufserfahrung. Ein Fernstudium ist jedoch meist mit erheblichen Kosten pro Semester und Prüfung verbunden. Außerdem setzt diese Art des Studiums vieles voraus: Selbstdisziplin, die Fähigkeit zu selbstständigem Arbeiten und zur Selbst-

Wer im Seniorenstudium ein Zertifikat oder einen Abschluss anstrebt, muss in aller Regel, wie jeder andere Student auch, Leistungsnachweise erbringen.

organisation, Belastbarkeit und Durchhaltevermögen. Auch müssen Sie sich immer wieder selbst motivieren können. Der Vorteil gegenüber einem Direktstudium: Sie können Ihre Zeit frei einteilen.

Studium an privaten Bildungseinrichtungen Es gibt viele private Anbieter von Studiengängen, die häufig im Rahmen der gesetzlichen Möglichkeiten auch ein Studium ohne Abitur ermöglichen. Die Qualität der Lehre ist bei diesen privaten Instituten allerdings recht unterschiedlich. Zudem fallen hier hohe Kosten pro Semester sowie für Prüfungen und zum Teil für institutseigene Bildungsmaterialien an.

Sollten Sie ein Studium an einer solchen privaten Bildungseinrichtung beabsichtigen, um z. B. Ihre akademische Laufbahn weiterzuführen oder um einen beruflichen Neuanfang bzw. Wiedereinstieg in Angriff zu nehmen, sollten Sie vorab unbedingt prüfen, ob die Abschlüsse staatlich anerkannt sind oder ob es sich lediglich um Zertifikate u. Ä. handelt.

Zeitaufwand für ein Seniorenstudium Der Zeitaufwand für ein Seniorenstudium ist meist überschaubar, kann aber von Hochschule zu Hochschule variieren und ist natürlich auch von Ihrem Ehrgeiz abhängig.

Die Universitäten verlangen durchschnittlich vier Leistungsnachweise, die Klausuren, Referate oder Hausarbeiten beinhalten. Außerdem muss eine Abschlussarbeit geschrieben werden, die dem Standard einer wissenschaftlichen Hausarbeit entspricht und so das erworbene wissenschaftliche Wissen wiedergibt. Hinzu kommen die Veranstaltungen, die im Gasthörerstatus absolviert werden, zumeist Vorlesungen.

Um das Studium effektiv zu gestalten, sollten Sie mindestens 15 Wochenstunden Arbeitszeit inklusive Vorlesungen einplanen. Sechs Wochenstunden reine Vorlesungs- bzw. Seminarzeit sind die Regel, hinzu kommen Vorbereitung und Nachbereitung.

Vielleicht macht es Ihnen aber auch so viel Spaß, dass Sie freiwillig mehr dafür machen möchten. Letztlich hängt es v. a. von Ihrem Wissensdurst ab, wie sehr Sie sich in das Studium vertiefen.

Anwesenheitspflicht Um anerkannt zu bekommen, dass Sie einen Kurs belegt haben, sollten Sie im Schnitt nicht mehr als zwei Veranstaltungstermine pro Semester versäumen. Dies gilt besonders bei Universitäten, die auch beim Seniorenstudium eine Eintragung im Belegbogen verlangen. Andernorts wird diese Regel oft weniger streng angewendet.

Grundsätzlich gilt: Je strukturierter ein Seniorenstudium ist, umso eher besteht eine Anwesenheitspflicht.

Klausuren Die meisten Universitäten sehen die Leistungsnachweise in Form von Hausarbeiten, Klausuren oder Referaten vor. Wer ein Zertifikat erhalten möchte, muss diese Leistungsnachweise in aller Regel erbringen. Am besten klären Sie diese Frage vorher mit der jeweiligen Universität. Die Anforderungen sind deutschlandweit unterschiedlich, da ein Seniorenstudium als Bildungsangebot noch nicht einheitlich definiert ist.

Als Senior an die Uni – diese Möglichkeiten gibt es

Nachdem die prinzipiellen Fragen zum Seniorenstudium geklärt sind, hier eine Auflistung der verschiedenen Möglichkeiten bzw. Herangehensweisen:

Klassisches Seniorenstudium Üblicherweise studiert man im höheren Alter ohne berufsqualifizierenden Bachelor- oder Masterabschluss. Bei diesem klassischen Studium steht das rein fachliche Interesse im Vordergrund, z. B. an Philosophie, Theologie, Archäologie, Germanistik, Naturwissenschaften usw.

Diese Art des Studierens bietet die Vorteile, dass weder Zeitdruck noch Prüfungsstress herrschen, denn Sie müssen meistens keine Hausarbeiten abgeben und auch keine Prüfungen ablegen. Einige Universitäten bieten allerdings auch für das Seniorenstudium Programme mit Abschlusszertifikat an, das zwar nicht berufsqualifizierend ist, aber die wissenschaftlichen Leistungen bescheinigt.

Die Gebühren werden je nach Institution unterschiedlich gehandhabt.

Gasthörerstudium Diese Art des Studiums wird an fast jeder deutschen Universität für alle Altersgruppen angeboten. Für Senioren ist diese Möglichkeit eine sinnvolle Lösung, wenn vor Ort kein spezielles Studium für sie angeboten wird.

In den meisten Fällen können Vorlesungen und zum Teil auch Seminare verschiedener Fachbereiche ausgewählt werden. Welche das im Einzelnen sind,

So war es bei mir

„Ich studiere nun schon bald 15 Jahre. Und das, obwohl ich gar kein Abitur habe! Als ich in Rente ging, war mir gleich klar, dass ich nicht nur zu Hause herumsitzen möchte. Dann habe ich von einem Gasthörer- und Seniorenstudium an der Leibniz Universität Hannover gehört, das man auch ohne Abitur besuchen kann. Ich wusste gleich: Das ist es für mich! Mit Geschichte habe ich angefangen, später habe ich dann auch Kurse in Physik, Ethnologie, Religionswissenschaft und im Bereich Klimaforschung besucht. Ich belege alles, was mich interessiert – und das ist ziemlich viel.“

Uli O. aus Dresden

Gut zu wissen

Finanzielle Förderung Das Bundesausbildungsförderungsgesetz (BaFöG) sieht vor, dass ein Erststudium bis zum 30. Lebensjahr und ein Zweitstudium bis zum 35. Lebensjahr förderungsfähig ist. Damit fällt die Förderung eines Fernstudiums für Senioren im eigentlichen Sinne weg. Einige Akademien und Fernuniversitäten bieten jedoch die Möglichkeit reduzierter Gebühren. Fragen Sie direkt beim Anbieter nach.

ist in den jeweiligen Vorlesungsverzeichnissen aufgeführt.

Die Gebühren betragen je nach Universität und Anzahl der Wochenstunden ca. 40–300 Euro pro Semester.

Zertifikatsstudium Hierbei handelt es sich um eine besondere Form des Studiums für Senioren und Gasthörer. Es ist für diejenigen interessant, die ein strukturiertes Studium über mehrere Semester hinweg belegen möchten.

Das Abschlusszertifikat ist meist mit bestimmten Leistungen wie Hausarbeiten, Klausuren oder Abschlussarbeiten verbunden und dauert je nach Institution vier bis fünf Semester.

Fernstudium Ob früh morgens oder spät am Abend: Beim Fernstudium, etwa an der Fernuni Hagen, entscheiden Sie selbst, wann und wo Sie lernen. Altersunterschiede spielen keine Rolle, studiert wird aus Interesse am Fach.

Die Lehr- und Lernmethoden sind vielfältig: Studienbriefe, Lernhefte und Bücher werden ergänzt durch Videos und Module auf dem „Online-Campus", also einzelne Lernabschnitte, die im Internet zu finden sind, wie etwa Arbeitsblätter zum Herunterladen.

Die 1974 gegründete Fernuni Hagen zählt mehr als 80 000 Studierende. Das Spektrum reicht von den Bachelorstudiengängen in Psychologie und Mathematik bis zum Masterabschluss in Philosophie und Volkswirtschaft. Zudem können einzelne Fernkurse absolviert werden, bei denen man sich mit speziellen Wissensgebieten beschäftigt. Diese enden nicht mit einem akademischen Grad, sondern man erhält ein Abschlusszertifikat.

Bachelorstudium für Senioren Bachelor und Master haben die alten Abschlüsse Diplom und Magister ersetzt. Mit dem Bachelor kann bereits nach sechs bis acht Semestern ein vollwertiger akademischer Abschluss erworben werden. Allerdings ist das Bachelorstudium relativ starr und es sind viele Pflichtveranstaltungen vorgeschrieben.

Senioren mit Abitur oder einem anerkannten gleichwertigen Abschluss können auch ein Bachelorstudium aufnehmen. Es gelten dann die gleichen fachspezifischen Zulassungsvoraussetzungen sowie Studien- und Prüfungsordnungen wie für alle Studierenden. Der Bachelorabschluss ist Voraussetzung für das Masterstudium.

Master Das Masterstudium entspricht der zweiten Hälfte des früheren Diplomstudiums (nach dem Vordiplom) oder – je nach Fachrichtung – des früheren Magisterstudiums (nach der Magisterzwischenprüfung).

Voraussetzung für den Masterstudiengang ist ein Bachelorabschluss. Altersgrenzen gibt es nicht. Auch für Senioren gelten die allgemeinen Zugangsbestimmungen sowie Studien- und Prüfungsordnungen.

Vielfältige Angebote an Volkshochschulen

Die ersten Volkshochschulen entstanden vor rund 100 Jahren – heute gibt es bundesweit etwa 900 Einrichtungen. Mit ihrer einzigartig vielseitigen Angebotspalette sind Volkshochschulen vor Ort die erste Adresse in Sachen Weiterbildung, auch der beruflichen Weiterbildung. Ob Computerprogramme, Töpfern, Englisch, Gymnastik oder Geschichte – das Kursangebot ist in der Regel breit gefächert.

Beliebte Themenbereiche sind:

- Politik, Gesellschaft, Umwelt
- Arbeit und Beruf
- Fremdsprachen, Deutsch als Fremd- oder Zweitsprache (meist für Migranten) und Alphabetisierung
- Multimedia, EDV, informationstechnische Grundbildung
- Gesundheitsbildung
- Kultur und Gestaltung
- Grundbildung

Sogar Schulabschlüsse, z. B. Hauptschulabschluss, Mittlere Reife oder Abitur, lassen sich hier nachmachen.

Das Kursangebot besteht aus Lehrveranstaltungen unterschiedlicher Dauer, meist zwischen einer und 15 Wochen. Es gibt Kurse, die auf die Bedürfnisse berufstätiger Personen zugeschnitten sind. Andere sind insbesondere auf Arbeitslose, Hausfrauen und -männer oder Rentner und Pensionäre ausgerichtet. Je nach Zielgruppe und Verfügbarkeit von Räumen finden Kurse vormittags, abends oder als Intensivkurs am Wochenende statt.

Viele Volkshochschulen bieten auch Studienreisen und Exkursionen an. Ein weiteres Standbein der Volkshochschulen sind Bildungsurlaube nach den Arbeitnehmerweiterbildungsgesetzen der Bundesländer.

Schauen Sie doch einmal in das Programm der Volkshochschule vor Ort. Sie finden es im Internet, meist liegt es aber auch in gedruckter Form aus, z. B. in der Zentrale der Volkshochschule, in der Stadtverwaltung oder in der Stadtbibliothek.

Mancherorts bietet die Volkshochschule ein eigenes Seniorenprogramm und im Zuge dessen auch spezielle Beratung zu Computer- und Internetkursen.

Ehrenamtliches Engagement

Auf dem Sportplatz, im Kindergarten oder beim Technischen Hilfswerk: Bundesweit engagieren sich rund 31 Mio. Menschen ehrenamtlich. Das ist nicht nur sinnvoll, es macht auch Spaß – und kann gerade für ältere Menschen bereichernd sein.

Sie lesen Kindern im Kindergarten vor, trainieren Jugendliche im Sportverein, führen Hunde aus dem Tierheim Gassi, helfen im Elternverein der Schule, betreuen Flüchtlinge, arbeiten bei der freiwilligen Feuerwehr oder beim Technischen Hilfswerk mit, kümmern sich um alte Menschen, setzen sich für Natur- und Umweltschutz ein oder sind in der Kommunalpolitik tätig: Ohne die vielen ehrenamtlichen Helfer und ihre Leistungen würden unzählige Bereiche unserer Gesellschaft nicht funktionieren. Schon deshalb ist es gut und wichtig, dass sich rund 40 % der Bevölkerung ab zehn Jahren bürgerschaftlich engagieren.

Doch für die meisten ist das Ehrenamt mehr als das: Die freiwilligen Helfer finden Erfüllung darin, sich mit ihren Fähigkeiten und Talenten zum Wohl der Gesellschaft einzubringen. Wer sich engagiert, erfährt nicht nur Dankbarkeit – sondern letztlich auch jede Menge über sich selbst.

Ein Drittel aller Senioren in Deutschland betätigt sich ehrenamtlich – und die Zahl der Freiwilligen über 60 Jahre steigt. Ältere Ehrenamtsinhaber nennen immer wieder zwei Motive für ihr Engagement: Sie wollen ihre Zeit sinnvoll verbringen und ihre Kenntnisse und Erfahrungen weitergeben. Überdies leben heute viele ältere Menschen allein und nicht mehr wie früher in unmittelbarer Nähe ihrer Kinder und Enkel. Deshalb können sie über ihre Zeit frei verfügen und sich sozial engagieren. Davon profitieren sowohl die Gesellschaft als auch sie selbst. Denn Kontakte zu anderen und sozialer Einsatz machen – das haben Forscher längst festgestellt – ausgeglichener, glücklicher und gesünder.

Ehrenamtliches Engagement kann sehr erfüllend sein. Beliebt ist beispielsweise das Vorlesen von Kinderbüchern in Stadtbibliotheken.

Wer sich als älterer Mensch ehrenamtlich engagiert, tauscht sich dabei meist auch mit anderen Generationen aus. Das ist durchaus anregend, hält geistig fit und beweglich. Hinzu kommt das Gefühl, eingebunden zu sein und gebraucht zu werden. Eine Erfahrung, die die Lebensqualität steigert – in jedem Alter.

Ungezählte Möglichkeiten – je nach Neigung und Interesse

Besonders im sozialen und kirchlichen Bereich sind ehrenamtliche Tätigkeiten sehr gefragt. Viele Kirchengemeinden bieten z. B. mit Unterstützung ehrenamtlicher Helfer Besuchsdienste an oder stellen ihre Räumlichkeiten für Seniorencafés, Spielenachmittage und andere Gemeindeveranstaltungen zur Verfügung, die organisiert werden müssen. Fragen Sie doch einmal in Ihrer Gemeinde nach, wie Sie sich einbringen können.

Wer gezielt Kindern und Jugendlichen seine Unterstützung anbieten möchte, kann sich beispielsweise als Vorlesepate im Kindergarten oder als Frühstückshelfer in der Grundschule engagieren oder Migrantenkindern, die noch nicht so gut Deutsch sprechen, beim Erlernen der Sprache helfen. Vielerorts gibt es auch Organisationen, die Leihomas oder Leihopas an junge Familien vermitteln. Oder man kann Kinderpate für benachteiligte junge Menschen werden, denen man mit einem Kino- oder Zoobesuch Freude bereiten kann.

Gut zu wissen

Ehrenamt per Definition Für gewöhnlich versteht man unter einem Ehrenamt eine freiwillige, gemeinnützige Tätigkeit, die nicht auf ein Entgelt angelegt ist. Das Ehrenamt wird für eine bestimmte Dauer geleistet, in der Regel unter der Federführung von Vereinen, Initiativen oder Institutionen. Ehrenamtlich Tätige erhalten kein Gehalt, sondern allenfalls eine Aufwandsentschädigung. Zumeist findet ehrenamtliches Engagement außerhalb der Arbeitszeit statt, Ausnahmen gibt es z. B. bei einem öffentlichen Ehrenamt als Schöffe oder Wahlhelfer oder auch bei bestimmten ehrenamtlichen Tätigkeiten als Rettungskraft oder als Jugendleiter.

Aber auch in der Flüchtlingshilfe vor Ort sowie im sportlichen oder kulturellen Bereich ist ehrenamtliche Mitarbeit sehr gefragt. Wer selbst nicht mehr sportlich aktiv ist, kann sich z. B. in „seinem“ Verein als Trainer engagieren. Pensionierte Musiklehrer könnten einen Chor leiten oder eine andere Aufgabe in einer Musikschule übernehmen. Und wer politisch interessiert ist, findet vielleicht in der ehrenamtlichen Arbeit für eine Partei eine neue Herausforderung: Man kann sich z. B. beim Wahlkampf engagieren, in verschiedenen Gremien mitarbeiten oder gar ein Mandat im Stadtrat, in Bezirks- oder Ortsräten wahrnehmen und so eine wichtige gesellschaftliche Aufgabe erfüllen.

Fest steht: Wer sich ehrenamtlich engagieren möchte, dem stehen je nach Neigung und Interesse ungezählte Möglichkeiten offen.

Natürlich spielt auch die Zeit eine Rolle: Rentner oder Pensionäre haben

Checkliste: Freiwilligenagenturen

Folgende Leistungen können diese Agenturen bieten:

- ❑ Sie ermutigen, beraten und begleiten Freiwillige.
- ❑ Sie informieren und qualifizieren interessierte Einsatzstellen.
- ❑ Sie machen Öffentlichkeits- und Lobbyarbeit für das freiwillige Engagement.
- ❑ Sie starten gemeinsam mit anderen Projekte zum freiwilligen Engagement.
- ❑ Sie organisieren Engagementbörsen, Freiwilligentage und vieles mehr.
- ❑ Sie zeigen, was interessante Tätigkeitsfelder für Freiwillige sein können.
- ❑ Sie geben Tipps zur guten Zusammenarbeit von Freiwilligen und setzen sich für mehr Anerkennung des Engagements und der Engagierten ein.
- ❑ Sie initiieren Netzwerke zwischen Vereinen, Organisationen und der Kommune für eine Kultur des Engagements vor Ort.
- ❑ Sie knüpfen Kontakte zu Unternehmen, die bürgerschaftliches Engagement unterstützen oder ihren Mitarbeitenden Wege zum Engagement ermöglichen wollen.

im Normalfall mehr Zeit als diejenigen, die noch im Berufsleben stehen. Berufstätige werden meist nur wenige Stunden pro Woche für ihr gesellschaftliches Engagement aufwenden oder sich vielleicht auch eher punktuell engagieren, z. B. bei der alljährlichen Organisation eines Straßenfestes oder der Weihnachtsfeier im Altenheim.

Das passende Engagement finden

Wie findet man ein geeignetes Ehrenamt? Wenn jemand eine entsprechende Tätigkeit als Rentner ausüben möchte, kann er sich u. a. von einem der bundesweit rund 370 Seniorenbüros beraten lassen.

Vielerorts gibt es auch sogenannte Freiwilligenagenturen. In Deutschland sind es inzwischen mehr als 500 Einrichtungen. Sie dienen als Anlaufstellen für Bürgerinnen und Bürger, die sich engagieren und für gemeinwohlorientierte Organisationen arbeiten möchten. Zudem schaffen sie vor Ort ein Netzwerk und sorgen für gute Rahmenbedingungen im Engagement.

Freiwilligenagenturen sind unterschiedlich groß, haben verschiedene Träger und besondere Profile, je nach dem, was vor Ort wichtig und nötig ist.

Informationen finden Sie z. B. auf der Internetseite der Bundesarbeitsgemeinschaft der Freiwilligenagenturen e. V., www.bagfa.de.

Und es gibt auch noch weitere Möglichkeiten, sich sozial zu engagieren.

Alt hilft Jung Bayern e. V. Die Seniorberater und Experten von Alt hilft Jung kommen aus ganz unterschiedlichen Branchen und Fachrichtungen. Sie geben das Wissen, das sie als Selbstständige oder Manager über

Jahrzehnte angesammelt haben, an Gründer, Jungunternehmer und bestehende Betriebe weiter. Die Seniorberater arbeiten ehrenamtlich und ihre Dienste sind für die Unternehmen, bis auf einen Verwaltungsbeitrag, honorarfrei. Alt hilft Jung kooperiert u. a. mit der bundesweiten Unternehmensbörse Nexxt-Change (www.nexxt-change.org).

Senior Experten Service (SES) Der SES ist die führende deutsche Entsendeorganisation für ehrenamtliche Fach- und Führungskräfte im Ruhestand oder in einer beruflichen Auszeit. Seit 1983 gibt der SES weltweit Hilfe zur Selbsthilfe – in allen Branchen und Sektoren. Zurzeit stellen dem SES mehr als 12 500 Expertinnen und Experten aus allen beruflichen Richtungen ihr Wissen und ihre Erfahrung zur Verfügung. In Deutschland waren im Jahr 2019 über 5400 Experten im Einsatz. Beispielsweise optimierte in Hessen ein SES-Experte die Produktionsprozesse einer traditionellen Backstube, wodurch die Abläufe schneller und kostengünstiger wurden. Im Ausland hat der SES bereits über 30 000 Einsätze in 160 Ländern organisiert, vorwiegend in Afrika, Asien, Lateinamerika, in Mittel-, Ost- und Südosteuropa, in der Region Nahost/Nordafrika und in Zentralasien.

Aupair-50plus Au-pair ist französisch und bedeutet „auf Gegenleistung". Es ist eigentlich die Kurzform für Au-pair-Junge oder Au-pair-Mädchen. Das sind Jugendliche oder junge Erwachsene, die gegen Verpflegung, Unterkunft und Taschengeld bei einer Gastfamilie im In- oder Ausland tätig sind, um im Gegenzug Sprache und Kultur des Gastlandes kennenzulernen. Doch inzwischen suchen Gastfamilien für ihre Bedürfnisse immer häufiger ältere Au-pairs mit Lebenserfahrung und Verantwortungsbewusstsein – und das weltweit. Senioren-Au-pairs liegen im Trend. Wer im zweiten Lebensabschnitt noch einmal ein Abenteuer eingehen möchte, kann sich z. B. unter www.aupair50plus.com weltweit für eine Au-pair-Stelle bewerben. Es locken neue, spannende Erfahrungen, das Erleben anderer Kulturen und Bräuche, das Vertiefen eigener Fremdsprachenkenntnisse und nicht zuletzt dadurch entstehende neue Freundschaften in fernen oder auch in Nachbarländern.

Spezialisten, die nach Renteneintritt weiter berufstätig sein möchten, können mithilfe von Organisationen wie dem SES weltweit Gutes tun, z. B. Mediziner und Medizinerinnen.

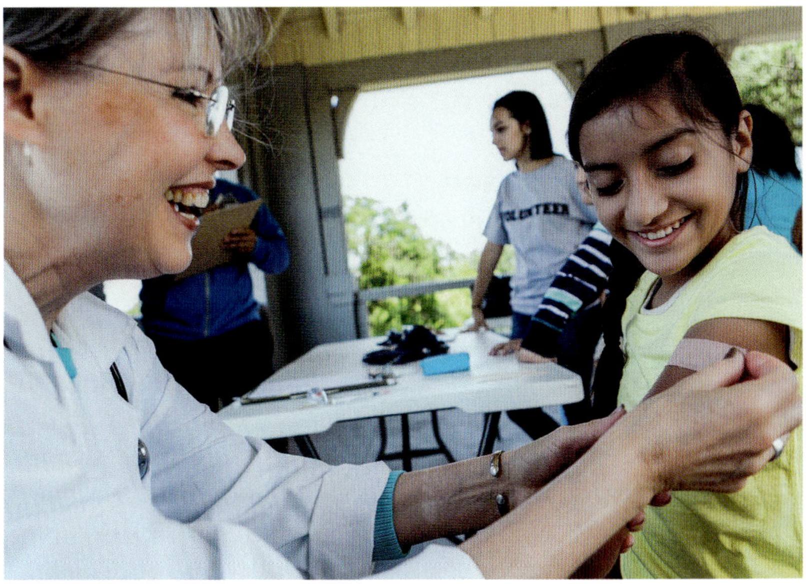

Aufwandsentschädigung statt Vergütung

Wer sich ehrenamtlich engagiert, darf keine Vergütung im üblichen Sinn erhalten – auch dann nicht, wenn man für einen großen und finanzkräftigen Verein freiwillig tätig ist. Denn Ehrenamt bedeutet: ein freiwilliges, uneigennütziges und unentgeltliches Engagement. Allerdings kann die ehrenamtliche Tätigkeit mit einer Aufwandsentschädigung anerkannt werden. Diese wird z. B. in Form der Übungsleiter- oder Ehrenamtspauschale geleistet

Was bedeutet ein Ehrenamt für die Rente?

Zu einer Altersrente dürfen Sie hinzuverdienen. Abhängig davon, wie viel Sie zusätzlich verdienen, erhalten Sie die Altersrente – bis Sie die Regelaltersgrenze erreicht haben – als Voll- oder Teilrente. Die Teilrente wird gezahlt, wenn Ihr Hinzuverdienst die kalenderjährliche Hinzuverdienstgrenze von 6300 Euro übersteigt. In diesen Fällen wird der über den genannten Betrag hinausgehende Verdienst durch zwölf geteilt. Davon werden 40 % von der Vollrente abgezogen. Ein Beispiel: Sie verdienen in einem Jahr 6900 Euro hinzu. Das übersteigt die Grenze um 600 Euro – geteilt durch zwölf: 50 Euro. Von der Vollrente werden 40 %, also 20 Euro abgezogen.

Jeder Rentenbescheid enthält Hinweise zum Hinzuverdienst neben der Altersrente. Wenn Sie vor Erreichen der Regelaltersgrenze eine Rente beziehen und eine ehrenamtliche Tätigkeit ausüben möchten, für die Zuwendungen gezahlt werden, sollten Sie sich vorher unbedingt von Ihrem Rentenversicherungsträger steuerlich beraten lassen.

Wenn Sie für ein Ehrenamt eine Aufwandsentschädigung erhalten, wird der steuerpflichtige Teil (der Betrag, der über der Hinzuverdienstgrenze liegt) auf Ihre Rente angerechnet. Haben Sie die Regelaltersgrenze erreicht, können Sie unbegrenzt neben der Altersrente hinzuverdienen.

Weitere Infos zu Rente und Ehrenamt finden Sie in der Broschüre „Ehrenamt: Ihr Einsatz kann sich lohnen“ der Deutschen Rentenversicherung.

Gut zu wissen

Ehrenamt und Minijob Ein sogenannter Minijob – das ist ein geringfügiges Beschäftigungsverhältnis – kann grundsätzlich mit der Ehrenamts- oder Übungsleiterpauschale kombiniert werden. Sie müssen dabei allerdings beachten, dass gleichartige Tätigkeiten bei demselben Arbeitgeber tatsächlich und rechtlich trennbar sein müssen. Wer bei derselben Organisation sowohl einen Minijob als auch ein Ehrenamt ausüben möchte, sollte auf jeden Fall vorab seine sozialversicherungs- und steuerrechtliche Situation klären. (Siehe zum Thema Minijob auch S. 218–219.)

Was ist mit der Steuer?

Ehrenamtliches Engagement ist ein Grundpfeiler unserer Gesellschaft und unabdingbar für viele Bereiche unseres öffentlichen Lebens. Mit Blick darauf fördert die Bundesregierung ehrenamtliches Engagement – z. B. durch steuerliche Vergünstigungen.

So können Ehrenamtliche, die z. B. in Vereinen oder Stiftungen tätig sind, verschiedene Steuerfreibeträge in Anspruch nehmen: Der sogenannte Übungsleiterfreibetrag richtet sich in erster Linie an Personen, die in Ausbildung, Erziehung und Pflege tätig sind. Einnahmen aus einer solchen Tätigkeit sind bis zu 2400 Euro pro Jahr steuerfrei, die sogenannte Ehrenamtspauschale wurde auf 720 Euro festgelegt.

Übungsleiterpauschale Die Übungsleiterpauschale stellt Einnahmen bis zur Höhe von insgesamt 2400 Euro im Jahr aus bestimmten begünstigten nebenberuflichen Tätigkeiten steuerfrei. Sie erfasst nicht nur Aufwandsentschädigungen, sondern alle Einnahmen wie Zahlungen für Verdienstausfall und Zeitverlust.

Voraussetzung für die Steuerbefreiung ist, dass die Tätigkeit nicht hauptberuflich, sondern nebenberuflich ausgeübt wird. Dies ist der Fall, wenn der zeitliche Umfang nicht mehr als ein Drittel eines vergleichbaren Vollzeiterwerbs ausmacht.

Die von der Übungsleiterpauschale erfassten begünstigten Tätigkeiten sind:

- Übungsleiter, Ausbilder, Erzieher, Betreuer oder vergleichbare Tätigkeiten
- künstlerische Tätigkeiten
- Pflege alter, kranker oder behinderter Menschen.

Beispiele sind: Chorleiter, Sporttrainer, Jugendgruppenleiter, Lehrer an einer Fachhochschule oder Kirchenmusiker.

So war es bei mir

„Kinder mochte ich schon immer. Nachdem ich als Krankenschwester in den Ruhestand gegangen war, hatte ich Zeit, einmal in der Woche meine Enkel vom Kindergarten abzuholen. Das war auch für meine Tochter eine große Hilfe. Mittlerweile sind meine Enkel schon 16 und 13 Jahre alt, aber ich bin immer noch in ihrem Kindergarten tätig: Eines Tages gab es personelle Engpässe und so kam ich dazu auszuhelfen. Seitdem bin ich sechs Stunden in der Woche dort, lese vor, bastle oder spiele mit den Kleinen. Das ist so erfüllend. Dafür bekomme ich auch etwas Geld, das ich nicht einmal versteuern muss, weil es als Ehrenamtspauschale angerechnet wird." *Katja P. aus Oldenburg*

Weitere Voraussetzungen: Die begünstigten Tätigkeiten müssen entweder im Dienst oder im Auftrag einer juristischen Person des öffentlichen Rechts, die ihren Sitz in der Europäischen Union bzw. im europäischen Wirtschaftsraum hat, oder einer gemeinnützigen Körperschaft und zur Förderung gemeinnütziger, mildtätiger oder kirchlicher Zwecke ausgeübt werden.

Ehrenamtspauschale Wer eine ehrenamtliche Tätigkeit ausübt, die nicht von der Übungsleiterpauschale erfasst ist, kann möglicherweise die Ehrenamtspauschale erhalten. Im Gegensatz zur Übungsleiterpauschale ist die Ehrenamtspauschale nicht auf bestimmte begünstigte Tätigkeiten beschränkt. Beispiele sind etwa: Fahrdienste zu Auswärtsspielen von Enkeln, Vorstand einer gemeinnützigen Körperschaft, Platzwart oder auch ehrenamtlicher Schiedsrichter im Amateursport.

Urlaub – die schönste Zeit des Jahres

Ob ein Wochenende im Harz, im Schwarzwald oder an der Ostsee, eine Flugreise auf die Balearen oder nach Thailand: Reisen bildet und Neues entdecken hält den Menschen jung.

Individuell oder pauschal? Betreutes Reisen oder lieber auf eigene Faust die Welt erkunden? Diese Fragen stehen im Raum, wenn es darum geht, sich auf die schönste Zeit des Jahres einzustellen. Wenn Sie bereits Erfahrung damit haben, Ihre Reisen selbst zu planen und zu buchen, spricht nichts dagegen, dies auch weiterhin selbst zu machen. Überlegen Sie aber, ob sich Ihre Ansprüche und Befindlichkeiten im Lauf der Zeit so verändert haben, dass Sie Ihre Planungen entsprechend anpassen sollten.

In diesem Kapitel finden Sie u. a. eine Checkliste, die Ihnen bei der Reiseplanung hilft. Sie ist auch dann nützlich, wenn Sie sich eher für eine organisierte Gruppenreise interessieren.

Wer sich informiert hat und seine Handytarife im Ausland kennt, kann die Daheimgebliebenen unbesorgt aus dem Urlaub anrufen.

Angebote für Senioren

Wer sich nicht um alles selbst kümmern möchte, kann auf zahlreiche Reiseveranstalter zurückgreifen, die sich auf Angebote für Senioren spezialisiert haben.

Skan-Club 60 plus Das ist ein Reiseveranstalter aus dem niedersächsischen Isenbüttel. Ein Großteil der Reiseziele liegt innerhalb Deutschlands, aber auch Urlaubsorte in der Schweiz, in Österreich, Südtirol, Italien, Kroatien und Polen hat das Unternehmen im Angebot. Zum Service gehört ein Reisebetreuer und bei manchen Reisen steht auch eine ärztliche Begleitung bereit (www.seniorenreisen.de).

Sorglos-Urlaub Dieser Veranstalter bietet v. a. Urlaubsziele in Mecklenburg-Vorpommern und an der Ostsee mit den Inseln Rügen und Usedom, aber auch an der türkischen Riviera an. Das Rostocker Unternehmen wirbt mit „Urlaub mit Pflege“ und richtet sich schwerpunktmäßig an Reisende mit Pflegebedarf (www.sorglos-urlaub.de).

So bereiten Sie Ihre Reise umfassend vor

Thema	Stellen Sie sich folgende Fragen:
Reiseart	• Wie wollen Sie anreisen, mit Bus, Bahn, Flugzeug oder dem eigenen Auto? • Müssen Sie für das Transportmittel einen speziellen Service anmelden, wie z. B. einen Gepäckservice bei der Deutschen Bahn? • Wollen Sie eher Ruhe, Aktivitäten oder beides? • Welcher Urlaubsort entspricht Ihren persönlichen Anforderungen, von Anreisedauer über Angebote vor Ort bis zum Klima? • Passt die Reise zu Ihren speziellen Bedürfnissen, z. B. bezüglich Speisen oder Barrierefreiheit? • Sind eine Reiserücktritts- und Gepäckversicherung sinnvoll?
Geld und Karten	• Haben Sie ausreichend Bargeld in Euro bzw. in der jeweiligen Währung des Urlaubslandes? • Haben Sie einen Brustbeutel oder eine Gürteltasche, um Ihr Bargeld sicher am Körper zu tragen? • Haben Sie wichtige Telefonnummern, z. B. die Ihrer Bank, um im Fall eines EC- oder Kreditkartenverlustes die Karte sperren zu lassen?
Gesundheit und Medikamente	• Haben Sie einen Gesundheitscheck bei Ihrem Hausarzt durchführen lassen? • Wie verhält es sich mit der gesundheitlichen Versorgung, gibt es Ärzte und Krankenhäuser am Urlaubsort? • Haben Sie eine Auslandskrankenversicherung oder müssen Sie für das Land eine zusätzliche Versicherung abschließen? • Sind für das Urlaubsland spezielle Impfungen erforderlich? • Ist Ihr Impfausweis auf dem neuesten Stand? • Dürfen Sie Ihre regelmäßig benötigten Medikamente problemlos mitnehmen oder gibt es für den Transport etwas zu beachten, müssen die Medikamente z. B. gekühlt werden? • Benötigen Sie für Ihre Medikamente eine ärztliche Bescheinigung (möglichst auch auf Englisch), z. B. bei einer Flugreise? • Müssen Sie aufgrund einer Zeitverschiebung den Zeitpunkt der Medikamenteneinnahme ändern? • Welchen Einfluss hat das Klima auf Ihre Medikation?
Technisches und Praktisches	• Haben Sie Ihr Mobiltelefon eingepackt und haben Sie an das im Urlaubsland passende Ladegerät gedacht? • Brauchen Sie eine ausländische SIM-Karte? • Haben Sie eine Land- oder Stadtkarte bzw. einen Reiseführer vom Urlaubsort? • Benötigen Sie Adapter für weitere elektronische Geräte? • Haben Sie Ersatzakkus bzw. ausreichend Batterien für Hörgerät, Blutdruck-, Blutzuckermesser oder andere Geräte, die Sie zur gesundheitlichen Unterstützung benötigen? • Möchten Sie eine Ersatzbrille mitnehmen?
Bei Gruppenreisen	• Entspricht die Größe der Reisegruppe Ihren Vorstellungen? • Setzt sich die Gruppe bezüglich Durchschnittsalter, Anteil Frauen/Männer, Verhältnis zwischen Einzel- und Paarreisenden für Sie passend zusammen? • Stehen ausreichend viele Betreuungspersonen zur Verfügung? • Welche Tagesausflüge sind im Preis enthalten?

Checkliste: Reiseapotheke

Neben den persönlichen Medikamenten sollten Sie folgende Mittel in Ihrer Reiseapotheke mit sich führen, um bei kleineren Blessuren oder Wehwehchen erste Hilfe leisten zu können:

- ❑ Kopfschmerztabletten
- ❑ Mittel gegen Übelkeit
- ❑ Tabletten gegen Durchfall und gegen Verstopfung
- ❑ Hustenbonbons oder -saft
- ❑ Nasentropfen
- ❑ Kühlgel gegen Verstauchungen und Prellungen
- ❑ Pflaster und Mullbinden
- ❑ Insektenschutzmittel und Salbe gegen Insektenstiche
- ❑ Sonnenschutz und kühlende Creme bei Sonnenbrand
- ❑ Fieberthermometer
- ❑ Blutdruckmessgerät

SKR Reisen GmbH Sie organisieren ebenfalls Gruppenreisen für Senioren, die sowohl an viele Orte in Deutschland und Europa führen als auch in Länder wie Usbekistan und Namibia. Die Gruppengröße beträgt auf fast allen Fernreisen zwei bis zwölf Reisende und in Europa meist vier bis 16 Urlauber (www.skr.de/seniorenreisen).

DRK-Reisen für Senioren Auch das Deutsche Rote Kreuz hat Seniorenreisen ins In- und Ausland im Programm. Es bietet zudem speziellen Urlaub für an Demenz erkrankte Menschen und ihre pflegenden Angehörigen sowie für Rollstuhlfahrer an – auf Wunsch mit Begleitperson (www.drk-seniorenreise.de).

Caritasverband Ein weiterer Anbieter ist Caritas-Seniorenreisen. Reiseziele sind u. a. viele Orte in Deutschland sowie in Spanien, Italien, Bulgarien und in der Türkei. Die Reisen der Caritas richten sich auch an Menschen mit wenig Geld, denen durch kirchliche und öffentliche Zuschüsse ein Urlaub ermöglicht werden soll (www.caritas-reisen.de).

Bewertungen im Internet

Im Internet finden Sie in der Regel zu sämtlichen Reiseveranstaltern Erfahrungsberichte von Kunden. Foren dazu können Sie über den Namen des Unternehmens in einer Suchmaschine finden. Die Beurteilungen fallen oft sehr unterschiedlich aus, können Ihnen aber einen grundsätzlichen Eindruck vom Anbieter geben und Sie auf Probleme aufmerksam machen. Häufige Kritik bei Busreisen ist die meist sehr lange Anfahrt zum Urlaubsziel, weil der Bus unterwegs viele Ziele ansteuert, um weitere Mitreisende aufzusammeln. Kritisiert wird ebenfalls, dass für Alleinreisende häufig ein Einzelzimmerzuschlag fällig wird.

Telefonieren im Ausland

Mit dem Handy telefonieren Sie in den Ländern der Europäischen Union (EU) sowie in Island, Liechtenstein und Norwegen zum selben Preis wie in Deutschland. Wenn Sie aber z. B. aus der Schweiz oder der Türkei ein Telefonat führen oder über das Smartphone im Internet surfen, wird es teurer. Die Verbraucherzentrale rät, sich vor Auslandsreisen beim Mobilfunkanbieter zu informieren, welche Gebühren bei Ihrem Tarif anfallen und ob es gegebenenfalls möglich ist, spezielle Angebote im Urlaubsland zu nutzen.

Vorsicht ist geboten, wenn Sie sich in einem EU-Land in Grenznähe zu einem Nicht-EU-Land aufhalten. Dort kann es passieren, dass sich Ihr Mobiltelefon automatisch in das Netz des Nachbarlandes einwählt und dadurch teurere Telefongebühren verursacht. Achten Sie in diesen Gegenden vor der Handynutzung immer auf den Netzanbieter, der oben links auf dem Display zu sehen ist.

Achtung bei Kaffeefahrten

Günstiger Reisepreis, hoher Erlebniswert, wertvolle Geschenke, leckeres Essen und bestechende Schnäppchen: Sogenannte Kaffeefahrten locken mit scheinbar unschlagbaren Angeboten – gerade für ältere Menschen. Solche Tagesausflüge dienen aber letztendlich nur einem Zweck: dem Verkauf von meist überteuerten Waren wie Heizdecken, Küchengeräten oder Gesundheits- und Wellnessprodukten. Statt zu einer lohnenden Sehenswürdigkeit führt die Fahrt oft in einen entlegenen Gasthof, in dem das Essen wenig überzeugend, der versprochene Gewinn gerade vergriffen, dafür aber viel Zeit für eine ausgedehnte Werbeveranstaltung reserviert ist.

Sie sollten sich also sehr gut überlegen, ob Sie an einer solchen Fahrt teilnehmen möchten. Wenn Sie eine solche Busreise antreten, sind Sie laut Verbraucherzentrale allerdings durch das Pauschalreiserecht geschützt und müssen sich nicht alles bieten lassen.

Sie können beispielsweise einen Teil des Reisepreises zurückfordern, wenn durch langes Einsammeln von Mitfahrern eine versprochene Stadtbesichtigung ausfällt oder die Fahrt anstatt in eine angekündigte Stadt auf einen abgelegenen Bauernhof geht. Meistens ist allerdings der Reisepreis so niedrig, dass es sich nicht lohnt, eine Minderung durchzusetzen.

Gut zu wissen

Widerrufsrecht bei Kauf Sollten Sie auf einer Kaffeefahrt etwas gekauft haben, das Sie eigentlich gar nicht brauchen, können Sie von Ihrem Widerrufsrecht Gebrauch machen. Innerhalb von 14 Tagen ab Vertragsabschluss bzw. ab Erhalt der Ware können Sie ohne Begründung vom Kaufvertrag zurücktreten. Sollten Sie nicht ordnungsgemäß über Ihr Widerrufsrecht belehrt worden sein, verlängert sich die Widerrufsfrist auf ein Jahr und 14 Tage. Achten Sie beim Vertragsabschluss auf das richtig eingetragene Datum. Schicken Sie Ihren Widerruf per Fax mit Sendebericht oder als Einschreiben mit Rückschein. Nur so können Sie nachweisen, dass Sie die Frist eingehalten haben.

Einkaufen leicht gemacht

Selbst früher einfache Dinge wie Einkaufen können im Alter beschwerlich werden – besonders in ländlichen Regionen. Doch Bringdienste und Einkaufshilfen können unterstützen.

Einkaufen ist mehr als eine Notwendigkeit. Man nimmt am gesellschaftlichen Leben teil, kommt aus dem Haus, trifft Nachbarn und Bekannte und nutzt die Gelegenheit für einen kleinen Plausch.

Manchmal droht eine unabhängige Lebensführung daran zu scheitern, dass es immer schwerer wird, den täglichen oder wöchentlichen Einkauf zu erledigen. Gab es früher noch den Laden um die Ecke, so sind heute selbst in der Stadt die Wege bis zur nächsten Einkaufsgelegenheit bisweilen weit geworden. Zwar haben viele Senioren noch einen Pkw sodass sie ein Einkaufszentrum mit Parkgelegenheit ansteuern könnten – doch selbst dann muss man seinen Einkauf erst ins Auto und dann in die Wohnung befördern. Was aber, wenn die Wohnung einige Etagen hoch liegt, das Haus keinen Aufzug hat, das Treppensteigen schwerfällt und Kinder oder andere Verwandte weit weg wohnen? Dann kann geliefert werden.

Gut zu wissen

Kostenübernahme Die Kosten für eine Einkaufsbegleitung können Sie bei anerkanntem Pflegegrad meist auch über die Pflegeversicherung abdecken: Im Rahmen der niedrigschwelligen Betreuungsangebote nach § 45c SGB XI können Sie die Kosten für die stundenweise Betreuung – zu denen eine Einkaufshilfe gehört – anrechnen lassen (siehe auch Kasten, S. 233).

Welche Möglichkeiten gibt es?

Vielleicht können Sie einen Lieferdienst nutzen, wie ihn viele Supermärkte inzwischen gegen einen kleinen Aufpreis anbieten. Es ist praktisch, sich z. B. schwere Getränkekisten nach Hause liefern zu lassen. Inzwischen gibt es für solche Dienstleistungen auch Online-Dienste. Darunter sind sowohl Supermärkte, die ihre eigenen Waren ausliefern, als auch Anbieter, die ein gemischtes Sortiment ins Haus bringen.

Einkaufshilfe Dieser Service erledigt Einkäufe nach vorheriger Bestellung und liefert sie bei Ihnen zu Hause ab. Vorteile: Sie müssen niemanden bitten, etwas umsonst für Sie zu tun, sondern leisten sich diesen Service, der genau dann für Sie da ist, wenn Sie ihn brauchen. Auch für pflegende Angehörige kann es eine Entlastung sein, wenn sie nicht mehr selbst einkaufen müssen, sondern sich ganz der Pflege und Betreuung widmen oder einfach mal eine kurze Auszeit nehmen können anstatt im Supermarkt an der Kasse zu stehen.

Es gibt verschiedene kommerzielle oder gemeinnützige Anbieter, die den Einkauf übernehmen. Auch Institutionen wie das Deutsche Rote Kreuz (DRK) bieten einen solchen Einkaufsservice an. Da die Kreisverbände des DRK diese Dienstleistung organisieren, sind die Kosten unterschiedlich hoch – Sie sollten sich vor Ort erkundigen. Manchmal wird ein Pauschalbetrag pro Einkauf verlangt oder ein bestimmter Prozentsatz der Einkaufssumme.

Wird die Einkaufshilfe von kirchlicher oder kommunaler Seite organisiert, ist dieser Service teilweise auch kostenlos. Und ein Blick in die Kleinanzeigen zeigt, dass sich auch Einzelpersonen als Kleinunternehmer in diesem Bereich betätigen bzw. Schüler oder Studenten darin eine Möglichkeit zum Zuverdienst entdeckt haben.

Einkaufsbegleitung Im Rahmen der stundenweisen Seniorenbetreuung können ältere Menschen auch gemeinsam mit einem Betreuer einkaufen gehen. Das bietet gleich mehrere Vorteile: Sie gehen trotz körperlicher Unsicherheiten aus dem Haus, fühlen sich durch die Begleitung abgesichert und müssen den schweren Einkauf nicht selbst nach Hause tragen. Außerdem ist ein gemeinsamer Einkauf für viele Senioren eine nette Abwechslung im Alltag und sie schätzen die Gesellschaft. Unter der Bezeichnung „Alltagsbegleiter“ sind diese Menschen im Übrigen auch für viele weitere Aktivitäten da. Lesen Sie mehr zu dem Thema unter „Begleitung im Alltag“ (siehe S. 221) und im Kasten auf S. 220.

Sie können natürlich auch im Bekannten- und Freundeskreis fragen und selbst jemanden als Einkaufshilfe engagieren. Bedenken Sie, dass Sie demjenigen vertrauen sollten, falls Sie ihm Einkäufe auftragen und Geld anvertrauen.

Auch für diejenigen, die gern selbst ihre Besorgungen machen, können sich gewisse Bringdienste wie das Liefern von schweren Getränkekisten durchaus lohnen.

Lösungen auf dem Land In manchen ländlichen Regionen gibt es „rollende Tante-Emma-Läden“: Kleinbusse mit einem allerdings meist begrenzten Sortiment, die regelmäßig durch die Dörfer fahren und sich bisweilen auch um spezielle Wünsche kümmern. In manchen Orten werden über die Gemeindeverwaltung auch Busse organisiert, die mehrmals wöchentlich eine gemeinsame Fahrt in den nächsten Supermarkt anbieten, zumeist gegen eine kleine Spende von wenigen Euro.

Bestellen im Internet Das Internet hält viele Angebote bereit, die Senioren den Alltag erleichtern. In der kostenlosen Broschüre „Nie zu alt fürs Internet!“ des Bundesministeriums für Familie, Senioren, Frauen und Jugend (BMFSFJ) finden Sie Tipps zum sicheren Surfen im Netz. Man kann die Broschüre unter www.bmfsfj.de → Service → Publikationen bestellen oder herunterladen. Weiteres zum Thema Internet finden Sie auf S. 106.

Haushaltshilfen bringen Entlastung

Putzen, Waschen und andere Aufgaben: Bei bestimmten Arbeiten zu Hause können Sie sich professionell unterstützen lassen. Die Kosten kann man steuerlich geltend machen oder den sogenannten Entlastungsbetrag dafür nutzen.

Eine Haushaltshilfe ist keine Pflegekraft. Sie übernimmt keine pflegerischen Aufgaben, sondern unterstützt Sie im Alltag vorübergehend – wenn Sie z. B. aus gesundheitlichen Gründen für eine bestimmte Zeit Hilfe brauchen – oder dauerhaft, wenn Sie Ihren Haushalt langfristig nicht selber führen können oder möchten. Zu den klassischen Aufgaben einer solchen Hilfskraft gehören Putzen und Waschen, Einkaufen und Kochen. Davon können Sie profitieren, selbst wenn Sie vieles noch selbst stemmen können. Eine Reinigungskraft nimmt Ihnen z. B. körperlich anstrengende Aufgaben ab. Dadurch haben Sie vielleicht Energie für andere Dinge. Zudem reduzieren Sie die Gefahr zu stürzen. Schließlich ereignen sich die meisten Unfälle im Haus. Durch entsprechende Hilfe entlasten Sie möglicherweise auch Ihre Angehörigen, falls diese Ihnen sonst zur Hand gehen.

Erklären Sie einer neuen Hilfskraft ruhig, wie Sie die Dinge für gewöhnlich erledigt wissen möchten. Die Helfer sind in der Regel froh, wenn sie nicht mutmaßen müssen.

Vertrauen ist wichtig

Viele Menschen kostet es einige Überwindung, einen Fremden in seine Wohnung zu lassen. Immerhin erhält er Einblick in Ihren ganz privaten Bereich. Daher sollte Ihnen Ihre Haushaltshilfe sympathisch sein, und Sie sollten Vertrauen zu ihr aufbauen können. Wenn Sie jedes Mal Herzklopfen bekommen und nervös werden, wenn sie zu Ihnen kommt, tun Sie sich keinen Gefallen. Aus diesem Grund ist es unerlässlich, sich schon bei der Entscheidung Zeit zu nehmen und die Person, die Ihnen im Haushalt helfen soll, genau kennenzulernen.

Lassen Sie mögliche Kandidaten zur Probe arbeiten und legen Sie dabei fest, wie lange welche Tätigkeit dauern sollte. Wichtig ist, dass Sie von Anfang an die zu erledigenden Aufgaben klar und eindeutig mitteilen, damit es nicht zu Missverständnissen oder sogar Streit kommt. Formulieren Sie genau, was Sie erwarten, z. B. neben dem Putzen und Wäschemachen vielleicht auch Blumengießen, Einkäufeerledigen oder auch mal Unterstützung im Garten. Achten Sie darauf, ob Sie mit der Arbeit zufrieden sind. Sind Sie es nicht, sprechen Sie Ihre Haushaltshilfe an und erklären Sie, wieso Sie es nicht sind und was Sie genau erwarten.

Sollte Ihre Haushaltshilfe einen Wohnungsschlüssel von Ihnen bekommen, lassen Sie sich die Übergabe quittieren. Seien Sie vorsichtig und lassen Sie keine kostbaren Gegenstände oder Bargeld offen herumliegen.

Wege zur passenden Haushaltshilfe

Es gibt verschiedene Wege, genau die Haushaltshilfe zu finden, die zu einem passt. Ideal wäre es, wenn Bekannte jemanden empfehlen können, mit dem sie selbst bereits gute Erfahrungen gemacht haben. Denn die persönliche Einschätzung von vertrauten Menschen hat sicherlich eine hohe Aussagekraft.

Auch das Internet hilft weiter

Gibt man in einer Suchmaschine einfach den Begriff „Haushaltshilfe“ und den Wohnort ein, findet man neben privaten Angeboten meistens auch Agenturen, die sich darauf spezialisiert haben, Haushaltshilfen zu vermitteln. Bei diesen Agenturen sollte man sich genau informieren und sorgfältig auswählen, denn es kommt vor, dass solche Vermittler versuchen, mit ihrem Angebot Tarifverträge und Mindestlöhne zu umgehen: Zweifelhafte Portale verlangen bisweilen eine nicht geringe Provision von den selbstständigen Arbeitskräften. Diese müssen zudem selbst die Kosten für Sozialversicherung, Fahrten usw. tragen, sodass ihr Verdienst unter den gesetzlichen Mindestlohn fällt.

Sie können alternativ auch Anzeigen auf Internetportalen wie z. B. eBay Kleinanzeigen oder in der Tageszeitung durchstöbern, Aushänge in Supermärkten suchen, selbst inserieren oder einen Aushang machen.

Geben Sie Ihren Schlüssel nicht leichtfertig aus der Hand! Und selbst wenn Sie der Person vertrauen, sollten Sie sich die Übergabe schriftlich bestätigen lassen.

Suche bei der Minijob-Zentrale

Eine weitere und die vielleicht zuverlässigste Möglichkeit ist die Minijob-Zentrale. Sie bietet kostenlos eine Stellenbörse für Beschäftigungen in Privathaushalten an. Das Angebot finden Sie im Internet unter www.haushaltsjob-boerse.de. Die Minijob-Zentrale ist eine Bundesbehörde und die zentrale Einzugs- und Meldestelle für alle geringfügigen Beschäftigungen in Deutschland. Sie ist der Deutschen Rentenversicherung Knappschaft-Bahn-See angegliedert.

Anmeldung der Haushaltshilfe

Die Haushaltshilfe muss man als Arbeitgeber bei der gesetzlichen Sozialversicherung anmelden. Sie umfasst Kranken-, Pflege-, Renten- und Arbeitslosen- sowie Unfallversicherung. Macht man das nicht, lässt man seine Haushaltshilfe schwarzarbeiten und begeht eine Ordnungswidrigkeit, die hohe Strafen zur Folge haben kann. Laut § 8 des Gesetzes zur Bekämpfung der Schwarzarbeit und illegalen Beschäftigung (SchwarzArbG) gilt es nicht als Schwarzarbeit, wenn Haushaltshilfe von Angehörigen, aus Gefälligkeit oder im Zuge der Nachbarschaftshilfe geleistet wird. Bedingung dabei ist außerdem, dass die Leistung nicht nachhaltig auf Gewinn ausgerichtet ist (siehe auch S. 188). Lassen Sie sich auf keinen Fall darauf ein, Ihre Haushaltshilfe schwarz zu beschäftigen. Denn dann ist sie nicht versichert. Sollte sie sich bei der Arbeit in Ihrem Haushalt schwer verletzen, könnten auf Sie als Arbeitgeber möglicherweise hohe Forderungen für die Krankenbehandlung und unter Umständen auch Rentenzahlungen zukommen.

Melden Sie Hilfskräfte immer bei der gesetzlichen Sozialversicherung an – das Formular ist schnell ausgefüllt. So gibt es keine rechtlichen Probleme.

Eine private Haushaltshilfe gehört zu den sogenannten haushaltsnahen Dienstleistungen. In der Regel handelt es sich um eine geringfügige Beschäftigung bzw. einen Minijob. „Geringfügig" bedeutet, dass es eine bestimmte Verdienstgrenze oder bestimmte Zeitgrenzen einzuhalten gilt.

Konkret bedeutet das, dass man geringfügig beschäftigt ist, wenn …

- … der Verdienst regelmäßig nicht mehr als 450 Euro im Monat beträgt,
- … die Arbeitszeit nicht mehr als drei Monate oder insgesamt 70 Arbeitstage im Kalenderjahr ausmacht.

Für die Anmeldung eines Minijobs gibt es vereinfachte Verfahren, die lediglich mit geringen Abgaben verbunden sind.

Auf der Internetseite der Minijob-Zentrale können Sie das Formular ganz einfach online ausfüllen (www.minijob-zentrale.de → Haushaltshilfe anmelden). Sie können den sogenannten Haushaltsscheck auch telefonisch unter der Nummer 03 55/29 02-7 07 99 oder per E-Mail an minijob@minijob-zentrale.de bestellen.

Ihre Haushaltshilfe ist dann offiziell angemeldet und – ganz wichtig – unfallversichert. Als Arbeitgeber zahlen Sie Pauschalabgaben in Höhe von 14,74 % des Arbeitsentgelts. Die Arbeitgeberversicherung erstattet Aufwendungen bei Arbeitsausfällen durch Krankheit oder Mutterschaft der Haushaltshilfe. Anhand einer Beispielrechnung der Minijob-Zentrale sehen Sie, was Sie als Arbeitgeber für einen angemeldeten Minijobber zahlen, wenn er monatlich 18 Stunden im Haushalt helfen soll und hierfür zehn Euro pro Stunde erhält (siehe Tabelle rechts). Der Steuervorteil deckt in diesem Fall mehr als die Abgaben an die Minijob-Zentrale.

Mithilfe des Minijob-Rechners bzw. Haushaltsscheck-Rechners können Sie auch ganz einfach selbst Ihre konkreten Ausgaben berechnen. Der Rechner steht Ihnen unter www.minijob-zentrale.de → Service zur Verfügung.

Selbstständige Haushaltshilfe Als Alternative zu einem Minijobber können Sie eine Haushaltshilfe beauftragen, die auf Rechnung arbeitet, also als selbstständig beschäftigte Person oder über eine Agentur. Sie müssen in diesem Fall keine Sozialabgaben abführen. Für die Leistungen der Haushaltshilfe erhalten Sie eine Rechnung, auf der 19 % Mehrwertsteuer ausgewiesen sein müssen. Sie dient Ihnen als Nachweis für das Finanzamt, denn auch bei dieser Variante können Sie Ihre Kosten steuerlich geltend machen. Der Stundenlohn von Haushaltshilfen variiert. Der gesetzliche Mindestlohn liegt seit dem 1. Januar 2020 bei 9,35 Euro pro Stunde.

Wie viel zahlt man als Arbeitgeber für einen Minijobber?

Beispielrechnung	
Monatsverdienst der Haushaltshilfe:	180 Euro
Monatliche Abgaben an die Minijob-Zentrale: (14,74 %* vom Monatsverdienst 180 Euro)	26,53 Euro
Ihre Ausgaben insgesamt:	206,53 Euro
Ihr Steuervorteil: (20 % der Ausgaben in Höhe von 206,53 Euro)	41,31 Euro

*ohne Beitragsanteil des Arbeitnehmers zur Rentenversicherung
Quelle: Minijob-Zentrale; Stand: Januar 2018

Gut zu wissen

Haushaltshilfen steuerlich geltend machen Die Kosten für eine als Minijobber beschäftigte Haushaltshilfe können Sie von der Steuer absetzen. Denn die verrichtete Arbeit zählt zu den haushaltsnahen Beschäftigungsverhältnissen bzw. Dienstleistungen im Sinne des § 35a Einkommensteuergesetz (EStG). Hierfür können Sie auf Antrag eine Steuerermäßigung, also einen direkten Abzug von der Steuer, von 20 % geltend machen. Der Betrag ist auf höchstens 510 Euro (20 % von maximal 2550 Euro) pro Jahr begrenzt. Das gilt auch für die Kosten für eine selbstständige Hilfskraft.

Wann zahlt die Kranken- bzw. Pflegekasse?

In bestimmten Fällen übernehmen Ihre Kranken- oder Pflegekasse die Kosten für eine Haushaltshilfe. Die Krankenkasse zahlt eine Haushaltshilfe, wenn ihr Einsatz medizinisch notwendig ist, die Pflegeversicherung zahlt bei Bescheinigung eines Pflegegrads den sogenannten Entlastungsbetrag.

Kostenübernahme durch die Krankenkasse Gemäß § 38 Sozialgesetzbuch (SGB), Fünftes Buch (V) haben Versicherte Anspruch auf eine Haushaltshilfe, wenn ihnen die Erledigung des Haushalts „wegen schwerer Krankheit oder wegen akuter Verschlimmerung einer Krankheit, insbesondere nach einem Krankenhausaufenthalt, nach einer ambulanten Operation oder nach einer ambulanten Krankenhausbehandlung, nicht möglich ist“. Die Übernahme der Kosten beschränkt sich in diesem Fall auf höchstens vier Wochen. Manche Krankenkassen zahlen aber auch länger. Am besten erkundigen Sie sich direkt bei Ihrer Kasse. Ein Anspruch auf eine Haushaltshilfe besteht in der Regel nur gegenüber gesetzlichen Krankenkassen. Wenn Sie privat versichert sind, hängt es von Ihrem Vertrag ab, ob Ihre private Krankenversicherung die Kosten für eine Haushaltshilfe übernimmt.

Die Krankenkasse rechnet übrigens direkt mit Ihrer Haushaltshilfe ab. Nur wegen der Zuzahlung wird sie sich bei Ihnen melden. Ihr Eigenanteil liegt dabei bei 10 % der täglichen Kosten für die Haushaltshilfe (mindestens fünf und höchstens zehn Euro).

Damit die Krankenkasse die Kosten für eine Haushaltshilfe übernimmt, benötigen Sie eine Bescheinigung über die medizinische Notwendigkeit und den Umfang der Arbeiten einer Haushaltshilfe. Bitten Sie Ihren Fach- oder Hausarzt, Ihnen eine solche Bescheinigung auszufüllen. Ein entsprechendes Formular stellen viele Krankenkassen auf ihren Internetseiten zur Verfügung. Ihre Krankenkasse hat in der Regel Vertragspartner wie karitative Einrichtungen oder private Organisationen, über die sie Ihnen eine Haushaltshilfe zur Seite stellen kann, sodass Sie nicht selbst suchen müssen.

In Fällen, in denen man als Haushaltshilfe den eigenen Partner, einen Angehörigen, Freund oder Nachbarn beauftragt, kann es sein, dass die Krankenkasse unter Umständen dessen Verdienstausfall trägt – vorausgesetzt,

Gut zu wissen

Alltagsbegleiter sind keine Pflegekräfte Für Alltagsbegleiter sind verschiedene Bezeichnungen geläufig, u. a. Präsenzkraft, Betreuungsassistent, Betreuungskraft o. Ä. Es gibt beispielsweise eine Weiterbildung zur Betreuungskraft, die gesetzlich im Sozialgesetzbuch XI geregelt ist und die per Fernstudium absolviert werden kann. Das Zertifikat „Betreuungsassistent/in nach § 43b SGB XI" (ehemals § 87b) erhält man nach einer theoretischen und praktischen Qualifikation von sechs Wochen. Wer eine solche Ausbildung hat, ist keine Pflegekraft. Daran sollte man immer denken.

dass sich der Helfer für die Unterstützung unbezahlten Urlaub genommen hat. Manche Krankenkassen übernehmen auch Fahrtkosten für Angehörige oder Freunde, wenn sie als Haushaltshilfe tätig sind.

Entlastungsbetrag bei Pflegegrad

Wenn Sie einen Pflegegrad bescheinigt bekommen haben, können Sie von Ihrer Pflegeversicherung den sogenannten Entlastungsbetrag erhalten. Jeden Monat stehen Ihnen dann pauschal 125 Euro zur Verfügung, um sogenannte Angebote zur Unterstützung im Alltag zu finanzieren (siehe auch Kasten S. 233).

Begleitung im Alltag

Den Entlastungsbetrag bei einem anerkannten Pflegegrad können Sie auch für eine Alltagsbegleitung verwenden. Eine solche Begleitperson übernimmt stundenweise die Begleitung und Beschäftigung von pflegebedürftigen älteren Menschen. Zu den gemeinsamen Aktivitäten können beispielsweise Gespräche, Vorlesen, Malen, Basteln und Spielen zählen, aber auch Spaziergänge und Ausflüge, Museums- oder Konzertbesuche.

Um einen Alltagsbegleiter zu finden, können Sie sich in der Regel an das Seniorenbüro Ihrer Stadt oder Gemeinde wenden. Auch Organisationen wie das Deutsche Rote Kreuz, der Arbeiter-Samariter-Bund, der Malteser Hilfsdienst, die Johanniter, die Arbeiterwohlfahrt, die Caritas oder soziale Vereine können Ihnen weiterhelfen.

Entscheidend dürfte bei Ihrer Wahl eines Alltagsbegleiters die Sympathie sein. Daher gilt auch hier: Lernen Sie Kandidaten kennen und nehmen Sie sich Zeit für Ihre Entscheidung.

So war es bei mir

„Ich bin 74 Jahre alt und habe letztes Jahr nach einem leichten Schlaganfall den Pflegegrad 1 bescheinigt bekommen. Dadurch habe ich Anspruch auf den Entlastungsbetrag. Ich habe mich entschieden, das Geld für eine Haushaltshilfe zu nutzen. Die kommt einmal pro Woche, putzt, macht die Wäsche und kümmert sich um die Pflanzen. Dafür bekommt sie jedes Mal 25 Euro. Das macht ungefähr 100 Euro im Monat. Ich finde am Entlastungsbetrag besonders gut, dass ich mir das nicht aufgebrauchte Geld gutschreiben lassen und bis zum 30. Juni des Folgejahres in Anspruch nehmen kann.“ *Gerda B. aus Gießen*

Der Einkauf, den man sich allein vielleicht nicht mehr zutraut, kann mit einem Alltagsbegleiter wieder möglich werden.

Wenn Pflege notwendig wird

Wie funktioniert die Pflegeversicherung?

Als tragende Säule der Sozialversicherung bietet die Pflegeversicherung rund 71 Mio. Menschen in Deutschland Schutz. Etwa 3,3 Mio. nehmen derzeit ihre Leistungen in Anspruch – Tendenz steigend.

Ein Mädchen, das heute sieben Jahre alt ist, hat gute Chancen, das 22. Jh. zu erleben. Die Lebenserwartung der Menschen steigt – besonders in den Industrienationen. Und d. h. bei gleichbleibenden Geburtenraten: Die Gesellschaften werden immer älter. In Deutschland, so schätzen Experten, werden im Jahr 2040 rund 21,5 Mio. Menschen über 67 Jahre leben. 2013 waren es noch 15,2 Mio. – das wäre also eine Steigerung um 42 %.

Und natürlich gilt: je älter die Bevölkerung, desto höher die Zahl der Pflegebedürftigen. Experten zufolge steigt ab dem 80. Lebensjahr die statistische Wahrscheinlichkeit, auf fremde Hilfe angewiesen zu sein, rapide an – auf rund 32 %. Mit Blick darauf beschloss der Deutsche Bundestag bereits 1994, die soziale Pflegeversicherung als fünfte Säule des Sozialstaats einzuführen.

Konzipiert als sogenannte Teilleistungsversicherung, die nicht alle Kosten der Pflege abdeckt, trat sie 1995 in Kraft. Seither ist jeder, der gesetzlich krankenversichert ist, automatisch auch in der sozialen Pflegeversicherung versichert. Versicherungspflichtig sind auch Mitglieder privater Krankenkassen: Sie müssen eine private Pflegeversicherung abschließen.

Gut zu wissen

Krankenversicherung für Rentner Wenn Sie als Rentner krankenversicherungspflichtig sind, besteht in der Regel auch Versicherungspflicht in der Pflegeversicherung. So müssen Sie neben den Beiträgen zur Krankenversicherung aus Ihrer Rente auch Beiträge zur Pflegeversicherung zahlen. Der Beitragssatz beträgt derzeit 3,05 %, die Sie in voller Höhe selbst tragen. Auch wer als Rentner freiwillig oder privat krankenversichert ist, zahlt die Beiträge zur Pflegeversicherung selbst. Der Rentenversicherungsträger behält sie gleich ein und leitet sie an die Pflegekassen weiter. Kinderlose Rentner, die nach dem 1. Januar 1940 geboren sind, zahlen außerdem einen Zuschlag von 0,25 %: Für sie beträgt der Beitragssatz 3,3 %. Pensionäre, die Beihilfe beziehen, zahlen nur den halben Beitragssatz.

Prinzip der sozialen Pflegeversicherung

Träger der sozialen Pflegeversicherung sind die Pflegekassen. Sie sind unter dem Dach der gesetzlichen Krankenkassen angesiedelt. Grundsätzlich gilt: Die soziale Pflegeversicherung folgt der jeweiligen Krankenversicherung. Ein Antrag zur Aufnahme muss nicht extra gestellt werden. Das bedeutet: Wer bei einer

- AOK,
- Ersatzkasse,
- Betriebskrankenkasse,
- Innungskrankenkasse,
- landwirtschaftlichen Sozialversicherung oder
- der Bundesknappschaft

gesetzlich krankenversichert ist, der gehört dort auch der sozialen Pflegeversicherung an.

Dies gilt auch für mitversicherte Familienangehörige: Unterhaltsberechtigte Kinder, Ehegatten und Lebenspartner sind über die Familienversicherung nicht nur beitragsfrei kranken-, sondern auch pflegeversichert. Zumindest dann, wenn das monatliche Gesamteinkommen der Angehörigen nicht mehr als 435 Euro – bzw. 450 Euro bei geringfügig Beschäftigten – beträgt. Wer über eine Familienversicherung mitversichert ist, braucht keine Beiträge zur sozialen Pflegeversicherung zu zahlen.

Wenn jemand aus einer gesetzlichen Krankenkasse ausscheidet, um z. B. ins Ausland zu ziehen oder in eine private Krankenkasse zu wechseln, kann er sich bei der sozialen Pflegeversicherung weiterversichern. Hier geben die jeweiligen Pflegekassen Auskunft.

Wer in einer gesetzlichen Krankenkasse freiwillig versichert, ist automatisch in der dazugehörigen Pflegekasse versichert. Freiwillig Versicherte können sich jedoch innerhalb der ersten drei Monate ihrer Mitgliedschaft in der gesetzlichen Krankenkasse auch dafür entscheiden, eine private Pflegeversicherung abzuschließen – was sie dann gegenüber der gesetzlichen Pflegekasse nachweisen müssen.

In 20 Jahren werden über 20 Millionen Deutsche über 67 Jahre alt sein.

Finanzierung Monatliche Beiträge der Versicherten finanzieren die soziale Pflegversicherung. Bei Berufstätigen zahlt der Arbeitgeber – wie bei der Arbeitslosen-, Kranken- und Rentenversicherung – die Hälfte zur gesetzlichen Pflegeversicherung dazu.

Wie bei der gesetzlichen Krankenversicherung gilt auch bei der sozialen Pflegeversicherung das Solidaritätsprinzip. Das bedeutet: Wie hoch die Beiträge sind, richtet sich nicht nach dem Alter oder nach dem individuellen Krankheitsrisiko eines Versicherten, sondern nach seinen wirtschaftlichen Verhältnissen.

Der Gesetzgeber legt den Beitragssatz fest, seit dem 1. Januar 2019 beträgt er 3,05 % – Arbeitnehmer und Arbeitgeber tragen je 1,524 %. Rentner und Selbstständige müssen den Beitragssatz zur Pflegeversicherung selbstständig aufbringen.

Zu den 3,05 % kommt noch der sogenannte Kinderlosenzuschlag in Höhe von 0,25 %: Da Pflegebedürftige häufig auch von Angehörigen gepflegt werden und dies die Pflegekassen entlastet, hat der Gesetzgeber beschlossen, dass kinderlose Versicherte ab dem vollendeten 23. Lebensjahr einen höheren Beitrag zu leisten haben, seit Januar 2019 sind es 3,3 %. Arbeitgeber müssen sich nicht am Kinderlosenzuschlag beteiligen. Ausgenommen von den Regelungen sind kinderlose Mitglieder, die vor dem 1. Januar 1940 geboren sind, Mitglieder bis zur Vollendung des 23. Lebensjahres sowie Bezieher von Arbeitslosengeld II (ALG II) und Wehr- und Zivildienstleistende.

Die Beiträge zur sozialen Pflegeversicherung richten sich nach dem Einkommen des Versicherten.

Obergrenze für die Beitragszahlung

Wie bei der Krankenversicherung gibt es auch bei der sozialen Pflegeversicherung eine Obergrenze für die Beitragszahlungen. Die Beitragsbemessungsgrenze bedeutet, dass ab einem gewissen Einkommen die Beiträge zur sozialen Pflegeversicherung nicht mehr ansteigen: Wenn das Bruttogehalt des Versicherten die Beitragsbemessungsgrenze übersteigt, spielt das über dieser Grenze liegende Gehalt für die Berechnung der Beitragshöhe keine Rolle mehr. Der Bundesrat legt die Beitragsbemessungsgrenze jedes Jahr neu fest, 2019 lag sie bei 4537,50 Euro monatlich (54 450 Euro jährlich).

Die private Pflegepflichtversicherung

Wer bei einer privaten Krankenversicherung versichert ist, gehört der privaten Pflegepflichtversicherung an. Wie in der privaten Krankenversicherung sorgt auch hier jeder Versicherte und jede Altersgruppe für sich selbst vor, indem die Versicherer sogenannte Altersrückstellungen bilden.

In der privaten Pflegepflichtversicherung richtet sich die Höhe der Beiträge nicht – wie in der sozialen Pflegeversicherung – nach dem Einkommen oder der wirtschaftlichen Leistungsfähigkeit der Versicherten: Die Prämien werden nach dem individuellen Versicherungsrisiko beim Eintritt in die Pflegeversicherung bemessen. Da dieses Risiko im fortgeschrittenen Alter höher ist, gilt: Je älter man beim Abschluss einer privaten Pflegeversicherung ist, desto höher der Beitrag.

Besondere Rahmenbedingungen

Der Gesetzgeber hat Patientenschutzmaßnahmen daher bei der privaten Pflegeversicherung eingeführt: So dürfen die Prämien nicht nach Geschlecht gestaffelt sein, Vorerkrankungen kein Ausschlussgrund sein und Personen, die bereits pflegebedürftig sind, nicht ausgeschlossen werden.

Für diejenigen, die seit Einführung der Pflegeversicherung im Jahr 1995 ohne Unterbrechung privat pflegeversichert waren, hat der Gesetzgeber den Beitrag auf den Höchstbetrag der sozialen Pflegeversicherung begrenzt. Außerdem gibt es für diese Personen eine vergünstigte Prämie für Ehepartner ohne eigenes Einkommen oder mit nur geringfügigem Einkommen: Hier darf für beide Ehegatten zusammen die Prämie nicht mehr als 150 % des Höchstbeitrags der sozialen Pflegeversicherung betragen.

Diejenigen, die erst nach 1995 eine private Versicherung abgeschlossen haben, müssen zumindest in den ersten fünf Jahren damit rechnen, höhere Beiträge zu zahlen – je nach Alter und Gesundheitszustand. Nach Ablauf dieser fünf Jahre gilt die Prämienbegrenzung dann auch für diesen Personenkreis.

Wer in der privaten Krankenversicherung einen Basistarif zahlt und somit einen besonderen sozialen Schutz erhält, unterliegt auch bestimmten gesetzlich festgelegten Schutzbestimmungen in der privaten Pflegepflichtversicherung (§ 110, Abs. 1 SGB XI) – unabhängig davon, wann die Versicherung abgeschlossen wurde.

Eigenvorsorge ist sinnvoll

Jeder Zweite ist im hohen Alter früher oder später auf Pflegeleistungen angewiesen. Oft kommt die Pflegebedürftigkeit überraschend, die ganze Familie muss sich umstellen und viele Entscheidungen treffen.

Pflegebedürftigkeit lässt sich nicht immer absehen. Nach einem häuslichen Unfall kann sehr schnell zumindest zeitweise Pflege nötig sein.

Damit dabei die Wünsche des Pflegebedürftigen im Vordergrund stehen können und nicht die Frage, welche Art der Pflege denn überhaupt bezahlbar ist, ist es sinnvoll, zusätzlich privat vorzusorgen. Denn die Pflegeversicherung sichert nur die Grundversorgung ab – die tatsächlichen Pflegekosten sind meist höher.

Allerdings ist eine Pflegezusatzversicherung nur geeignet, wenn Sie sich die relativ hohen Beiträge langfristig leisten können. Denn falls Sie ersatzlos kündigen müssen, sind die Beiträge, die Sie eingezahlt haben, weg. Wechseln Sie zu einem anderen Anbieter, können die Altersrückstellungen für gewöhnlich teilweise mitgenommen werden.

Viele Versicherungsgesellschaften bieten private Pflegezusatzversicherungen an. Es gibt drei Arten:

- Pflege-Rentenversicherung: Wenn Sie pflegebedürftig werden, zahlt die Versicherung je nach Hilfebedarf eine monatliche Rente aus.
- Pflegekostenversicherung: Wenn die gesetzliche oder private Pflegepflichtversicherung gezahlt hat, erstattet diese private Zusatzversicherung Ihnen die verbleibenden Kosten. Sie müssen Ihre Ausgaben nachweisen.
- Pflegetagegeldversicherung: Wenn Sie nachweisen, dass Sie pflegebedürftig sind, zahlt Ihnen diese Zusatzversicherung einen zuvor vereinbarten festen Geldbetrag für jeden Pflegetag – unabhängig von den tatsächlichen Kosten der Pflege und egal ob die Pflege zu Hause oder im Heim geschieht. Außerdem können Sie das Geld frei verwenden.

Bei allen Varianten hängt die Höhe des Beitrages von Alter und Gesundheitszustand bei Abschluss der Versicherung ab: je jünger und gesünder, desto günstiger. Die privaten Versicherer dürfen einen Antrag auf Aufnahme aufgrund von Vorerkrankungen ablehnen.

Staatliche Zuschüsse Zuschüsse sind möglich, der Gesetzgeber hat aber bestimmte Voraussetzungen festgelegt, welche Pflege-Zusatzversicherungen förderfähig sind:

- Das Unternehmen, bei dem Sie Ihre Versicherung abschließen, darf keine Gesundheitsprüfung verlangen und Ihr Vertrag darf keine Leistungsausschlüsse oder Risikozuschläge vorsehen.

So war es bei mir

„Seit mein Mann pflegebedürftig geworden ist, habe ich viel mit seiner Versorgung zu tun. Unsere Pflegetagesgeldversicherung ist nicht zweckgebunden, und darum erhalten wir jetzt regelmäßig Geld – zum Glück hatten wir sie frühzeitig abgeschlossen. Bei einer Freundin war es ähnlich, aber sie und ihr Mann hatten sich für eine Pflegekostenversicherung entschieden. Jetzt greift die Versicherung nur, wenn sie abrechenbare Kosten haben, also z. B. die Kosten des mobilen Pflegedienstes. Da sie ihren Mann aber gern selbst versorgt, haben sie nicht so viel von der Police wie erhofft. Wir sind sehr froh, dass wir uns damals anders entschieden hatten.“ *Angela H. aus Mainz*

- Der Versicherer muss sich verpflichtet haben, jeden Antragsteller aufzunehmen (das nennt man den Kontrahierungszwang) und auf das ordentliche Kündigungsrecht verzichten.
- Die vertraglichen Regelungen des Versicherers müssen vorsehen, dass die Zahlung des monatlichen Pflegegeldes einsetzt, wenn die soziale oder private Pflegepflichtversicherung die Pflegebedürftigkeit anerkennt.
- Die Wartezeit, die der Vertrag vorsieht, darf höchstens fünf Jahre betragen. Der Versicherungsnehmer wiederum kann den Vertrag drei Jahre ruhen lassen kann, wenn eine Hilfebedürftigkeit nach dem zweiten oder zwölften Sozialgesetzbuch festgestellt wird. Während dieser Zeit müssen keine Beiträge gezahlt werden.
- Der Vertrag muss vorsehen, dass die Abschlusskosten höchsten zwei Monatsbeiträge betragen und dass die Verwaltungskosten höchsten 10 % der Bruttoprämie umfassen dürfen.
- Die Pflegezusatzversicherung muss für alle Pflegegrade (siehe S. 230–232) Mindestleistungen vorsehen: Das versicherte Pflegemonatsgeld muss in Pflegegrad 5 mindestens 600 Euro betragen, bei Pflegegrad 4 mindestens 40 % (240 Euro), bei Grad 3 mindestens 30 % (180 Euro), bei Pflegegrad 2 mindestens 20 % (120) und bei Grad 1 mindestens 10 % (60 Euro).

Förderfähigkeit Förderfähig sind alle Personen über 18 Jahren, die der sozialen Pflegeversicherung oder der privaten Pflegepflichtversicherung angehören – sofern sie noch keine Leistungen wegen Pflegebedürftigkeit oder Demenz (Pflegegrad 1) beziehen oder bereits bezogen haben. Wenn eine Pflegebedürftigkeit oder Demenz (Pflegegrad 1) während der Wartezeit festgestellt wird, erhalten Sie das versicherte Pflegegeld erst nach Ablauf der Wartezeit.

Gut zu wissen

Riester-Rente und Pflege-Bahr Die private Pflegeversicherung mit staatlichem Zuschuss wird meist Pflege-Bahr genannt. Den Namen erhielten diese Policen, weil sie auf die Initiative des damaligen Gesundheitsministers Daniel Bahr zurückgehen. Manche bezeichneten die staatlich geförderten Pflegezusatzversicherungen auch als Pflege-Riester – nach Walter Riester. Der ehemalige Bundesminister für Arbeit und Sozialordnung hatte 2002 die sogenannte Riester-Rente eingeführt, eine durch staatliche Zulagen und Sonderausgabenabzug geförderte, grundsätzlich privat finanzierte Rente.

Das System der Pflegegrade ist im Sozialgesetzbuch niedergelegt, ebenso die Regeln für die Versicherungspflicht von Hilfsbedürftigen.

Längere Zeit im außereuropäischen Ausland lebende Bürger können ihre Versicherung in eine sogenannte Anwartschaftsversicherung umwandeln. Diese garantiert das (Wieder-)Aufleben des Versicherungsvertrags zu den ursprünglichen Bedingungen, wenn man wieder zurückkehrt.

Der Mindestbeitrag der versicherten Person muss nach den gesetzlichen Vorgaben im Moment 180 Euro jährlich (das entspricht 15 Euro im Monat) betragen. Die Zulage beträgt in diesen Fällen dann monatlich 5 Euro, 60 Euro im Jahr. Das jeweilige Versicherungsunternehmen beantragt für Sie die Förderung bei der Deutschen Rentenversicherung und schreibt sie Ihnen automatisch gut – Sie müssen sich selbst gar nicht darum kümmern.

Wer seinen Wohnsitz in einen Mitgliedsstaat der EU oder ins übrige europäische Ausland verlegt, kann die geförderte Pflegezusatzversicherung fortführen, sofern auch die soziale oder private Pflegepflichtversicherung weiterhin besteht. Befindet sich der neue Wohnsitz im außereuropäischen Ausland, kann das Versicherungsunternehmen die Pflegezusatzversicherung auf Antrag des Versicherten in eine sogenannte Anwartschaftsversicherung umstellen.

Achtung: Wenn Sie bereits eine private Zusatzversicherung ohne staatliche Förderung haben, erfüllt diese meist nicht die Voraussetzungen für die Zulage. Erkundigen Sie sich bei Ihrem Versicherungsunternehmen, ob Sie in einen anderen Vertrag wechseln können.

Pflegegrade lösen frühere Pflegestufen ab

Wer seinen Lebensalltag nicht mehr selbstständig bestreiten kann, ist auf die Hilfe von Angehörigen oder auf professionelle Unterstützung angewiesen. Wie viel Hilfe jemand braucht, kann ganz unterschiedlich sein: Mal reicht schon ein wöchentlicher Einkauf aus, mal geht es um eine Betreuung rund um die Uhr.

Mit Blick auf dieses breite Spektrum an Unterstützungsbedarf werden seit der Pflegereform 2017 alle pflegebedürftigen Menschen in Deutschland nicht mehr in die früher geltenden Pflegestufen 0 bis 3, sondern in fünf Pflegegrade eingegliedert. Das System bezieht sich auf die Schwere der Beeinträchtigung und den täglichen Pflegeaufwand, beginnend bei Pflegegrad 1: „geringe Beeinträchtigungen der Selbstständigkeit oder der Fähigkeiten“ bis zu Pflegegrad 5: „schwerste Beeinträchtigungen der Selbstständigkeit oder der Fähigkeiten“.

Hintergrund der Reform war die steigende Zahl von Menschen, die an Demenz erkranken. Nach Angaben der Alzheimer-Gesellschaft lebten in Deutschland 2018 rund 1,7 Mio. Menschen mit Demenz, jedes Jahr erkranken mehr als 300 000 Personen neu daran. Und weil gleichzeitig die Menschen immer älter werden, kommt es zu mehr Neuerkrankungen als zu Sterbefällen unter den Erkrankten. Aus diesem Grund nimmt ihre Zahl im Moment zu. Experten rechnen mit Blick auf die Bevölkerungsentwicklung damit, dass es im Jahr 2050 rund 3 Mio. Demenzkranke sein könnten.

Um die Leistungen der Pflegekassen besser an die Bedürfnisse von Menschen mit eingeschränkter Alltagskompetenz, insbesondere mit Demenz, anzupassen, definiert die Pflegereform den Begriff der Pflegebedürftigkeit neu: Mentale Erkrankungen stehen jetzt mehr im Vordergrund als bisher.

Psychische und physische Faktoren der Pflegebedürftigkeit sind nun gleichgesetzt. Seither erhalten v. a. demenzkranke Menschen die gleichen Pflegeleistungen wie körperlich pflegebedürftige Menschen. Zuvor spielten im Wesentlichen körperliche Einschränkungen für die Anerkennung der Pflegebedürftigkeit eines Menschen eine Rolle.

Pflegeversicherungsleistungen Die Leistungen der Pflegeversicherung richten sich nach dem Pflegegrad des Pflegebedürftigen. Je höher der Pflegegrad, desto mehr Geld- oder Sachleistungen übernimmt die Pflegekasse. Ein Anspruch auf die Leistungen besteht nach dem Gesetz (§14 SGB XI), wenn man innerhalb der zehn Jahre vor der Antragstellung zwei Jahre lang in der Pflegeversicherung versichert gewesen ist und die Pflegebedürftigkeit voraussichtlich für mindestens sechs Monate besteht. Auch das Verfahren, das festlegt, wie der Grad der Pflegebedürftigkeit ermittelt wird, ist gesetzlich geregelt (§ 15 SGB XI).

In den beiden folgenden Tabellen (auf der nächsten Seite) finden Sie die Höchstbeträge für alle Pflegeleistungen der ambulanten und stationären Pflege. Sofern nicht anders angegeben, werden die Leistungen der Pflegeversicherung monatlich gezahlt.

Gut zu wissen

Sachleistung oder Geld Wer anerkannt pflegebedürftig ist, kann sich zwischen Pflege-Sachleistungen und Pflegegeld entscheiden. Mit dem Begriff Pflege-Sachleistungen sind Einsätze professioneller Pflegedienste gemeint, die die Pflegekassen bis zu bestimmten Höchstgrenzen direkt bezahlen. Pflegegeld wird den Pflegebedürftigen von der Pflegekasse ausgezahlt – allerdings nur dann, wenn die Pflege in geeigneter Weise durch eine Pflegeperson seines Vertrauens sichergestellt werden kann. Sachleistungen und Pflegegeld können auch kombiniert werden. Einen Überblick über die Leistungsansprüche an die Pflegeversicherung finden Sie u. a. in der Broschüre des Bundesgesundheitsministeriums „Pflegeleistungen zum Nachschlagen“, die Sie unter www.bundesgesundheitsministerium.de → Service → Publikationen bestellen können.

Regelmäßige Leistungen der Pflegeversicherung (monatliche Beträge in Euro)

Grund der Versicherungsleistung	Pflegegrad 1	Pflegegrad 2	Pflegegrad 3	Pflegegrad 4	Pflegegrad 5
Pflege zu Hause durch Angehörige	0	316	545	728	901
Pflege zu Hause durch Pflegedienst	0	689	1298	1612	1995
Pflege in stationärer Einrichtung	0	770	1262	1775	2005
Entlastungsbetrag für Unterstützung im Alltag	125	125	125	125	125

Zusätzliche Leistungen der Pflegeversicherung (monatliche Beträge in Euro)

Grund der Versicherungsleistung	Pflegegrad 1	Pflegegrad 2	Pflegegrad 3	Pflegegrad 4	Pflegegrad 5
Pflegevertretung durch Angehörige = Ersatzpflege (max. 6 Wochen im Jahr)	0	474	817,50	1092	1351,50
Pflegevertretung durch Pflegedienst = Ersatzpflege (max. 6 Wochen im Jahr)	0	1612	1612	1612	1612
Kurzzeitpflege (max. 8 Wochen im Jahr)	gegebenenfalls Anspruch auf Entlastungsbetrag	1612	1612	1612	1612
teilstationäre Tages- und Nachtpflege	gegebenenfalls Anspruch auf Entlastungsbetrag	689	1289	1612	1995
zusätzliche Leistungen für Pflegebedürftige in ambulanten Wohngruppen	214	214	214	214	214
einmalige Anschubfinanzierung zur Gründung von Wohngruppen	2500	2500	2500	2500	2500
Hilfe für behinderte Menschen in stationären Einrichtungen	0	266	266	266	266
Verbrauch bestimmter Hilfsmittel (wie z. B. Einmalhandschuhe, Betteinlage, siehe S. 237)	40	40	40	40	40
technische Hilfsmittel (wie z. B. Notrufsysteme, Pflegebetten, siehe S. 238)	leihweise kostenlos, ansonsten Übernahme von 90 % der Kosten bei einem Eigenbetrag von maximal 25 Euro pro Hilfsmittel				
einmalige Verbesserung des Wohnumfelds	4000	4000	4000	4000	4000

Gutachter ermitteln den Pflegegrad

Unabhängige Gutachter prüfen im Auftrag der jeweiligen Pflegekasse, ob und wie schwer jemand pflegebedürftig im Sinne des Gesetzes ist. Dabei ist für die Soziale Pflegeversicherung der Medizinische Dienst der Krankenversicherung zuständig. Die privaten Anbieter der Pflegepflichtversicherung nehmen den Medizinischen Dienst der privaten Pflegeversicherungsunternehmen, Medicproof, in Anspruch.

Mit der Begutachtung soll erfasst werden,

- wie viel Hilfe ein Mensch bei welchen Alltagstätigkeiten braucht,
- welche seiner Fähigkeiten durch Reha-Maßnahmen wieder verbessert werden können,
- welche seiner Fertigkeiten durch vorbeugende Maßnahmen möglichst lange erhalten werden können,
- welche Hilfsmittel eingesetzt werden können, damit er bestimmte Tätigkeiten (wieder) ohne Unterstützung erledigen kann.

Die Gutachter richten sich bei der Einstufung in einen Pflegegrad danach, wie selbstständig ein Mensch ist und über welche Fähigkeiten er noch verfügt – und das mit Blick auf die noch verbliebenen Ressourcen. Beurteilt werden sechs verschiedene Lebensbereiche nach bestimmten jeweils festgelegten Kriterien.

- Mobilität: Wie selbstständig ist die Person? Kann sie allein im Bett die Position wechseln, sicher sitzen, sich innerhalb der Wohnung fortbewegen, Treppen steigen usw.?
- Kognitive und kommunikative Fähigkeiten: Wie gut kann die Person sich im Alltag orientieren, am Alltag teilnehmen, sich räumlich und zeitlich zurechtfinden, Gespräche führen usw.?
- Verhaltensweisen und psychische Problemlagen: Ist die Person nachts unruhig, ängstlich oder depressiv? Wehrt sie sich gegen pflegerische Maßnahmen usw.?
- Selbstversorgung: Kann die Person sich noch allein waschen, ankleiden, essen und trinken, die Toilette benutzen usw.?
- Selbstständiger Umgang mit krankheits- oder therapiebedingten Anforderungen: Kann die Person ärztlich

Gut zu wissen

Entlastungsbetrag Einmal in der Woche staubsaugen, eine Begleitung zum Arzt: Für sogenannte niederschwellige Betreuungs- und Entlastungsleistungen steht allen Pflegebedürftigen, die zu Hause gepflegt werden, ein Entlastungsbetrag von 125 Euro zu. Dieser Betrag soll, wie der Name sagt, die pflegenden Angehörigen oder Freunde entlasten – und den Pflegebedürftigen ermöglichen, sich z. B. eine Haushaltshilfe oder einen Begleiter im Alltag zu leisten. Außerdem ist das Geld für Pflegeleistungen gedacht, die die Selbstständigkeit und Selbstbestimmtheit des Pflegebedürftigen im Alltag fördern – das kann auch ein Malkurs sein. Allerdings muss die in Anspruch genommene Leistung von einem anerkannten Anbieter durchgeführt werden. Übrigens: Monatlich nicht genutzte Beträge können innerhalb eines Kalenderjahres angespart und bis zum 30. Juni des Folgejahres verbraucht werden.

Checkliste: Besuch des Gutachters

- ❑ Bevor der Gutachter zu Ihnen oder Ihrem Angehörigen kommt, bereiten Sie sich gut vor.
- ❑ Bitten Sie den Menschen, der Sie hauptsächlich pflegt oder Ihre Situation besonders gut kennt, beim Hausbesuch anwesend zu sein.
- ❑ Falls Sie einen gesetzlichen Betreuer haben, informieren Sie ihn bitte über den Hausbesuch.
- ❑ Überlegen Sie vorab, was Ihnen in Ihrem Alltag besondere Schwierigkeiten macht. Wobei benötigen und wünschen Sie Unterstützung in Ihrem Alltag?
- ❑ Was können Sie in Ihrem Alltag selbstständig ausführen?
- ❑ Legen Sie folgende Unterlagen bereit (sofern vorhanden):
  - → Berichte Ihres Hausarztes
  - → Berichte von Fachärzten
  - → Entlassungsbericht aus der Klinik
  - → Ihren aktuellen Medikamentenplan
  - → Falls bereits ein Pflegedienst zu Ihnen kommt: die Pflegedokumentation

angeordnete Maßnahmen selbstständig ausführen, Medikamente einnehmen, den Blutzuckerspiegel messen und bewerten oder Arztbesuche wahrnehmen usw.?

- Gestaltung des Alltagslebens und sozialer Kontakt: Ist die Person in der Lage, ihren Tagesablauf selbst zu gestalten, sich zu beschäftigen oder mit anderen Menschen in Kontakt zu treten usw.?

Für jedes Kriterium im Einzelnen vergibt der Gutachter Punkte und dokumentiert, wie selbstständig jemand ist. Am Ende des Moduls wird die Punktesumme errechnet.

Dabei wird jedes Modul unterschiedlich gewichtet. Aus der Anzahl der gewichteten Punkte ergibt sich schließlich der Pflegegrad. Umso weniger selbstständig die Person ist, desto höher ist die Punktzahl und damit auch der Pflegegrad.

Wenn Sie einen Antrag auf Feststellung der Pflegebedürftigkeit gestellt haben, muss die zuständige Pflegekasse Ihnen spätestens 25 Arbeitstage nach Eingang des Antrags die Entscheidung schriftlich mitteilen. Zudem sendet die Pflegekasse Ihnen auch das Gutachten direkt zu.

Wer Leistungen der Pflegeversicherung erhält oder einen Antrag auf entsprechende Vergütungen gestellt hat, hat einen gesetzlichen Anspruch auf eine Beratung durch zertifizierte Pflegeberater.

Was leisten Pflegeberater?

Pflegeberater sind entweder Mitarbeiter der Pflegekassen oder eines unabhängigen Beratungszentrums.

Es sind meist Sozialversicherungsfachangestellte, Altenpfleger oder auch Sozialarbeiter, die sich durch eine Weiterbildungen und ein Pflegepraktikum auf ihre komplexe Beratertätigkeit vorbereitet haben, sie kennen sich auch im Sozial- und Sozialversicherungsrecht gut aus.

An solche Pflegeberater müssen die Pflegekassen diejenigen, die einen Antrag auf Leistungen stellen, verweisen. Die Kassen sind verpflichtet, Antragstellern entweder

- eine Kontaktperson zu nennen und zugleich einen Beratungstermin spätestens innerhalb von zwei Wochen nach Antragseingang anzubieten oder
- einen Beratungsgutschein auszustellen, in dem unabhängige und neutrale Beratungsstellen genannt werden, bei denen der Gutschein innerhalb der Zweiwochenfrist eingelöst werden kann.

Die Kosten für die Pflegeberatung übernehmen die Pflegekassen. Die Beratung selbst kann dann auch – wenn gewünscht – zu einem späteren Zeitpunkt stattfinden.

Wer es möchte, kann sich mit den Pflegeberatern auch zu Hause treffen. Sie nehmen sich der Sorgen und Fragen der Pflegebedürftigen und ihrer Angehörigen an und beraten umfassend über das vorhandene Leistungsangebot.

Schon seit dem 1. Januar 2009 haben Pflegebedürftige und ihre Angehörigen einen gesetzlichen Anspruch auf Pflegeberatung. Seither sind die Pflegekassen verpflichtet, für ihre Versicherten ein sogenanntes Case Management – das ist der englische Fachausdruck für Fallmanagement – zur Verfügung zu stellen. Das bedeutet, dass zertifizierte Pflegeberater den persönlichen Bedarf jedes einzelnen Pflegebedürftigen ermitteln. Mit Blick auf die jeweilige Situation erstellen sie z. B. einen persönlichen Versorgungsplan und übermitteln Leistungsanträge an die zuständigen Kassen zur Bearbeitung.

Gut zu wissen

Verzeichnis der Pflegestützpunkte Die Pflegekassen erteilen Auskunft über den nächstgelegenen Pflegestützpunkt. Ein Verzeichnis aller deutschen Pflegestützpunkte, die seit 2009 bundesweit eingerichtet wurden, finden Sie unter www.zqp.de/beratung-pflege. Das Portal des Zentrums für Qualität in der Pflege (ZQP) bietet auch Tipps und Hinweise für das Zusammenleben mit pflegebedürftigen Personen und deren Betreuung. Informationen zum Thema Pflege erhalten Sie überdies beim Bürgertelefon des Bundesgesundheitsministeriums, Tel.: 030/3406066–02. Die private Pflegepflichtversicherung bietet Beratung durch das Unternehmen Compass Private Pflegeberatung an: www.compass-pflegeberatung.de; Tel.: 0800/1018800.

Pflegestützpunkte Pflegestützpunkte sind inzwischen in jedem Bundesland entstanden. Die Aufgabe dieser Zentren besteht in erster Linie darin, die Gesamtheit der pflegerischen, medizinischen und sozialen Leistungen miteinander zu vernetzen: Hier stimmen sich die Mitarbeiter der Pflege- und Krankenkassen sowie der Altenhilfe oder Sozialhilfeträger untereinander ab.

Wer selbst pflegebedürftig ist oder pflegebedürftige Angehörige hat, erhält im Pflegestützpunkt alle wichtigen Informationen, darüber hinaus auch Antragsformulare und viele konkrete Hilfen.

Pflegebedürftig – was nun? Erste Schritte auf einen Blick

Es ist schwer, selbst zu entscheiden, ob man pflegebedürftig ist, denn die Übergänge der eigenen gesundheitlichen Verfassung sind ja fließend. Oft wird man also vom Arzt oder von Verwandten darauf hingewiesen, dass die Altersbeeinträchtigungen nun einen Grad erreicht haben, der einen Antrag auf Einstufung in einen Pflegegrad empfehlenswert erscheinen lässt.

Beratung Setzen Sie sich mit Ihrer Pflegekasse oder dem Pflegestützpunkt in Ihrer Nähe in Verbindung. Wenn Sie dies nicht selbst tun können oder möchten, bevollmächtigen Sie jemanden, dem Sie vertrauen. Sie haben einen Anspruch auf frühzeitige und umfassende Beratung durch die Pflegeberaterinnen und Pflegeberater Ihrer Pflegekasse. Wenn Sie zustimmen, können sich dort auch Angehörige oder ehrenamtliche Pflegepersonen beraten lassen. Alternativ lassen Sie sich von der Pflegekasse einen Beratungsgutschein ausstellen, in dem unabhängige Beratungsstellen benannt sind. Auf Wunsch kommt der Pflegeberater zu Ihnen nach Hause.

Pflegeeinstufung Sobald Sie Leistungen der Pflegeversicherung beantragt haben, beauftragt Ihre Pflegekasse den Medizinischen Dienst der Krankenversicherung (MDK) oder andere unabhängige Gutachter mit der Feststellung Ihrer Pflegebedürftigkeit. Bitten Sie Ihre Pflegeperson, bei der Begutachtung anwesend zu sein. Hilfreich für die Gutachter ist es, wenn Sie ein Tagebuch darüber führen, wobei Sie Hilfe benötigen und wie viel Zeit die Hilfe in Anspruch nimmt.

Wichtig ist es, dem medizinischen Dienst gegenüber nichts zu beschönigen. Viele Pflegebedürftige versuchen, sich einem fremden Menschen gegenüber in ein relativ gutes Licht zu rücken. Da es aber darum geht, Leistungen von der Pflegekasse für tatsächlich notwendige Pflegeaufwände zu erhalten, muss man im eigenen Interesse klar bennen, wo Hilfe nötig ist.

Weitere Überlegungen Versuchen Sie einzuschätzen, ob Sie längerfristig zu Hause gepflegt werden können, etwa durch Angehörige. Denken Sie zudem darüber nach, ob Sie ergänzend oder ausschließlich auf die Hilfe eines ambulanten Pflegedienstes zurückgreifen können oder wollen.

Erkundigen Sie sich nach anderen Angeboten zur Entlastung bei der Versorgung. Kirchengemeinden oder Seniorenbeiräte der Städte und Gemeinden organisieren oft ehrenamtliche Unterstützung wie Einkaufshilfen oder Besuchsdienste. Wenn Sie einen Angehörigen zu Hause betreuen: Buchen Sie einen Pflegekurs. Ziel der Kurse ist es, Familienangehörige und ehrenamtlich pflegende Personen zu befähigen, häusliche Pflege zu übernehmen. Die meisten Krankenkassen bieten solche Kurse gratis an.

Welche Hilfsmittel gibt es?

Es gibt eine Reihe von Hilfsmitteln, die kranke oder pflegebedürftige Menschen dabei unterstützen, ein möglichst selbstständiges und selbstbestimmtes Leben zu führen. Angehörigen und Fachkräften erleichtern sie die Pflege.

Anziehhilfen, Bade- und Duschhilfen, Brillen, Gehstöcke, Krücken, Hörgeräte, Rollatoren oder Rollstühle, Pflegebetten – die Liste der Produkte, die Menschen mit einer Erkrankung, Behinderung oder altersbedingten Einschränkungen den Alltag erleichtern, ist lang.

Hilfsmittel, die eingeschränkte Menschen in ihrer selbstständigen Lebensführung unterstützen sollen, werden von den unterschiedlichen Trägern übernommen. Grundsätzlich gibt es drei Bereiche, in denen die Kosten für Hilfsmittel gefördert werden können:

- Medizinische Rehabilitation: Das sind solche Hilfsmittel, die der Krankenbehandlung, dem Ausgleich einer Behinderung bzw. der Vorbeugung einer Behinderung dienen oder bei Pflegebedürftigkeit notwendig sind. Zuständig sind die Kranken- oder Pflegekassen.
- Teilhabe am Arbeitsleben: Diese Hilfsmittel werden am Arbeitsplatz oder für den Arbeitsweg benötigt. Zuständig sind in diesem Fall die Rentenversicherung, die Arbeitsagentur oder das Integrationsamt.
- Teilhabe am Leben in der Gemeinschaft: Das betrifft Hilfsmittel, die für die persönliche Lebensführung und Freizeitgestaltung benötigt werden und die im Rahmen der Eingliederungshilfe für behinderte Menschen übernommen werden können, wenn die jeweils geltenden Einkommens- und Vermögensgrenzen nicht überschritten werden. Zuständig ist das Sozialamt.

In den meisten Fällen, in denen ein Hilfsmittel nicht eindeutig der Kranken- oder Pflegekasse zugeordnet werden kann, regeln die Versicherungen die Übernahme der Kosten untereinander.

Gut zu wissen

Hilfsmittelverzeichnis Die Heil- und Hilfsmittelrichtlinie, den Heil- und Hilfsmittelkatalog und weitere Informationen zum Thema finden Sie auf der Homepage des Gemeinsamen Bundesausschusses unter www.g-ba.de → Themen. Ein Hilfsmittelverzeichnis, das der Spitzenverband der Gesetzlichen Krankenversicherung erstellt, finden Sie unter www.gkv-spitzenverband.de → Hilfsmittel. Wertvolle Tipps zu Heil- und Hilfsmitteln geben auch die Verbraucherzentralen.

Hörhilfen werden von den gesetzlichen Krankenkassen zumindest teilweise bezahlt.

Hilfsmittel, die die Krankenkassen übernehmen Diese sollen „den Erfolg einer Krankenbehandlung sichern, einer drohenden Behinderung vorbeugen oder eine Behinderung ausgleichen", heißt es im Gesetz (§ 33 Abs. 1 SGB V). Die Hilfsmittel, die von der Gesetzlichen Krankenversicherung (GKV) grundsätzlich bewilligt werden können, sind in einem Hilfsmittelverzeichnis aufgeführt. Das sind z. B.:

- Seh- und Hörhilfen wie Brillen, Hörgeräte
- Körperersatzstücke (Prothesen)
- orthopädische Schuhe
- Rollstühle
- Beutel für Menschen, die einen Blasenkatheter tragen müssen oder einen künstlichen Darmausgang haben
- Produkte, die dazu dienen, bestimmte Arzneimittel in den menschlichen Körper einzubringen, z. B. bestimmte Spritzen, Inhalationsgeräte oder Applikationshilfen.

Hilfsmittel werden in der Regel dann bewilligt, wenn sie medizinisch notwendig und im Hilfsmittelkatalog der gesetzlichen Krankenkassen mit einer Hilfsmittelnummer aufgeführt sind. Versuchen Sie deshalb, zusammen mit dem Arzt oder dem Sanitätsfachhandel ein Hilfsmittel auszusuchen, das die Sachbearbeitung bei der Kasse in diesem Katalog finden kann. Inzwischen haben viele Hersteller in ihren Prospekten schon die entsprechende Hilfsmittelnummer der jeweiligen Produkte verzeichnet.

Wer ein Hilfsmittel beantragen möchten, benötigt ein Rezept seines behandelnden Arztes. Man sollte darauf achten, dass das benötigte Hilfsmittel auf dem Rezept genau bezeichnet wird. Empfehlenswert ist, dass der Arzt die Notwendigkeit der Verordnung mit einigen Sätzen näher begründet und gegebenenfalls die vorliegenden Funktionseinschränkungen beschreibt.

Hilfsmittel, die nicht in der Liste aufgeführt sind, werden von den Krankenkassen unter Umständen trotzdem bewilligt – wenn man einen entsprechenden Antrag stellt und diesen gut begründen kann.

Pflegehilfsmittel Die Pflegekasse übernimmt Pflegehilfsmittel, wenn ein Pflegegrad vorliegt. Sie sind ebenfalls im Hilfsmittelverzeichnis eingetragen. Nach dem Sozialgesetzbuch (§ 40 Abs. 1 SGB XI) haben diejenigen, die in der gesetzlichen Pflegeversicherung versichert sind, Anspruch auf die Versorgung mit Pflegehilfsmitteln, „die zur Erleichterung der Pflege oder zur Linderung der Beschwerden des Pflegebedürftigen beitragen oder ihm eine selbstständigere Lebensführung ermöglichen".

Die Pflegeversicherung unterscheidet zwischen:

- technischen Pflegehilfsmitteln, wie beispielsweise einem Pflegebett, Lagerungshilfen oder einem Notrufsystem
- zum Verbrauch bestimmten Pflegehilfsmitteln, wie beispielsweise Einmalhandschuhen oder Betteinlagen.

Eigenanteil Zu den Kosten für technische Pflegehilfsmittel müssen Pflegebedürftige ab dem 18. Lebensjahr einen Eigenanteil von 10 %, maximal jedoch 25 Euro je Pflegehilfsmittel, zuzahlen. Größere technische Pflegehilfsmittel werden oft leihweise überlassen, sodass eine Zuzahlung entfällt. Von den Kosten für Pflegehilfsmittel, die zum Verbrauch bestimmt sind, erstattet die Pflegekasse bis zu 40 Euro pro Monat.

Schon ab Pflegegrad 1 haben Versicherte einen Anspruch auf bestimmte Pflegehilfsmittel zum Verbrauch. Bewilligt die Kasse einen Antrag, bekommt der Pflegebedürftige daraufhin in der Regel monatlich die benötigten Hilfsmittel zugesandt. In Ausnahmefällen kann die Genehmigung zeitlich begrenzt sein.

Keine Gebrauchsgegenstände Es gibt viele Produkte, die Pflegebedürftigen helfen, aber auch von Menschen ohne Krankheit oder Behinderung genutzt werden. Dazu zählen z. B. Heizdecken, spezielle Kissen, sogenannte Seniorenbetten, Komfortmatratzen, komfortable Fahrräder, Alltagshilfen wie spezielle Essbestecke, Trinkbecher oder rutschhemmende Matten. Die Krankenkassen nennen sie „Gegenstände des täglichen Lebens". Da diese Produkte, die man in Sanitätshäusern, im Einzelhandel oder im Internet kaufen kann, auch von gesunden Menschen genutzt werden, entfällt hier die Leistungspflicht der Krankenkassen. Die „Gegenstände des täglichen Lebens" können zwar im

Checkliste: Die Schritte zum Hilfsmittel

- ❑ Vereinbaren Sie einen Termin zur Hilfsmittelberatung in einem Beratungszentrum, Sanitätshaus oder Reha-Fachgeschäft, um ein passendes Hilfsmittel zu finden.
- ❑ Lassen Sie sich von Ihrem behandelnden Arzt ein Rezept für das benötigte Hilfsmittel ausstellen, möglichst mit der Diagnose, Hilfsmittelnummer und Begründung zur medizinischen Notwendigkeit.
- ❑ Wenn Sie gesetzlich krankenversichert sind, geben Sie das Rezept bei Ihrer Krankenkasse ab. Die Krankenkasse bewilligt das Hilfsmittel und teilt dies dem Sanitätshaus mit.
- ❑ Das Sanitätshaus liefert Ihnen das Hilfsmittel und weist Sie in die Nutzung ein.
- ❑ Wenn Sie privat krankenversichert sind, müssen Sie das bewilligte Hilfsmittel im Sanitätshaus oder Reha-Fachgeschäft kaufen und die Rechnung später zur Erstattung bei der Versicherung einreichen.

Gut zu wissen

Pflegehilfsmittel zum Verbrauch Diese Art von Pflegehilfsmittel muss der Arzt nicht verschreiben. Seine Stellungnahme ist dennoch ratsam: Wer seinem Antrag bei der Pflegekasse eine ärztliche Verordnung beilegt, kann damit die Bewilligung oftmals beschleunigen. Anbieter wie die curabox (www.curabox.de) stellen Antragsformulare zur Verfügung. Die Kassen genehmigen die beantragten Hilfsmittel bei anerkanntem Pflegegrad in der Regel innerhalb von vier Wochen.

Hilfsmittelverzeichnis aufgeführt sein, haben aber keine Hilfsmittelnummer. Dies ist der Hinweis auf Selbstzahlung.

Überdies übernehmen die Krankenkassen auch nicht die Kosten für Hilfsmittel, deren therapeutischer Nutzen als gering angesehen wird oder umstritten ist.

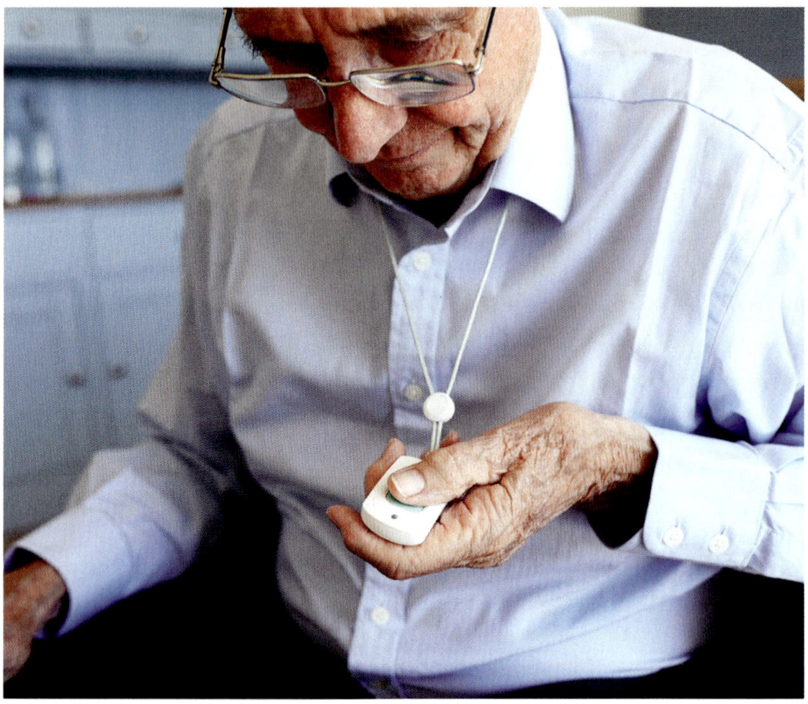

Notrufsysteme gehören zu den Pflegehilfsmitteln, die von der Pflegekasse übernommen werden.

Was tun, wenn der Antrag abgelehnt wird?

Wenn die gesetzliche Kranken- oder Pflegekasse oder ein anderer Kostenträger ein bestimmtes Hilfsmittel abgelehnt hat, können Sie innerhalb eines Monats schriftlich Widerspruch gegen den Bescheid einlegen.

Schildern Sie ausführlich, warum das Hilfsmittel unbedingt notwendig und ein eventuell angebotenes Alternativprodukt ungeeignet ist. Wenn es Ihnen nicht möglich ist, die ausführliche Begründung innerhalb eines Monats zu verfassen, sollten Sie dennoch einen Widerspruch einlegen und in Ihrem Schreiben darauf hinweisen, dass Sie die Begründung zeitnah nachreichen.

Sollte der zuständige Kostenträger auch den Widerspruch ablehnen, haben Sie innerhalb eines Monats die Möglichkeit, vor dem zuständigen Sozialgericht Klage einzureichen. Bei den Sozialgerichten gilt in der ersten Instanz der sogenannte Amtsermittlungsgrundsatz: Das bedeutet, dass der Richter des Sozialgerichts den Sachverhalt selbst aufklärt und man noch keine anwaltliche Vertretung braucht. So entstehen auch keine Kosten. Wenn Sie sich nicht selbst zutrauen, eine Klageschrift zu formulieren, können Sie die Klage auch „zu Protokoll" geben.

Dennoch sollten Sie sich nach Möglichkeit vorher rechtlich beraten lassen. Wer keine Rechtschutzversicherung mit Schwerpunkt Sozialrecht hat, kann sich auch alternativ an ein Beratungszentrum wenden.

Vollmachten und Patientenverfügung

Wenn jemand pflegebedürftig wird, sollte eine Vorsorgevollmacht und eine Patientenverfügung vorliegen. Beides schafft Klarheit – auch für Angehörige oder nahestehende Personen, die andernfalls nichts entscheiden können.

Ein Unfall, eine schwere Krankheit: Von einem auf den anderen Tag kann es passieren, dass ein Mensch sich nicht mehr selbst äußern kann. Dennoch sind viele Entscheidungen zu treffen, etwa zur medizinischen Versorgung. Und es ist viel zu regeln: Die Miete muss weiter gezahlt werden, Haustiere brauchen eine neue Unterkunft, vielleicht muss ein Pflegeheim gesucht werden. Für den Fall, dass Sie die nötige Hilfe für sich nicht mehr organisieren können, sollten Sie vorsorgen und einen Bevollmächtigten bestimmen.

Liegen die entsprechenden Verfügungen nicht vor, schaltet sich das Betreuungsgericht ein und bestimmt einen gesetzlichen Betreuer, der die weiteren Angelegenheiten des Pflegebedürftigen regelt – und das kann dann unter Umständen auch eine fremde Person sein.

Kein Vertretungsautomatismus Nach dem Gesetz dürfen der Ehepartner, Lebensgefährte oder die eigenen Kinder ihre Angehörigen oder Lebenspartner nicht ohne Weiteres vertreten, so wie es z. B. bei Eltern gegenüber ihren minderjährigen Kindern der Fall ist. Wenn Sie also sichergehen möchten, dass sich eine ganz bestimmte Person um Sie kümmert, sollten Sie rechtzeitig Vorkehrungen treffen.

Spätestens zu Beginn einer Pflegebedürftigkeit sollten Sie mit Familienangehörigen oder Ihnen nahestehenden Menschen über die wichtigen Dokumente sprechen und diese, falls sie noch nicht vorliegen, gemeinsam aufsetzen.

Gut zu wissen

Betreuer vom Betreuungsgericht Im Bürgerlichen Gesetzbuch (BGB) heißt es: „Kann ein Volljähriger aufgrund einer psychischen Krankheit oder einer körperlichen, geistigen oder seelischen Behinderung seine Angelegenheiten ganz oder teilweise nicht besorgen, so bestellt das Betreuungsgericht auf seinen Antrag oder von Amts wegen für ihn einen Betreuer" (§ 1896 BGB). Ziel des Gesetzes ist es, die Interessen eines Menschen auch dann zu wahren, wenn er sie selbst nicht mehr vertreten kann. Eine Vorsorgevollmacht bietet dem darin bestimmten Bevollmächtigten die Sicherheit, nach dem Willen des Vollmachtgebers zu handeln. Nur in medizinischen Notfällen entscheidet der Arzt ohne vorherige Genehmigung des Betreuers oder Bevollmächtigten nach dem mutmaßlichen Willen des Patienten. Liegen Patientenverfügung und Vorsorgevollmacht vor, ist sichergestellt, dass die Wünsche des Patienten umgesetzt werden.

So war es bei mir

„Meine Frau war gerade 63 geworden, als sie mit dem Fahrrad schwer verunglückte und ins Koma fiel. Im Krankenhaus wollte ich natürlich sofort einen Arzt sprechen, um zu erfahren, wie es meiner Frau geht. Da ich aber weder eine Vorsorgevollmacht noch eine Betreuungsverfügung vorweisen konnte, verweigerten die Ärzte mir die Auskunft über den Gesundheitszustand meiner Frau, ich bekam auch keine Auskunft über die weitere Vorgehensweise und auf meinen Wunsch, sie in ein anderes Krankenhaus verlegen zu lassen, ging man nicht ein. Stattdessen wurde bei Gericht ein Antrag auf eine Betreuung gestellt. Zwar setzte das Gericht dann mich als Betreuer ein. Da Betreuer aber vom Gericht beaufsichtigt und kontrolliert werden, musste ich jährlich einen Bericht abgeben." *Klaus-Dieter B. aus Dinkelsbühl*

Vorsorgevollmacht

In einer Vorsorgevollmacht bestimmt man einen oder mehrere Menschen, denen man vertraut, zum Bevollmächtigten. Naheliegend sind Ehegatte, Tochter, Sohn, das Patenkind oder ein enger Freund. Falls nicht einer allein die große Verantwortung schultern soll oder möchte, kann man auch mehrere Personen als Betreuungsbevollmächtigte auswählen.

Diese Person (oder eben diese Personen) erhält mit der Unterschrift unter die Vollmacht gewissermaßen „volle Macht" und darf sofort einspringen, wenn man nicht mehr in der Lage ist, seine finanziellen, rechtlichen und persönlichen Angelegenheiten zu regeln.

Eine Vorsorgevollmacht ist mit der eigenen Unterschrift rechtsverbindlich. Das Betreuungsgericht darf nach dem Gesetz in diesen Fällen keinen Betreuer mehr bestellen – und es kann einen bereits eingesetzten Betreuer bei Vorliegen einer Vollmacht unter bestimmten Bedingungen wieder abberufen.

Natürlich sollten Sie den zukünftigen Betreuer vorher fragen, ob er für Sie diese Aufgabe im Fall von Krankheit, Behinderung, nachlassender geistiger Fähigkeit oder eines Unfalls wirklich übernehmen möchte. Im besten Fall beziehen Sie die entsprechende Person schon mit ein, wenn Sie die Vorsorgevollmacht in Angriff nehmen. So ist am ehesten garantiert, dass später alles nach Ihren Vorstellungen abläuft.

Eine Generalvollmacht, die es dem Bevollmächtigten erlaubt, „in allen Angelegenheiten" zu entscheiden und zu handeln, scheint zunächst die einfachste Variante zu sein. Doch sie gilt nicht in jedem Fall. Bestimmte Aufgabenfelder müssen in der Vollmacht explizit ge-

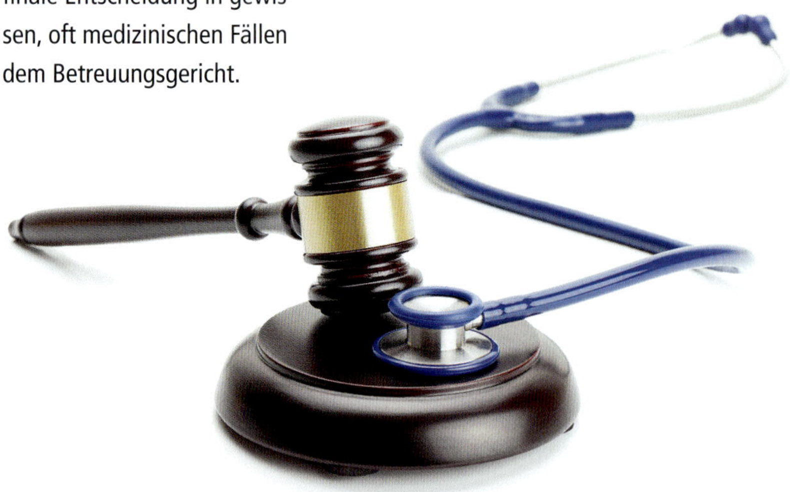

Selbst wenn eine Generalvollmacht vorliegt, obliegt die finale Entscheidung in gewissen, oft medizinischen Fällen dem Betreuungsgericht.

nannt werden, damit der Bevollmächtigte Entscheidungen treffen darf.

Wenn beispielsweise Lebensgefahr für den Vollmachtgeber besteht, darf der Bevollmächtigte nicht an seiner Stelle einer ärztlichen Untersuchung, einer Heilbehandlung oder einem medizinischen Eingriff – wie etwa einer Herzoperation – zustimmen. Das Gleiche gilt, wenn ein gravierender Gesundheitsschaden wie z. B. eine Amputation zu erwarten ist.

Der Bevollmächtigte darf auch nicht im Namen des Vollmachtgebers in freiheitsbeschränkende Maßnahmen einwilligen. Beispiele dafür wären etwa die Installation eines Sicherungsgitters am Bett im Pflegeheim, ärztliche Zwangsmaßnahmen, die Unterbringung in einer geschlossenen Einrichtung der Psychiatrie oder eine Organspende.

Selbst wenn es einen Bevollmächtigten gibt, schaltet sich manchmal das Betreuungsgericht ein: Sind sich Arzt und Bevollmächtigter wegen einer Untersuchung, Therapie oder eines medizinischen Eingriffs nicht einig, entscheidet das Gericht. Auch wenn es um eine Unterbringung in einer geschlossenen Einrichtung, ärztliche Zwangsmaßnahmen oder andere einschränkende Maßnahmen geht, genehmigt oder untersagt das Gericht diesen Schritt.

Die äußere Form ist wichtig Soll die Vorsorgevollmacht die Gesundheitsvorsorge mit einschließen, muss sie schriftlich abgefasst werden. Vorteil: Mit sehr genau formulierten Anweisungen hat es der Bevollmächtigte leichter, wenn er – möglicherweise erst viele Jahre später – den Willen des Vollmachtgebers umsetzen muss.

Eine Vorsorgevollmacht kann mit der Hand, am Computer, mit der Schreibmaschine verfasst oder einer anderen Person diktiert werden. Wichtig sind Orts- und Datumsangabe sowie die vollständige eigenhändige Unterschrift.

Um der Vorsorgevollmacht mehr Gewicht zu geben und etwaige Zweifel von vornherein auszuräumen, können Sie sie von einem Notar oder von der Betreuungsbehörde beglaubigen lassen. Die Beglaubigung bestätigt, dass die Unterschrift wirklich von Ihnen stammt.

Die Vorsorgevollmacht besteht aus drei Teilen: Im ersten Teil benennt der

Gut zu wissen

Gültigkeit der Vorsorgevollmacht Prinzipiell gilt die Vorsorgevollmacht ab dem Datum der Unterzeichnung. Sie können aber mit dem Bevollmächtigten schriftlich oder mündlich vereinbaren, dass er erst dann aktiv werden soll, wenn Sie handlungsunfähig sind. Das ist eigentlich ja selbstverständlich. Sollte der Beauftragte wider Erwarten dennoch handeln, bevor Sie das möchten, können Sie die Vollmacht sofort widerrufen und das Schriftstück vom Bevollmächtigten zurückfordern. Notfalls können Sie die Vollmacht „vor Gericht für kraftlos erklären" lassen. Wenn die Vorsorgevollmacht über den Tod hinaus gelten soll, muss dies unbedingt vermerkt werden. Nur so kann der Bevollmächtigte noch Dinge wie die Wohnungsauflösung regeln, bis die Erben alle Formalitäten erledigt haben, um ihr Erbe anzutreten.

Checkliste: Vorsorgevollmacht

- ❑ Überschrift: Vorsorgevollmacht
- ❑ Benennung des Vollmachtgebers mit Name, Geburtsdatum, Geburtsort und Adresse
- ❑ Benennung des Vollmachtnehmers mit Name, Gebursdatum, Geburtsort und Adresse
- ❑ Felder, auf denen die Vollmacht gelten soll:
  - → Gesundheitsfürsorge / Pflegebedürftigkeit
  - → Aufenthaltsbestimmung und Wohnungsangelegenheiten
  - → Vertretung vor Behörden
  - → Vermögensangelegenheiten: Bankvollmachten beifügen!
  - → Postgeheimnis und Fernmeldeverkehr
  - → Vertretung vor Gericht
  - → Untervollmacht, die der Bevollmächtigte erteilen darf
- ❑ Gültigkeitsdauer der Vollmacht
- ❑ Sonstige Regelungen
- ❑ Datum, Ort, Unterschriften des Vollmachtgebers und des Vollmachtnehmers

Vollmachtgeber die bevollmächtigte Person bzw. die bevollmächtigten Personen. Dann folgen die Aufgabenfelder, auf denen sich der Verfasser im Fall seiner Einwilligungs- und/oder Geschäftsunfähigkeit vertreten lassen will. Abgeschlossen wird die Vorsorgevollmacht mit der Angabe des Datums, des Ortes und den Unterschriften sowohl des Vollmachtgebers als auch des Bevollmächtigten.

Wenn man seine Vollmacht auf einzelne Aufgabenfelder beschränkt, kann es passieren, dass das Gericht für andere Aufgaben zusätzlich einen Betreuer bestellt. Sollten Betreuer und Bevollmächtigter nicht dieselbe Person sein, sind bei einzelnen Entscheidungen Konflikte nicht auszuschließen. Deshalb ist es sinnvoll, die Aufgaben in der Vollmacht möglichst genau zu beschreiben.

Es gibt einen Unterschied zwischen sogenannten rechtsgeschäftlichen Aufgaben und persönlichen Angelegenheiten. Die Bereiche Gesundheitsfürsorge, Vertretung bei Behörden oder die Entscheidungsbefugnis für die Aufenthaltsbestimmung haben Rechtswirkung nach außen, sie sind rechtsverbindlich. Bestimmungen darüber, wer im Verwandten- und Freundeskreis regelmäßig Geburtstagsgeschenke bekommen soll, welche Organisationen und Vereine weiterhin mit Spenden unterstützt werden sollen und welches Pflegeheim man bevorzugt, sind im Binnenverhältnis zwischen Vollmachtgeber und Bevollmächtigtem festzulegen. Solche Bestimmungen kann man in einem zusätzlichen Schriftstück – etwa einem Brief oder einem gesonderten Blatt als Anhang – dokumentieren.

Übrigens ist die Totensorge – in erster Linie Bestattung und Trauerfeier – grundsätzlich Aufgabe der Angehörigen. Sie kann in der Vorsorgevollmacht aber auch dem Bevollmächtigten übertragen werden.

Sinnvolle Beratung V. a. dann, wenn es um Häuser, Eigentumswohnungen, Grundstücke oder um ein großes Vermögen geht, ist es ratsam, für die Erstellung einer Vorsorgevollmacht einen Notar, einen Rechtsanwalt oder einen Betreuungsverein hinzuzuziehen. Für manches ist eine notarielle Beurkundung sogar Pflicht, beispielsweise wenn der Bevollmächtigte Immobilien oder Grundstücke verkaufen soll. Der Notar prüft in solchen Fällen den Inhalt der Verfügung und bestätigt, dass diese wirklich von demjenigen stammt, der sie unterzeichnet hat.

Auch eine öffentliche Beglaubigung bekräftigt die Echtheit der Vollmacht. Sie bestätigt im Gegensatz zur notariellen Beurkundung nur die Unterschrift. Sowohl Notare als auch die Betreuungsbehörden stellen Beurkundungen für Vorsorgevollmachten aus. In Baden-Württemberg übernimmt dies u. a. der Ratsschreiber, insofern eine Gemeinde diesen bestellt hat. In Hessen beglaubigen auch die Ortsgerichte Vollmachten und in Rheinland-Pfalz kann man sich auch an Gemeinde- und Stadtverwaltungen wenden.

Betreuungsverfügung

Eine Betreuungsverfügung ist eine Art „abgespeckte" Vorsorgevollmacht. Mit einer Betreuungsverfügung legt man fest, wer Betreuer werden soll. Das ist eine ganz andere Rechtsposition als die eines Bevollmächtigten: Eine Betreuungsverfügung ist im Unterschied zur Vollmacht nicht rechtsverbindlich.

So war es bei mir

„Mein Mann hatte mit 59 Jahren einen schweren Schlaganfall. Er konnte sich nicht artikulieren und wurde im Krankenhaus intensiv betreut. Zum Glück hatten wir eine umfassende Vorsorgevollmacht verfasst, in der wir ausdrücklich auch auf die medizinischen Belange eingegangen sind, und haben sie notariell beglaubigen lassen. So hatte mein Mann unserem Sohn übertragen, gemeinsam mit mir unsere Schreinerei in seinem Sinne weiterzuführen. Und mich hatte er für alle weiteren privaten Belange beauftragt. Problemlos bekam ich alle Auskünfte von den Ärzten und konnte aktiv über die geplanten medizinischen Maßnahmen mitentscheiden." *Susanne H. aus Wuppertal*

Ein Betreuungsgericht entscheidet, ob der unverbindlich vorgeschlagene Betreuer abgelehnt oder bestätigt wird, das nennt man „Bestallung". Lehnt das Gericht den vorgeschlagenen Betreuer ab, muss es einen anderen Betreuer einsetzen.

Mit der „Bestallung" muss das Gericht den Betreuer überwachen, Rechenschaft von ihm fordern, eine umfassende Vermögensaufstellung einholen und ihm alle wichtigen Entscheidungen über den Betreuten genehmigen. Das Betreuungsgericht ist die übergeordnete Stelle des Betreuers und kann ihm Vorschriften machen, ihn kontrollieren und sogar absetzen.

Im Gegensatz zur Vorsorgevollmacht wird die Betreuungsverfügung erst gültig, wenn ein Richter festgelegt hat, dass es tatsächlich einen Betreuungsbedarf gibt. Dafür sind ein medizinisches und ein soziales Gutachten nötig. Außerdem wird der Verfasser in

Gut zu wissen

Vorsorgevollmacht oder Betreuungsverfügung? Die Entscheidung, welche der beiden Rechtsformen besser ist, muss jeder selbst treffen. Beide Dokumente nebeneinander schließen sich aus. Fragen Sie sich, ob Sie möchten, dass Ihre Vertrauensperson allein und unabhängig entscheiden kann – dann kommt nur eine Vorsorgevollmacht infrage. Wenn Sie möchten, dass Ihre Vertrauensperson gerichtlich bestätigt und überwacht werden soll und auch abgesetzt werden kann, könnten Sie eine Betreuungsverfügung verfassen. Bedenken Sie: Wenn Sie einem Gericht eine Betreuungsverfügung vorlegen, dann wird die darin bestimmte Vertrauensperson nicht Bevollmächtigter, sondern eben nur Betreuer – und untersteht von da ab der Justizverwaltung.

einer persönlichen Anhörung im Gericht oder zu Hause befragt. Erst dann trifft das Gericht seine Entscheidung.

Die äußere Form Hierfür gibt es keine vorgeschriebene Form. Sie sollte jedoch schriftlich verfasst werden, egal ob mit Hand, Schreibmaschine oder mit Computer und sie muss natürlich eigenhändig unterschrieben sein.

Die Betreuungsverfügung ist weniger umfangreich als eine Vorsorgevollmacht. Sie enthält Angaben zur eigenen Person und zum gewünschten Betreuer sowie gegebenenfalls zu einer weiteren Person, falls die an erste Stelle gesetzte Person nicht geeignet sein sollte.

Es folgt in Anlehnung an § 1896 BGB ein Hinweis, dass einer dieser Vertrauten zum Betreuer bestellt werden soll, wenn der Betroffene infolge von Krankheit oder Behinderung entsprechenden Bedarf hat.

Patientenverfügung

Den meisten Menschen fällt es schwer, in gesunden Zeiten an den eigenen Tod zu denken. Doch gerade in der letzten Lebensphase ist es wichtig, bei klarem Bewusstsein entscheidende Weichen zu stellen.

In der Patientenverfügung legt eine zurechnungsfähige, volljährige Person ihre Vorstellungen nieder, wie sie medizinisch versorgt werden möchte, wenn sie sich einmal nicht mehr äußern und keine Entscheidungen mehr treffen kann, sei es, weil sie beispielsweise im Koma liegt oder weil der Grad ihrer Demenz dies nicht mehr zulässt.

Seit 2009 ist die Patientenverfügung im Bürgerlichen Gesetzbuch verankert (§ 1901a). Auch zuvor hatten Menschen ihren Patientenwillen schon formuliert – seither sind solche Verfügungen verbindlich. Damit wird das Selbstbestimmungsrecht des Patienten erheblich gestärkt. Denn wenn es um medizinische Untersuchungen, Therapien oder Operationen geht, muss den Bestimmungen aus einer Patientenverfügung Folge geleistet werden: Ärzte sind an die Anweisungen in einer Patientenverfügung gebunden.

Wenn keine Patientenverfügung vorliegt oder die konkrete Situation des Patienten nicht auf die in der Patientenverfügung beschriebenen Situationen zutrifft, sind der Arzt und auch gesetzliche Betreuer oder der Bevollmächtigte gehalten, den mutmaßlichen Willen des Patienten gemeinsam zu ergründen. Dabei berücksichtigen sie frühere Äußerungen und Einstellungen des Betroffenen, befragen nahe Angehörige und andere Vertrauenspersonen. Kommt der Arzt zu einer anderen Entscheidung als Betreuer, Bevollmächtigter, Verwandte und Freunde, können diese zur Klärung und Entscheidung das Betreuungsgericht einschalten.

Eile ist fehl am Platz Nehmen Sie sich Zeit, wenn Sie eine Patientenverfügung verfassen möchten. Zunächst gilt es, für sich ganz individuell entscheidende Fragen zu klären – zu Krankheit, Leid und Sterben:

- Was ist mir wichtig für meine letzten Tage?
- Möchte ich, dass mein Leben unbedingt erhalten wird?
- Möchte ich lieber auf den Einsatz von Gerätemedizin verzichten?
- Was soll geschehen, wenn ich Schmerzen habe?

Zu bedenken ist auch: Wer seine Vorstellungen in einer Patientenverfügung niederlegt, übernimmt damit die Verantwortung für Konsequenzen. Wenn in der Verfügung beispielsweise festgehalten ist, dass keine Ernährungssonde gelegt wird, dann geschieht das auch so, selbst wenn die künstliche Ernährung lebensrettend wäre. Wenn Sie eine Patientenverfügung verfassen, sollten Sie also vorsichtig sein und sich bewusst machen, dass Sie als Gesunder ganz andere Vorstellungen haben können, als wenn Sie einmal schwer krank oder verletzt sind.

Kompetente Beratung Bei einem solch wichtigen Thema sollte man sich beraten lassen, am besten vom Hausarzt, einer anderen fachkundigen Person oder Organisation, bevor man eine schriftliche Patientenverfügung abfasst.

In den vergangenen Jahren hat sich der Bundesgerichtshof (BGH) mehrfach mit dem Thema Patientenverfügungen befasst; mit Blick auf die höchstrichterlichen Entscheidungen sollten allgemeine Formulierungen vermieden werden, wie etwa: „Solange eine realistische Aussicht auf Erhaltung eines erträglichen Lebens besteht, erwarte ich ärztlichen und pflegerischen Beistand unter Ausschöpfung der angemessenen Möglichkeiten“ oder Begriffe wie „unwürdiges Dahinvegetieren“, „qualvolles Leiden“, „Apparatemedizin“. Solche Aussagen sind wenig hilfreich, denn sie

So war es bei mir

„Ich habe mir gedacht, dass es wichtig ist, die Patientenverfügung so aufzubewahren, dass sie schnell auffindbar ist. Sie liegt nun in einem Schrank, in dem ich auch andere wichtige Akten aufbewahre, ich habe sie in einer roten Mappe abgeheftet, auf der ganz groß „Patientenverfügung" zu lesen ist. Ich habe meine Tochter informiert, wo sie liegt, auch eine enge Freundin weiß Bescheid. In meinem Portemonnaie habe ich einen Zettel, auf dem die Personen genannt sind, die im Ernstfall benachrichtigt werden sollen. Darauf steht auch der Hinweis, dass ich eine Patientenverfügung verfasst habe. Als mein Mann damals nach seinem schweren Unfall ins Krankenhaus kam, haben uns die Ärzte routinemäßig nach der Patientenverfügung gefragt. Wäre das nicht geschehen, hätten wir das natürlich selbst gesagt."

Sabine R. aus Passau

Es sind die traurigen Bilder von einem Lebensende in der Apparatemedizin, die viele Menschen veranlasst, mit einer Patientenverfügung für den Fall vorzusorgen, dass sie nicht mehr selbst entscheiden können.

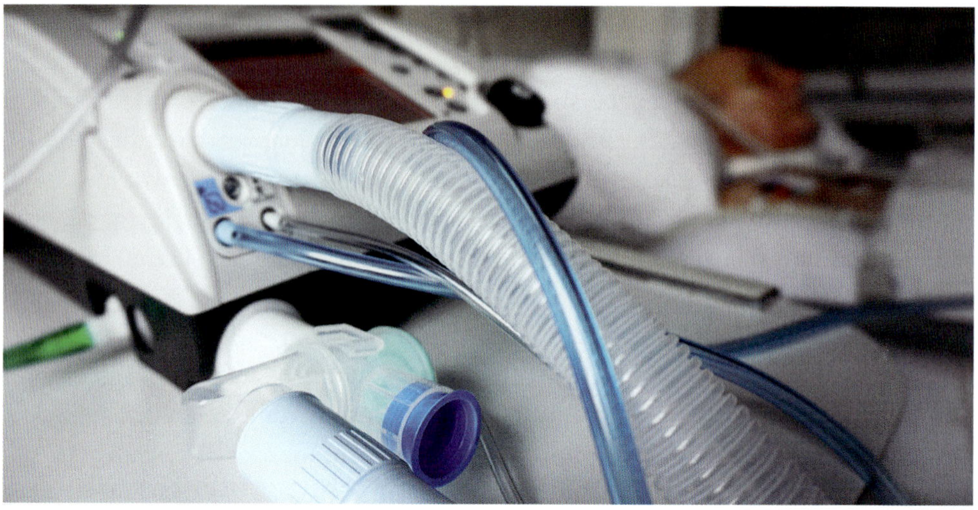

sagen nichts darüber aus, was für den Betroffenen beispielsweise ein „erträgliches“ Leben ist. Beschreiben Sie deshalb möglichst konkret, in welchen Situationen die Patientenverfügung gelten soll und welche Behandlungswünsche Sie in diesen Situationen haben.

Schriftform notwendig Egal ob handschriftlich, als Aus- oder Vordruck: Patientenverfügungen müssen schriftlich niedergelegt werden. Sie müssen sie eigenhändig unterschreiben oder von einem Notar mit einem sogenannten Handzeichen (einem Namenskürzel) beglaubigen lassen.

Empfehlenswert ist es, alle ein oder zwei Jahre zu überprüfen, ob sich die eigenen Ansichten geändert haben und die Patientenverfügung mit aktuellem Datum erneut zu unterschreiben. Sollten Sie die Dinge nach einer Zeit tatsächlich anders sehen: Es ist kein Problem, eine Patientenverfügung formlos zu widerrufen. Am besten vernichten Sie dann die bisherige Verfügung und schreiben eine neue. Zumindest sollten die Passagen, die geändert wurden, kenntlich gemacht und mit dem Datum der Änderungen versehen werden. Solange der Verfasser bei Bewusstsein ist, kann er die Patientenverfügung noch im Notfall in der Klinik auf dem Krankenbett – auch mündlich – für nichtig erklären.

Da es nicht möglich ist, alle Situationen und anstehenden Entscheidungen vorauszusehen, raten Fachleute, die Patientenverfügung um eine Beschreibung der eigenen Wertvorstellungen zu ergänzen. Mit ihrer Hilfe können die Ärzte, Betreuer oder Bevollmächtigten dann auf den mutmaßlichen Willen des Verfassers schließen, falls dieser sich nicht mehr selbst verständlich machen kann. In einem eigenen Absatz über die ganz persönlichen Werte sind Ausführungen über die Weltanschauung, Religion, Ängste und anderes gut aufgehoben.

Man sollte sich dafür Fragen stellen wie z. B.:

- Was wäre das Schlimmste, das mir passieren kann?
- Was bedeutet für mich Lebensqualität?
- Wie gut kann ich Hilfe annehmen?
- Welche Rolle spielt die Religion für mich?

Immer gut: ein Blick von außen Ist die Patientenverfügung geschrieben, sollten Sie sie mit einem engen Vertrauten noch einmal durchgehen. Dann ist der Hausarzt ein guter Ansprechpartner, bevor man sie endgültig unterschreibt. Mit dem Arzt zusammen sollte man prüfen, ob die Situationen und Maßnahmen auch so beschrieben sind, dass sie medizinisch und pflegerisch umsetzbar sind.

Nicht zuletzt kann man sich auch von einem Notar beraten lassen. Er kann die Patientenverfügung auf rechtliche Fragen hin durchsehen – medizinischen Rat vermag er aber nicht zu geben. Ein Notar zeichnet das Schriftstück mit seinem Handzeichen ab, das verleiht ihm zusätzliche Ernsthaftigkeit. Die Patientenverfügung kann beim Notar hinterlegt werden, ins Zentrale Vorsorgeregister eingetragen werden oder auch zu Hause aufbewahrt werden.

Hilfe bei der Formulierung Eine Patientenverfügung zu verfassen ist für jeden eine herausfordernde Angelegenheit. Denn die meisten Menschen sind es nicht gewohnt, sich schriftlich über ihre eigenen Grundsätze und Wertvorstellungen zu äußern. Daher hat das Bundesministerium der Justiz und für Verbraucherschutz (BMJV) Formulierungshilfen erarbeitet, die eine Orientierung für die eigene Verfügung geben können. Es ist äußerst wichtig, auch diese Hilfen krtisch zu lesen und zu prüfen, ob eine Formulierung (manchmal sind Alternativen angegeben) wirklich dem entspricht, was man selbst denkt und für richtig hält.

Die vorgegebenen Sätze sind oft sehr konkret, denn wie oben erwähnt sollten keine nur allgemeinen Formulierungen verwendet werden. Vielmehr muss möglichst konkret beschrieben werden, in welchen Situationen die Patientenverfügung gelten soll und welche Behandlungswünsche der Verfasser in diesen Situationen hat. So ist der Verfasser angehalten, genau niederzulegen, ob die in der Patientenverfügung

Gut zu wissen

Das Zentrale Vorsorgeregister wird von der Bundesnotarkammer im Auftrag des Bundesjustizministeriums geführt. Es verzeichnet in erster Linie Vorsorgevollmachten, Betreuungs- und Patientenverfügungen können aber ebenfalls hinterlegt werden. Gespeichert wird nur, dass es die Dokumente gibt und wo sie hinterlegt sind. Die Registrierung bleibt ein Leben lang bestehen, sie wird 110 Jahre nach dem Tag der Geburt automatisch entfernt, kann aber auch auf eigenen Wunsch gelöscht werden. Der Eintrag ist gebührenpflichtig. Das Zentrale Vorsorgeregister ist unter der gebührenfreien Tel. 0800/3550500 oder per E-Mail (info@vorsorgeregister.de) zu erreichen. Viele Informationen finden Sie auch unter www.vorsorgeregister.de

konkret festgelegten Behandlungswünsche – z. B. die Durchführung oder die Ablehnung bestimmter Maßnahmen wie die künstliche Ernährung und Flüssigkeitszufuhr – in allen konkret beschriebenen Behandlungssituationen gelten sollen oder ob für verschiedene Situationen auch verschiedene Behandlungswünsche festgelegt werden sollen.

Aus einer Patientenverfügung müssen für die behandelnden Ärzte und für die Betreuer sowohl die konkrete Behandlungssituation als auch die auf diese Situation bezogenen Behandlungswünsche klar ersichtlich werden, daher beziehen sich die Formulierungshilfen ausdrücklich auf die zuvor beschriebene konkrete Situation.

Was eine Patientenverfügung enthalten muss

Eine wirksame Patientenverfügung muss einige wichtige Informationen beinhalten, beginnend mit der Überschrift *„Patientenverfügung“*.

Einleitung *„Ich* (Vorname, Name), *geboren am …, wohnhaft in … , bestimme hiermit für den Fall, dass ich meinen Willen nicht mehr bilden oder verständlich äußern kann, Folgendes: …“*

Situationsbeschreibung Geben Sie an, wann die Verfügung gelten soll, z. B.

- *„wenn ich mich aller Wahrscheinlichkeit nach unabwendbar im unmittelbaren Sterbeprozess befinde.“*
- *„wenn ich mich im Endstadium einer unheilbaren, tödlich verlaufenden Krankheit befinde, selbst wenn der Todeszeitpunkt noch nicht absehbar ist.“ …*
- *„wenn infolge einer Gehirnschädigung meine Fähigkeit, Einsichten zu gewinnen, Entscheidungen zu treffen und mit anderen Menschen in Kontakt zu treten, nach Einschätzung zweier erfahrener Ärztinnen oder Ärzte* (können namentlich benannt werden) *aller Wahrscheinlichkeit nach unwiederbringlich erloschen ist, selbst wenn der Todeszeitpunkt noch nicht absehbar ist. Dies gilt für direkte Gehirnschädigung z. B. durch Unfall, Schlaganfall oder Entzündung ebenso wie für indirekte Gehirnschädigung z. B. nach Wiederbelebung, Schock oder Lungenversagen. Es ist mir bewusst, dass in solchen Situationen die Fähigkeit zu Empfindungen erhalten sein kann und dass ein Aufwachen aus dem Zustand nicht ganz sicher auszuschließen, aber unwahrscheinlich ist.“*
- *„wenn ich infolge eines weit fortgeschrittenen Hirnabbauprozesses (z. B. bei Demenzerkrankung) auch mit ausdauernder Hilfestellung nicht mehr in der Lage bin, Nahrung und Flüssigkeit auf natürliche Weise zu mir zu nehmen.“*

Ärztliche oder pflegerische Maßnahmen Liegt es Ihnen am Herzen, dass alle lebensverlängernden Maßnahmen ergriffen werden, oder möchten Sie, dass in Situationen, in denen die Aussicht auf eine Wiedererlangung der Selbstbestimmung gering ist, diese

Maßnahmen unterbleiben? Lebenserhaltende Maßnahmen sind z. B.:

- Schmerz- und Symptombehandlung
- künstliche Ernährung und Flüssigkeitszufuhr
- Wiederbelebung
- künstliche Beatmung
- Dialyse
- Behandlung mit Antibiotika
- die Gabe von Blut oder Blutbestandteilen.

Hinweise zur Unterbringung Über die medizinischen Wünsche hinaus können Sie Angaben darüber machen, ob Sie die Zeit des Sterbens lieber im Krankenhaus, zu Hause oder in einem Hospiz verbringen möchten und ob Sie sich Beistand in dieser letzten Lebensphase wünschen.

Entbindung von der Schweigepflicht
Damit Ihre Angehörigen bzw. Ihr Vertreter Ihre Wünsche durchsetzen können, müssen sie von den Ärzten genau über Ihren aktuellen Zustand informiert werden. Wenn Sie dies wünschen, müssen Sie die Ärzte von der Schweigepflicht gegenüber den Angehörigen bzw. Ihrem Vertreter entbinden.

Verbindlichkeit Treffen Sie auch Aussagen zur Verbindlichkeit, zur Auslegung und Durchsetzung und zum Widerruf der Patientenverfügung, z. B.: *„Der in meiner Patientenverfügung geäußerte Wille zu bestimmten ärztlichen und pflegerischen Maßnahmen soll von den behandelnden Ärztinnen und Ärzten und dem Behandlungsteam befolgt werden. Mein Vertreter soll dafür Sorge tragen, dass mein Patientenwille durchgesetzt wird."*

Hinweise auf weitere Verfügungen
Auf weitere Verfügungen wie Vorsorgevollmacht oder Betreuungsverfügung sollte hingewiesen werden, z. B.: *„Ich habe zusätzlich zur Patientenverfügung eine notariell beglaubigte Vorsorgevollmacht für Gesundheitsangelegenheiten erteilt und den Inhalt dieser Patientenverfügung mit der von mir bevollmächtigten Person besprochen: …* (bitte genau angeben!)"

Hinweis auf Erläuterungen, die der Patientenverfügung beiliegen
„Als Interpretationshilfe zu meiner Patientenverfügung habe ich beigelegt:
– eine Darstellung meiner allgemeinen Wertvorstellungen
– sonstige wichtige Unterlagen."

Organspende Ja oder nein, z. B.: *„Ich stimme einer Entnahme meiner Organe*

Gut zu wissen

Formulierungshilfe Die Broschüre „Patientenverfügung" des Bundesministeriums der Justiz und für Verbraucherschutz (BMJV) mit vielen hilfreichen Textbausteinen und Formulierungshilfen finden Sie auf der Website des Ministeriums unter www.bmjv.de → Publikationen. Sie wird dort als PDF zum Herunterladen angeboten, kann aber auch kostenfrei in gedruckter Form bestellt werden.

Die Hilfe eines Notars verhindert, dass die Patientenverfügung wegen eines rechtlichen Mangels ungültig sein könnte.

nach meinem Tod zu Transplantationszwecken zu (gegebenenfalls: *„Ich habe einen Organspendeausweis ausgefüllt“*). *Komme ich nach ärztlicher Beurteilung bei einem sich abzeichnenden Hirntod als Organspender in Betracht und müssen dafür ärztliche Maßnahmen durchgeführt werden, die ich in meiner Patientenverfügung ausgeschlossen habe, dann* (Alternativen)

- *geht die von mir erklärte Bereitschaft zur Organspende vor.“*
- *gehen die Bestimmungen in meiner Patientenverfügung vor.“*
- Oder: *Ich lehne eine Entnahme meiner Organe nach meinem Tod zu Transplantationszwecken ab.“*

Schlussformel *„Soweit ich bestimmte Behandlungen wünsche oder ablehne, verzichte ich ausdrücklich auf eine (weitere) ärztliche Aufklärung.“*

Schlussbemerkungen Z. B.

- *„Mir ist die Möglichkeit der Änderung und des Widerrufs einer Patientenverfügung bekannt.“*
- *„Ich bin mir des Inhalts und der Konsequenzen meiner in der Patientenverfügung getroffenen Entscheidungen bewusst.“*
- *„Ich habe die Patientenverfügung in eigener Verantwortung und ohne äußeren Druck erstellt.“*
- *„Ich bin im Vollbesitz meiner geistigen Kräfte.“*

Information/Beratung/Aufklärung

„Ich habe mich vor der Erstellung dieser Patientenverfügung informiert bei/durch … und beraten lassen durch … Herr/Frau … wurde von mir am … bezüglich der möglichen Folgen dieser Patientenverfügung aufgeklärt. Er/Sie war in vollem Umfang einwilligungsfähig.

Datum … Unterschrift, Stempel der Ärztin/des Arztes.

Die Einwilligungsfähigkeit kann auch notariell bestätigt werden.

Aktualisierung Z. B.

- *„Diese Patientenverfügung gilt so lange, bis ich sie widerrufe.“*
- *„Diese Patientenverfügung soll nach Ablauf von* (Zeitangabe) *ihre Gültigkeit verlieren, es sei denn, ich bekräftige sie durch meine Unterschrift erneut.“*
- *„Um meinen niedergelegten Willen zu bekräftigen, bestätige ich diesen nachstehend:* (Alternativen) *in vollem Umfang/mit folgenden Änderungen …“*
  Datum, Ort, Unterschrift.

Hilfen für pflegende Angehörige

Die Familie ist der größte Pflegedienst in Deutschland, was mehr und mehr auch gesellschaftlich anerkannt wird. Wer sich dazu entschieden hat, einen Angehörigen zu Hause zu versorgen, dem bietet die Pflegeversicherung einige Hilfen und Leistungen.

Rund 2,5 Mio. Menschen in Deutschland pflegen einen Angehörigen, das geht aus dem Pflegereport der Barmer vom November 2018 hervor. Danach sind unter den pflegenden Angehörigen rund 1,65 Mio. Frauen. Die repräsentative Umfrage zeigt, dass nur ein Drittel aller Betroffenen arbeiten geht, jeder Vierte aber hat seine Arbeit aufgrund der Pflege reduziert oder ganz aufgeben müssen.

Um Angehörigen pflegebedürftiger Menschen die schwierige Situation etwas zu erleichtern, hat der Gesetzgeber in den vergangenen Jahren einiges neu geregelt. So ist z. B. das Beratungspersonal inzwischen besser geschult, Unterstützungsangebote wurden ausgebaut und es gibt mehr Hilfen im Alltag für Pflegebedürftige und Angehörige.

Nicht zuletzt können Pflege und Beruf heute besser miteinander vereinbart werden als früher. Möglich machen dies die sogenannten kurzzeitige Arbeitsverhinderung und das Pflegeunterstützungsgeld sowie die Freistellungen nach dem Pflegezeitgesetz und dem Familienpflegezeitgesetz, die im Folgenden erläutert werden.

Kurzzeitige Arbeitsverhinderung

Mit diesem Begriff wird die kürzeste Pflegezeit bezeichnet. Nutzen können sie Arbeitnehmer, Beamte, Richter und Soldaten, und zwar von heute auf morgen. Wird ein Angehöriger – z. B. nach einem Unfall – plötzlich pflegebedürftig, haben die Beschäftigten das Recht, bis zu zehn Arbeitstage der Arbeit fernzubleiben. Mit dieser Regelung will der Gesetzgeber Angehörigen helfen, kurzfristig die Pflege zu organisieren.

Gut zu wissen

Zahl der Pflegebedürftigen Rund 3,41 Mio. Menschen waren nach Angaben des Statistischen Bundesamtes im Dezember 2017 pflegebedürftig im Sinne des Pflegeversicherungsgesetzes (SGB XI). Zwei Jahre zuvor hatte die Zahl noch bei 2,86 Mio. gelegen. Die starke Zunahme um 0,55 Mio. Pflegebedürftige (+19 %) ist v. a. auf die Einführung des weiter gefassten Pflegebedürftigkeitsbegriffs ab Januar 2017 zurückzuführen. Seitdem werden mehr Menschen als pflegebedürftig eingestuft. Gut drei Viertel (76 % oder 2,59 Mio.) aller Pflegebedürftigen wurden Ende 2017 zu Hause versorgt, davon 1,76 Mio. allein durch Angehörige. Weitere 0,83 Mio. wurden in Privathaushalten teilweise oder ganz durch ambulante Pflegedienste versorgt. Knapp ein Viertel (24 % oder 0,82 Mio.) wurde in Pflegeheimen vollstationär betreut.

So war es bei mir

„Meine 82-jährige Mutter war recht rüstig und kam immer noch sehr gut allein zu Hause zurecht. Aber nach ihrem Schlaganfall war plötzlich alles anders. Wir mussten Pflege für sie organisieren, und das sehr schnell. Nicht einfach, wenn man voll berufstätig ist und die Urlaubstage schon fast aufgebraucht sind. Aber ein Anruf bei meinem Chef hat genügt: Er zeigte großes Verständnis für meine Situation und ich bekam frei. Da allerdings in unserem Betrieb wichtige Projekte anstanden, haben mein Bruder und ich beschlossen, uns die Zeit zu teilen: Jeder von uns hat fünf Tage der kurzzeitigen Arbeitsverhinderung genutzt. Außerdem habe ich meinem Chef schon einmal angekündigt, dass ich anschließend Pflegezeit nehmen und meine Vollzeitstelle auf einen Teilzeitjob reduzieren möchte. Denn man muss ja die Pflegezeit zehn Tage vor Inanspruchnahme beim Arbeitgeber anmelden. Zum Glück war mein Chef auch hier wieder sehr verständnisvoll und es ließ sich alles gut organisieren."

Carola G. aus Celle

Wer diese Möglichkeit nutzen will, muss sich schnellstmöglich beim Arbeitgeber melden. Und wenn der Chef es entsprechend wünscht, muss man auch eine ärztliche Bescheinigung vorlegen, mit der die voraussichtliche Pflegebedürftigkeit des Angehörigen und die Erforderlichkeit der Arbeitsbefreiung bestätigt wird.

Eine kurzzeitige Arbeitsverhinderung können alle Beschäftigten in Anspruch nehmen – unabhängig davon, wie viele Mitarbeiter der Arbeitgeber hat.

In manchen Betrieben erhalten Angehörige, die die Möglichkeit der kurzzeitigen Arbeitsverhinderung nutzen, ihr normales Gehalt weiter, zumindest dann, wenn es eine entsprechende Klausel in der Betriebsvereinbarung gibt. Ansonsten haben sie Anspruch auf eine Lohnersatzleistung, das sogenannte Pflegeunterstützungsgeld.

Entgeltausgleich Beschäftigte können ein Pflegeunterstützungsgeld als Ausgleich entgangenen Lohns in Anspruch nehmen. Dies gilt für die Versorgung pflegebedürftiger Personen aller Pflegegrade. Die Zahlungen betragen in der Regel 90 % des ausgefallenen Nettogehalts und sind auf insgesamt bis zu zehn Arbeitstage begrenzt.

Wenn mehrere Personen ihren Anspruch auf kurzzeitige Arbeitsverhinderung zugunsten desselben pflegebedürftigen Angehörigen geltend machen, ist ihr Anspruch auf Pflegeunterstützungsgeld zusammen auf insgesamt bis zu zehn Arbeitstage begrenzt.

Unmittelbar beantragen Das Pflegeunterstützungsgeld muss am ersten Tag der kurzzeitigen Arbeitsverhinderung bei der Pflegekasse des Pflegebedürftigen beantragt werden. Dafür ist eine ärztliche Bescheinigung nötig, die man aber meistens nachreichen kann.

Während der kurzzeitigen Arbeitsverhinderung besteht Kündigungsschutz. Auch der Schutz durch die Kranken-, Pflege-, Renten- und Arbeitslosenversicherung bleibt bestehen und die Beiträge zur Kranken-, Renten- und Arbeitslosenversicherung werden durch das Pflegeunterstützungsgeld gezahlt. Dadurch reduziert sich der Auszahlbetrag um die Beiträge zur

Sozialversicherung. Das Pflegeunterstützungsgeld wird als Einkommen bei Sozialleistungen berücksichtigt.

Pflegezeit

Wer einen Teil der Pflege eines nahen Angehörigen zu Hause selbst übernehmen möchte, kann die Pflegezeit nutzen und bis zu sechs Monate ganz oder teilweise im Job aussetzen. Die Pflegezeit ist laut Gesetz eine sozialversicherte, vom Arbeitgeber nicht bezahlte, vollständige oder teilweise Freistellung von der Arbeitsleistung. Der Pflegegrad des Pflegebedürftigen spielt dabei keine Rolle. Der Anspruch besteht nur gegenüber Arbeitgebern mit 16 Beschäftigten und mehr.

Anspruch auf Pflegezeit haben nach dem Gesetz „nahe Angehörige", das sind: Ehegatten, Lebenspartner, Partner einer ehe- oder lebenspartnerschaftsähnlichen Gemeinschaft, Geschwister, Ehegatten der Geschwister und Geschwister der Ehegatten, Lebenspartner der Geschwister und Geschwister der Lebenspartner, Kinder, Adoptiv- oder Pflegekinder, die Kinder, Adoptiv- oder Pflegekinder des Ehegatten oder Lebenspartners, Schwiegerkinder und Enkelkinder. Bei jüngeren Pflegebedürftigen können auch Großeltern, Eltern, Schwiegereltern und Stiefeltern einen Pflegezeitanspruch geltend machen.

Wer Pflegezeit in Teilzeit in Anspruch nehmen möchte, muss dies dem Arbeitgeber zunächst schriftlich ankündigen, und zwar zehn Arbeitstage vor dem geplanten Start. In dem Schreiben muss man den voraussichtlichen Zeitraum, den Umfang der Pflegezeit sowie gegebenenfalls die gewünschte Arbeitszeitverteilung angeben. Außerdem muss man dem Arbeitgeber eine Bescheinigung der Pflegekasse oder des Medizinischen Dienstes der Krankenversicherung vorlegen, mit der die Pflegebedürftigkeit des nahen Angehörigen bestätigt wird.

Der Arbeitgeber ist verpflichtet, den Wünschen der Beschäftigten zu entsprechen, wenn dem keine dringenden betrieblichen Gründe entgegenstehen. Es ist auch möglich, sich nur teilweise von der Arbeitszeit freistellen zu lassen. In diesen Fällen wird gemeinsam mit dem Arbeitgeber eine schriftliche Vereinbarung über die Verringerung und die Verteilung der Arbeitszeit getroffen.

Falls der Pflegebedürftige während der Pflegezeit in ein Heim verlegt werden muss oder stirbt, endet die Pflege-

Vielen Angehörigen ist die Pflege der Verwandten eine Herzensangelegenheit, für die sie auch Einschränkungen im Beruf in Kauf nehmen.

zeit vorzeitig. Nach einer Übergangsfrist von vier Wochen müssen Sie wieder zu den alten Bedingungen arbeiten.

Versicherungsschutz besteht weiter

In der Regel bleibt während der Pflegezeit der Schutz durch Pflege- und Krankenversicherung erhalten, da in dieser Zeit die Möglichkeit einer Familienversicherung besteht. Ist also z. B. der Partner des Pflegenden gesetzlich krankenversichert, kann er die Pflegeperson kostenlos mitversichern lassen. Sollte diese Möglichkeit nicht gegeben sein, muss sich die Pflegeperson freiwillig in der Krankenversicherung weiterversichern und dafür zumeist den Mindestbeitrag zahlen. Mit der Krankenversicherung ist automatisch auch die Pflegeversicherung gewährleistet.

Gut zu wissen

Hilfe vom Staat Wer sich für eine Pflegezeit oder Familienpflegezeit entscheidet, hat Anspruch auf ein zinsloses Darlehen. Das Darlehen zur besseren Absicherung des Lebensunterhalts kann beim Bundesamt für Familie und zivilgesellschaftliche Aufgaben (BAFZA) beantragt werden. Es wird in monatlichen Raten ausgezahlt und deckt die Hälfte des durch die Arbeitszeitreduzierung fehlenden Nettogehalts ab. Auf Antrag ist auch eine niedrigere Darlehensrate möglich (Mindesthöhe 50 Euro). Wenn eine vollständige Freistellung in Anspruch genommen wird, ist die Darlehensrate auf den Betrag begrenzt, der bei einer durchschnittlichen Arbeitszeit während der Familienpflegezeit von 15 Wochenstunden zu gewähren ist. Telefonische Beratung und schnelle Hilfe für Angehörige bietet das Pflegetelefon des Bundesfamilienministeriums unter Tel. 030/20 17 91 31.

Während der Pflegezeit ist die Pflegeperson rentenversichert, wenn sie eine oder mehrere Pflegebedürftige des Pflegegrades 2 bis 5 mindestens zehn Stunden in der Woche, verteilt auf regelmäßig mindestens zwei Tage in der Woche, pflegt und nicht mehr als 30 Stunden wöchentlich berufstätig ist. Wird die Arbeitszeit während der Pflegezeit lediglich reduziert, zahlt der Arbeitgeber zudem die Beiträge zur Rentenversicherung auf Basis des reduzierten Arbeitsentgelts weiter.

Auch in der Arbeitslosenversicherung ist die Pflegeperson während der Pflegezeit versicherungspflichtig. Dies gilt zumindest dann, wenn sie einen Pflegebedürftigen mit Pflegegrad 2 oder höher in einem zeitlichen Umfang von mindestens zehn Stunden wöchentlich verteilt auf regelmäßig mindestens zwei Tage in der Woche pflegt. Weitere Voraussetzung ist, dass die Pflegeperson in der Arbeitslosenversicherung unmittelbar vor Aufnahme der Pflegetätigkeit versicherungspflichtig war oder Arbeitslosengeld bezogen hat.

Familienpflegezeit

Wenn sechs Monate für die Pflege eines Angehörigen nicht ausreichen, kann die Familienpflegezeit genutzt werden, und zwar entweder sofort für 24 Monate oder im Anschluss an die Pflegezeit und dann noch weitere 18 Monate. Bei der Familienpflegezeit, auf die Arbeitnehmer, Beamte, Soldaten und Richter Anspruch haben, kann man nicht komplett im Job aussetzen, sondern muss im Jahresdurchschnitt mindestens 15 Stunden pro Woche arbeiten. Am Ende der Familienpflegezeit steigen die Arbeitnehmer wieder voll in den Beruf ein.

Achtung: Der Rechtsanspruch gilt nur gegenüber Arbeitgebern mit mindestens 26 Beschäftigten. Die Ankündigungsfrist für die Freistellung beträgt acht Wochen. Gleichzeitig muss der Antragsteller dem Arbeitgeber erklären, für welchen Zeitraum und in welchem Umfang er die Freistellung von der Arbeitsleistung in Anspruch nehmen möchte und wie er sich die künftige Verteilung der Arbeitszeit vorstellt. Der Arbeitgeber muss seinen Wünschen entsprechen, es sei denn, dringende betriebliche Gründe sprechen dagegen.

Das Familienpflegezeitgesetz sieht vor, dass Arbeitnehmer und Arbeitgeber einen Vertrag über die Familienpflegezeit abschließen, in dem sie sich über die Reduzierung der Arbeitszeit einigen. Der Arbeitgeber zahlt das anteilige Gehalt für die reduzierte Arbeitszeit. Zusätzlich wird das Gehalt um die Hälfte der Differenz zwischen ursprünglichem und reduziertem Gehalt aufgestockt. Dies wird den Arbeitgebern aus zinslosen Bundesdarlehen finanziert, für die das Bundesamt für Familie und zivilgesellschaftliche Aufgaben zuständig ist. Nach dem Ende der Familienpflegezeit behält der Arbeitgeber einen Teil des Lohnes ein und zahlt das Darlehen an das Bundesamt zurück.

Diesen etwas komplizierten Sachverhalt soll ein Beispiel erläutern: Ein Arbeitnehmer arbeitet 40 Stunden und erhält einen Bruttolohn von 1600 Euro. Er reduziert seine Arbeitszeit von 40 auf 25 Stunden, was 62,5 % der Vollarbeitszeit entspricht. Sein Lohn reduziert sich von 1600 Euro ebenfalls auf 62,5 % auf 1000 Euro, 600 Euro weniger. Aus dem Bundesdarlehen wird das Gehalt jetzt um 300 Euro (der Hälfte von 600 Euro) aufgestockt.

Rentenversicherung Die Beiträge zur Rentenversicherung zahlt der Arbeitgeber während der Familienpflegezeit auf Basis des reduzierten Arbeitsentgelts weiter. Zusätzlich überweist die Pflegekasse der Rentenversicherung während der Familienpflegezeit für die geleistete Pflege Beiträge. Dies gilt auch hier wieder, wenn der Pflegeaufwand für eine oder mehrere Pflegebedürftige der

Ist das Unternehmen zu klein, hat man keinen Rechtsanspruch auf Familienpflegezeit. Dieser besteht erst ab einer Firmengröße von mindestens 26 Beschäftigten.

Pflegegrade 2 bis 5 mindestens zehn Stunden wöchentlich, verteilt auf regelmäßig mindestens zwei Tage in der Woche, und die Erwerbstätigkeit höchstens 30 Stunden pro Woche beträgt.

Die Rentenansprüche steigen mit der Höhe des Pflegegrades der zu pflegenden Person, sodass die Pflegeperson im Ergebnis ein Niveau erreichen kann, das einer Vollbeschäftigung entspricht. Auskünfte, wie sich die Familienpflegezeit auf die Höhe des Rentenanspruchs im Einzelfall auswirkt, erteilt der zuständige Rentenversicherungsträger.

Absicherung Während der Familienpflegezeit ist der Arbeitnehmer dazu verpflichtet, eine Familienpflegezeitversicherung abzuschließen. Diese greift, sofern der Arbeitnehmer während der Familienpflegezeit verstirbt oder wegen Berufsunfähigkeit arbeitsunfähig wird und das Zeitkonto des vorausgezahlten Gehaltes nicht ausgleichen kann.

In der Unfallversicherung ist die Pflegeperson sowohl während der Pflegezeit als auch während der Familienpflegezeit beitragsfrei versichert. Außerdem gilt bei allen Pflegezeiten: Von der Ankündigung der kurzzeitigen Arbeitsverhinderung, der Freistellungen nach dem Pflege- oder dem Familienpflegezeitgesetz bis zur Beendigung darf der Arbeitgeber dem Arbeitnehmer nicht kündigen.

Sterbebegleitung

Wer einen nahen Angehörigen in seinen letzten Wochen begleiten möchte, kann eine Zeit lang ganz oder teilweise aus dem Job aussteigen und eine bis zu dreimonatige Freistellung in Anspruch nehmen. Bei dieser Form der Pflegezeit, der sogenannten Sterbebegleitung, muss der Antragsteller den Angehörigen nicht zwingend zu Hause pflegen: Er darf auch einfach nur bei ihm sein – egal ob zu Hause, im Heim, in einer anderen Pflegeeinrichtung, im Krankenhaus oder im Hospiz. Bei der Sterbebegleitung geht es in erster Linie um die gemeinsame Zeit, nicht um die Pflege. Auch ein Pflegegrad ist nicht erforderlich.

Die Sterbebegleitung kommt z. B. bei einer Krebserkrankung oder bei einer plötzlich auftretenden Krankheit wie einem Herzinfarkt oder Schlagan-

Checkliste: Familienpflegezeit anmelden

Wenn Sie eine Familienpflegezeit beantragen möchten, können Sie die Musterformulare des Bundesfamilienministeriums nutzen. Sie finden sie unter www.wege-zur-pflege.de → Familienpflegezeit → Servicematerial. Sie benötigen:

- ❑ Die Familienpflegezeitvereinbarung mit Ihrem Arbeitgeber
- ❑ Einen Nachweis, dass Ihr Angehöriger pflegebedürftig ist, ausgestellt z. B. vom Hausarzt, der Pflegekasse oder dem Medizinischen Dienst der Krankenkassen (MDK)
- ❑ Einen Nachweis über den Abschluss einer Familienpflegezeitversicherung

fall infrage – oder auch bei einer akuten Verschlechterung infolge einer demenziellen Erkrankung.

Wie bei der normalen Pflegezeit besteht gegenüber dem Arbeitgeber nur dann ein Anspruch auf die Sterbebegleitung, wenn das Unternehmen mindestens 16 Beschäftigte hat. Der Antragsteller muss die Auszeit zehn Tage im Voraus ankündigen und kann sich dann komplett oder teilweise freistellen lassen. Sein Gehalt richtet sich danach, wie viel er weiterhin arbeitet. Um den finanziellen Ausfall abzufedern, kann er ein zinsloses Darlehen beantragen, das das Bundesamt für Familie und zivilgesellschaftliche Aufgaben anbietet.

Auszeit von der Pflege

Das ganze Jahr hindurch rund um die Uhr für ein pflegebedürftiges Familienmitglied da zu sein – das bringt jeden schnell an seine Grenzen. Deshalb ist es wichtig, regelmäßige Auszeiten von der Pflege einzuplanen. Grundsätzlich gibt es zwei verschiedene Wege, Urlaub zu nehmen, die auch miteinander kombiniert werden können:

- Die Verhinderungspflege: Hierbei wird der Pflegebedürftige zu Hause von einer „Ersatzkraft“ versorgt. Diese Art der Pflege kann auch stundenweise in Anspruch genommen werden.
- Die Kurzzeitpflege: Hierbei kommt der Pflegebedürftige vorübergehend in eine vollstationäre Pflegeeinrichtung (siehe S. 260).

Wer Angehörige pflegt, ist oft rund um die Uhr im Einsatz. Auszeiten helfen dabei, die schwierigen Phasen zu überstehen.

Es gilt:

- Pflegenden stehen je sechs Wochen Auszeit im Kalenderjahr zu, die nicht am Stück genommen werden müssen. Es ist möglich, mehrere Kurzurlaube über das Jahr zu verteilen.
- Die Pflegeperson muss den Angehörigen zuvor schon mindestens sechs Monate lang betreut haben (außer bei Kurzzeitpflege).
- Der Pflegebedürftige muss Pflegegeld bekommen.

Gut zu wissen

Kontakt halten Wer pflegt, rutscht leicht in die soziale Isolation. Ein Austausch mit anderen Pflegenden tut da gut. Neben kostenlosen Pflegekursen gibt es auch Gesprächsgruppen für pflegende Angehörige. Träger sind oft die Wohlfahrtsverbände, es gibt aber auch Selbsthilfegruppen und private Initiativen. In der Regel werden sie von geschulten ehrenamtlichen Kräften, aber auch von Sozialarbeitern oder Psychologen geleitet. Adressen von Selbsthilfegruppen sind z. B. bei der Nationalen Kontakt- und Informationsstelle zur Anregung und Unterstützung von Selbsthilfegruppen zu erfahren. Tel.: 030/31 01 89 60, www.nakos.de.

Gut zu wissen

Verwandte erhalten weniger Nur wenn Sie zur Pflege Ihres Angehörigen eine außenstehende Ersatzkraft wählen, z.B. eine Nachbarin, leistet die Pflegekasse die volle finanzielle Unterstützung. Springen Verwandte ersten und zweiten Grades ein, also etwa eine Schwester, zahlt die Pflegekasse anteilig nur das, was dem Pflegegeld entspricht (plus Fahrtkosten und eventuell Kinderbetreuung). Die Nachbarin hingegen kann für ihre Pflegeleistungen eine Rechnung stellen. Nahe Verwandte können das nur tun, wenn sie erwerbsmäßig pflegerisch tätig sind und während eines Jahres mehrere Pflegebedürftige betreuen.

- Die Pflegekassen der Krankenkassen übernehmen die Kosten, allerdings nur bis zu einer Grenze von jeweils 1612 Euro im Jahr – und nur für die Pflegegrade 2 bis 5. Diesen Betrag gibt es, wenn ein professioneller Pfleger die Versorgung übernimmt. Springt jemand aus der Familie ein, ist der Betrag geringer und an den Pflegegrad gekoppelt: Für Pflegegrad 2 gibt es 474 Euro, für Pflegegrad 3 erhält man 817,50, bei Pflegegrad 4 sind es dann 1092 Euro und bei Pflegegrad 5 maximal 1351,50 Euro.

Während der Verhinderungspflege wird bis zu sechs Wochen je Kalenderjahr die Hälfte des bisher bezogenen (anteiligen) Pflegegeldes weitergezahlt. Außerdem werden die Renten- und Arbeitslosenversicherungsbeiträge von der Pflegekasse weitergezahlt. Dadurch bleibt der Rentenanspruch für die Zeit des Urlaubs ungeschmälert bestehen und der Arbeitslosenversicherungsschutz erhalten.

Kurzzeitpflege

Manchmal sind Pflegebedürftige nur für eine begrenzte Zeit auf vollstationäre Pflege angewiesen, etwa wenn pflegende Angehörige vorübergehend ausfallen oder wenn nach einem Krankenhausaufenthalt die häusliche Pflege erst organisiert werden muss. In solchen Fällen unterstützt die Kurzzeitpflege in vollstationären Einrichtungen.

Die Leistung der Pflegeversicherung für die Kurzzeitpflege steht unabhängig von der Einstufung allen Pflegebedürftigen mit Pflegegrad 2 bis 5 in gleicher Höhe zur Verfügung: Es gibt bis zu 1612 Euro, für bis zu acht Wochen pro Kalenderjahr.

Im Einzelfall kann es sinnvoll sein, Kurzzeitpflege und Verhinderungspflege zu kombinieren. Wer die Leistungen der Kurzzeitpflege nicht in vollem Umfang benötigt, kann sich diese auf die Verhinderungspflege anrechnen lassen und umgekehrt.

Die Kurzzeitpflege kann unter Anrechnung der Verhinderungspflege auf bis zu acht Wochen ausgedehnt werden. Die Pflegekasse übernimmt dafür bis zu 3224 Euro. Die Verhinderungspflege kann unter Anrechnung der Kurzzeitpflege bis zu sechs Wochen in Anspruch genommen werden. Pro Jahr stehen dazu 2418 Euro zur Verfügung.

Alle Kosten für die Urlaubsvertretung, die darüber hinaus gehen, müssen aus eigener Tasche bezahlt werden. Das ist bei Kurzzeitpflege häufig der Fall. Aber: Die Hälfte des Pflegegeldes wird dem Pflegebedürftigen während der Auszeit des Pflegenden weitergezahlt.

Pflegende Angehörige können die Unterstützung wählen, die ihnen in ihrer konkreten Situation am besten hilft. Bei Fragen beraten die Pflegekassen oder der Pflegestützpunkt.

Unterstützung im Alltag

Zusätzlich haben alle Pflegebedürftigen Anspruch auf sogenannte Angebote zur Unterstützung im Alltag. Dafür werden 125 Euro pro Monat erstattet.

Zu den Angeboten zur Unterstützung im Alltag zählen beispielsweise:

- Betreuungsgruppen für Menschen, die an Demenz erkrankt sind, z. B. Alzheimergruppen
- Helferkreise zur stundenweisen Entlastung pflegender Angehöriger im häuslichen Bereich
- Tagesbetreuung in Kleingruppen (Tagesmuttermodell) oder Einzelbetreuung
- Agenturen zur Vermittlung von Betreuungs- und Entlastungsleistungen sowohl für Pflegebedürftige als auch Pflegepersonen
- familienentlastende Dienste
- Serviceangebote für haushaltsnahe Dienstleistungen
- Alltagsbegleitung
- Pflegebegleitung

Spezielle Reha-Angebote

Die Krankenkassen sind gesetzlich verpflichtet, die besonderen Belange pflegender Angehöriger zu berücksichtigen. Benötigt ein pflegender Angehöriger einmal Abstand von der Pflege, soll er eine Kurmaßnahme in Anspruch nehmen und allein verreisen können. Wer das pflegebedürftige Familienmitglied nicht allein lassen will, soll auch gemeinsam mit ihm kuren können. Der Anspruch auf Kurzzeitpflege macht es möglich. Sinnvoll ist es, sich bei der gesetzlichen Krankenkasse zu informieren.

Da etwa 80 % der pflegenden Angehörigen weiblich sind, hat das Müttergenesungswerk spezielle Angebote entwickelt, die auf der Website www.muettergenesungswerk.de aufgerufen werden können. Auch unter der Kurtelefonnummer 030 / 33 00 29 29 gibt es Auskunft.

Der Entlastungsbeitrag kann auch für einfache Hausarbeiten, sogenannte haushaltsnahe Dienstleistungen, verwendet werden.

Pflegezeiten

Alle Freistellungsmöglichkeiten nach dem Pflegezeitgesetz und dem Familienpflegezeitgesetz können miteinander kombiniert werden. Sie müssen aber nahtlos aneinander anschließen. Ihre Gesamtdauer beträgt höchstens 24 Monate. In der folgenden Tabelle sehen Sie eine Übersicht über die Freistellungsmöglichkeiten, über die Voraussetzungen und die finanzielle und sozialversicherungsrelevante Absicherung in der Zeit sowie über die gesetzlichen Grundlagen.

Freistellungsmöglichkeiten

	Kurzzeitige Arbeitsverhinderung	Pflegezeit	Familienpflegezeit	Sterbebegleitung
Dauer maximal	10 Arbeitstage	6 Monate	24 Monate	3 Monate
Zweck	Pflege organisieren	Pflege zu Hause	Pflege zu Hause	begleitende Maßnahme
Voraussetzungen auf Seiten des Arbeitgebers	keine	ab 16 Beschäftigten	ab 26 Beschäftigten	ab 16 Beschäftigten
wann erfolgt die Mitteilung an den Arbeitgeber	sofort	10 Tage vor Inanspruchnahme	8 Wochen vor Inanspruchnahme	10 Tage vor Inanspruchnahme
Umfang bzw. Art der Freistellung	Vollzeit	Teilzeit oder Vollzeit	Teilzeit, Arbeitszeit beträgt im Schnitt aber mindestens 15 Stunden pro Woche	Teilzeit oder Vollzeit
Lohn	Fortzahlung, wenn das betrieblich vereinbart ist, ansonsten Ersatzleistungen von der Pflegekasse des Bedürftigen	• Fortzahlung für geleistete Arbeit • zusätzlich zinsloses Darlehen möglich (Antrag beim Bundesamt für Familie und zivilgesellschaftliche Aufgaben, www.wege-zur-pflege.de)		
Sozialversicherung	Familienversicherung über den Ehepartner, ansonsten freiwillige Versicherung	• über 450 Euro: gesetzliche Pflichtversicherung • bis 450 Euro: Familienversicherung bzw. freiwillige Versicherung • Zuschüsse zur Kranken- und Pflegeversicherung möglich, wenn ein Angehöriger mindestens 10 Stunden/Woche an mindestens 2 Tagen und höchstens 30 Wochenstunden erwerbsmäßig arbeitet • die Rentenversicherung wird komplett übernommen, wenn man seinen Angehörigen voraussichtlich mindestens 60 Tage/Jahr pflegt und dieser mindestens Pflegegrad 2 hat		
gesetzliche Grundlage	§§ 1–2; 5–8 Pflegezeitgesetz	§§ 1, 4–8 Pflegezeitgesetz	§§ 1–15 Familienpflegezeitgesetz	§§ 1, 4–8 Pflegezeitgesetz

Alternative zum Heim: Tages- und Nachtpflege

Die Tages- oder Nachtpflege ermöglicht es vielen Senioren, länger in ihren eigenen vier Wänden zu leben. Gleichzeitig entlastet diese Lösung pflegende Angehörige.

Für viele ist es eine Herzensangelegenheit, Angehörige zu Hause oder in ihren eigenen vier Wänden zu pflegen. Doch es kann schwierig werden, wenn der Pflegende noch berufstätig ist oder Kinder betreuen muss.

In solchen Fällen kann die Tages- oder Nachtpflege in teilstationären Einrichtungen pflegende Angehörige deutlich entlasten. Gewährt werden diese Angebote, um die häusliche Pflege zu ergänzen und zu stärken.

Die Tagespflege nutzen meist Pflegebedürftige, deren Angehörige tagsüber berufstätig sind. Die Nachtpflege kann v. a. pflegende Angehörige von Menschen mit Demenzerkrankungen unterstützen. Ob Tages- oder Nachtpflege: Beide Modelle bieten eine gute Zwischenlösung zwischen ambulanter und stationärer Pflege.

Tagespflege Zehn bis zwölf pflegebedürftige Menschen werden in der Tagespflege in Einheiten einer Gruppe versorgt. Ein Fahrdienst holt die Pflegebedürftigen morgens zu Hause ab und sie verbringen dann den Tag in angenehm eingerichteten Räumen, die nichts mehr mit den „Aufbewahrungszimmern“ früherer Zeiten zu tun haben. Der Tagesablauf wird durch gemeinsame Mahlzeiten – Frühstück, Mittagessen, Nachmittagskaffee – und durch gemeinsame Aktivitäten, aber auch Ruhephasen strukturiert.

Malen, basteln, singen, vorlesen, Gesellschaftsspiele spielen, gemeinsam kochen oder backen, stricken, tanzen, spazieren gehen, Ausflüge unternehmen: Zahlreiche Beschäftigungsangebote sorgen für Abwechslung und fördern die geistigen und körperlichen Fähigkeiten der Tagesgäste. Auch Gedächtnis- und Bewegungsübungen gehören dazu.

Die Fachkräfte kümmern sich nicht nur um ein Programm, sondern organisieren auch die Medikamentengabe

Gut zu wissen

Teilstationäre Pflege Im § 41 Sozialgesetzbuch XI steht: „Pflegebedürftige haben Anspruch auf teilstationäre Pflege in Einrichtungen der Tages- oder Nachtpflege, wenn häusliche Pflege nicht in ausreichendem Umfang sichergestellt werden kann oder wenn dies zur Ergänzung oder Stärkung der häuslichen Pflege erforderlich ist. Die teilstationäre Pflege umfasst auch die notwendige Beförderung des Pflegebedürftigen von der Wohnung zur Einrichtung der Tagespflege oder der Nachtpflege und zurück."

Die Tagespflege wird meist in Gruppen organisiert, in denen soziale Kontakte gepflegt und gesellige Spiele oder Unternehmungen auf dem Programm stehen.

oder Arztbesuche. Manche Einrichtungen ermöglichen auch, dass man nur am Mittagstisch teilnimmt, stundenweise kommt, oder bieten eine Wochenendbetreuung an.

Angehörige und Pflegebedürftige können gemeinsam ganz individuell entscheiden, wann und wie oft sie die Tages- oder Nachtpflege in ihrem Fall in Anspruch nehmen wollen. Die Angebote der Tagespflege können Menschen nutzen, die eines folgender Kriterien erfüllen:

- sie müssen tagsüber in der Regel auf sich allein gestellt und im höheren Alter sein,
- sie können aus körperlichen Gründen ihren Alltag nicht allein bewältigen,
- sie sind kognitiv beeinträchtig, z. B. bei einer Demenz,
- sie können ihre Flüssigkeitszufuhr und Nahrungsaufnahme nicht mehr verlässlich organisieren,
- sie möchten alltagstypische Fähigkeiten erhalten oder wiedererlangen und benötigen Unterstützung,
- sie dürfen wegen der täglichen Hin- und Rückfahrt nicht bettlägerig sein.

Nachtpflege Bei der Nachtpflege kommen die Pflegebedürftigen am Abend, essen oftmals in der Einrichtung noch ein Abendbrot und verbringen dort die Nacht. Da jedoch viele Pflegebedürftige, die die Nachtpflege in Anspruch nehmen, nachts sehr unruhig sind und kaum schlafen können, gibt es für sie außerdem Beschäftigungsmöglichkeiten und es steht ihnen immer ein Ansprechpartner zur Verfügung. Am nächsten

Morgen kehren die Pflegebedürftigen dann vor oder nach dem Frühstück – allein oder mit dem Fahrservice – nach Hause zurück.

Die Nachtpflege bietet natürlich deutlich weniger Aktionen, dafür mehr Betreuung. Sie ist insbesondere geeignet für Personen, die

- dement sind und nachts dauerhafte Beaufsichtigung brauchen.
- schlecht (allein) einschlafen können.
- einen verschobenen Tag-/Nachtrhythmus haben.
- allein leben, nachts öfter auf die Toilette müssen und sturzgefährdet sind.

Finanzierung Die Tages- und Nachtpflege ist eine zusätzliche monatliche Leistung zum Pflegegeld. Für Personen, die in den Pflegegrad 2 bis 5 eingestuft sind, zahlt die Pflegekasse die grundlegenden Kosten bis zu einem Höchstsatz. Pflegebedürftige mit Pflegegrad 1 erhalten diese Leistungen der Pflegeversicherung nicht. Sie können jedoch einen monatlichen Entlastungsantrag von 125 Euro beantragen und damit beispielsweise die Betreuung in einer Tagespflegeeinrichtung zumindest zu einem geringen Teil finanzieren.

Für die Kosten der Betreuung in einer Tages- oder Nachtpflegeeinrichtung gewähren die gesetzlichen Pflegekassen je nach Pflegegrad folgende monatliche Zahlungen:

Pflegegrad 2:	689 Euro
Pflegegrad 3:	1298 Euro
Pflegegrad 4:	1612 Euro
Pflegegrad 5:	1995 Euro

Gut zu wissen

Tages- und Nachtpflege werden üblicherweise von Pflegeheimen, manchmal aber auch von Wohlfahrtsverbänden oder privaten Einrichtungen angeboten. Einen Anbieter in der Nähe können Sie über die Pflegefinder der Krankenkassen suchen unter:
www.pflegelotse.de (TK, Barmer, DAK und weitere Ersatzkassen)
www.aok-pflegeheimnavigator.de (Allgemeine Ortskrankenkassen)
www.bkk-pflegefinder.de (Betriebskrankenkassen)
www.der-pflegekompass.de (Knappschaft)
Dort steht auch, wie viel die (Halb-)Tages- und Nachtpauschalen sowie der Fahrservice und die Mahlzeiten kosten.

Die Kosten der Tages- und Nachtpflege werden entweder je Stunde oder als Tagespauschale erhoben. Verfügt die Einrichtung über einen Fahrdienst, wird ebenfalls entweder eine Pauschale oder eine kilometergenaue Berechnung der Kosten vorgenommen.

So war es bei mir

„Meine Mutter ist 87 Jahre alt und an Demenz erkrankt. Sie lebt bei uns zu Hause, der Familienanschluss tut ihr gut. Aber ich arbeite an drei Tagen in der Woche als Bibliothekarin. An diesen Tagen besucht meine Mutter eine Tagespflege. Ein Fahrdienst holt sie zusammen mit elf weiteren Senioren ab. Die Einrichtung ist an ein Pflegeheim angegliedert, aber die Räume der Tagespflege erinnern eher an ein großes Wohnzimmer. Es ist dort sehr gemütlich. Es gibt viele Angebote, die meiner Mutter guttun und sie in ihren Fähigkeiten fördern. Sie ist tagsüber nicht allein zu Hause, hat Kontakte zu anderen Senioren, erlebt einen strukturierten Tagesablauf, der Sicherheit gibt und dennoch Abwechslung bietet. Und für mich ist es einfach eine große Entlastung zu wissen, dass sie dort gut versorgt wird."

Ulrike T. aus Konstanz

Gut zu wissen

Eigenanteil Beträge, die über die Zuschüsse der Pflegekassen hinausgehen, müssen vom Patienten selbst bezahlt werden. Auch die als „Hotel-" oder „Investitionskosten" deklarierten Summen auf der Rechnung der Dienste werden nicht von den Kassen übernommen, da sie nicht für die Pflege selbst, sondern die Instandhaltung der Einrichtung oder die Unterbringung verwendet werden.

Wenn Sie eine Tages- oder Nachtpflege suchen, ist es ratsam, verschiedene Einrichtungen zu vergleichen und sich dort in Ruhe umzuschauen. Auch die Atmosphäre spielt eine Rolle: Fragen Sie sich, ob Sie sich selbst dort wohlfühlen würden. Wie gefällt Ihnen das Personal? Beobachten Sie die Patienten während der Mahlzeiten: Sind sie zufrieden, führen sie ein reges Gespräch? Wie geht das Personal mit den Patienten um? Ist eine Eingewöhnungsphase vorgesehen? Damit sich der Betroffene selbst ein Bild von dem Ort machen kann, an dem er sich in Zukunft tagsüber aufhalten wird, sollte anfangs ein probeweiser Aufenthalt möglich sein. Zu Beginn ist es oft sinnvoll, wenn die Pflegebedürftigen mit einer stundenweisen Betreuung einsteigen können.

Checkliste: Worauf Sie achten sollten

- ❑ Ist eine Eingewöhnungsphase vorgesehen?
- ❑ Kann ich/mein Angehöriger erst einmal probeweise kommen?
- ❑ Gibt es eine passende Gruppe für mich/meinen Angehörigen?
- ❑ Wie sind die Mahlzeiten?
- ❑ Gibt es Aktivitäten für die Patienten oder werden sie einfach nur „aufbewahrt"?
- ❑ Gibt es Sicherheitsvorkehrungen, dass sich z. B. Demenzkranke nicht verletzen oder aus dem Haus verschwinden können?
- ❑ Werden die Pflegebedürftigen zur Toilette begleitet?
- ❑ Gibt es einen Fahrdienst, der den Patienten abholt und zurückbringt?

Pflege daheim – mit der Hilfe von Pflegediensten

Kranke und alte Menschen können auch zu Hause professionell betreut werden: Das übernehmen dann ambulante Pflegedienste. Sie bieten eine Vielzahl von Leistungen an.

Wenn Sie sich für die Pflege in den eigenen vier Wänden entscheiden, kann es sinnvoll sein, einen Pflegedienst „ins Boot zu holen". Pflegedienste bieten eine Kombination aus Alten- und Krankenpflege und versorgen Pflegebedürftige ambulant in deren Wohnung.

Wenn Sie einen Pflegedienst suchen, können Sie ganz klassisch in die „Gelben Seiten" schauen oder auch Ihren Hausarzt nach Empfehlungen fragen. Im Internet kann man sich sogar über Beurteilungen informieren, denn seit 2011 werden Pflegeeinrichtungen und auch Pflegedienste einmal im Jahr geprüft. Erfasst werden dabei nicht nur der Pflegezustand der Patienten, sondern auch die Wirksamkeit der Pflege- und Betreuungsmaßnahmen. Die Pflegedienste sind verpflichtet, die Ergebnisse verständlich und verbraucherfreundlich bekannt zu machen – und viele veröffentlichen die Noten im Internet. Auch die Pflegekassen stellen Listen, anhand derer sich Leistungen und Preise vergleichen lassen, kostenfrei ins Netz.

Gerade in Großstädten gibt es eine Vielzahl an privaten Pflegediensten. Daneben haben Wohlfahrtsverbände, Kirchen, Städte und Gemeinden Pflegedienste eingerichtet. Die Dienste unterscheiden sich je nach Leistungen, die sie anbieten. Sie beschäftigen Pflegekräfte, z. B. Kranken- und Altenpfleger sowie Altenpflegehelfer. Es gibt große Betriebe mit Dutzenden von Festangestellten, aber auch kleinere mit einer Handvoll Mitarbeiter. Wer eine einzelne Bezugsperson für die Pflege haben möchte, ist bei den zahlreichen Einzelpflegekräften an der richtigen Stelle: Sie arbeiten selbstständig, meist sind es ausgebildete Altenpflegerinnen oder -pfleger. Lassen Sie sich von Einzelpflegekräften im Vorfeld darüber aufklären, wie ein personeller Ausfall, z. B. wegen Urlaub, Krankheit oder Unfall, aufgefangen wird.

Ratsam ist es, einen Pflegedienst oder eine Einzelpflegekraft zu wählen,

Gut zu wissen

Pflegedienstsuche Dienste finden Sie auch über das Internet, z. B.
www.aok-gesundheitsnavi.de (AOK)
www.bkk-pflege.de (BKK)
www.der-pflegekompass.de (Knappschaft, LSV, IKK)
www.pflegelotse.de (Verband der Ersatzkassen vdek)

die einen Versorgungsvertrag mit der Pflegekasse abgeschlossen hat. Denn damit verpflichtet sich der Dienst, bestimmte Qualitätsrichtlinien einzuhalten. Außerdem kann er die sogenannten Pflegesachleistungen, die er erbringt, direkt mit der Pflegekasse abrechnen. Von Pflegesachleistung spricht man, wenn ein Pflegebedürftiger zu Hause durch einen ambulanten Pflegedienst gepflegt wird.

Wichtig: Die Pflegekassen zahlen nur für Leistungen entsprechend der Pflegestufe des Versicherten. Nimmt der Pflegebedürftige andere Leistungen in Anspruch, muss er sie selbst zahlen. Auch wer einen Pflegedienst beauftragt, der keinen Versorgungsvertrag geschlossen hat, muss die Pflegesachleistungen aus eigener Tasche bezahlen, kann sich aber später einen Teil der Kosten von der Pflegekasse erstatten lassen. Die Pflegekassen ersetzen in diesen Fällen nur 80 % der Höchstleistungen. Grundsätzlich gilt: Die Kosten sind nicht bei allen ambulanten Pflegediensten gleich. Fest steht nur, was die Pflegekasse erstattet.

Klassische Pflege, medizinische oder hauswirtschaftliche Hilfe: Vieles ist möglich, je nachdem, was Sie mit dem jeweiligen Pflegedienst absprechen. Anfangs kommt der ambulante Pflegedienst meist nur ein- bis zweimal in der Woche, doch wenn mehr Unterstützung nötig ist, sind auch tägliche Besuche oder sogar eine 24-Stunden-Versorgung machbar. Die Pflege sollte dabei möglichst immer aktivierend sein, d. h., die Pflegerinnen und Pfleger sollten dafür sorgen, dass vorhandene Fähigkeiten möglichst lange erhalten bleiben und individuelle Stärken bestenfalls sogar noch ausgebaut werden. Im Idealfall arbeitet der Pflegedienst mit dem Hausarzt und gegebenenfalls weiteren Fachärzten zusammen, um gemeinsam auf eventuelle Verschlechterungen des Gesundheitszustandes oder neu auftretende Krankheiten reagieren zu können.

Grundpflege

Die klassische Aufgabe eines Pflegedienstes ist die Grundpflege. Dazu gehören Körperpflege, Ernährung, Mobilität, Vorbeugung (Prophylaxen), die Förderung von Eigenständigkeit und Kommunikation.

- Körperpflege: Dies beinhaltet Waschen, Duschen, Baden, Frisieren und Rasieren, Hautpflege, den Gang zur Toilette sowie, wenn nötig, die Inkontinenzpflege.
- Ernährung: Dazu zählen das Zubereiten von Mahlzeiten und Getränken, das Zerkleinern von Speisen in mundgerechte Stücke sowie die direkte Hilfe beim Essen und Trinken.
- Mobilität: Damit sind Hilfen zu Hause und unterwegs gemeint, also etwa Hilfe beim Aufstehen, Betten und Lagern, aber auch die Begleitung zum Amt, zum Pflegestützpunkt oder zum Arzt.
- Prophylaxe: V. a. bettlägerige oder bewegungsbeeinträchtigte Menschen

benötigen vorbeugende Maßnahmen, um neben der Grunderkrankung nicht noch weitere Beschwerden und Erkrankungen zu bekommen. Zum Pflichtprogramm der Grundpflege gehört deshalb neben anderem z. B. die Dekubitusprophylaxe, also die Vorbeugung gegen das Wundliegen. Hierbei geht es um die Mobilisation und den regelmäßigen Lagerungswechsel mit Lagerungshilfen, um den Einsatz von Dekubitusmatratzen sowie um die besondere Hautpflege an den gefährdeten Stellen wie Kreuz- und Steißbein, Fersen, Schultern, Hinterkopf, Ohrmuscheln, Wirbelsäule, Knie und Ellbogen. Auch die sogenannte Kontrakturenprophylaxe gehört dazu, das ist die Vorbeugung gegen Muskelverkürzung, sowie die Thromboseprophylaxe, bei der der Entstehung von Blutgerinnseln vorgebeugt wird, etwa durch regelmäßige Umlagerung alle zwei Stunden mit Kissen, Rollen, Keilen oder Fußstützen, Bewegung in Form von Krankengymnastik, d. h., eine Pflegeperson mobilisiert vorsichtig die betroffenen Gelenke oder unterstützt bei der Eigenbewegung.

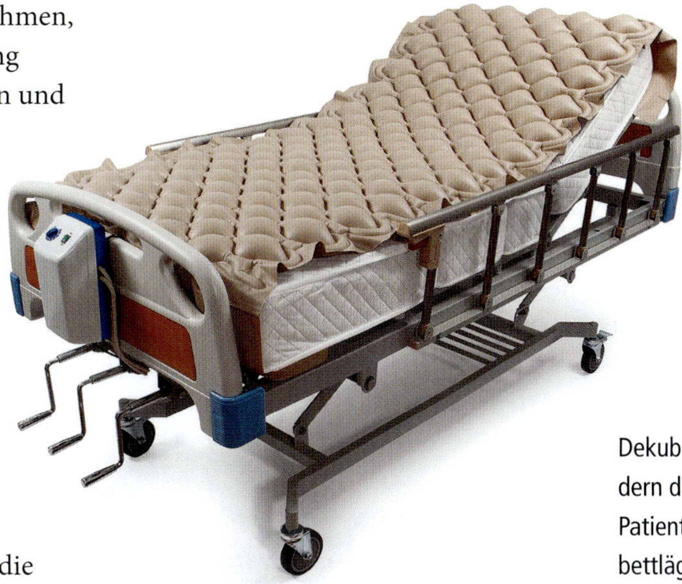

Dekubitusmatratzen verhindern das Wundliegen von Patienten, die für längere Zeit bettlägerig sind.

Förderung von Alltagsfähigkeiten und Kommunikation Dazu gehören alle Maßnahmen, mit der eine Pflegeperson die Eigenständigkeit eines Pflegebedürftigen fördern kann: Alltagstraining und Übungen zur Körperpflege, An- und Ausziehtraining, Esstraining, Toilettentraining, Gedächtnistraining, Übungen zur Alltagsbewältigung (z. B. Einkaufen), Hilfe und Vermittlung bei Aufbau und Aufrechterhaltung von sozialen Kontakten (z. B. Besuch einer Tagespflegeeinrichtung).

Hauswirtschaft

Bei Bedarf übernehmen Pflegedienstmitarbeiter das Einkaufen und Putzen, sowie das Waschen, Aufhängen, Bügeln und Falten der Wäsche. Allerdings wird nur die pflegebedürftige Person unterstützt. Das bedeutet: Wenn etwa ein Paar zu Hause lebt und nur die Frau pflegebedürftig ist, übernimmt der Pflegedienst nur die Wäsche der Frau. Meist ist es deshalb praktischer, diese Arbeiten von einer Haushaltshilfe oder ehrenamtlichen Helfern erledigen zu lassen.

Gut zu wissen

Buurtzorg – ein aussichtsreiches Pflegemodell Buurtzorg ist ein Pflegemodell aus den Niederlanden, das 2007 von Jos de Bork, selbst Pflegekraft, entwickelt wurde. Heute ist Buurtzorg zum größten Pflegeanbieter mit über 14 000 Beschäftigten in rund 25 Ländern geworden. Das Modell zeichnet sich dadurch aus, dass die Mitarbeiter in kleinen, selbstständig organisierten Pflegeteams mit maximal zwölf Kollegen arbeiten – ohne Leitung oder interne Hierarchien. Der Patient soll ohne unnötige Bürokratie im Mittelpunkt stehen und dessen Eigenständigkeit so lange wie möglich bewahrt werden. Einen wichtigen Teil der Arbeit machen Prävention und Förderung der Selbstpflege aus. Buurtzorg hat so eine 50 %-ige Reduzierung der Betreuungsstunden, eine verbesserte Qualität der Betreuung und eine höhere Mitarbeiterzufriedenheit erreicht. In Deutschland steckt das Modell noch in den Kinderschuhen, entwickelt sich aber vielversprechend (www.buurtzorg-deutschland.de).

Behandlungspflege

Viele Pflegedienste übernehmen auch medizinische Leistungen, die der Arzt verordnet, aber nicht selbst ausführt. Dennoch sind diese Leistungen zur Sicherung der ärztlichen Behandlung erforderlich. Zur medizinischen Behandlungspflege zählt beispielsweise das Befüllen von Medikamentenschachteln, damit der Hilfsbedürftige die Arzneimittel regelmäßig über den Tag verteilt zu sich nimmt. Außerdem kann der Pflegedienst Augentropfen verabreichen, Wunden versorgen, Blutzucker messen, Spritzen geben oder Verbände anlegen, etwa um die Einlagerung von Wasser in den Beinen zu vermindern. Die medizinische Behandlungspflege wird von den Krankenkassen (und nicht den Pflegekassen) übernommen, auch wenn der Pflegedienst sie ausführt. Voraussetzung ist aber, dass kein Angehöriger die Behandlung ausführen kann und auch der Pflegebedürftige dazu nicht selbst in der Lage ist, etwa weil er sehbehindert oder gelähmt ist.

Häusliche Betreuung

Seit Inkrafttreten des Pflegeneuausrichtungsgesetzes im Jahr 2016 können ambulante Pflegedienste auch Betreuung und Hilfen im Alltag als Dienstleistung anbieten und damit Angehörige entlasten.

Die häusliche Betreuung ist eine Leistung neben der Grundpflege und der hauswirtschaftlichen Versorgung. Das Angebot soll Pflegebedürftige z. B. dabei unterstützen, ihre sozialen Kontakte zu pflegen, den Alltag zu gestalten und eine Tagesstruktur aufrechtzuerhalten oder zu entwickeln. Hierzu zählen auch Beschäftigungsangebote. Zur häuslichen Betreuung zählen z. B.:

- Spaziergänge
- Ermöglichung des Besuchs von Verwandten und Bekannten
- Begleitung bei kulturellen oder anderen Veranstaltungen, auch zur Aufrechterhaltung sozialer Kontakte
- Hilfen bei der Tagesstruktur
- Unterstützung bei Hobby und Spiel
- Beobachtung des Pflegebedürftigen zur Vermeidung einer Selbst- oder Fremdgefährdung
- Anwesenheit eines Betreuers/einer Betreuerin, um emotionale Sicherheit zu geben

Wahlmöglichkeit Seit 2013 können Pflegebedürftige mit ihren Angehörigen bei der Art der Unterstützung mitentscheiden. Sie können sich für ein Zeitvolumen in der Pflege entscheiden, anstatt wie zuvor nur für konkrete Leistungsarten. D. h., als Pflegebedürftiger entscheiden Sie selbst, ob Sie Grundpflege, Hauswirtschaft und/oder Betreuungsleistungen wählen und wie Sie diese kombinieren. Im Gespräch mit dem Pflegedienst kann frei bestimmt werden, welche Leistungen in diesem Zeitraum erbracht werden sollen.

Pflege richtet sich nicht nach Dienstzeiten. Pflegedienste sind in der Regel 365 Tage im Jahr und jeweils 24 Stunden am Tag im Einsatz. Viele sind auch nachts für ihre Patienten erreichbar, meist über eine Rufbereitschaft. Über die eigentlichen Pflegeleistungen hinaus fächern ambulante Pflegedienste ihre Angebote zunehmend auf. Gängige Leistungen sind beispielsweise Hausnotruf, Mahlzeiten oder Fahrdienste. Die Angebote können bei Bedarf einzeln bestellt werden.

Manche Pflegedienste spezialisieren sich auf bestimmte Pflegeleistungen. Sie betreuen z. B. behinderte Menschen, Patienten mit Schlaganfall, Krebs oder Alzheimer. Auch eine häusliche Intensiv- oder Beatmungspflege ist möglich.

Grundsätzlich gilt: Bevor Sie sich auf die Suche nach einem ambulanten Pflegedienst machen, sollten Sie genau überlegen, welche Hilfe z. B. für Pflege, Hauswirtschaft oder Betreuung nötig ist. Zudem sollten die Pflegedienste, die in die engere Auswahl kommen, vorab bei einem Hausbesuch möglichst kostenlos und ausführlich über ihre Leistungen informieren und beraten.

Am Anfang eines Monats werden die Leistungen für den vorangegangenen Monat abgerechnet. Wenn es einen Versorgungsvertrag zwischen dem Pflegedienst und der Pflegekasse gibt, überweist diese ihren Anteil direkt an den Dienst. Der Pflegebedürftige erhält dann lediglich die Rechnung für seinen Anteil. Wenn es keinen internen Vertrag gibt oder der Pflegebedürftige privat versichert ist, müssen sämtliche Kosten zunächst selbst getragen werden. Anschließend kann man sich einen Teil der Ausgaben von der Versicherung erstatten lassen. Wie genau die Abrechnung vorgenommen wird, wird in der Regel im Pflegevertrag zwischen dem Pflegebedürftigen und dem Pflegedienst festgeschrieben.

Pflegevertrag

Im Pflegevertrag werden die Leistungen, für die sich der Pflegebedürftige

Gut zu wissen

Das zahlt die Kasse Die Pflegekassen finanzieren die Leistungen der Pflegedienste zumindest teilweise. Monatlich gibt es für

Pflegegrad 2	689 Euro	Pflegegrad 4	1612 Euro
Pflegegrad 3	1298 Euro	Pflegegrad 5	1995 Euro

Alle Kosten, die darüber hinaus anfallen, müssen die Pflegebedürftigen selbst tragen. Wer Pflegegrad 1 hat, kann den Entlastungsbetrag zur Mitfinanzierung eines Pflegedienstes nutzen (siehe Tabelle S. 232).

Den Pflegevertrag sollte man nicht vorschnell unterschreiben. Ist ein wichtiges Kriterium nicht gegeben, kann man nachverhandeln und sollte notfalls lieber einen anderen Dienst suchen.

entschieden hat, festgehalten, außerdem die dafür notwendigen Pflegezeiten und die entsprechenden Kosten. Er kann immer wieder an die veränderte Pflegesituation angepasst werden.

Grundsätzlich ist darauf zu achten, dass der Pflegevertrag mit dem Pflegebedürftigen selbst und nicht mit seinen Angehörigen geschlossen wird, da andernfalls der Pflegedienst eventuelle finanzielle Forderungen bei den Angehörigen geltend machen könnte.

Der Pflegebedürftige muss keinen Standardvertrag abschließen, sondern kann Leistungen ganz nach individuellem Bedarf vereinbaren. Deshalb sollte man sich bereits vor Vertragsabschluss eingehend über das Leistungsangebot des gewünschten Pflegedienstes informieren. Sinnvoll ist es auch, sich eine Beispielrechnung geben zu lassen, aus der ersichtlich ist, wie hoch die Kostenbeteiligung von Pflegekasse und Krankenkasse ist und was an Eigenanteil zu leisten ist.

Wer unsicher ist, ob der Pflegevertrag richtig gestaltet ist, kann sich bei Pflegekassen oder bei Verbraucherzentralen erkundigen.

Was muss im Pflegevertrag stehen?

Das sollte beim Abschluss eines Pflegevertrags beachtet werden:

- Vergleichen Sie verschiedene Pflegedienste. Die Preise für einzelne Leistungen können unterschiedlich sein.
- Achtung Kleingedrucktes: In den allgemeinen Geschäftsbedingungen stehen oft Kündigungsbedingungen und Klauseln zum Zahlungsverzug.
- Achten Sie darauf, dass der Pflegedienst die Leistungen mit den Kostenträgern (das sind die Kassen) so weit wie möglich direkt abrechnet.

- Der Vertrag sollte vorsehen, dass der Pflegebedürftige Leistungsnachweise in Kopie erhält. So lässt sich nachprüfen, ob der Pflegedienst die erbrachten Leistungen später korrekt mit der Kasse abrechnet.
- Im Pflegevertrag sollte keine Einzugsermächtigung vereinbart werden. Der Grund: Der Pflegebedürftige sollte seine Zahlungen kürzen können, falls er mit den Leistungen des Pflegedienstes nicht einverstanden ist.
- Im Pflegevertrag darf der Pflegedienst die Haftung für Sach- und Personenschäden nicht generell ausschließen. Er sollte sich verpflichten, für Schäden seiner Mitarbeiter zu haften.
- Der Pflegedienst erhält in vielen Fällen Haus- und Wohnungsschlüssel des Pflegebedürftigen, die er natürlich sorgfältig aufbewahren muss. Wenn Sie Schlüssel aushändigen, lassen Sie sich dies quittieren. Bei Beendigung des Vertrags gehen die Schlüssel zurück. Im Pflegevertrag sollte sich der Pflegedienst verpflichten, Schadensersatz zu leisten, falls ein Schlüssel verloren geht.
- Der Vertrag sollte vom Pflegebedürftigen jederzeit gekündigt werden können. Eine Frist muss dabei nicht eingehalten werden.
- Umgekehrt ist es sinnvoll, im Vertrag mit dem Pflegedienst zu vereinbaren, dass dieser nur mit einer längeren Frist kündigen kann, beispielsweise sechs Wochen zum Quartalsende. Die Kündigungsfrist für den Pflegedienst ist nicht gesetzlich festgelegt.
- Der Vertrag sollte unmittelbar mit dem Tod des Pflegebedürftigen enden.
- Hält sich der Patient im Krankenhaus oder in einer Einrichtung der Kurzzeitpflege auf, dann sollte der Vertrag während dieser Zeit ruhen.

Checkliste: Auswahl des Anbieters

Hier können folgende Erinnerungspunkte helfen:

- ❑ Welchen Bedarf habe ich? Welche Hilfe können Angehörige übernehmen, welche soll der Pflegedienst leisten?
- ❑ Soll der Pflegedienst bei der Körperpflege, der hauswirtschaftlichen Versorgung oder zur Betreuung des Pflegebedürftigen, beispielsweise zum Vorlesen oder Spazierengehen, eingesetzt werden?
- ❑ Stehen Leistungen der Pflegekasse zur Verfügung? Welche Kosten übernimmt die Pflegekasse?
- ❑ Welche Ansprüche habe ich an die professionellen Pflegekräfte, z. B. Einhaltung bestimmter Zeiten, kein Personalwechsel, Nichtraucher.
- ❑ Welche Leistungen werden von ausgebildeten Fachkräften ausgeführt, welche von Hilfskräften?
- ❑ Gibt es eine Kontaktperson für Wünsche und Beschwerden?
- ❑ Wie wird abgerechnet? Lassen Sie sich vom Pflegedienst das Abrechnungsverfahren erklären und einen Kostenvoranschlag für ein konkretes Leistungsangebot erstellen! Der Kostenvoranschlag gibt Auskunft darüber, ob die bewilligten Mittel der Pflegekasse ausreichen und wie viel Sie eventuell aus eigener Tasche zuzahlen müssen.

Hilfe durch ausländische Betreuungskräfte

Haushalts- und Betreuungskräfte aus dem Ausland können Pflegebedürftige unterstützen, die zu Hause versorgt werden möchten. Sie dürfen allerdings keine medizinische Pflege übernehmen – und es gilt, einige rechtliche Bestimmungen zu beachten.

Wenn die Pflege von Angehörigen nicht zu stemmen ist, können Betreuungskräfte aus dem Ausland eine gute Alternative sein.

Im eigenen Haushalt rund um die Uhr versorgt zu werden – das wünschen sich viele pflegebedürftige Menschen. Weil Angehörige dies allein zumeist nicht leisten können, suchen sie nach praktikablen Lösungen. Eine Möglichkeit ist es, sich eine Betreuungskraft zu suchen, die im Haushalt wohnt und gegebenenfalls auch einmal nachts ansprechbar ist.

Bis zu 300 000 Betreuungskräfte aus Mittel- und Osteuropa sind geschätzt in deutschen Haushalten mit Hilfs- und Pflegebedürftigen beschäftigt.

Ausländische Hilfs- und Betreuungskräfte eignen sich v. a., wenn

- der Pflegebedürftige seinen Haushalt nicht mehr selbst führen kann und auch Angehörige dies nicht leisten können;
- der Pflegebedürftige Hilfe bei der Grundpflege braucht, also beim Waschen, Essen, Aufstehen und Zubettgehen, bei der Fortbewegung inner- und außerhalb der Wohnung;
- sich der Pflegebedürftige nachts nicht allein in der Wohnung aufhalten kann und beispielsweise Hilfe beim Toilettengang braucht;
- wenn für die Pflege keine fachspezifischen Sprachkenntnisse nötig sind;
- wenn für die Hilfskraft ein eigenes Zimmer zur Verfügung steht.

Kein Ersatz für medizinische Pflege

Die ausländischen Betreuungskräfte sind in den meisten Fällen keine gelernten Kranken- oder Altenpfleger.

Sie sind eher als Haushaltshilfen anzusehen, die jedoch gewisse pflegerische Tätigkeiten in der häuslichen Pflege übernehmen dürfen. Sie können Grundpflege wie beispielsweise Waschen oder Anziehen leisten und bei Alltagsaufgaben helfen, wie etwa beim Einkaufen, Putzen oder Wäschewaschen. Eine ausgebildete Pflegekraft ist so aber nicht zu ersetzen. D. h., sie dürfen keine Behandlungspflege übernehmen, wie beispielsweise Wunden versorgen oder Spritzen verabreichen. Dafür muss meist ein Pflegedienst eingeschaltet werden, der dann als sogenannte häusliche Krankenpflege über die Krankenkassen finanziert werden kann.

Für die Bezahlung ausländischer Pflegekräfte gibt es keine Sachleistungen von den Pflegekassen. Allerdings besteht die Möglichkeit, das Pflegegeld zu nutzen, um sie zu bezahlen. Man muss jedoch wissen, dass dies nicht alle Kosten deckt.

Wichtig: Wenn eine Pflege rund um die Uhr nötig ist, kann dies nicht durch eine einzelne Betreuungskraft abgedeckt werden. Die deutschen Arbeitsgesetze müssen eingehalten werden. D. h. konkret:

- Die tägliche Arbeitszeit darf an Werktagen durchschnittlich nicht mehr als acht Stunden betragen.
- Die Betreuungskraft darf maximal 48 Stunden pro Woche arbeiten.
- Die Betreuungskraft hat einen Urlaubsanspruch von mindestens 24 Werktagen pro Jahr.
- Es muss ein branchenüblicher Lohn bezahlt werden.

Auch wer eine Hilfskraft einstellt, sollte die Pflege und Betreuung auf mehrere Schultern verteilen, um niemanden zu überlasten.

Gut zu wissen

Durch die Arbeitnehmerfreizügigkeit kann ein EU-Bürger in einem Privathaushalt ohne besondere Arbeitserlaubnis beschäftigt werden. Alternativ können ausländische Unternehmen ihre Mitarbeiter in einen deutschen Haushalt entsenden. Dabei helfen Vermittlungsagenturen. Wichtig: Wer ausländische Hilfskräfte beschäftigt, muss deutsches Arbeitsrecht beachten. So muss z. B. mindestens der für Deutschland jeweils gültige Mindestlohn gezahlt werden. Dieser liegt aktuell bei 9,19 Euro pro Stunde (Stand 1. Januar 2019). Wenn Sie z. B. eine osteuropäische Hilfskraft in Vollzeit beschäftigen möchten, müssen Sie mit Kosten zwischen 2000 und 3000 Euro pro Monat rechnen.

So war es bei mir

„Den Tag beginnt unsere 87-jährige Mutter mit Gymnastik. Für ihr Alter ist sie körperlich und geistig beneidenswert fit. Doch wir waren besorgt, nachdem sie zweimal gestürzt war. Sie lebte allein und wir wohnen nicht gerade um die Ecke. Ein Altersheim kam für meine Mutter nicht infrage. Also haben wir zwei Betreuerinnen eingestellt, die abwechselnd bei ihr wohnen, sie im Haushalt unterstützen, ihr Gesellschaft leisten oder sie zum Arzt begleiten. Natürlich haben die Frauen Pausen und Freizeit, die sie nach ihren Wünschen gestalten können. An ihren freien Tagen sind entweder mein Bruder oder ich bei meiner Mutter oder wir nehmen einen ehrenamtlichen Besuchsdienst der Kirchengemeinde in Anspruch. Und wenn alle Stricke reißen, besucht meine Mutter stundenweise eine Tagespflege." *Gisela U. aus Erfurt*

Die rechtliche Grundlage

Seit Anfang 2014 gilt für alle EU-Mitgliedsstaaten die sogenannte Arbeitnehmerfreizügigkeit. D. h., dass Haushalte in Deutschland Bürger aus den EU-Mitgliedsstaaten wie deutsche Arbeitskräfte anstellen dürfen, ohne dass eine Erlaubnis benötigt wird.

Außerdem gilt das Arbeitnehmer-Entsendegesetz auch für die Pflegebranche. Ausländische Unternehmen dürfen ihre Beschäftigten nach Deutschland entsenden. Es muss aber der für Deutschland jeweils gültige Mindestlohn gezahlt werden (siehe Kasten S. 275).

Es gibt unterschiedliche Möglichkeiten, eine Haushaltshilfe aus dem Ausland zu beschäftigen: die Direktanstellung und das Vermittlermodell.

Direktanstellung Der Pflegebedürftige oder Angehörige stellt eine oder mehrere Betreuungskräfte im Haushalt direkt an. Im Arbeitsvertrag muss Folgendes schriftlich festgelegt sein:

- Beschreibung der Tätigkeit, z. B.: Hilfe beim Aufstehen, Zubettgehen, Waschen, Kämmen, Zähneputzen, Rasieren, An- und Ausziehen, Essen, Trinken, Gang zur Toilette, Waschen, Aufhängen, Bügeln und Falten der Wäsche, Aufräumen und Putzen, Einkaufen und Zubereiten der Mahlzeiten. Denkbar ist auch: mit dem Pflegebedürftigen spazieren gehen, ihm etwas vorlesen, mit ihm spielen, ihn zum Arzt oder Amt, ins Konzert oder Theater begleiten.
- Arbeitszeit
- Urlaub
- Dauer der Probezeit
- Kündigungsfrist
- Höhe und Fälligkeit des Lohns
- Unterkunft, Verpflegung
- Reisekosten

Der Pflegebedürftige oder ein Angehöriger tritt als Arbeitgeber auf und hat das Recht, Arbeitsanweisungen zu erteilen, muss aber auch seinen Pflichten nachkommen: Er zahlt Lohnsteuer, Kranken-, Renten- und Pflegeversicherung. Die Betreuungskraft muss bei der Meldebehörde der Arbeitsagentur, dem Finanzamt und der Krankenkasse angemeldet sein, außerdem bei der Berufsgenossenschaft, die für die berufliche Unfallversicherung zuständig ist. Zudem braucht der Pflegebedürftige eine Betriebsnummer von der Agentur für Arbeit.

Der Vorteil dieser Variante: Sie können die gewünschten Leistungen individuell aushandeln. Auch der eigentliche Lohn ist Verhandlungssache, doch Sie sollten bedenken, dass die Betreuungskraft eine verantwortungsvolle und anstrengende Arbeit erledigt. Außerdem verlässt sie für einige Zeit ihr gewohntes Umfeld wie Familie und Freunde, was durch den Lohn kompensiert werden muss.

Vermittlermodell Mittel- und osteuropäische Agenturen vermitteln ihre Beschäftigten nach Deutschland. Das ist nach dem Arbeitnehmer-Entsendegesetz

Die Reisekosten der Hilfskräfte übernimmt der Auftraggeber. Eine günstige Wahl sind z. B. Busreisen.

relativ unkompliziert für bis zu zwei Jahre möglich. Häufig arbeiten die ausländischen Dienstleister mit deutschen Vermittlern zusammen. Faktisch sind die Betreuungskräfte bei der ausländischen Agentur angestellt. Für den Pflegebedürftigen oder seine Familie entsteht kein weiterer bürokratischer Aufwand. Es fallen im Monat in der Regel zwischen 2000 und 3000 Euro an, je nach Unternehmen und abhängig davon, welche Leistungen gewünscht sind.

Das Vermittlermodell bedeutet weniger Organisationsaufwand, allerdings haben Sie auch auf den Vertrag, Anstellungs- und Urlaubszeiten weniger, bisweilen gar keinen Einfluss. Außerdem wird das Personal oft alle zwei bis drei Monate gewechselt. Dabei können die Kunden nicht immer mitbestimmen, wer als Betreuungskraft nach Hause vermittelt wird.

Wichtig: Bevor die Haushalts- und Betreuungshilfe ihre Arbeit aufnimmt, sollten Sie sich die Bescheinigung A1 vorlegen lassen und eine Kopie abheften. Diese Bescheinigung weist nach, dass die Betreuungskraft in ihrem Heimatland sozialversichert ist.

Selbstständige Pflegekräfte aus Osteuropa Pflegekräfte ohne Anstellung oder Vermittlungsargentur zu beschäftigen ist nicht zu empfehlen, weil sie sich oft in einer rechtlichen Grauzone zur Scheinselbstständigkeit bewegen. Denn eine Selbstständigkeit setzt nach deutschem Recht u. a. voraus, dass der Selbstständige mehrere Arbeitgeber hat und nicht den Anweisungen eines Unternehmens unterliegt. Das ist aber bei einer Person, die dauerhaft in einem Haushalt lebt, nicht möglich. Stellt der Staat fest, dass Sie scheinselbstständig beschäftigen, müssen Sie Steuern, Versicherungen und eine Strafgebühr nachzahlen. Schlimmstenfalls droht sogar ein Strafverfahren.

So finden Sie eine vertrauenswürdige Kraft

Das Angebot für Betreuungskräfte ist so groß, dass es schon unübersichtlich wird: Unzählige Vermittlungsagenturen und Betreuungskräfte inserieren ihre Leistungen in Anzeigenblättern und Internetportalen.

Eine geeignetere Anlaufstelle für die Suche ist die Zentrale Auslands- und Fachvermittlung (ZAV) der Bundesagentur für Arbeit. Zum einen vermittelt sie Betreuungskräfte und zum anderen kann dort jeder ein Stellenangebot aufgeben.

Eine weitere gute Möglichkeit, eine Betreuungskraft zu finden, bietet die Anlaufstelle der Caritas „CariFair", die Haushalte bei der Anstellung einer ausländischen Betreuungskraft unterstützt. Die Mitarbeiter helfen bei der Suche nach geeigneten Hilfskräften, beraten Familienangehörige zu rechtlichen Fragen und bleiben, auch wenn eine Kraft gefunden ist, weiterhin Ansprechpartner für Fragen – und zwar für beide Seiten, denn Ziel der Wohlfahrtsorganisationen ist es auch, für faire Arbeitsbedingungen zu sorgen. Informationen erhalten Sie unter www.carifair.de.

Ein ähnliches Programm bietet die Diakonie im Verbund mit dem Verein für Internationale Jugendarbeit (vij), der das Programm „FairCair" aufgelegt hat. Auch hierbei handelt es sich um einen Fachdienst für die sichere Vermittlung sowie die legale und gerechte Beschäftigung europäischer Arbeitskräfte in der häuslichen Betreuung. Der Verein setzt sich insbesondere dafür ein, dass die gesetzlichen Standards des Arbeits- und Sozialschutzes eingehalten werden. Informationen erhalten Sie unter www.vij-faircare.de.

Bei der Anmeldung einer Betreuungsperson lässt sich vieles am Telefon erledigen, wie z. B. das Beantragen einer Betriebsnummer.

Lassen Sie Vorsicht walten!

Wer sich eine Betreuungskraft über eine Agentur vermitteln lässt, sollte Folgendes beachten:

- Vergleichen Sie verschiedene Anbieter und lassen Sie sich von der Zentralen Auslands- und Fachvermittlung (ZAV) der Bundesagentur für Arbeit beraten, welche Preise üblich sind.
- Die Erstberatung sollte kostenlos sein, ebenso die nachfolgenden Beratungsleistungen wie z. B. eine Situationsanalyse bei Problemen zwischen Angehörigen und Betreuern.
- Die Agentur sollte mit Ihnen gemeinsam nach Betreuungskräften suchen, die Ihrem Bedarf entsprechen. Sie

sollte Ihnen eine Mappe mit mehreren Bewerbern zur Verfügung stellen, die Ihnen genau die Unterstützung im Alltag anbieten können, die Sie benötigen, z. B. bei Angehörigen mit Demenz oder Parkinson.

- Lassen Sie sich zusichern, dass die Agentur die Betreuungskraft nach deutschem Mindestlohn bezahlt.
- Gute Agenturen bieten umfangreiche Leistungen an, z. B. eine 24-Stunden-Notfallnummer oder regelmäßige Kundenbesuche.
- Eine 24-Stunden-Betreuung zu Hause ist rechtlich nicht möglich. Ein Unternehmen, das anderes behauptet, arbeitet nicht seriös.
- Eine Haushaltshilfe auf 450-Euro-Basis einzustellen und ihr zusätzlich ein Taschengeld in bar auszahlen ist verboten. In solchen Fällen drohen Nachzahlung, Bußgeld und eventuell ein Strafverfahren.
- Der Service einer Vermittlungsagentur kostet natürlich etwas. Bei sehr hohen Preisen sollten Sie aber misstrauisch werden – ebenso wenn gar keine Kosten für die Vermittlung genannt werden. In solchen Fällen zahlen Sie diese meistens verdeckt.
- Ratsam ist es, sich eine Agentur zu suchen, die im Bundesverband häusliche SeniorenBetreuung e. V. (BHSB) Mitglied ist (www.bhsb-ev.de) oder dem Verband für häusliche Betreuung und Pflege (VHBP) angehört (www.vhbp.de).
- Lassen Sie sich von der Betreuungskraft unbedingt ein Original des sogenannten Formulars A1 zeigen. Damit ist sichergestellt, dass die Betreuungskraft im Heimatland ordnungsgemäß versichert ist.

Checkliste: Hilfskraft selbst anstellen

Wenn Sie eine geeignete Kraft gefunden haben, sind folgende Schritte ratsam:

- ❑ **Arbeitsvertrag aufsetzen,** am besten zweisprachig. Lassen Sie sich dabei beraten.
- ❑ **Betriebsnummer beantragen,** bei der Bundesagentur für Arbeit. Dies kostet nichts und ist auch telefonisch möglich unter 08 00/4 55 55 20. Der Telefonservice fragt meist nur nach den Kontaktdaten von Arbeitgeber und Arbeitnehmer und nach dem wirtschaftlichen Schwerpunkt, das ist in diesem Fall „private Haushalts- und Betreuungskraft".
- ❑ **Hilfskraft bei einer gesetzlichen Krankenkasse anmelden,** die Mitarbeiter der Kasse helfen Ihnen und leiten die nötigen Informationen auch an die Pflege-, Renten- und Arbeitslosenversicherung weiter.
- ❑ **Unfallversicherung für die Haushaltshilfe abschließen,** Informationen gibt es bei der Deutschen Gesetzlichen Unfallversicherung (DGUV), www.dguv.de.
- ❑ **Mit dem Finanzamt Kontakt aufnehmen,** um zu klären, wie und wann die Lohnsteuer für die Hilfskraft zu zahlen ist. Lassen Sie sich eventuell von einem Steuerberater unterstützen.
- ❑ **Mit Ihrer Privathaftpflichtversicherung klären,** ob die Betreuungskraft mitversichert ist oder ob eine Aufstockung nötig ist.

Wohnen für Hilfe

Das Projekt „Wohnen für Hilfe" vermittelt jungen Menschen Zimmer bei Senioren. Miete zahlen sie nicht oder nur wenig – dafür freuen sich die Älteren über Unterstützung im Alltag.

Der Altersunterschied der WG-Bewohner kann durchaus 60 Jahre betragen. Vielerorts, v. a. in Universitätsstädten, gibt es Wohngemeinschaften, in denen sich ein älterer und ein wesentlich jüngerer Mensch, der studiert oder eine Ausbildung macht, zusammengefunden haben. „Wohnen für Hilfe" heißen diese Wohnpatenschaften.

Das erste deutsche Projekt dieser Art entstand 1992 in Darmstadt, drei Jahre später zeichnete die damalige Familienministerin Claudia Nolte es als beispielhaft aus. Die Idee ist so einfach wie bestechend: In vielen Städten herrscht großer Mangel an finanzierbarem Wohnraum für Studierende – gleichzeitig gibt es dort viele Menschen, die allein in zu groß gewordenen Häusern oder Wohnungen leben, ein Zimmer oder gar eine Einliegerwohnung zur Verfügung stellen könnten – und sich im Gegenzug über Hilfe und Unterstützung im Alltag freuen. Das sind nicht immer Senioren: „Wohnen für Hilfe" nehmen auch Alleinerziehende oder Familien in Anspruch, die z. B. gelegentliche Kinderbetreuung benötigen.

In einer Wohngemeinschaft mit jungen Menschen ergeben sich nicht selten wohltuende soziale Kontakte.

Hilfeleistungen absprechen

Ob Kinder- oder Tierbetreuung, Gartenarbeit, Hilfe im Haushalt, Erledigungen, Fahrdienste oder auch Unterstützung am Computer: Die Art der Gegenleistung wird individuell abgesprochen. Pflegeleistungen jeglicher Art sind allerdings ausgeschlossen.

Um Streitigkeiten möglichst von vornherein zu vermeiden, sollten die Bedingungen in einem Vertrag genau festgehalten werden, insbesondere wie viel Zeit die Hilfe umfassen und was die Miete betragen soll. Als Faustregel gilt: eine Stunde Hilfe im Monat für einen Quadratmeter Wohnfläche. Die einzigen Kosten, die den Studierenden entstehen, sind die Nebenkosten, wie Strom, Wasser und Gas.

Geben und Nehmen

„In den Wohnpartnerschaften … profitieren alle Beteiligten vom gegenseitigen Geben und Nehmen. Hierbei stehen soziales Engagement, Aufgeschlossenheit und Solidarität im Mittelpunkt", heißt es im Leitbild der Bundesarbeitsgemeinschaft Wohnen für Hilfe Deutschland e. V. Hier haben sich Studentenwerke, soziale oder kommunale Einrichtungen, Wohlfahrtsverbände und Vermittlungsagenturen zusammengetan, die das Projekt „Wohnen für Hilfe" inzwischen in 34 Orten (Stand Oktober 2019) umsetzen und die WG-Partner zusammenbringen.

In der Regel füllen beide Parteien zunächst einen umfangreichen Bewerbungsbogen aus. Darin notieren sie die Wünsche und Anforderungen an den anderen, die Studierenden geben zudem die Hilfeleistungen an, die sie anbieten – und die Senioren oder Familien halten fest, welche Hilfe sie benötigen.

Beide Parteien sollten sich ausreichend Zeit zum Kennenlernen nehmen. Wenn das Projekt „Wohnen für Hilfe" für Sie grundsätzlich infrage kommt, ist es sinnvoll, sich mit der ausgewählten Person mehrmals zu treffen, bevor Sie den Mietvertrag unterschreiben. So können Sie sich etwas kennenlernen und leichter einschätzen, ob Ihre Wünsche und Erwartungen übereinstimmen.

Aller Anfang ist schwer Zu Beginn des Zusammenlebens kann es bisweilen zu Konflikten kommen. Wer schon länger allein gelebt hat, dem fällt es manchmal schwer, die Privatsphäre zu teilen. Und manche Studierenden berichten, dass sie die Verpflichtungen gegenüber den Senioren oder Familien unterschätzt haben und mit zunehmendem Stress im Studium als belastend empfinden. Nicht zuletzt gibt es – wie in jeder Wohngemeinschaft – Konfliktpotenzial in Bezug auf unterschiedliche Vorstellungen von Besuchshäufigkeiten, Geräuschpegel oder Sauberkeit.

Trotzdem haben die WGs beim Projekt „Wohnen für Hilfe" häufig längeren Bestand als bei einer klassischen Studenten-WG: Durchschnittlich zwei bis drei Jahre leben die Bewohner laut einer Befragung beim Projekt „Wohnen für Hilfe" zusammen. Weitere Informationen finden Sie im Internet unter www.wohnenfuerhilfe.info.

So war es bei mir

„Natürlich mussten wir uns erst mal zusammenraufen. Ich hatte nach dem Tod meines Mannes jahrelang allein gewohnt, bis Lena bei mir einzog. Sie studiert Mathe und Biologie auf Lehramt. Das passt, ich war ja auch mal Lehrerin. Lena wohnt nun im ehemaligen Kinderzimmer unseres Sohnes; es ist etwa 18 m^2 groß. Dafür hilft sie mir monatlich 18 Stunden. Sie geht mal einkaufen, mäht den Rasen, saugt auch ab und zu durch, wischt Staub oder bügelt. Einmal in der Woche kochen wir gemeinsam und spielen Backgammon. Manchmal kommt Lenas Freund zu Besuch. Ich habe nichts dagegen, wenn er bei uns übernachtet. Neulich hat sie im Garten ihren 23. Geburtstag gefeiert. Es hat mir richtig Spaß gemacht mit den jungen Leuten. Lena hatte auch ihre Eltern eingeladen – und ihren Großvater. Mit dem werde ich nun bald mal ins Theater gehen …"

Gabriele E. aus Berlin

Wenn ein neues Zuhause notwendig wird

Wenn die Pflege in den eigenen vier Wänden nicht möglich ist, bleibt der Umzug in eine vollstationäre Einrichtung. Die Suche nach einem passenden neuen Zuhause braucht Zeit – zumal es zum klassischen Heim inzwischen Alternativen gibt.

In vertrauter Umgebung alt zu werden, nicht einsam zu sein, im Krankheits- oder Pflegefall zu Hause gut versorgt zu werden, das wünscht sich wohl jeder. Und häufig lässt sich der Umzug in eine vollstationäre Einrichtung mit Unterstützung von Familienangehörigen, Freunden, einer Haushaltshilfe, einem Pflegedienst oder einer Tages-/Nachtpflegeeinrichtung (siehe S. 263) noch lange hinauszögern. Doch manchmal kommt der Punkt, an dem eine gute Versorgung zu Hause nicht mehr gewährleistet werden kann. Beispielsweise dann, wenn der pflegende Partner zu erschöpft ist oder selbst krankheitsbedingt kürzertreten muss. Dann ist der Zeitdruck oft hoch und der Pflegebedürftige hat keine Wahl mehr, sondern ist gezwungen den erstbesten Platz in einem Heim anzunehmen.

Damit man nicht unter Druck eine solche Einrichtung sucht und vielleicht Kompromisse macht, die man eigentlich nicht eingehen wollte, ist es sinnvoll, sich rechtzeitig über Wohnmodelle mit der Möglichkeit einer Pflege zu erkundigen.

Fest steht: Den meisten Menschen fällt es nicht leicht zuzugeben, dass die Pflege zu Hause nicht mehr machbar ist und eine stationäre Einrichtung die bessere Variante wäre.

Informieren Sie sich bei Pflegeberatungsstellen, Wohlfahrtsverbänden oder bei der Stadtverwaltung, welche Pflegeeinrichtungen und Wohnformen es in Ihrer Nähe gibt.

Benötigt man pflegerische Unterstützung, möchte aber seine eigenen vier Wände, sind Altenheime eine gute Wahl.

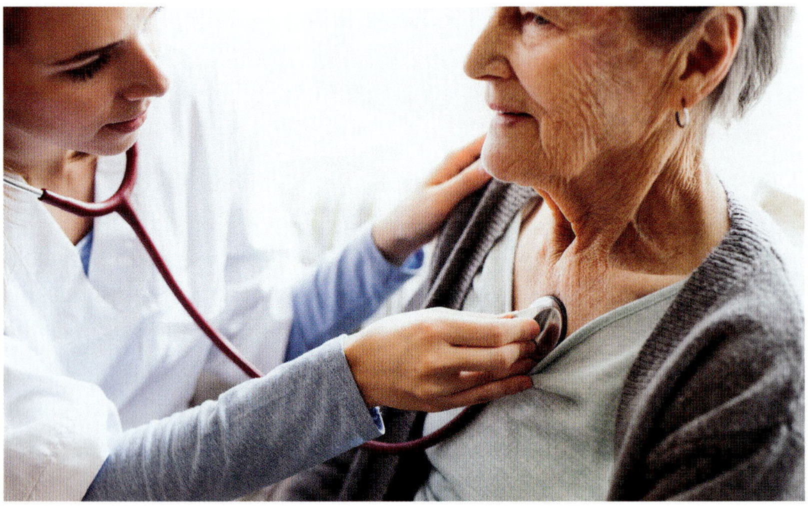

Unterbringung in Pflegeheimen

Einen guten Überblick über zugelassene Pflegeheime geben z. B. die Leistungs- und Preisvergleichslisten, die die

Pflegekassen auf Anforderung kostenfrei zur Verfügung stellen; sie sind auch im Internet abrufbar.

Wenn Einrichtungen darunter sind, die Ihnen gefallen, dann erkundigen Sie sich, was Freunde oder Pflegeberater darüber wissen und wie sie bei Bewertungen abschneiden. Fragen Sie nach, wie dort der Tagesablauf organisiert ist und welche Angebote es gibt. Vielleicht ist es sogar möglich, einmal zur Probe zu wohnen? Fragen Sie nach, welche Kosten auf Sie zukämen, denn die Kosten für Verpflegung, Unterkunft, Investitionen und Komfortleistungen fallen je nach Einrichtung sehr unterschiedlich aus. Informieren Sie sich auch darüber, welche Zuschüsse Sie von der Pflegekasse bekommen könnten.

Die Vorteile einer stationären Pflegeeinrichtung liegen auf der Hand: Um Haushalt und Verpflegung muss man sich nicht kümmern, es gibt eine pflegerische Betreuung rund um die Uhr, was nicht zuletzt die Angehörigen deutlich entlastet. Sie können Zeit mit ihren Eltern, Schwiegereltern oder Partner verbringen, ohne sich für die Versorgung und Pflege verantwortlich fühlen zu müssen. In guten Heimen und Wohngemeinschaften gibt es zudem Gruppenangebote, an denen man auf Wunsch teilnehmen kann.

Was zahlt die Pflegeversicherung?

Die Pflegeversicherung zahlt bei vollstationärer Pflege pauschale Leistungen für pflegebedingte Aufwendungen einschließlich der Aufwendungen für Betreuung und der Aufwendungen für Leistungen der medizinischen Behandlungspflege in Pflegeheimen. Der Zuschuss beträgt monatlich (Stand 2019)

- bei Pflegegrad 1: 125 Euro monatlich
- bei Pflegegrad 2: 770 Euro
- bei Pflegegrad 3: 1262 Euro
- bei Pflegegrad 4: 1775 Euro
- bei Pflegegrad 5: 2005 Euro.

Vollstationäre Einrichtungen

Art der Einrichtung	Wohn- und Versorgungssituation
Altenwohnheim	Man lebt meist recht eigenständig in einer kleinen Wohnung oder einem Appartement mit Küche, kann aber auch zusammen mit anderen Bewohnern essen.
Altenheim	Hier bekommen Senioren, die ihren Haushalt nicht mehr allein führen können, hauswirtschaftliche und pflegerische Unterstützung. Auch sie leben oft in kleinen Wohnungen.
Pflegeheim	Die Bewohner leben nach der Einzelzimmervorgabe meist allein in einem Zimmer. (Doppelzimmer gibt es teilweise bei Kurzzeitpflege). Sie können meist einige eigene Möbel mitnehmen und werden umfassend pflegerisch betreut und hauswirtschaftlich versorgt.
Kombinierte Einrichtungen	Die meisten Einrichtungen bieten heute alle drei Wohnformen an.
Betreute Wohngemeinschaften, Hausgemeinschaften und Pflegewohngruppen	Diese neueren Lebensmodelle nehmen seit einigen Jahren mehr und mehr zu (siehe S. 280 und 288).
Hospiz	Zur Sterbebegleitung gibt es spezialisierte Pflegeeinrichtungen. Sie sind besonders auf die palliative Versorgung ausgerichtet.

So war es bei mir

„Als meine Mutter pflegebedürftig wurde, versorgte unser Vater sie zunächst zu Hause. Wir Geschwister wohnen weit entfernt und bekamen zunächst gar nicht mit, wie viel er leistete! Anfangs wollte er sich partout nicht helfen lassen. Es war für ihn Ehrensache, sich um alles zu kümmern. Unsere Mutter ins Heim ‚abzuschieben', wie er es ausdrückte, kam für ihn nicht infrage. Doch schließlich war er völlig erschöpft. Wir beriefen den Familienrat ein – und da eröffneten uns unsere Eltern, dass sie sich schon längst überlegt hatten, welches Heim im Fall der Fälle infrage käme: Ein gut geführtes Pflegeheim mit hellen Einzelzimmern ganz in der Nähe. Dort lebt auch schon eine Nachbarin. Zum Glück haben wir schnell einen Platz für unsere Mutter bekommen. Mein Vater besucht sie täglich. Beiden geht es gut mit dieser Lösung." *Horst R. aus Vechta*

Die Gelder sind für den Pflegeaufwand, die medizinische Behandlungspflege und die soziale Betreuung im Heim bestimmt. In vielen Fällen reicht die Leistung der Pflegeversicherung nicht aus, um die pflegebedingten Aufwendungen abzudecken. Dann muss der Pflegebedürftige einen Eigenanteil zahlen.

Früher war es häufig der Fall, dass dieser Eigenanteil mit zunehmender Pflegebedürftigkeit überproportional gestiegen ist: Pflegebedürftige mit höherer Pflegestufe mussten mehr zuzahlen als Pflegebedürftige mit niedrigerer Pflegestufe. Aus Angst vor einem höheren Eigenanteil wehrten sich Pflegebedürftige oft gegen eine Neubegutachtung, auch wenn sie eigentlich mehr Pflege brauchten. Abhilfe schaffte eine Neuregelung: Seit dem 1. Januar 2017 gilt in jeder vollstationären Pflegeeinrichtung ein einheitlicher Eigenanteil für die Pflegegrade 2 bis 5. D. h., wer Pflegegrad 5 hat, zahlt für die Pflege genauso viel zu wie jemand mit Pflegegrad 2. Der Eigenanteil unterscheidet sich nur noch von Einrichtung zu Einrichtung.

Zusätzlich zum pflegebedingten Eigenanteil zahlen Pflegebedürftige bei vollstationärer Pflege auch für Unterbringung und Verpflegung. In manchen Fällen müssen Bewohner einer Einrichtung bisweilen gesondert berechenbare Investitionskosten übernehmen: Ausgaben des Betreibers für Anschaffungen, Gebäudemiete u. Ä. können umgelegt werden. Und wer besondere Komfort- oder Zusatzleistungen in Anspruch nimmt, muss diese ebenfalls privat bezahlen.

Medizinische Versorgung im Pflegeheim

Die medizinische Versorgung im Pflegeheim unterscheidet sich grundsätzlich nicht von der für andere Versicherte, die z. B. zu Hause wohnen. So müssen die Kassenärztlichen Vereinigungen und die Kassenärztliche Bundesvereinigung die medizinische Versorgung auch in Pflegeheimen sicherstellen. Auch wer im Pflegeheim wohnt, hat freie Arztwahl, so kann man sich z. B. durch den bisherigen Hausarzt weiterbetreuen lassen. Die Pflegeheime sind verpflichtet, den Pflegekassen mitzuteilen, wie die haus-, fach- und zahnärztliche Versorgung sowie die Versorgung mit Arzneimitteln organisiert wird. Dazu gehören z. B. die Information darüber, wie häufig Visiten stattfinden, wie es um die ärztliche Rufbereitschaft bestellt ist, wie die Versorgung nach 22 Uhr sowie an Wochenenden organisiert ist und wie die Zusammenarbeit mit Palliativ- und Hospizdiensten gestaltet ist. Die Pflegekassen müssen sicherstellen, dass diese Information im Pflegeheim, im Internet und in anderer geeigneter Form verständlich, übersichtlich, vergleichbar und kostenfrei zur Verfügung gestellt wird.

Wie wird die Qualität sichergestellt?

Bereits 2008 hat der Gesetzgeber im sogenannten Pflege-Weiterentwicklungsgesetz festgeschrieben, dass in der Pflege Expertenstandards entwickelt und aktualisiert werden müssen (§ 113a SGB XI). Diese Standards legen fest, wie die Pflegekräfte bei bestimmten Aufgaben und Tätigkeiten vorgehen sollten. Sie schreiben beispielsweise vor, welche Hilfsmittel benötigt werden, wie und wann sie einzusetzen sind und wie das Ergebnis aussehen soll. So können Pflegekräfte bei schwierigen und aufwendigen Verrichtungen fachlich korrekt und einheitlich vorgehen.

Entwickelt werden diese Expertenstandards vom Deutschen Netzwerk für Qualitätsentwicklung in der Pflege (DNQP), einem Zusammenschluss von Pflegeexperten, die sich mit der Förderung der Pflegequalität auseinandersetzen. Finanziell gefördert wird das Netzwerk vom Bundesministerium für Gesundheit (BMG). Für zugelassene Pflegeeinrichtungen, Pflegekassen und deren Verbände sind deren Standards verbindlich. Zu ihnen zählt beispielsweise die Vorbeugung vor Druckgeschwüren, die bei bettlägerigen Patienten entstehen können (Dekubitusprophylaxe), die Sturzprophylaxe oder das Schmerzmanagement.

Wie werden Pflegeheime geprüft?

Seit 2011 werden alle Pflegeheime regelmäßig einmal im Jahr vom Medizinischen Dienst der Krankenversicherung (MDK), vom Prüfdienst des Verbands der privaten Krankenversicherung (PKV) oder von einem beauftragten Sachverständigen geprüft. Dies geschieht in der Regel unangemeldet. Die Prüfer bewerten dann nicht nur die

Gut zu wissen

Teilstationäre Versorgung und Kurzzeitpflege Neben der vollstationären Versorgung ist auch eine sogenannte teilstationäre Versorgung möglich. Das ist eine zeitweise Betreuung in einer Einrichtung, auch Tagespflege und Nachtpflege genannt. Auf den S. 263–266 und 294 erfahren Sie mehr darüber. Viele Pflegebedürftige sind nur für eine begrenzte Zeit auf vollstationäre Pflege angewiesen, insbesondere zur Bewältigung von Krisensituationen bei der häuslichen Pflege oder übergangsweise im Anschluss an einen Krankenhausaufenthalt. Für sie gibt es die Kurzzeitpflege in entsprechenden zugelassenen vollstationären Einrichtungen. Mehr zur Kurzzeitpflege lesen Sie auf S. 262.

Aktendokumentation, sondern sie konzentrieren sich besonders auf den Pflegezustand der Bewohner. So achten sie z. B. darauf, wie die Pflegemaßnahmen wirken, ob es Hinweise auf Defizite gibt, wie etwa Druckgeschwüre oder Mangelernährung. Nicht zuletzt berücksichtigen sie bei ihrer Bewertung auch, wie zufrieden die dort lebenden pflegebedürftigen Menschen sind. MDK und PKV prüfen übrigens auch einmal im Jahr die ambulanten Pflegedienste.

Checkliste: Pflegeheim

Vergleichen Sie die Leistungen und Angebote mehrerer Einrichtungen miteinander. Beantworten Sie zunächst für sich und dann tabellarisch für jedes besuchte Heim folgende Fragen, um das richtige für Sie zu finden:

- ❑ **Lage und Erreichbarkeit**: Wo will ich wohnen?
- ❑ **Wohnen und Ausstattung**: Wie möchte ich wohnen? Wie sehen die Einrichtung und mein künftiges Zimmer aus?
- ❑ **Verpflegung und Tagesgestaltung**: Kann ich alltägliche Gewohnheiten beibehalten?
- ❑ **Pflege und Betreuung**: Wie wird gepflegt und wer betreut mich?
- ❑ **Ärztliche und therapeutische Versorgung**: Was wird getan, um meine Gesundheit zu stärken und mein Wohlbefinden zu erhöhen?
- ❑ **Leistungen und Kosten**: Welche finanziellen Belastungen kommen auf mich zu?
- ❑ **Betreuung bei Demenz**: Welche besonderen Angebote hat die Einrichtung für Demenzkranke?

Verschiedene Träger

Organisationen, die einen ambulanten Pflegedienst oder eine stationäre Pflegeeinrichtung betreiben, nennt man Träger. Der Träger einer Einrichtung stellt das Personal und die Sachmittel zur Verfügung und kommt für die Kosten auf.

Als freie Träger werden gemeinnützige Vereine und Wohlfahrtsorganisationen, z. B. die Arbeiterwohlfahrt (AWO) oder das Deutsche Rote Kreuz (DRK) bezeichnet. Es gibt auch konfessionelle Betreiber: Die Caritas als katholischer Träger und die Diakonie als evangelischer Träger gehören dazu. Diese Träger dürfen keine Gewinne erzielen.

Öffentliche Träger bieten Pflege im Auftrag einer Gemeinde, Stadt oder eines Bundeslandes an und sind in der Regel einer Behörde zugeordnet.

Als privatgewerbliche Träger bezeichnet man gewinnorientierte Unternehmen, das können kleine einzelne Einrichtungen oder große Pflegeheimketten sein. Sie betreiben ein Heim oder eine Pflegeeinrichtung nach kaufmännischen Gesichtspunkten der Wirtschaftlichkeit und Qualität. Im Gegensatz zu freien Trägern dürfen und sollen sie Gewinne erzielen.

In der Regel arbeiten sowohl öffentliche, private als auch gemeinnützige

Träger mit ausgebildeten Fachkräften. Viele unterziehen sich neben den vorgeschriebenen Untersuchungen zusätzlich freiwilligen Überprüfungen durch unabhängige Zertifizierungsstellen. Wenn Sie ein Pflegeheim suchen, sollten Sie sich unabhängig von der Trägerform für die Einrichtung entscheiden, die Ihrer Lebenssituation, Ihrem Gesundheitszustand und Ihren persönlichen Bedürfnissen am ehesten entspricht.

Alternativen zum Pflegeheim

Neben klassischen Pflegeheimen sind in den vergangenen Jahren vielerorts Einrichtungen entstanden, die sogenanntes betreutes Wohnen oder Servicewohnen anbieten, Hausgemeinschaften für Senioren oder Pflege-Wohngruppen (WG). Träger können auch hier sowohl Wohlfahrtsverbände, kirchliche Einrichtungen, aber auch Kommunen und private Anbieter sein. In der Regel können sich die Angehörigen bei allen Varianten mehr einbringen als im Heimalltag, meist können sie oder die Bewohner selbst die Betreuung, aber auch z. B. Freizeitangebote stärker nach den Wünschen der Pflegebedürftigen gestalten, als dies in einem Pflegeheim möglich wäre.

Betreutes Wohnen Das bedeutet, dass man innerhalb eines Wohnkomplexes ein möglichst barrierefreies Appartement oder eine kleine Wohnung mietet oder kauft. Bei Bedarf kann man dann einzelne Pflege- und Betreuungsleistungen hinzubuchen.

Gut zu wissen

Zusätzliche Betreuung und Aktivierung Jede pflegebedürftige Person in einer voll- oder teilstationären Einrichtung hat seit 2017 einen Anspruch auf zusätzliche Betreuung und Aktivierung, die über die (je nach Art und Schwere der Pflegebedürftigkeit) notwendige Versorgung hinausgeht. Menschen in der stationären Pflege soll auf diese Weise mehr Zuwendung, mehr Austausch mit anderen Menschen sowie ein besseres Teilnehmen am Leben in der Gemeinschaft ermöglicht werden. Die Kosten für diese Leistungen werden im vollen Umfang von der Pflegeversicherung getragen: Sie finanziert sogenannte zusätzliche Betreuungskräfte. Die Zahl dieser Kräfte, die die zusätzliche Betreuung und Aktivierung leisten, ist seit 2013 deutlich gestiegen, inzwischen sind bundesweit rund 60 000 Menschen als zusätzliche Betreuungskräfte beschäftigt.

Ein Grundservice steht meistens allen Bewohnern zur Verfügung, dazu zählen beispielsweise:

- Hausmeisterservice
- Gemeinschaftsräume für die Freizeitgestaltung
- Hauseigenes Notrufsystem

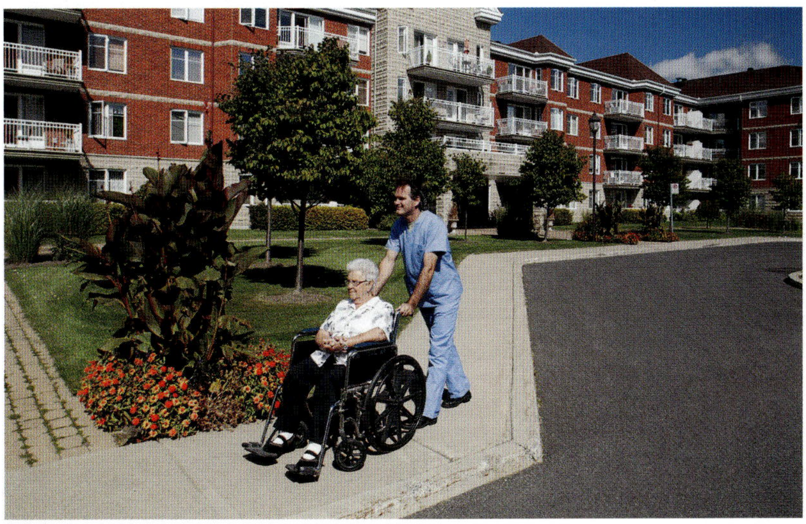

Seit 2017 haben Pflegebedürftige einen Anspruch auf „zusätzliche Betreuung und Aktivierung".

- Beratung durch eine Betreuungsperson vor Ort
- Vermittlung und Organisation von Hilfsdiensten und Pflegeleistungen
- Freizeitangebote

Zu den Wahlleistungen zählen z. B.
- Hilfe im Haushalt (putzen, waschen etc.)
- Einkaufen
- Fahr- und Bringdienste
- Besuchs- und Begleitdienste
- Essensservice, z. B. Essen auf Rädern oder Gemeinschaftsmahlzeiten
- Ambulante Pflege

Diese Wohnform eignet sich für vergleichsweise selbstständige Senioren. Ein Vorteil ist, dass die Hilfe im Alltag relativ schnell und spontan an sich verändernde persönliche Bedürfnisse angepasst werden kann. Ein weiterer Vorteil: Man kann sehr eigenständig leben – aber auch den Kontakt zu anderen Bewohnern suchen.

Die Kosten für das betreute Wohnen richten sich nach Größe und Ausstattung der Wohnung und nach den zusätzlichen Angeboten, die man nutzt. Es gibt auch regionale Unterschiede.

Stationäre Hausgemeinschaften Sie bieten eine Mischung aus betreutem Wohnen und Pflegeheim. In der Regel leben hier bis zu zwölf Personen unter einem Dach. Jeder Bewohner mietet mindestens ein Zimmer samt angeschlossenem eigenem Bad. Es gibt eine große Küche mit Esszimmer, ein Wohnzimmer, Hauswirtschaftsräume, eine Waschküche und häufig auch einen Garten. Diese Räume werden gemeinsam genutzt.

Mehrere besonders geschulte Alltagsbegleiter oder Präsenzkräfte unterstützen die Bewohner. Pflege, Betreuung, Begleitung und Haushalt existieren gleichwertig nebeneinander und werden nach den individuellen Bedürfnissen der Bewohner geleistet.

Der Vorteil dieser Wohnform ist, dass sie am ehesten dem privaten Wohnen entspricht und mehr Individualität bietet als ein Pflegeheim. Jeder Bewohner kann sich zurückziehen, wenn er das möchte. Man kann aber auch die Gesellschaft der anderen suchen. Im Gegensatz zum Pflegeheim gibt es in der Regel keinen festen Speiseplan, sondern alle können mitentscheiden und bei der Zubereitung helfen.

Die Kosten werden meist pauschal in Abhängigkeit vom Pflegegrad abgerechnet. Die Bewohner erhalten einen Vertrag, der aufschlüsselt, wie viel pro Monat zu bezahlen ist. Einen Teil davon übernimmt die Pflegekasse (siehe S. 283). Wenn die zusätzlichen Hilfeleistungen einzeln abgerechnet werden, kann der Eigenanteil, den Sie monatlich zahlen müssen, schwanken.

Pflege-Wohngemeinschaften Sie bieten meist etwas weniger Rückzugsraum als stationäre Hausgemeinschaften. Ähnlich wie in einer Studenten-WG haben die meist drei bis acht Bewohner jeweils ein Zimmer und teilen sich Küche, Wohn-, Ess- und Haushaltsräume sowie Bäder. So haben die Bewohner häufig viel Kontakt untereinander. Von den Angehörigen erfordert die Pflege-WG oft mehr Mitarbeit als die anderen Wohnformen.

Für Demenzkranke oder Menschen, die ansonsten leicht vereinsamen würden, kann die Pflege-WG eine geeignete Wohnform sein. Sie ist in der Regel auch günstiger als eine stationäre Hausgemeinschaft – aber sie ist nicht für jeden das Richtige. Wer viel Privatsphäre braucht, fühlt sich in einer Pflege-WG eventuell nicht ganz so wohl.

Bevor Sie für sich oder für einen Angehörigen eine Pflege-WG suchen oder selbst gründen, sollten Sie sich folgende Fragen beantworten:

- Bin ich bereit/ist mein Angehöriger bereit, eigene Wünsche und Bedürfnisse auch mal zurückzustellen?
- Kann ich/kann mein Angehöriger Konflikte sachlich austragen, wenn es innerhalb der WG zum Streit kommt?
- Wie viel Nähe zu anderen Personen kann ich/kann mein Angehöriger aushalten?

Sowohl in den stationären Hausgemeinschaften als auch in den Pflege-WGs unterstützen sogenannte Alltagsbegleiter oder Präsenzkräfte die Bewohner. Sie kaufen mit ihnen ein, kochen mit ihnen, helfen bei der Wäsche, aber auch beim Aufstehen, Essen oder Toilettengang. Und sie beschäftigen sich mit den Bewohnern, lesen ihnen etwas vor oder spielen mit ihnen. Es hängt stark davon ab, wie aufmerksam, hilfsbereit, freundlich, empathisch und gleichzeitig unaufdringlich diese Präsenzkräfte sind, ob sich die Bewohner in den Einrichtungen wohlfühlen.

Gut zu wissen

Heimvertrag Es ist sinnvoll, einen Heimvertrag in Ruhe zu Hause zu prüfen, bevor Sie ihn unterschreiben. Checken Sie z. B., ob sich die Punkte im Vertrag von denen, die etwa in einer Werbebroschüre stehen, unterscheiden oder ob Ihnen mündlich etwas anderes versprochen wurde, als Sie nun unterschreiben sollen. Wenn Sie juristischen Rat benötigen, wenden Sie sich an die Bundesinteressenvertretung für alte und pflegebedürftige Menschen (BIVA). Der Beratungsdienst der BIVA hat Juristen, die telefonisch, per Mail oder Post beraten und Heimverträge überprüfen. Die Kosten liegen bei 30 bis 60 Euro. Weitere Informationen erhalten Sie unter Tel.: 02 28/90 90 48 44 oder unter www.biva.de → Beratungsdienst. Auch Verbraucherzentralen bieten unter Umständen eine passende Beratung an (www.verbraucherzentralen.de).

Bei betreutem Wohnen lebt man weitestgehend autark und bekommt individuelle Unterstützung wie z. B. Einkaufsdienste.

Was tun im Fall von Demenz?

Schätzungen zufolge leben derzeit etwa 1,7 Mio. Demenzkranke in Deutschland. Durch die älter werdende Gesellschaft ist auch mit immer mehr Neuerkrankungen zu rechnen. Damit stehen wir in den nächsten Dekaden vor großen Herausforderungen.

Vor kaum einer Krankheit fürchten sich die Menschen so sehr wie vor dem Verschwinden des Verstands und der damit verbundenen Hilflosigkeit. Das Risiko zu erkranken, steigt mit zunehmendem Alter. Bei den über 90-Jährigen ist ein Drittel betroffen.

Prognosen gehen davon aus, dass im Jahr 2050 allein in Deutschland rund 3 Mio. Menschen an Demenz leiden. Das entspricht etwa 40 000 Neuerkrankungen pro Jahr oder mehr als 100 neuen Demenzfällen pro Tag. Der enorme Anstieg ist darin begründet, dass mit einer ständigen Verbesserung des Lebensstandards auch die Lebenserwartung steigt, mit zunehmendem Alter steigt aber auch das Risiko, dement zu werden.

Das Wort „Demenz" kommt aus dem Lateinischen, von „de", „weg", und „mens", „Geist", also kurz gesagt „ohne Geist". Doch nicht alles, was nach Demenz aussieht, ist tatsächlich auch eine: Genaues Hinschauen, Mediziner sprechen von Differentialdiagnostik, ist unbedingt notwendig. Alltägliche Gedächtnisprobleme – Schlüssel verlegt, Geburtstag vergessen, Telefonnummer nicht parat – kommen bei jedem vor. Deshalb ist man nicht gleich dement.

Depressionen, Hormon- und Stoffwechselstörungen, Alkohol- und Medikamentenmissbrauch sowie Tumorerkrankungen können eine ähnliche Symptomatik wie Demenz hervorrufen. Zudem gibt es das sogenannte Delir (Delirium), aus dem Lateinischen „de lira", sinngemäß „neben der Spur gehen". Gemeint ist ein Zustand einer akuten Verwirrtheit, zu der es z. B. kommen kann, wenn man nach einer Operation Flüssigkeitsmangel hat, starke Schmerzmittel nimmt oder traumatische Ereignissen erleben musste.

Bei folgenden auffälligen Kriterien, die unbedingt zusätzlich mit neuropsychologischen und medizinischen Testverfahren untermauert werden sollten, kann eine Demenz vorliegen:

- Gedächtnisstörung
- Abnahme des Denkvermögens: Sprache, Urteilsvermögen, abstraktes Denken
- Beeinträchtigung des Alltags und der persönlichen Lebensführung: Vernachlässigung der Körperhygiene, Aufgabe von Hobbys, Meiden von Sozialkontakten usw.

- Anhaltender Zustand von mehr als sechs Monaten – eine akute Demenz gibt es nicht!

Es gibt eine Vielzahl von Demenzformen, deren Symptome sich häufig ähneln. Die häufigsten sind:

- Morbus Alzheimer (ca. 60 %): Störung von Gedächtnisfunktionen, Beeinträchtigung der Urteilsfindungen, Zustand von Verwirrtheit, verursacht von Eiweißablagerungen außerhalb und neurofibrillären Bündeln innerhalb der Nervenzellen.
- Vaskuläre Demenz (ca. 20–30 %): intellektuelle Funktionsstörungen und Abbau der Hirntätigkeiten, verursacht zumeist von einem großen Schlaganfall, der zur Verengung der Blutzufuhr bestimmter Hirnareale führt.
- Fronto-temporale Demenz (5–10 %): fortschreitende Persönlichkeitsveränderungen, z. B. erhöhte Reizbarkeit, Verhaltensstörungen, Verlust von Taktgefühl, soziale Enthemmung, apathische Zurückgezogenheit, verursacht durch Schädigungen, die nur auf die Stirn- und Schläfenlappen begrenzt sind.
- Lewy-Körper-Demenz (5 %); eine frühe Störung des räumlichen Denkens, leichte Parkinson-Symptomatik, Halluzinationen und Bewusstseinsstörungen, verursacht von Neuronenveränderungen in der Hirnrinde.

Demenzen verlaufen – bis auf eine Form, die durch erhöhten Hirndruck verursacht wird – irreversibel und dauern bis zum Tod an. Sie verkürzen zudem die Lebenserwartung. Durch Mobilität, eine gesunde Ernährung und viel Zuwendung kann man den Verlauf ein wenig verlangsamen, sagen Experten. Heilbar sind demenzielle Erkrankungen nicht.

Früher erhielten Demenzkranke in der Regel keine Unterstützung von der Pflegekasse – es sei denn, sie hatten darüber hinaus körperliche Einschränkungen. Bei der Einschätzung der Pflegebedürftigkeit war die Zeit, die täglich für die Pflege aufgewendet werden muss, der entscheidende Faktor. Demenzkranke, die sich grundsätzlich noch selbst versorgen konnten, fielen daher häufig durch das Raster der Versicherungen und erhielten keinen Pflegegrad bzw. damals keine Pflegestufe. Dass Demenzpatienten der Antrieb fehlt, für sich selbst zu sorgen, auch wenn sie im Anfangsstadium noch körperlich gesund sind, dass sie ihren Alltag nicht mehr selbst strukturieren können und sie zunehmend

Gut zu wissen

Rechtzeitig vorsorgen Für Demenzkranke ist es besonders wichtig, Vorsorge zu treffen für die Phase der Krankheit, in der sie selbst nicht mehr entscheiden können. So sollten Betroffene möglichst bald nach der Diagnose in einer juristisch korrekten Vorsorgevollmacht oder einer Betreuungsverfügung festlegen, wer sie im Ernstfall rechtsverbindlich vertreten soll (siehe S. 242). In einer Patientenverfügung (siehe S. 246) kann zudem konkret festgehalten werden, wie man medizinisch versorgt werden will und welche Behandlung man ablehnt.

Betreuung von Angehörigen, Freunden oder Nachbarn brauchen, wurde früher nicht berücksichtigt.

Ab 2015 bestand zunächst die Möglichkeit, für Patienten mit sogenannter „eingeschränkter Alltagskompetenz" die Pflegestufe 0 zu beantragen und finanzielle Unterstützung zu bekommen. Im Januar 2017 trat dann das Pflegestärkungsgesetz in Kraft und seither profitieren auch Demenzkranke noch mehr von den Leistungen der Pflegeversicherung. Nun werden außerdem kognitive und psychische Einschränkungen als pflegebedürftig gewertet. Zudem wurden die bis dahin drei Pflegestufen auf fünf Pflegegrade umgestellt (siehe S. 230) und der Pflegebegriff modifiziert: An die Stelle der sogenannten Minutenpflege (täglicher Pflegeaufwand, gemessen in Minuten) ist die Einstufung in einen Pflegegrad getreten. Der Pflegegrad wird anhand des tatsächlichen Bedarfs bemessen.

Unabhängige Gutachter des Medizinischen Dienstes der Krankenversicherung (MDK) oder des Medizinischen Dienstes der privaten Pflegeversicherungsunternehmen prüfen im Auftrag der jeweiligen Pflegekasse, ob und wie schwer jemand pflegebedürftig im Sinne des Gesetzes ist (siehe S. 233).

Bei Demenz sollte man sich nicht davor scheuen, sich von Fachkräften richtig einstufen zu lassen. Nur so kann man die zustehende Hilfe in vollem Umfang in Anspruch nehmen.

Gesetzliche Leistungen

Das soziale Sicherungssystem in Deutschland sieht für Demenzkranke bestimmte Leistungen vor, die ihre Behandlung, Betreuung und Pflege ermöglichen. Auch pflegende Angehörige können Unterstützung in Anspruch nehmen. Was wem gesetzlich zusteht, hängt vom konkreten Bedarf der Betroffenen ab. Erkrankte und deren Angehörige können sich direkt bei ihrer Kranken- oder Pflegeversicherung informieren, auch unabhängige Beratungsstellen, Pflegestützpunkte oder Anwälte für Sozialrecht können weiterhelfen.

Gesetzliche Krankenkassen Sie übernehmen die Kosten für alle Maßnahmen, die der Behandlung von Krankheiten dienen und im sogenannten Leistungskatalog stehen. Das gilt auch für Arztbesuche, verschreibungspflichtige Medikamente, therapeutische Maßnahmen oder Hilfsmittel, die im Zuge einer Demenz nötig sind. Die häusliche Krankenpflege ist ebenfalls abgedeckt – sofern sie verordnet wurde.

Pflegeversicherung Sie übernimmt teilweise die entstehenden Kosten für Unterstützung, wenn voraussichtlich länger als ein halbes Jahr Pflegebedarf besteht. Der Umfang hängt von der Schwere der Pflegebedürftigkeit und dem jeweiligen Pflegegrad ab. Da sich der Bedarf an Unterstützung und Pflege bei Menschen mit Demenz im Lauf der Erkrankung verändert, sollte dieser deshalb regelmäßig überprüft werden.

Sozialhilfe Diese kann ergänzend beantragt werden, wenn die Leistungen der Pflegeversicherung und die eigenen finanziellen Mittel nicht ausreichen, um eine adäquate Pflege zu gewährleisten. Scheuen Sie sich nicht, zusätzlich Sozialhilfe zu beantragen. Deren Aufgabe ist es, Menschen, die aufgrund einer Krankheit oder ihres hohen Alters auf fremde Unterstützung angewiesen sind, ein menschenwürdiges Leben zu ermöglichen.

Schwerbehindertenausweise Einen solchen Ausweis können unter Umständen auch Menschen mit mittlerer bis schwererer Demenz beantragen. Wer an einer chronischen Krankheit leidet, die den Alltag in hohem Maße beeinträchtigt, hat oft Anrecht darauf. Der Ausweis bietet u. a. finanzielle Entlastungen.

Möglichkeiten der Unterstützung nutzen

Viele Menschen wehren sich nach der Diagnose Demenz dagegen, als krank oder als Pflegefall eingestuft zu werden. Noch immer ist das Thema mit Scham behaftet und so möchten viele Demenzkranke beim Gutachterbesuch einen besonders guten Eindruck machen. Sie zeigen sich dann häufig wacher und fitter als im Alltag. Auch Angehörige zögern bisweilen zu lange, Hilfe und Unterstützung anzunehmen. Betroffene oder ihre Angehörigen sollten sich jedoch vor Augen führen, dass sich die Einstufung in einen Pflegegrad positiv auf ihr Alltagsleben auswirken und verschiedene Vorteile mit sich bringen kann:

- Durch die Einstufung in einen Pflegegrad erhalten Sie sowohl Pflegegeld als auch Pflegesachleistungen.
- Der Pflegegrad und die damit einhergehenden Pflegeleistungen können dabei helfen, Folgeerkrankungen oder Unfälle zu vermeiden.

Gut zu wissen

Unterstützung finden Das Internetportal www.wegweiser-demenz.de des Bundesministeriums für Familie, Senioren, Frauen und Jugend (BMFSFJ) bietet umfangreiche Informationen zur Krankheit und Unterstützungsangeboten. Die Datenbank enthält Hilfsangebote, sicher auch in Ihrer Nähe. Anhand von Filmen und Lernmodulen werden Alltagssituationen und wichtige Aspekte des Umgangs mit Menschen mit Demenz sowie Tipps für ihre Unterstützung und Versorgung gezeigt. Fachleute können sich in Ratgeberforen austauschen. Menschen mit Alzheimer finden darüber hinaus bei der Selbsthilfeorganisation Deutsche Alzheimer Gesellschaft Unterstützung. Als Bundesverband von 135 Alzheimer-Gesellschaften unterstützt und berät sie Menschen mit Demenz und ihre Familien (www.deutsche-alzheimer.de).

- Durch den Einsatz von Pflegehilfsmitteln oder Wohnumfeldverbessernden Maßnahmen kommt es seltener zu typischen „Demenzunfällen“.
- Auch die Pflege durch eine examinierte Pflegefachkraft erleichtert einerseits den Alltag, andererseits werden Erkrankungen frühzeitig erkannt, sodass entsprechende Gegenmaßnahmen rechtzeitig eingeleitet werden können.

Menschen mit Demenz können im frühen und mittleren Stadium der Krankheit noch gut in den eigenen vier Wänden leben. Damit dies optimal gelingt, sollten sie sich gemeinsam mit ihren Angehörigen schon früh darüber informieren, welche Hilfen es gibt.

Außerdem gilt es zu entscheiden, an welchem Ort man sich mit fortschreitender Demenz am besten aufgehoben fühlt: bei der Familie, im Pflegeheim, in einer Wohngemeinschaft für Demenzkranke? Auch zu diesen Fragen beraten zahlreiche Organisationen.

Unterstützende Angebote Menschen mit Demenz erhalten vielerorts Hilfe. Z. B. treffen sich in Betreuungsgruppen Menschen mit Alzheimer oder einer anderen Form der Demenz im frühen bis mittleren Stadium. Gruppen wie diese können einen wichtigen Beitrag dazu leisten, den Betroffenen die Angst zu nehmen, wegen ihrer Krankheit zu scheitern oder von anderen nicht ernst genommen zu werden. Und sie können das menschliche Grundbedürfnis stillen, sich zu beschäftigen und mit anderen Menschen in Kontakt zu treten. Gerade für Demenzkranke ist die Gesellschaft anderer Menschen sehr wichtig, um den Krankheitsverlauf zu bremsen.

Tagespflegeeinrichtungen Eine weitere Möglichkeit, Demenzkranken Kontakt zu anderen Menschen zu verschaffen, sind Tagespflegeeinrichtungen. Zudem sind sie eine wichtige Unterstützung für Angehörige: Sie müssen ihren Beruf nicht aufgeben, wenn sie einen Menschen mit fortgeschrittener Demenz im Kreis der Familie behalten möchten. Sowohl Demenzkranke als auch deren Angehörige profitieren, wenn sie einen oder mehrere Tage pro Woche in einer Einrichtung verbringen, die auf ihre Bedürfnisse eingestellt ist. Am Abend kehren sie in ihre Familien zurück.

Verhinderungspflege und Kurzzeitpflege Die Verhinderungspflege bietet sich an, wenn pflegende Angehörige kurzzeitig ausfallen, sei es, weil sie krank werden oder dringend Urlaub nötig haben. Das demenzkranke Familienmitglied begibt sich für die Zeit in die Hände eines professionellen Pflegedienstes. Ergänzt wird die Verhinderungspflege durch die Kurzzeitpflege.

Fest steht: Menschen mit Alzheimer oder einer anderen Form der Demenz fühlen sich in ihrer vertrauten Umgebung am sichersten. Doch spätestens wenn sie permanente Betreuung und Pflege brauchen, stoßen Angehörige oft an ihre Grenzen. Betroffene sollten sich daher frühzeitig über Alternativen zur häuslichen Versorgung Gedanken machen. Das kann ein Pflegeheim ebenso sein wie eine sogenannte Demenz-WG. Allerdings sollten diese seniorengerechten Einrichtungen auf die Bedürfnisse von dement werdenden Mietern eingestellt sein.

Als Angehöriger Hilfe annehmen

Trauer, Schmerz, Verlustangst, Hilflosigkeit, Mitleid, Verzweiflung, aber auch Frust, Wut und Ärger: Wer für einen nahestehenden dementen Menschen sorgt, ist nicht nur mit körperlichen Anstrengungen belastet, sondern durchlebt auch ein Wechselbad der Gefühle. Wichtig ist es, sich rechtzeitig Unterstützung zu holen – und sich nicht selbst zu überfordern.

Gehen Sie offen mit der Demenz um! Wenn ein nahestehender, geliebter Mensch eine Demenz entwickelt, betrifft dies die ganze Familie. Den meisten Angehörigen hilft der offene Umgang mit der Krankheit, ihren Alltag zu meistern.

Nehmen Sie Hilfe an! Lassen Sie sich von Pflegekassen oder einem Pflegestützpunkt individuell beraten, holen Sie sich kompetente Unterstützung. Dann sind Sie mit Ihren Sorgen und Nöten nicht mehr so allein. Nutzen Sie Angebote wie Musiktherapie, Ergotherapie oder eine Tagespflege.

Achten Sie auf Ihre Kräfte! Vergessen Sie nicht sich selbst und Ihre eigene Gesundheit. Sport, gesunde Ernährung und – ganz wichtig – Auszeiten helfen Ihnen, im Gleichgewicht zu bleiben. Greifen Sie auf entlastende Angebote wie etwa Kurzzeitpflege zurück.

Tauschen Sie sich mit anderen Betroffenen aus! Lokale Selbsthilfegruppen und Beratungsstellen bieten dazu die Möglichkeit. Seminarangebote und Gespräche helfen, die Demenz besser zu verstehen und sich emotional abgrenzen zu können.

Menschen mit demenziellen Veränderungen können sich nicht wieder „bessern". So gilt es zu versuchen, sie anzunehmen, wie sie sind, ihre Bedürfnisse und Wünsche wahrzunehmen, sie zu verstehen und sich auf ihre Ebene zu begeben, mit dem höchsten Maß an Gefühl, das wir haben. Gewohnheiten sollten unbedingt beibehalten, Ressourcen gefördert und Reizüberflutungen vermieden werden.

Der Verlauf von Demenzerkrankungen wird durch soziale Kontakte und viel Zuwendung gebremst, z. B. in Betreuungsgruppen.

Adressen, die weiterhelfen

ADAC (Allgemeiner Deutscher Automobil-Club e. V.)
Tel.: (Service-Nr.): 08 00/5 10 11 12 (Mo–Sa 8–20 Uhr), www.adac.de
Auf der Internetseite finden Sie alle Informationen zu Fahr-Fitness-Check und Fahrsicherheitstraining.

ADFC (Allgemeiner Deutscher Fahrrad-Club e. V.)
Service & Verwaltung, Am Wall 128–134, 28195 Bremen, Tel.: 04 21/3 46 29-0, www.adfc.de
Online werden „Häufige Fragen von Alltagsfahrern" beantwortet, z. B. werden Radtouren empfohlen, wo man Radkarten bekommt und vieles mehr.

Akademischer Verein der Senioren in Deutschland e. V. (AVDS)
Postfach 11 04 53, 97031 Würzburg, Tel.: 09 31/4 60 53 54, E-Mail: info@avds.de, www.avds.de
Der gemeinnützige Verein informiert Senioren, die ihre ersten Schritte an der Uni machen, über die Möglichkeiten der Bildung und Weiterbildung.

Bundesamt für Bevölkerungsschutz und Katastrophenhilfe (BBK)
Provinzialstr. 93, 53127 Bonn, Postfach 18 67, 53008 Bonn, Tel.: 02 28/99-5 50-0, Fax: 02 28/99-5 50-16 20, E-Mail: poststelle@bbk.bund.de

Bundesministerium für Familie, Senioren, Frauen und Jugend
Bundesministerium für Familie, Senioren, Frauen und Jugend, 11018 Berlin, Service-Tel.: 030/20 17 91 30 (Mo–Do 9–18 Uhr), www.bmfsfj.de
Das Ministerium führt die Internetseite www.wegweiser-demenz.de mit vielen Informationen, Ratgeberforen, Tipps, Links zu wichtigen Adressen und vielem mehr.

Bundesverband Gedächtnistraining e. V. (BVGT)
Black-und-Decker-Str. 17B, 65510 Idstein, Tel.: 0 61 26/5 05 78-0, E-Mail: servicebuero@bvgt.de, www.bvgt.de, www.bv-gedaechtnistraining.de
Der Bereich „Tag der geistigen Fitness®" ist darüber hinaus erreichbar unter www.tdgf.de sowie www.tagdergeistigenfitness.de.

Bundesverband häusliche SeniorenBetreuung e. V. (BHSB)
Westhafenstr. 1, 13353 Berlin, Tel.: 030/62 93 85 92, Fax: 03 21/22 29 56 83, E-Mail: info@bhsb.de, www.bhsb.de
Der BHSB und seine Mitglieder setzen sich für die Umsetzung von verbindlichen Standards in der häuslichen Betreuung ein.

Bundeszentrale für gesundheitliche Aufklärung (BZgA)
Postfach 91 01 52, 51071 Köln, nur für Medienbestellungen: 51101 Köln (ohne Straße/Postfach) Tel.: 02 21/89 92-0, Fax: 02 21/89 92-3 00 E-Mail: order@bzga.de (für Bestellungen von Medien und Materialien)
Das Programm der BZgA „Älter werden in Balance" informiert über Bewegung im Alter. Anfragen zum Programm: info@aelter-werden-in-balance.de.

Deutsche Alzheimer Gesellschaft e. V. (DAlzG)
Friedrichstr. 236, 10969 Berlin, Tel.: 030/2 59 37 95-0, Alzheimer-Tel.: 030/2 59 37 95-14 (Mo–Do 9–18, Fr 9–15 Uhr), E-Mail: info@deutsche-alzheimer.de, www.deutsche-alzheimer.de
Bundesweite Hilfe durch professionelle Beratung, Broschüren, Newsletter etc.

Deutscher Volkshochschul-Verband e. V. (vhs)
Obere Wilhelmstr. 32, 53225 Bonn, Tel.: 02 28/9 75 69-0, Fax: 02 28/9 75 69-30, E-Mail: info@dvv-vhs.de, www.volkshochschule.de
Volkshochschulen bieten deutschlandweit ein breit gefächertes Kursangebot speziell für Senioren, u. a. Computerkurse.

Deutsches Rotes Kreuz e. V. (DRK)
Deutsches Rotes Kreuz e. V. – Generalsekretariat, Carstennstr. 58, 12205 Berlin, Tel.: 030/8 54 04-0, Fax: 030/8 54 04-450, www.drk.de
Das Angebot des DRK ist von ehrenamtlichem Engagement über Einkaufshelfer bis zu betreuten Reisen etc. weit gefächert.

Kreditanstalt für Wiederaufbau (KfW)
KfW Bankengruppe, Palmengartenstr. 5–9, 60325 Frankfurt/Main, Tel.: 069/74 31-0, Fax: 069/74 31-29 44, Tel.: Bauen, Sanieren & Wohnwirtschaft (Mo–Fr 8–18 Uhr; kostenfrei): 08 00/5 39 90 02, www.kfw.de
Die Förderbank bietet günstige Kredite und Förderprogramme, z. B. zur Barrierereduzierung und Erhöhung des Wohnkomforts.

Verband für häusliche Betreuung und Pflege e. V. (VHBP)
Friedrichstr. 191, 10117 Berlin, Tel.: 030/2 06 59-427, Fax: 030/2 06 59-200, E-Mail: info@vhbp.de, www.vhbp.de
Die Ziele des VHBP sind Rechtssicherheit für Betreuung in häuslicher Gemeinschaft, Eindämmung der Schwarzarbeit und die Versorgung alter und kranker Menschen.

Register

T

U

Bildnachweis

Cover:
iStock/Jacob Wackerhausen

Innenteil:
alle Fotos iStock
außer:
S. 56 Shutterstock.com/Milkovasa, **S. 60** picture alliance/Franziska Gabbert, **S. 61** Shutterstock.com/OmiStudio, **S. 70** Shutterstock.com/pu_kibun, **S. 73** Alamy Stock Photo/Hans Geel, **S. 85** mauritius images/Westend61/Zeljko Dangubic, **S. 87** mauritius images/BSIP/Marie Bienaimé, **S. 89** Andersen Shopper Manufaktur · www.andersen-shopper.de, **S. 90** picture alliance/Jens Büttner, **S. 100** mauritius images/John Muggenborg/Alamy, **S. 103** Alamy Stock Photo/imageBROKER, **S. 129** mauritius images/Michael Szönyi/imageBROKER, **S. 138** Shutterstock.com/SaMBa, **S. 148** mauritius images/Markus Mainka/Alamy, **S. 154** Shutterstock.com/Feng Yu, **S. 163** mauritius images/Tetra Images/Jamie G, **S. 165** mauritius images/Redmond Durrell/Alamy, **S. 186** Shutterstock.com/Marina Andrejchenko, **S. 191** Shutterstock.com/Jacob Lund, **S. 193** Shutterstock.com/Robert Kneschke, **S. 200** Shutterstock.com/Air Images, **S. 229** VERLAG C.H.BECK oHG

Impressum

Autoren: Volker Eidems (S. 6–109), Lars Hofmann (S. 110–165, 210–213, 216–221), Gundula Zeitz (S. 166–209, 214–215, 222–295)

Producing: bookwise GmbH, München

Reader's Digest
Redaktion: Joachim Zeller
Grafik: Peter Waitschies
Bildredaktion: Sabine Schlumberger

Redaktionsdirektor: Michael Kallinger
Redaktionsleiterin Buch: Almuth Stiefvater
Art Director: Susanne Hauser

Produktion
arvato distribution: Thomas Kurz

Druckvorstufe
bookwise GmbH, München

Druck und Binden
Mohn Media Mohndruck GmbH, Gütersloh

Redaktionsschluss: 1.3.2020

GR 1940/IC
Printed in Germany
ISBN 978-3-95619-401-6

Besuchen Sie uns im Internet
www.readersdigest-verlag.de
www.readersdigest-verlag.ch
www.readersdigest-verlag.at